청년들, 1980년대에 맞서다

민주화운동의 산증인 민청련 이야기

두껍아 두껍아
헌집 줄게 새집 다오

두껍아 가자 두껍아 가자
무등신랑 앞세우고 통일꾼들 등에 업고
두껍아 가자 가자 가자

민주화운동의 산증인 민청련 이야기

박형택·김성환·임경석 지음
민청련사편찬위원회 기획

청년들, 1980년대에 맞서다

미친 개 잡는 덴
몽둥이 찜질이 최고란다

헌집 줄게 새집 다오
죽으려 들면 산다, 하나로 뭉치면 산다

푸른역사

들어가며

잘 알다시피 대한민국은 헌법에 민주공화국임을 선언하고 출범했다. 그러나 실제로 민주공화국이 된 것은 1987년 혹은 선거에 의한 정권교체가 일어난 1998년에 이르러서였다. 1948년 정부 수립으로부터 40년 혹은 50년이라는 긴 기간 동안 우리는 독재의 암흑 속에서 고통을 겪어야 했다. 그 암흑을 뚫고 보다 정의롭고 평등한 민주공화국으로의 진전이 가능케 한 것은 1987년 6월항쟁이었다.

사실 독재를 극복할 기회는 1960년에 찾아왔다. 초대 대통령 이승만의 부정선거를 통한 장기집권 기도에 분노한 대학생들이 거리로 나와 시위를 벌였고 거기에 시민들이 합세해 시민봉기로 이어져 이승만 정권을 붕괴시켰다. 하지만 4·19혁명이라고 불리는 이 사건은 조직적으로 준비되고 계획된 것은 아니었으며, 혁명을 이끈 주체세력도 사실상 존재하지 않았다. 이런 이유에서인지 붕괴된 이승만 정권을 인수한 것은 혁명에 참여하지 않고 구경만 한 야당 민주당이었다. 그들은 곧바로 닥쳐온 박정희 군부의 쿠데타를 막아낼 힘도 의지도 없는 허약한 세력이었다. 결국 이승만 독재는 더 지독한 박정희 군부독재로 이어졌다.

4·19의 실패 이후 4·19를 주도한 대학생 사회 안에서는 심각한 자기반성이 진행된다. 독재정권을 극복하기 위해서는 단순한 정의감만으로는 안 되며, 잘 준비된 조직과 체계적인 계획이 필수적으로 요청된다는 것이 요지였다. 1960~70년대 주요 대학에 '학회'나 '연구회'라는 이름으로 태동한 많은 서클들은 이 같은 고민의 결과물이었다.

그때 지하 서클에서 활동한 대학생들은 예비혁명가들이었다. 그저 정권의 비민주성과 사회의 부조리에 대해 연구·비판하는 것이 그들의 지향은 아니었다. 독재정권을 전복시키기 위한 조직과 그러한 조직을 지탱해줄 사상적 기초를 세우는 것을 임무로 삼았다. 세상을 뒤엎는 일에 한몸 던져 희생하는 것을 기꺼이 받아들였다. 이 과정에서 정권의 보안기관에 포착되어 국가전복 혐의로 감옥살이를 하는 '빵잽이'들이 양산되었다.

흔히 그리스도교가 로마제국의 탄압을 이겨내고 살아남아 끝내 승리한 중요한 비결의 하나로 순교자의 양산을 든다. 로마제국은 예수 그리스도를 십자가형으로 처형했고, 이후 예수를 따르는 신도들을 원형경기장에서 집단 학살하는 등 가혹한 박해를 가했다. 그리스도 교도들은 박해를 피해 지하로 숨어들었고, 지하의 미사에서 먼저 간 순교자를 기리며 자신들도 기꺼이 순교의 대열에 동참할 것을 집단적으로 결의했다. 로마의 박해는 역설적으로 그리스도교를 더욱 강하게 단련했고 결국 로마 자신이 그리스도교에 먹히고 말았다.

이와 비슷하게 1960~70년대의 학생운동가들은 박정희 정권의 가혹한 탄압을 받으며 예비혁명가로 성장해나갔다. 그들은 학내외에서 시위를 조직하여 반정부 투쟁을 벌이곤 했다. 처음엔 학내에서 소수의 지지자들만 동원할 수 있었지만, 희생을 무릅쓰는 순교자들이 양산됨에 따라 그들에 동조하는 시위대는 점차 불어났다.

어느 정도 자신감을 얻은 학생운동가들은 가두 진출을 기획하기 시작했다. 시민들도 처음엔 삼엄한 전투경찰과 최루탄에 겁먹었지만, 기나긴 독재정치에 염증을 내며 시위대열에 합류하기 시작했다. 마침내 1979년 10월 남쪽 부산과 마산에서 대학생들이 시내로 진출했을 때, 시민들의 호응은 어떤 임계점을 돌파한 양상으로 드러났다. 18년 동안 이어져온 박정희 독재정권에 대한 시민들의 염증이 폭발한 것이다. '부마항쟁'이었다.

박정희는 부마항쟁이 이승만을 권좌에서 끌어내린 4·19의 재판이 될 것을 두려워했다. 그래서 군대를 동원해 '밀어버리기'로 결정하고 위수령을 발동했다. 학생운동가들 또한 박정희와 다른 시각에서 4·19의 재판이 되어서는 안 된다고 결의하고 있었다. 그들은 4·19의 실패를 충분히 반성한 토대 위에서 실패하지 않을 조직노선과 정치노선을 학습해온 터였다.

물론 부마 학생운동가들의 계획대로 사태가 전개될 것인지는 장담할 수 없는 일이었다. 그러나 그 결과를 보기 전에 정권 내부에서 파열음이 일어났다. 박정희의 심복 중의 심복인 중앙정보부장 김재규가 청와대 옆 궁정동 만찬에서 박정희를 권총으로 쏘아 '죽여버린 것이다. 김재규가 어떤 생각에서 저지른 행동인지 알 길은 없다. 하지만 학생운동권의 정보를 가장 잘 파악하고 있던 정보기관의 수장 김재규가 부마항쟁이 지속됐을 경우 발생할 사태에 대해 누구보다 현실에 가깝게 예측했다고 추론해도 무리는 없을 것이다.

부마항쟁의 에너지가 그대로 잠복된 가운데 정권은 박정희의 아바타 격인 전두환에게 넘어갔다. 이 잠복된 에너지는 당연히 전두환을 용인할 수 없었다. 반도의 남쪽 지하에서 꿈틀거리던 항쟁의 기운은 1980년 5월 광주에서 지상으로 분출되었다. 심복이 없던 전두환은 공수부대를 보내 광주항쟁에 대응했고 수많은 희생자를 냈다. 더 많은 순교자가 양산되었다.

광주는 겉으로는 진압되었지만, 지하로 숨어든 예비혁명가들은 순교자의 피를 두고 투쟁을 다짐하며 세력을 키워나갔다. 이것이 광주항쟁 이후 대학가의 풍경이었다. 민주화운동청년연합, 약칭 민청련은 그러한 풍경 속에서 탄생했다.

1987년 6월항쟁은 우연한 사건이 아니라 우리 현대사의 도도한 흐름 속에서 일어난 역사적 산물이다. 구체적으로 말하자면 4·19의 실패에 대한 반성과 부마항쟁과 광주항쟁의 에너지를 이어받아 일어난 시민항쟁이다. 그렇기에 6월항쟁이 단지 정권 퇴진 투쟁의 차원이 아니라 민주공화국의 기틀을 확고하게 세우고 사회 진보의 길을 여는 기념비적인 성과를 낼 수 있었던 것이다. 시민이 참여한 거국적인 봉기였던 6월항쟁은 그것을 준비하고 계획한 이들이 있었기에 가능했다. 그 중심에 민청련이 있었다.

우리 현대사의 운동사 기록에 관해 보면, 4·19에 대한 연구가 가장 많이 되어 있는 편이고 이후 운동에 대한 역사기록은 상당히 부실한 형편이다. 박정희에서 전두환에 이르는 수십 년 동안의 가혹한 탄압 아래에서 대부분의 운동 조직들이 문서를 남기지 않고 폐기한 것이 주요 원인으로 보인다. 역사 연구자들이 자신의 이력에 보탬이 되지 않을 운동사 연구를 외면한 것도 이유일 것이다.

그나마 6월항쟁에 대한 기록은 상대적으로 풍부한 편이다. (사)6월
민주항쟁기념사업회와 민주화운동기념사업회에서 5권으로 펴낸《6월
항쟁을 기록하다》가 항쟁의 구체적인 진행에 대해 비교적 상세하게 다
루었다. 또 서중석 교수가 6월항쟁을 한국현대사의 통사적인 맥락에서
연구한《6월항쟁》이라는 단행본도 있다. 그밖에 몇몇 연구보고서와 토
론 자료집들도 존재한다.

6월항쟁의 기록은 대부분 항쟁의 주체가 된 '민주헌법쟁취국민운동
본부'(국본)에 대해 설명하고, 국본 출범의 모태가 된 재야의 민통련, 야
당의 민추위 등을 다루고 있다. 물론 민청련의 활동에 대해서도 간략하
게나마 소개되어 있다.

그러나 민청련의 활동은 민청련이라는 단체에 국한되어 설명될 수
있는 것이 아니다. 국본과 민통련과 민통련 이전의 민민협과 국민회의
등 1983~1987년 동안 활동한 단체와 조직 대부분에 민청련의 활동이
녹아들어 있다. 《청년들, 1980년대에 맞서다—민주화운동의 산증인
민청련 이야기》는 이러한 민청련의 활동을 기록으로 남기기 위해 편찬
되었다. 이 책을 통해 6월항쟁의 역사가 더욱 풍부하고 입체적으로 해
석될 수 있기를 기대한다.

이 책을 출간하는 2019년 현재, 6월항쟁이 일어난 지 32년이 되었다.
한 세대가 교체되고도 남을 정도로 시간이 경과되었고, 정말로 역사가
되었다. 이제 초로의 노인이 된 민청련 활동가들은 자식들에게 6월항
쟁을 마치 어제 일어난 일처럼 얘기하다가 그들이 도무지 알아듣지 못
하는 일을 자주 겪는다고 한다. 그럴 때면 민청련의 활동이 기록으로
남아 있지 않다는 사실에 안타까움을 느낀다고 토로한다.

* * *

2013년 9월, 민청련 창립 30주년 기념행사를 제법 크게 열었다. 그때 민청련을 창립한 지 30년이 지나 이제 민청련의 활동도 역사가 되었으니 어느 정도 객관적인 조명이 가능하지 않겠느냐며 민청련사를 편찬하자는 논의가 제기됐다. 특히 민청련 활동의 주역으로 활동하던 사람들이 아직 기력이 왕성하여 기억이 생생할 때 기록으로 남길 필요가 있다고 생각했다.

결국 30주년 행사 자리에서 민청련사 편찬 계획이 확정되었고, 편찬위원장에 1987년 민청련 부의장을 역임한 권형택이 선임되었다. 편찬위원으로는 1988년 민청련 의장을 역임한 김성환, 정책실에서 활동하며 기관지 《민주화의 길》 편집에 참여했던 성균관대 사학과 교수 임경석, 민청련 계반회원 출신으로 《6월항쟁을 기록하다》 민청련 부분을 집필한 한영수, 민족민주운동연구소 간사 및 민청련 말기에 정책실장을 맡았던 최동규가 선임됐다. 행정 실무는 민청련동지회 총무 임은빈을 선임하여 6명으로 편찬위원회를 꾸렸다.

민청련사와 별도로 민청련가족사 편찬도 구상했다. 민청련 활동가의 다수는 남자였는데, 그들의 아내들은 남편의 지지자이자 조력자로서 또한 자녀들을 돌보는 사실상의 가장으로서 온갖 고생을 했던 터였다. 김근태 의장 구속 이후에는 '민주화실천가족운동협의회'라는 조직을 만들어 민청련 못지않은 활동력을 발휘하기도 했다.

자녀들도 아빠와 엄마가 수사기관을 들락거리고 집에 수사관들이 수시로 들이닥치는 환경에서 남다르게 자라야 했다. 그래서 민청련사와 별도로 민청련가족사를 편찬하기로 하고 그 책임을 민청련 활동가들의 2세들에게 맡기기로 했다. 김근태와 인재근의 딸 김병민, 김희택과 조명자의 딸 김자경, 이범영과 김설이의 딸 이건혜, 김병곤과 박문숙의 딸 김은희, 김희상과 김충희의 딸 김원선 등 5명이 선임됐다.

가족사 편찬위원들은 편찬위원회와 함께 회의를 하며 대상자들을 인터뷰하는 등 활발한 활동을 펼쳤지만, 이 책을 내는 시점까지는 책으로 엮을 정도의 성과에 이르지 못했다. 후속 작업을 계속해 책이 완성되기를 기대한다.

편찬위원회는 총 7장으로 전체 목차를 구성하고, 각 장마다 집필자를 배정했다. 민청련이 창립되기까지의 논의 과정과 창립대회 및 창립 이후 공개단체로서의 안정적 위상을 확보하기까지의 과정을 다룬 1장과 2장은 그 과정에 직접 참여한 권형택이 집필을 맡았다. 3장은 민청련의 초기 활동과 운동사회에 미친 영향을 다루었는데, 창립 당시 가장 연배가 낮은 78학번으로 활동에 참여했던 김성환이 집필했다. 김근태 고문 사건으로 세상에 널리 알려진 민청련 탄압 시기와 그 이후 6월항쟁 과정에 이르기까지 민청련의 활동을 담은 4장과 5장은 임경석이 집필을 맡았다.

6장은 6월항쟁 이후 정국의 변화와 그 과정에서 민청련이 취한 이른바 '김대중에 대한 비판적 지지' 노선에 대한 내용으로 권형택이 집필했다. 7장은 6월항쟁이 가져온 정세의 변화 속에서 민청련이 청년대중 조직으로의 전환을 도모하는 과정을 담고 있는데, 그 과정을 주도한 김성환이 집필했다. 그리고 각 장에 실린 사진자료의 수집과 확보는 한영수가 맡았다.

30년이라는 세월 속에서 많은 자료들이 흩어지고 소실되었기 때문에 집필은 쉽지 않았다. 무엇보다 민청련 활동 당시 엄혹한 상황 속에서 문서 사료를 보관하지 않고 없애버린 경우가 많았기 때문에 우선 당시 활동했던 사람들에 대한 구술 채록을 하기로 했다. 1년여에 걸쳐 장영달, 이해찬, 인재근, 김희택, 박우섭, 연성수, 장준영, 최민화, 김선택, 최정순, 남근우, 이기연, 조명자, 이승환, 김재승, 김찬, 오세중, 진재학, 한홍구, 김두일 등 민청련 활동가 20여 명의 생생한 체험담을 받았다. 아울러 민청련동지회 회원들을 상대로 회고담을 모집했는데, 멀리 뉴질랜드에 있는 최성웅이 6월항쟁을 전후해 집행부에서 활동한 자신의 체험을 글로 써서 보내오기도 했다.

2016년 자료 수집과 집필이 어느 정도 이루어졌을 때 편찬위 안에서 새로운 제안이 나왔다. 집필 원고에 대해 민청련 회원들로부터 검증을 받고 수정 요구가 있을 경우 그것을 수용해야 하는데 소재를 다 파악할 수 없는 회원들이 다수여서 난감했다. 이를 해결할 한 가지 방법으로 대중매체에 연재해보자는 안이 나온 것이다.

대상 매체로 《오마이뉴스》를 선정했고 2017년 7월 4일 〈투사들의 이야기, 민청련의 역사〉라는 제목으로 첫 회 원고가 나갔다. 이 연재는 한 주에 한 번 꼴로 2018년 7월까지 총 48회에 걸쳐 이어졌다. 《오마이뉴스》 연재에 대한 독자들의 반응은 생각보다 뜨거웠다. 거의 매 회마다 5천 회 이상의 조회 수를 기록했고, 때로 2만 회가 넘은 적도 있었다. 민청련동지회 회원들도 연재를 카톡으로 공유하면서 자신들의 체험을 댓글로 달아 올려주었다. 이 댓글들은 이 책의 원고에 그대로 반영되었다.

* * *

이 책은 민청련의 활동을 1988년까지 기록하고 있다. 민청련이 1992

년에 해소되었으니 4년의 기간이 빠져 있다. 미완성의 역사라고 할 수 있다. 기본적으로는 집필자들 역량의 한계 때문이다. 다만 1989년 이후의 민청련 역사는 1992년에 발족한 한국청년운동단체협의회(한청협)와의 연결선상에서 조망하는 것이 더 좋겠다는 생각이다. 민청련은 1989년부터 본격적인 청년대중단체로의 전환을 꾀했고, 이에 따라 창립 때부터 활동해온 회원들 대부분이 물러나고 새로운 학생운동 출신자들이 가입하면서 세대교체가 일어났다. 이후 민청련은 한청협에 흡수되면서 해소되었다. 훗날 한청협이 자신의 역사를 정리할 때 민청련 후반기를 서술하는 것이 올바르다는 판단이다.

그리고 성남민청련, 안양민청련, 수원민청련 등 민청련 후기부터 활동했던 지역지부의 활동과 일정기간 독자적인 체제를 갖추고 활발하게 활동했던 민청련 부설 민족민주운동연구소의 활동도 이번 책에서는 빠져 있다. 후일 개정증보판에서 보완될 수 있기를 바란다.

* * *

원래 예정했던 3년의 기간이 훌쩍 지나고 그 두 배인 6년이 지나서야 민청련의 역사가 책으로 엮여 나오게 되었다. 이렇듯 오랜 시간을 들여 민청련의 역사를 쓰고자 했던 이유를 다시 한 번 생각해본다. 민청련의 역사는 독재자가 국민들의 눈을 가리고 입을 막고 힘과 폭력으로 나라를 통치하고 군림했던 시기의 기록이다. 이에 저항하여 민주, 민권, 통일을 외쳤던 뜨거운 가슴을 지닌 청년들의 투쟁과 고난의 기록이다. 힘없는 민중의 편에 서서 그들의 권리를 위해, 그리고 민주주의의 대의를 위해, 권력자들과 조직적으로 맞서 싸웠던 이들에 대한 기록이다.

민주주의를 세우기 위해 민중 속에서 조직운동을 실천했던 그들의 영웅적인 투쟁을 후세에 전하고 싶었다. 영웅들의 이야기뿐만 아니라 사무실을 유지하고 활동비를 마련하기 위해 회비를 걷고, 선전물을 운반하고, 가두에서 시위했던 평범한 민청련 회원들의 이야기를 기록하고 싶었다. 고난을 함께 감내하며 묵묵히 살아냈던 가족들의 이야기도 함께 기록하고자 했다. 이 부분은 언젠가 민청련 2세들의 모임에서 꼭 이루어내리라 기대한다.

  민청련 활동에 대한 충실한 기록자와 전승자로서 우리의 임무를 이 책으로서 마감한다. 민청련이 한국현대사에서 가지는 역사적 의미와 평가는 후대 역사가의 몫이지 않을까 싶다. 다만 이렇게 민청련의 과거를 기록하고 기억하는 일 자체가 우리나라의 민주주의가 다시는 후퇴하지 못하도록 하는 데 작은 도움이 될 수 있기를 바란다.

  2019년 11월 8일
  민청련사편찬위원회

차례

1 민청련의 탄생

2 초창기의 조직과 투쟁

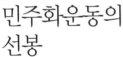

민주화운동의
선봉

민청련
탄압사건

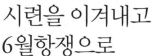

5

시련을 이겨내고
6월항쟁으로

6

대통령선거
국면의 민청련

청년 대중운동의
기수

1

민청련의
탄생

1
창립총회
열리던 날

신기루처럼 사라진 '서울의 봄'

1979년 10월 26일, 박정희의 종신 집권체제인 유신체제가 무너졌다.
길었던 18년 독재의 결말이었다. 독재자 박정희가 궁정동 만찬석상에
서 심복 김재규 중앙정보부장이 쏜 총에 맞아 숨을 거뒀다. 1980년 봄
은 유신체제가 무너진 자리에서 피어난 꽃이었다. 그 자리에 어떤 사회
를 건설할 것인가를 놓고 부푼 기대와 젊은 열정이 들끓었다. 그래서
지금도 1980년 봄을 '서울의 봄'이라 부른다.

　냉혹한 군사독재로 얼어붙었던 동토에 민주주의의 새 잎이 돋아났
다. 모두들 푸르른 봄의 세상으로 바뀔 것이라고 기대했다. 그러나 현
실은 사람들의 기대를 배반하기 시작했다. 유신의 심장에 총을 쐈던 김
재규는 즉시 반란 수괴로 교도소에 갇혔고, 독재자의 후예 신군부 소장
파 장교들이 12·12쿠데타로 실권을 장악했다.

불길한 조짐은 그해 11월 24일에 이미 드러났다. 유신체제의 대통령 선출기구인 통일주체국민회의에서 새 대통령을 선출하려는 신군부의 책동에 맞서, 함석헌, 김병걸, 백기완 등 민주인사들이 '통대선출저지국민대회'를 개최했다. 모든 집회가 봉쇄된 비상계엄령하에서 결혼식을 가장하여 명동 YWCA회관에서 500여 명이 모인 가운데 열렸기에 'YWCA 위장 결혼식 사건'이라고 불린다. 그러나 이 집회에 참석한 이들은 군인들에게 연행되어 혹독한 구타와 고문을 당했다. 그뿐인가. 1980년 3월 6일, 잔설이 남아 있는 초봄에 육군형무소에서 김재규의 비서실장 박흥주 대령의 총살형이 집행됐다.

그래도 사람들은 믿었다. 봄이 오는 것을 막을 수 없듯이, '서울의 봄'도 꼭 오리라고 기대했다. 그해 5월 15일 수십만 명의 대학생들이 거리로 뛰쳐나왔다. 그들은 서울역광장에서 남대문 사이 도로를 가득 메운 채 계엄 해제와 민주화를 요구하는 집회를 열었다. "봄은 바로 옆, 문밖까지 와 있다!" 사람들은 그렇게 생각했다. 김영삼, 김대중 양 김 씨와 재야 지도자들도, 정치의 봄이 오고 있다고, 그 봄을 맞이할 준비를 해야 한다고, 희망의 메시지를 전하고 있었다.

그러나 사람들이 바라던 봄은 오지 않았다. 신군부의 쿠데타와 광주 학살로 민주주의의 꿈은 산산조각 났다. '서울의 봄'은 신기루처럼 사라졌다. 신군부의 독재에 저항한 광주 시민 수백 명이 광주항쟁 과정에서 계엄군의 총칼에 희생되었다. 김재규와 그의 부하 4명도 그 기간 중에 형장의 이슬로 사라졌다. 다시 이 땅은 유신독재의 후예들에 의해 점령되었고, 긴 독재의 겨울이 왔다.

그러나 '서울의 봄'은 단지 한바탕 꿈은 아니었다. 지리산 철쭉꽃이 피어나는 5월이 다시 돌아올 때마다 사람들의 가슴 속에 '서울의 봄'은 다시 생생한 모습으로 피어났다.

1983년 9월 30일 깃발을 올리다

광주항쟁이 좌절된 지 3년여 세월이 지난 1983년 9월 29일 아침, 서울 수유리 4·19묘지 뒷산 순국열사묘역에 있는 독립군 무명용사묘 앞에 몇몇 청년들이 모였다. 다음날에 발족할 민청련의 주역들이었다.

의장직에 내정된 곱상한 학자풍 얼굴의 김근태를 비롯해, 뿔테 안경에 장발의 투사형 장영달 부의장, 이마가 넓은 미남형 박계동 홍보부장, 다부진 체구에 걸음이 빠른 박우섭 총무부장, 준수한 외모에 귀공자 타입의 홍성엽 재정부장, 순발력 있고 재치 많은 연성수 사회부장이 한자리에 모였다.

민청련의 출범을 앞두고 독립운동에 목숨을 바친 무명용사들 앞에서 출정 의지를 다지는 자리였다. 창립대회를 무사히 치르게 해주십사 기원을 담은 고천告天 의식이기도 했다. 이 자리는 연성수가 아침 운동 삼아 백련사 길을 올라다니면서 점찍어 둔 장소로 민청련 창립 전야에 참가자들의 결의를 다지는 데 걸맞은 곳이었다.

연성수가 사회를 봤다. 먼저 독립운동에 몸 바친 순국열사들에 대한 묵념을 했다. 이어서 김근태 의장 내정자가 술을 한잔 올리고 제문을 읽었다.

"유세차 1983년 9월 29일에 천지신명과 독립용사들의 영전에 고하나니……"

의장 내정자 김근태의 낭랑한 목소리가 북한산의 맑은 가을 공기 속에 울려 퍼졌다. 천지신명과 무명 독립용사들의 영혼이 새롭게 출범하는 민청련을 돌봐주시길 간절히 기원하는 제문이었다. 모두 함께 두 번 절하고 김근태부터 한 사람씩 돌아가며 추모와 다짐의 말을 피력한 후 둘러앉아 제주祭酒를 돌려 마셨다. 조촐하지만 비장한 출정식이었다.

드디어 9월 30일 창립총회 날이 밝았다. 며칠 후면 추석이라 선선한 날씨에다 새파란 하늘에 구름이 약간 끼어 있는 전형적인 가을날이었다. 이날 서울시경에는 다음날 있을 세계의원총회IPU에 맞춰 대학생들

수유리 4·19묘지 부근 북한산 둘레길에 위치한 광복군합동묘소(구 독립군무명용사묘)와 안내판. 이 묘역에서 민청련 창립 주역들이 은밀히 결의를 다졌다.

이 연합시위를 계획하고 있다는 첩보가 들어왔다. 이내 서울 모든 경찰서에 비상령이 통보됐다.

광화문, 종로, 명동 등 시내 요소요소마다 경찰 '닭장차'—당시 시위 진압을 위해 출동하는 경찰 버스에는 시위대의 돌멩이로부터 보호하기 위해 창문에 철망을 씌워 놓았는데 그 모양이 닭장 같다 하여 닭장차로 불렸다—가 대기하여 대학생으로 보이는 사람들을 검문했다. 시위 예정 시간으로 알려진 오후 6시쯤 되자 도심 곳곳에서 대학생처럼 보이는 젊은이들은 무조건 연행하여 차에 태워 경찰서로 실어 날랐다.

시내 일원에서 열리던 대학생들의 연합시위는 경찰의 철통같은 경계와 무차별 연행 작전으로 별 성과 없이 무산되었다. 종로2가, 방산시장, 신촌로터리 등에서 산발적인 시위가 있었을 뿐이었다. 당시 고려대를 중퇴하고 학원에서 다시 입시 준비를 하고 있던 한영수는 애꿎게 걸려들어 구로경찰서에서 조사를 받았다. 한영수는 경찰들의 '무분별한' 과잉검속에 항의하다가 괘씸죄로 며칠간 유치장 신세까지 졌다. 이는 나중에 한영수가 민청련의 열성회원으로 활약하는 계기가 되었다.

시위는 제대로 이루어지지 못했지만 이런 어수선한 상황이 민청련 창립총회를 성사시키는 데는 오히려 도움이 되었다. 며칠 전부터 국가안전기획부(이하 안기부. 중앙정보부의 후신이며 현재의 국가정보원)는 재야 청년들이 뭔가 일을 벌이려고 한다는 정보를 입수한 듯 요주의 인물들에 대한 감시를 강화하고 촉각을 곤두세워 예의 주시하던 차였다. 그러나 시간과 장소 등을 구체적으로 파악하지는 못했던 모양이다. 아마도 학생들의 연합시위 정보가 저들의 관심을 분산시키는 데 일조했으리라.

돈암동 상지회관의 안과 밖

민청련 집행부는 창립총회를 성사시키는 것만으로도 존재 의의를 알리려던 원래 목적을 절반은 달성하는 것이라고 생각하고 있었다. 이 때문에 대회 시간과 장소에 대해 무엇보다 보안을 철저히 했다.

그럼에도 안기부는 새로운 민주운동 단체가 발족한다는 정보를 입수한 듯했다. 이날 오전 김근태의 집에 안기부 요원이 다녀갔던 것이다. 당시에는 예비검속이라 하여 수사기관에서 필요에 따라 요주의 인물을 사전에 집이나 특정 장소에 붙들어두는 일이 흔했다. 물론 불법이고 인권침해였지만 누구도 항의하거나 막을 수 없었다. 김근태 의장 내정자는 만일의 상황에 대비하여 집에 들어가지 않았지만 이 방문은 뭔가 심상치 않은 느낌이 들게 했다. 아마도 고문이나 지도위원으로 모실 분들에게 연락하는 과정에서 정보가 새어 나가지 않았을까 짐작만 할 뿐이었다.

함석헌 선생, 문익환 목사, 예춘호 선생, 김승훈 신부, 권호경 목사 등 재야인사 30여 명이 이날 오후부터 연금되어 창립대회에 참석하지

왼쪽부터 함석헌 선생, 문익환 목사, 예춘호 선생, 김승훈 신부, 권호경 목사.

못했다.

청년그룹 중에서도 조성우 등 중량급 인사들에게는 연금령이 떨어졌다. 새로운 단체의 대표를 맡을 가능성이 높다고 봤는지 조성우에게는 특별조치가 내려졌다. 이날 새벽부터 안기부, 보안사, 치안본부 합동팀 5명이 차를 대기시켜놓고 있다가 조성우가 집에서 나오자마자 다짜고짜 차에 태워 교외로 몰았다. 강제 연행이었다. 결국 이날 조성우는 정보기관원들과 서울 교외 일영 유원지에 가서 하릴없이 하루를 보내야 했다.

창립총회는 오후 7시 30분에 서울 성북구 돈암동에 있는 가톨릭 수도원인 상지회관에서 시작할 예정이었다. 일반사람들에게는 잘 알려져 있지 않은 장소였다. 오후 6시가 좀 지나자 점퍼 같은 간편복 차림의 민청련 회원들이 긴장된 표정으로 삼삼오오 상지회관으로 가는 골목 비탈길을 올라갔다.

집행부는 대부분 일찍 상지회관에 들어와 행사 준비를 하고 있었다. 박우섭, 박계동은 들어오는 사람들을 안내하느라 건물 밖에 남아 있었고, 김근태, 장영달, 이해찬, 이범영 등 주요 간부로 내정된 사람들은 일찍부터 회관에 들어와 긴장 속에서 들어오는 회원들을 맞고 있었다.

상임위 의장으로 내정된 최민화만은 만일의 사태를 대비하여 아예 참석하지 않았다. 집행부가 전원 연행되어 구속되는 사태라도 벌어진다면 최민화가 2진으로 재건 집행부를 꾸릴 임무를 맡았던 것이다. 최민화는 당시 기독교사회문제연구소에서 함께 일하는 구창완 목사를 창립총회에 참석하게 하고, 자신은 나중에 현장의 진행 상황을 전달받기로 했다.

임상택, 김도연, 김정환, 박성규, 이을호, 최정순, 권형택, 이우재 등

40~50명의 회원들과 지도위원 임채정, 김종철 선생이 회관으로 속속 들어왔다.

7시가 지나 어둑어둑해지고 7시 30분으로 예정된 총회 시작 시간이 가까워지면서 제동이 걸렸다. 뒤늦게 이곳에서 민청련 창립총회가 열린다는 것을 알아챈 정보기관에서 경찰 병력을 급파하여 집회를 막으려고 한 것이다. 일순 상지회관 일대는 정사복 경찰 수백 명에 둘러싸였다. 경찰은 회관 입구를 차단하고 사람들이 들어가지 못하도록 막아섰다.

회관 입구에서는 들어가려는 회원들과 막는 경찰들 사이에 실랑이가 벌어졌다. 몇 사람은 막는 경찰을 밀치고 들어왔지만 대부분 들어오지 못하고 골목 여기저기서 웅성거리며 서 있을 수밖에 없었다. 안에 있던 집행부 몇 사람이 나가서 항의했지만 소용 없었다.

지금은 '상지 피정의 집'이라는 이름으로 불리는 상지회관의 현재 전경.
성북구 돈암동에 위치한 가톨릭 베네딕도회 소유의 수도원이다.

2

창립총회
성공하다

심야의 창립총회

상지회관 주위에 팽팽한 긴장감이 돌았다. 오후 8시쯤 되자 밖에서 웅성대는 사람이 100명 가까이로 늘어났고, 항의도 거세어졌다. 경찰 지휘관으로 보이는 자가 날카로운 목소리로 연행 명령을 내렸다. 그러자 경찰들이 일제히 달려들어 문 앞에서 항의하는 사람부터 강제 연행하기 시작했다. 순식간에 30~40명이 붙들렸고 경찰차에 실려서 성북경찰서로 끌려갔다.

연행을 피해 상지회관 진입에 성공한 사람도 있었다. 남편 박강희와 함께 광화문에서 논장서적이라는 서점을 운영하던 백완승이 그런 경우였다. 그해 3월에 결혼해 임신 6개월이어서 배가 많이 부른 상태였다. 경찰이 "어디 가느냐?"고 묻자 태연하게 "저기 친구 만나러 간다"고 둘러대자 경찰도 설마 만삭의 부인이 집회에 참석하러 간다고는 생각하지 못하고 통과시켜주었다. 그녀는 진을 치고 있던 경찰 기동대 사이를 유유자적하게 걸어서 회관 안으로 진입하는 데 성공했다.

정작 회관 안으로 들어온 백완승은 거기에 남편 박강희가 이미 들어와 있는 것을 보고 깜짝 놀랐다. 집행부는 집회를 성사시키기 위해 철저하게 점조직을 통해 장소를 전달하고 절대 비밀을 엄수할 것을 당부했기 때문에 부부 사이에서도 이날 모임에 관해 입을 열지 않았던 것이다. 서울대 학생운동 출신이면서 능력개발이라는 회사에 같이 다니던 동료 박성규, 이을호, 남명수, 전국진, 장종진 등이 각자 집회에 참석해 얼굴을 맞대고는 머쓱해하는 진풍경이 연출되기도 했다.

반면 상지회관 밖의 풍경은 전혀 달랐다. 진입을 위해 경찰과 실랑이를 벌이는 과정에서 집행부 박우섭, 박계동과 회원 오세중, 김태경, 김형기, 유인택, 정대헌, 윤종완, 조영희, 유시민, 박인배, 오세구, 유인렬, 김영철, 오인두, 문승현, 이호열, 문병옥, 지영근 등이 연행되었다. 박계동은 성북경찰서에 잡혀가서도 "야! 친정집에 왔는데 대접이 왜 이래!"라고 큰소리를 쳤다. 고려대 출신이라 학생운동 과정에서 성북서를 제 집 드나들 듯했던 것이다.

밖에 있던 회원들이 연행되자 상지회관 안에 있던 50여 명은 완전히 고립되었다. 언제 경찰들이 쳐들어올지 모르는 상황이라 예정된 총회를 진행할 수도 없었다. 경찰 측에서는 상지회관 수녀들에게 압력을 넣어 해산을 종용했다.

집행부는 김근태를 중심으로 만약의 사태에 대비하여 대책을 의논하는 한편, 이해찬, 장영달 등 집회 경험이 많은 간부들로 하여금 경찰 측과 교섭하도록 했다. 경찰은 계속 해산을 요구하면서 모두 연행하겠다고 위협했지만, 안에서는 '집회 및 시위에 관한 법률'에 보장된 평화적인 옥내 집회이니 해산할 수 없다고 버텼다. 이런 팽팽한 대치 상태가 한 시간 넘게 계속되었다. 일촉즉발의 상황이 계속 이어지자 회원들 대부분은 학생운동의 역전의 용사였지만 불안한 기색을 감출 수 없었다.

9시가 넘어 드디어 타협책이 나왔다. 총회가 끝나고 집행부가 자진 출두하는 조건으로 총회 진행을 보장하고, 사전 연행된 회원들을 즉시 석방하기로 경찰 측과 타협이 이루어졌다. 가까스로 총회를 열 수 있게 되었으나 연행된 회원들은 총회를 마친 뒤에야 겨우 석방되었다.

9시 반 무렵, 어수선한 장내를 정리하고 연성수의 사회로 드디어 총회가 시작되었다. 먼저 장영달이 발기문을 낭독했다. "우리는 더 이상 지체할 수 없지 않은가?" 장영달이 발기문을 읽어 내려가자 장내는 일순 숙연해졌다.

발기문에서 장영달은 "우리 청년운동이 동학농민전쟁, 항일 민족해방투쟁, 4·19민주혁명의 맥을 이어 받고 있으며, 유신 독재체제의 암울한 '긴급조치 시대' 아래에서 줄기차게 투쟁해왔다"고 밝혔다. 아울러 1980년 5월 광주학살 이후 3년간 우리 청년들이 한편으로 소시민적 감상과 패배주의의 늪에서 헤매어 왔음을 고백했다. 이어서 그는 우리 현실을 소수 지배집단이 군부독재체제를 강화하고 있고, 한반도 핵전쟁의 가능성이 높아가고 있으며, 대외종속과 빈부격차가 심화되고 건강한 민족문화가 말살되며 도덕윤리체계가 붕괴되고 있다고 진단했다. 이 상황에서 더 이상 '운동'을 지체할 수 없으며 이런 절박한 시대적 요구에 부응하는 민주화운동 청년단체의 결성을 제안한다고 밝혔다.

장영달의 발기문 낭독에 이어 의장으로 내정된 김근태가 창립선언문을 낭독했다. 〈민주, 민중, 민족통일을 우리 모두에게〉라는 제목의 창립선언문 서두에서 김근태는 "우리 민주청년은 민주·민권의 승리를 위한 지금까지의 반독재투쟁 경험과 운동의 성과를 계승하면서 운동 이론을 체계화하고, 운동 주체를 조직화해야 한다는 역사적 요구에 좇아 민주화운동(전국)청년연합 결성을 선언한다"고 창립 취지를 밝혔다.

우리 사회가 "외세에 편승한 소수 권력집단에 의해 강요되고 있는 민족분단 상황과 핵전쟁 위기에 처해 있으며, 우리 민중은 반민주적이고 반민중적인 지배권력 집단의 지배하에 고통 받고 있다"고 진단하면서 '민주·통일을 위한 민주정치 확립, 민족자주경제의 확립, 자생적이고 창조적인 문화 교육체계의 형성, 냉전체제 해소와 핵전쟁 방지' 등을 민청련의 과제로 제시했다. 참석자 모두가 이 선언문을 박수로 만장일치 통과시켰다.

이어서 전문 21조의 민주화운동청년연합 규약을 역시 박수로 통과시켰다. 이 규약에 의해 임원 선출에 들어가 이미 사전 논의 과정에서 내정했던 집행부 6명을 임원으로 선출했다. 드디어 군사독재와 맞서 싸울 선봉대, 민주화운동청년연합이 창립된 것이다.

집행부 전원이 안기부로 끌려가다

의장으로 선출된 김근태가 등단하여 인사말을 했다. 김근태 의장은 워낙 오랫동안 수배생활을 해온 탓에 이날 처음으로 김 의장을 본 회원들도 많았다.

지하에서 오랫동안 활동한 노련한 민중운동가 이미지와는 어울리지 않게 김 의장은 하얀 피부에 곱상한 외모를 가지고 있었다. 운동가라기보다는 대학교수처럼 보였다. 김 의장은 특유의 온화한 목소리로 차분하게 정세를 설명하고, 민청련이 수행해야 할 당면 과제를 차근차근 제시했다. 김근태 의장은 또 예견되는 시련과 박해에 맞서 모두 힘을 합쳐 싸워나갈 것을 부탁했다. 회원들은 경찰에 포위되어 있는 삼엄한 상황도 잊은 듯 김 의장의 연설에 빠져들었다. 이어 장영달 부의장도 취임 인사를 한 뒤 회원들 한 사람씩 자기소개와 함께 집행부에 대한 격려와 당부의 말을 보탰다.

창립대회는 밤 11시가 훨씬 넘은 시간에 만세삼창을 끝으로 무사히 끝났다. 어떻게든 총회를 성사시키겠다는 일념하에 비밀 작전을 수행하듯이 행사를 준비했던 집행부는 일단 안도의 한숨을 쉬었다. 아직 험난한 앞길이 놓여 있었지만 일단 민청련이라는 배를 바다에 띄우는 데에는 성공한 셈이었다.

행사가 끝나자 경찰과의 약속대로 김근태 의장을 비롯하여 장영달, 연성만 등은 밖에서 대기하고 있는 경찰차를 타고 남산 안기부로 향했다. 배웅하는 회원들과 일일이 악수를 하고 걱정 말라고 웃으며 떠났지만 보내는 회원들의 마음은 편치 않았다. 경찰들도 원래 약속대로 다른 회원들은 연행하지 않고 골목 양쪽에 도열한 채 총총히 골목길을 내려가는 회원들을 지켜보았다. 창립과 동시에 집행부를 경찰의 손에 넘겨준 회원들은 돈암동 근처 술집들로 흩어져 소줏잔을 기울이며 울분을 달랬다.

상지회관에서 연행된 김근태 의장, 장영달 부의장, 연성만 사회부 차장은 곧바로 남산에 있는 안기부 5국 지하조사실로 이송되었다. 성북경찰서로 연행되었던 박계동 홍보부장, 박우섭 총무부장도 이송되어 왔다. 이들은 각 조사실로 한 명씩 분산 수용되어 강도 높은 밤샘 조사를 받았다. 민청련의 창립 경위와 목적, 배후 그리고 관련자가 누군지 집중조사를 받았다.

대회 전에 집행부 내정자들은 김근태 의장은 물론이고, 자칫하면 전원 구속될 가능성이 높다고 보았다. 그래서 피해를 최소화하고 조직을 살리기 위해 모든 일의 기획과 문건 작성 등 책임을 김 의장이 떠맡는 것으로 사전에 말을 맞추었다. 설사 김 의장이 구속되더라도 나머지 사람들이 나와서 조직을 끌어갈 수 있도록 한 것이다. 연행된 간부들은 조사과정에서 원래 각본대로 김 의장이 모든 것을 계획하고 준비한 것으로 진술했다.

그런데 장영달 부의장이 한 가지를 자신이 했다고 진술해서 파란이 일었다. 발기문을 자신이 썼다고 주장한 것이다. 발기문 말미에 '발기인 대표 장영달'이라고 명기되어 있는데, 자신의 이름이 들어간 문건을 김 의장이 썼다고 차마 미룰 수 없었던 것이다. 그 바람에 조사관들 사이에 혼선이 일어났다. 김근태 담당조사관은 김근태가 썼다고 하고, 장영달 담당조사관은 장영달이 썼다고 보고한 것이다. 이 문제는 결국 두 사람이 대질하여 해결되었다. 대질하는 자리에서 김 의장이 본인이 쓴 것으로 장 부의장을 '설득'하여 김 의장이 쓴 것으로 마무리되었다. 그 바람에 장영달 부의장은 체면이 크게 깎인 담당조사관으로부터 주먹으로 사정없이 두들겨 맞았다.

안기부에는 현장에서 연행된 집행부 이외에 이미 붙잡혀온 이들도 있었다. 낌새를 챈 안기부가 그날 오전 11시경, 운동권 인사들의 출입이 잦던 종로5가 공해문제연구소를 급습하여 소장 최열과 정문화 그리고 우연히 그곳에 들렀던 중앙대 출신 학생운동가 이석표까지 연행한 것이다. 사회부장으로 내정했으나 총회 당일엔 발표하지 않고 2선으로 남겨두었던 연성수도 연행되었다. 당일엔 연행을 면했으나 이틀 뒤 아내 이기연의 화실에 피신해 있던 중 안기부 수사관에게 체포된 것이다.

집행부 전원 석방

집행부의 작전이 적중했는지 아니면 애초 구속할 방침이 없었는지 확실치 않으나 연행한 지 3일째 되는 날, 김근태 의장을 제외한 나머지 간부들은 모두 석방되었다. 석방되기 직전에 간부들은 민청련 활동에 더이상 참여하지 않겠다는 각서를 쓰라는 요구를 받았다. 이 부분에 대해 사전 약속을 한 것은 아니지만 원래 김 의장을 제외한 나머지 간부들은 일단 나가서 활동하는 것이 중요했기 때문에 순순히 각서를 써주고 나왔다.

안기부 측은 김근태 의장에게도 똑같은 요구를 했다. 나가면 민청련을 해체하고 활동하지 않겠다는 내용의 각서를 김 의장 앞에 내놓았다. 그리고 "여기에 도장을 찍고 나가서 민주화운동 하면 누가 뭐라고 하겠느냐. 우리가 눈감아 주겠다. 그러나 거부하면 구속할 수밖에 없다"고 협박성 제안을 했다.

그러나 김근태 의장은 이 제안을 일언지하에 거부했다. "민청련을 해체하라는 건데, 해체는 의장이 할 수 없는 거다. 회원들이 해체해야지, 말이 안 되는 걸 내가 어떻게 하냐"고 하면서 버텼다. 조직 원칙의 문제이기도 했지만, 공개 단체의 장으로서 도덕성의 문제라고 보고 끝까지 거부한 것이다. 일주일 남짓 이렇게 팽팽하게 맞서는 상황이 계속되다가 안기부는 결국 김 의장을 석방했다. 이 일주일 남짓한 기간 동안 김근태를 구속할지 여부는 전두환 정권 상층부까지 보고되었고, 결국 석방시키기로 최종 결정했다고 한다.

김 의장의 석방에 민청련 회원들은 크게 고무되었다. 공개 정치투쟁 조직이 전두환 정권하에서 활동할 수 있을지 반신반의하던 회원들이 많았는데, 김 의장의 석방으로 그 가능성이 확인된 것이다. 더구나 김 의장은 각서를 끝까지 거부하고 당당히 걸어 나옴으로써 민청련의 위신을 높였다.

최민화 상임위의장은 가슴을 쓸어내렸다. 민청련 창립을 뒤에서 누구보다 열심히 도우면서 노심초사했던 최민화로서는 너무나 기쁜 일이 아닐 수 없었다. 더구나 김근태 의장에게 만일 당신이 구속되면 제2진으로 자신이 나서겠다고 약속했는데, 이제 그 짐을 벗게 된 것이다. 김 의장이 석방되던 날 최민화는 회원 30여 명과 서소문 검찰청사로 김 의장을 맞이하러 갔다. 모두들 공개운동을 쟁취했다는 승리감에 들떴다. 최민화가 크게 한턱 냈다. 회원들을 모두에게 저녁을 사고, 술집으로 자리를 옮겨 밤늦게까지 춤을 추며 기분을 냈다.

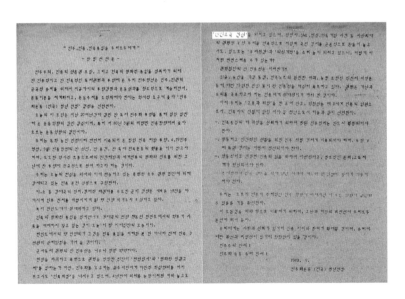

앞뒤 한 장으로 구성된 민청련 창립선언문. 타자기로 쳐서 등사기로 인쇄했다.

3

민청련 출범의
시대적 배경

민청련을 탄생시킨 전두환 정권의 폭압

민청련 창립 계기는 사실상 1980년의 광주항쟁이라고 할 수 있다. 박정희가 살해된 1979년 10·26정변 이후 12·12군사반란으로 군권을 장악한 보안사령관 전두환은 1980년 5월 17일 자정을 기해 비상계엄을 전국으로 확대함으로써 불법적으로 정권을 탈취했다. 5·17쿠데타였다. 이런 전두환 신군부의 정권 찬탈에 저항하는 광주 시민들에 대해 이들은 공수부대와 탱크를 동원하여 무자비한 무력진압으로 대응했고, 그 과정에서 수백 명의 무고한 시민들이 학살당했다. 한국 현대사의 분수령이 된 5·18광주민중항쟁이었다. 광주항쟁은 이후 1980년대 민주화운동의 마르지 않는 진원지가 되었고, 민청련 운동 역시 그 속에서 탄생했다.

전두환은 5·17쿠데타와 5·18광주항쟁 직후 국가보위비상대책위원회(약칭 국보위)를 설치하고 유신체제에 버금가는 강력한 공포정치를 시행했다. 이들은 김대중을 체포하고 이른바 '김대중 내란음모사건'을 조작하여 김대중, 문익환 등 수많은 민주인사를 체포, 고문, 투옥했다.

전두환 정권은 자신의 구미에 맞게 언론을 철저히 통제하기 위해 민주 성향의 언론인들을 언론사에서 완전히 제거하려 했다. '언론 정화'라는 명목으로 933명의 언론인을 직장에서 해직시켰다. '언론 대학살'이라 불리는 대참사였다.

신군부는 사회정화라는 미명하에 야만적인 인권 유린을 자행하기도 했다. 삼청교육대가 대표적인 사례다. 이들은 각종 범죄 전과자 등 불만 세력이라 판단되는 6만여 명을 검거한 후 그중 4만여 명을 군부대로 보내 순화교육이라는 명목으로 구금·강제노역·구타·기합 등 가혹행위를 가했는데 이 과정에서 수백 명의 사망자가 발생했다. 범죄 전과자 이외에 상당수의 민주노조 간부들까지 삼청교육대에 끌려가 고초를 당했다.

군·검·경을 동원한 무단통치로 권력기반을 구축하는 데 성공한 전두환은 허수아비나 다름없던 최규하 대통령을 하야시키고 1980년 8월 27일 통일주체국민회의에서 형식적인 간접선거를 거쳐 11대 대통령에 취임했다.

대통령 자리에 앉은 전두환은 박정희 유신헌법과 크게 다르지 않은 5공화국 헌법을 국민투표를 거쳐 제정했다. 이 개정헌법에 따라 국회와 정당을 해산하고 국가보위입법회의라는 것을 설치하여 국회 기능을 대신하게 했다. 거수기나 다름없는 국가보위입법회의를 통해 '정치풍토 쇄신을 위한 특별조치법'을 가결하여 정치인 835명의 정치활동을 금지시켰고, 언론기본법과 노동관계법을 개악하여 통과시켰다. 게다가 반공법을 폐지하고 더욱 강화된 국가보안법을 제정하여 정치적 반대세력이나 저항세력을 철저히 탄압하면서 장기 집권의 토대를 굳혀갔다.

전두환 정권의 철권통치는 1983년까지는 큰 도전을 받지 않았다. 정치권을 비롯한 사회의 거의 모든 세력들이 군부독재에 협력하거나 침묵했다. 야당의 창당에도 정권이 직접 개입했다. 중앙정보부가 민한당과 국민당 두 야당의 창당을 배후에서 주도함으로써 그들을 권력의 시녀로 만든 것이다.《조선일보》,《동아일보》등 주요 일간지는 전두환 정권을 미화하고 추종하는 어용 신문으로 전락했다.

중앙정보부에서 국가안전기획부로 이름만 바꾼 정보기관은 대법원을 통해 관할 법원에 시국사건에 대한 안기부의 방침을 시달했다. 학내 시위 주동자에 대해서는 형량까지 지침을 내려 '직접 조정'을 시도하기도 했다. 노동 통제도 유신체제 때보다 더욱 강화했다. 그들은 노동관계법을 개정하여 산별노조를 폐지하고 기업별 노조체제를 강요하여 국가통제를 더욱 강화했다.

한편 전두환 정권은 강압통치에 대한 국민의 불만을 다른 곳으로 유도하기 위한 여러 가지 사회문화정책을 진행했다. 일명 '3S정책'—스포츠·스크린·섹스—이었다. 광주학살의 만행 위에 집권한 정권의 이미지에 부드러운 가면을 씌우고 국민의 정치의식을 마비시키기 위한 것이었다. 이러한 목적으로 개최된 것이 1981년 5월 서울 여의도에서 열린 '국풍 81'이라는 대규모 관제 행사였다.

전두환 정권은 1981년 9월, 1988년 서울올림픽 유치를 성사시키고 이어 11월에는 1986년 아시안게임 유치까지 성사시켜 전국적으로 스포츠 열풍을 불러일으켰다. 1982년 3월에는 전두환의 강력한 지원 속에 프로야구가 출범했다. 프로야구 출범은 국민적 프로야구 열풍을 불러왔다. 여기에 학생 교복 폐지, 두발 자유화, 야간통행금지 해제, 영화 검열 완화 등의 조치가 취해졌다. 이러한 일련의 조치들은 물질주의적이고 향락적인 오락문화 확산을 통해 정치에 대한 국민의 관심을 다른 곳으로 돌리고 비판의식을 마비시키려는 의도가 내포되어 있었다.

탄압과 저항

전두환 정권은 민주화운동에 대해서는 더욱 치밀하고 혹독한 탄압을 자행했다. 녹화사업이 대표적 사례다. 녹화사업이라는 명칭은 '붉게 물든 빨갱이'를 전향시킨다는 뜻에서 지어졌다. '녹화사업'은 1981년부터 1983년 사이에 진행됐는데, 군대에 강제 입영시킨 학생운동가들을 보안사로 불러 감금하고, 고문과 위협으로 학생운동 경력을 자백하게 한 다음 학원프락치로 활용하는 사업이었다.

녹화사업은 처음에는 1980년 '서울의 봄' 당시 학내시위를 이끌었던 운동권 학생들을 대상으로 이루어졌다. 그러다가 점차 대상을 넓혀 재학생 중에서 시위를 주도할 문제 학생으로 지목되거나 시위 현장에서 체포된 학생들을 강제 입영시켜 녹화사업의 대상자로 삼았다. 녹화사업의 표적이 된 학생들은 갖은 고문과 협박 등 육체적 고통과 더불어 동료를 배신하도록 강요받는 엄청난 정신적 고통에 시달렸다. 강제 징집된 학생들 중 정성희(연대 81학번), 이윤성(성대 81학번), 김두황(고대 80학번), 한영현(한양대 81학번), 최온순(동국대 81학번), 한희철(서울대 79학번) 등 6명이 녹화사업 과정에서 의문의 죽음을 당하기도 했다.

그밖에 학생운동과 노동운동가들을 대거 검거·구속한 무림·학림사건, 부산 지역 민주인사들의 학습모임을 정부 전복 집단으로 용공 조작한 '부림사건', 아람이라는 아이의 돌잔치에 모인 사람들에게 반국가단체 조직 혐의를 씌운 '아람회 사건' 등도 공작에 의한 민주화운동 탄압의 예다. 이 사건들은 2000년대 들어 재심을 통해 모두 무죄 판결을 받았다. 1980년대 초 발표한 수십 건의 간첩단 사건 중에도 상당수가 이런 탄압의 일환으로 조작된 사건임이 나중에 밝혀졌다.

전두환 집권 3년 동안 정권에 대한 거의 유일한 저항세력은 대학생들이었다. 1980년 5·17쿠데타로 문을 닫은 전국의 대학들은 1980년 9월 3일부터 오랜 휴교를 끝내고 2학기를 시작했다. 하지만 대학가의 분

녹화사업 희생자 6명. ① 한영현(당시 21세), ② 정성희(당시 20세), ③ 김두황(당시 23세), ④ 이윤성(당시 19세), ⑤ 한희철(당시 22세), ⑥ 최온순.

위기는 암울했다. 1970년대 긴급조치 9호 시절의 감시체제가 다시 되살아났고, 사복경찰이 대학 안에 상주했다. 유신시대 말기에 시행되었던 문제 학생에 대한 교수책임제도 부활했다.

그러나 이러한 감시체제와 가혹한 처벌에도 불구하고 1980년 9월 2학기 벽두부터 학생들의 시위는 끊이지 않았다. 학생들은 사복경찰들이 학교 도처에 상주하는 상황에서 대규모 시위가 불가능했기 때문에 기습적으로 전두환 정권을 규탄하는 유인물을 배포하거나 시위를 벌였다. 이 과정에서 많은 학생들이 체포, 구속, 제적당했지만 학생들의 투쟁은 줄기차게 이어졌다. 1980년 김의기(서강대), 1981년 김태훈(서울대) 학생처럼 광주학살 진상규명을 요구하며 투신자살하는 극한투쟁으로 이어지기도 했다.

5월 광주항쟁은 일시적으로 패배하긴 했지만 이후 민주화투쟁의 마르지 않는 원천이 되었다. 학생들은 학내 서클들이 중심이 되어 전투적인 학생운동 세력을 양성하고 단련했다. 이렇게 성장한 학생운동가들은 1980년 '서울의 봄'과 광주항쟁 과정에 대한 반성 속에서 미국의 역할에 대한 근본적 물음을 제기했다. 전통적인 우방으로 여겼던 미국이 독재정권을 후원하고 학살을 방조하는 현실을 목격하면서 학생운동 안에 반미의 기운이 싹텄다. 1982년 3월에 일어난 부산 미문화원 방화사건은 그러한 학생운동의 변화과정을 보여주면서 국내외에 엄청난 충격을 주었다.

이렇게 성장한 학생운동은 1982년 하반기에 접어들면서부터 축적된 역량을 바탕으로 대규모 연합시위를 시도하고, 교내 시위와 더불어 도심에서 기습적인 가두시위도 벌일 정도로 발전했다. 서울의 몇 개 대학에 국한되었던 시위는 전국적으로 확대되었고, 여자대학에서도 교내 시위를 벌였다. 1983년도에 들어서면서 이러한 학생들의 투쟁은 더욱 전투적으로 변화해갔다.

1980년 5월 17일부터 1983년 말까지 3년 반 동안 반정부시위로 제적된 학생이 1,363명에 달했다. 학교 밖으로 쫓겨난 이들 학생운동가들은 바로 민청련 창립의 주역이 되었다.

4
구월동의
도망자들

〈야비〉와 〈전망〉

1980년에서 1983년 사이 학생운동이 전두환 정권의 살벌한 탄압 속에서도 조직적으로 성장할 수 있었던 배경 가운데 1970년대 유신독재하에서 헌신적으로 투쟁했던 이른바 '빵잽이'(교도소살이를 한 사람) 선배들의 역할도 무시할 수 없다.

이들 선배그룹은 1980년 5월 '서울의 봄' 당시에 복학생으로서 민주화투쟁의 한 축을 이루었다. 그러나 5·17쿠데타 이후 이들은 안기부 등 정보기관의 24시간 감시대상이 되어 위축될 수밖에 없었고, 그 과정에서 상당수는 구속, 강제 징집, 취직 등으로 운동 일선에서 멀어질 수밖에 없었다. 그러나 일부 활동가들은 대학 서클 후배들과 연락을 유지하면서 학생운동의 흐름을 관찰하며 여러 가지 방법으로 학생운동을 지원했다. 그중 하나가 당시 대학가에서 은밀히 회람되었던 지하 팸플릿이었다.

1982년 맨 처음 학생들에게 영향을 주었던 팸플릿은 〈야학비판〉(이하 〈야비〉, 서울대 사대 78학번 이장원이 쓴 것으로 알려짐)였다. 〈야비〉는 학생운동의 한계에 대해 통렬하게 비판했다. 학생운동이 무모하게 시위만을 강조하면서 학생 대중으로부터 고립되고, 연이은 구속으로 운동 역량의 손실을 초래했으며, 그러면서도 독재정권에 직접적인 타격을 가하지 못하고 있다고 주장했다. 그리고 학생운동만으로 한국사회의 모순을 해결할 수 없으므로 노동 현장에서 노동 대중을 의식화·조직화하는 작업을 수행할 것을 주장했다. 당시 운동권에 널리 퍼져 나가고 있던 노동현장론이었다. 이 주장은 장기적이고 지속적인 투쟁을 강조하고 있지만, 다른 한편으로 학생시위를 자제하고 노동현장에 투신하여 후일을 도모해야 한다는 준비론으로 받아들여질 소지가 있었다.

이 팸플릿에 이어 〈학생운동의 전망〉(이하 〈전망〉)이라는 제목의 팸플릿이 의식 있는 학생들의 필독서가 되었다. 〈전망〉은 〈야비〉에 대한 비판의 성격이 강했다. 〈전망〉에서 필자는 학생운동의 가장 큰 임무는 선도적 정치투쟁을 통해 지속적으로 문제를 제기하는 것이라고 주장하면서 학생운동의 반독재 시위투쟁을 적극적으로 엄호했다. 당시 학생운동 출신 활동가들 사이에서 퍼져 있던 이른바 '준비론'을 경계하고, 학생운동의 전투적 역할을 강조한 것이다.

팸플릿이 나왔을 무렵에는 집필자가 누구인지 알 수 없었으나 나중에 유기홍(서울대 77학번), 오세중(서울대 77학번), 소준섭(외대 78학번) 등이 쓴 것으로 밝혀졌다. 이들은 이후에 모두 민청련 창립에 적극적으로 참여했고, 〈전망〉도 민청련 창립을 준비하는 이범영(서울대 73학번, 1994년 작고) 등과 일정한 교감 하에 작성된 것으로 알려졌다.

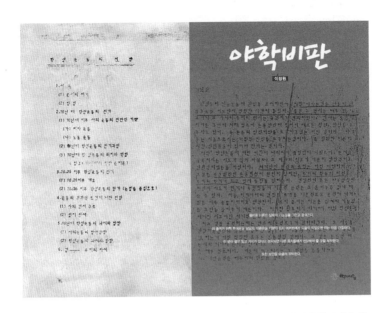

1980년대 전반기 학생운동가들 사이에 떠돌던 지하 '팜' 〈전망〉과 〈야비〉.
모두 타자기로 친 뒤 등사기로 인쇄했다.

〈전망〉 필자들의 최근 모습. 왼쪽부터 오세중, 유기홍, 소준섭.

민청련 결성 논의의 두 진원지—YB그룹과 OB그룹

1970년대에 학생운동으로 학교에서 제적되거나 옥고를 치른 학생은 1,000여 명에 이르렀는데, 이들 대다수는 '민중지향적' 사회변혁을 꿈꾸는 지식 청년들이었다. 이들은 민중 즉 억압받는 가난한 노동 대중 속으로 들어가 그들과 고락을 함께하고, '각성된' 민중과 함께 불의한 권력을 타파하여 민중이 주인 되는 사회 변혁을 이루어내는 것을 삶의 목표로 삼았다.

그러나 대개 중산층 출신이었던 지식 청년들이 노동 대중 속에 들어가 일생을 함께하는 결단은 결코 쉽지 않은 일이었다. 실제로 이들 중 일부만이 노동자·농민의 생활 현장에 투신했으며, 다른 많은 청년들은 생계를 위해 직장을 구했다. 교도소에 갔다 온 전력 때문에 공직이나 대기업 취직은 어려웠기에 그들은 대부분 일반 중소기업이나 영세한 출판사, 번역 같은 자유업에 종사했다. 소규모 사회과학 출판사를 직접 경영하기도 했다. 이들은 박정희 사망 후 1980년 3월에 대부분 복학했으나, 5월에 '서울의 봄'을 겪었고, 5·17 이후 다시 제적되어 학교에서 쫓겨났다. 1980년대 초 이들 중 일부는 노동 현장으로 들어갔고 다른 많은 사람들은 다시 직장을 구했지만, 일부는 거리에 실업자로 남았다.

그들 중에는 1980년 광주항쟁 이후 전두환 정권에 대한 투쟁과정에서 독재정권의 수배령이 떨어져 도피생활을 해야 하는 도망자 그룹이 있었다. 이들은 수사기관의 추적을 피해 신분을 숨기고 사는 긴장된 생활 속에서도 민주화를 향한 신념을 잃지 않고 군사정권의 타도를 위한 모색을 멈추지 않았다. 이들이야말로 직업적 운동가에 가장 근접한 사람들이라고 할 수 있었다. 그리고 이들 속에서 새로운 청년운동의 싹이 텄다.

민청련 같은 공개 정치투쟁단체의 필요성은 학생운동 출신 운동가들 사이에서 상당히 광범하게 공감대가 형성되어 있었다. 구체적인 조직 건설 논의에는 대략 두 갈래가 있었다. 하나는 이범영, 박우섭(서울대 73학번)을 중심으로 한 1970년대 초중반 학번의 상대적으로 젊은 그룹이고, 또 하나는 조성우(고려대 68학번), 최민화(연세대 69학번) 등 60년대 후반 학번이 중심인 상대적으로 연령대가 높은 그룹이었다. 당시 전자를 YB 그룹, 후자를 OB그룹이라 불렀다.

YB쪽 논의의 시발은 광주항쟁 이후 수배 상태에 있던 도망자 그룹이었던 것으로 보인다. 1981년 가을부터 인천 구월동 한 주공아파트에 일군의 도망자들이 모여 살았다. 1980년 5·17계엄확대조치 때부터 전두환 정권에 의해 내려진 포고령으로 수배 중이던 박우섭, 문국주(서울대 73학번), 소준섭과 노동운동 관련 사건으로 수배 중이던 청계노조 위원장 민종덕, 공식 수배는 아니었지만 정보기관의 요시찰 대상이었던 이범영, 박승옥(서울대 73학번) 등이 함께 살았다.

구월동 아파트단지는 연탄을 때는 5층짜리 서민아파트였다. 그들이 살던 집은 보증금 50만 원에 월세 5만 원을 내는 방 2개짜리 아파트였다. 이 작은 아파트는 이집 저집 동가숙서가식하며 불안한 도피생활을 하던 도망자들에게는 더할 나위 없이 좋은 보금자리였다. 이들이 이렇게 모여 살 수 있도록 뒤에서 도와준 사람은 민주화운동의 전설적 인물 신동수였다. 신동수는 개인적으로 연락하고 있던 수배자들을 한 명씩 이 아파트로 데려와서는 생활비 조달까지 세심하게 돌봐주었다.

같은 구월동 주공아파트 단지 안에 김근태가 살고 있었다. 당시 김근태는 수배된 채 부인 인재근과 혼례를 올리지 않은 상태로 동거하면서 인천 도시산업선교회에서 비공식 실무자로 일할 때였다. 수배자 중 제일 나이가 어렸던 소준섭은 신동수의 소개로 김근태의 집에서 살다가 구월동 아파트 수배자들과 합류했다. 신동수는 김근태의 경기고 동기 동창이면서 오랜 민주화운동 동지였다. 주공아파트 단지 옆 한신아파트 단지에는 이명준(중앙대 68학번)이 살았고, 여기에는 또 수배 상태의 심재권(서울대 66학번), 박계동(고려대 72학번)이 드나들었다.

김근태를 포함한 구월동 일곱 사람은 자주 만나 어울려 놀았고, 밤새 열띤 토론도 벌였다. 옆 단지의 이명준과 박계동이 함께 어울리기도 했다. 이들은 틈나는 대로 정세를 논하고 군부독재에 맞서 저항운동을 조직할 수 있는 방안에 대해 논의했다. 생활비는 각자 아르바이트 등을 해서 조금씩 보탰다. 출판사를 운영하는 선배로부터 번역 일거리를 맡아서 하기도 하고, 무공해 두부와 콩나물 배달 일도 했다. 당시 원혜영(서울대 71학번)은 무공해 식품을 공급하는 회사 풀무원을 막 창립했는데 신동수가 이 회사에 관여하면서 도망자들의 일거리를 물어왔다. 수배

2000년대 초반 선농음식살림 대표이사 시절 신동수의 모습.

자들은 모두 가난했지만 내 것 네 것 없이 공동체 생활을 했다.

1981년 말 함께 어울리던 박계동이 마산에서 밀항을 시도하다가 실패하여 세상을 떠들썩하게 했다. 그 여파로 구월동 수배자들이 몇 주간 다른 곳으로 뿔뿔이 흩어졌다가 다시 모이는 해프닝도 있었다.

1982년 3월 부산 미문화원 방화사건이 일어나고, 범인을 추적하던 경찰이 9명을 공개 수배했다. 이때 박계동, 박우섭, 문국주, 소준섭의 얼굴이 한동안 TV 화면에 대문짝만하게 공개되었다. 결국 경찰의 추적으로 박계동과 문국주는 체포되었다. 박계동은 동네 반상회에서 수배자의 얼굴을 확인한 집주인의 신고로 검거됐다. 비슷한 시기 문국주도

민청련 창립을 논의한 주요 인물들.
① 문국주, ② 심재권, ③ 이명준, ④ 박계동, ⑤ 박우섭.

신호등을 보지 않고 무심코 길을 건너다 어이없게도 교통경찰의 단속에 걸려 체포되었다.

그러나 이런 우여곡절 속에서도 구월동 아파트 합숙생활은 1983년 초까지 계속되었다. 불안정하고 어둡던 시절이었지만, 모두들 미래를 낙관했으며 뜨거운 투지와 사명감에 불타고 있었다.

휴일에는 근처 공원에서 농구도 했다. 나중에 김근태는 이 농구가 김근태와 구월동 식구들의 연대감을 높여주었고 이런 유대감이 민청련 창립에 큰 도움이 되었다고 술회했다.

5

공개 정치투쟁을 조직하라

구월동 사람들과 공개 청년운동

민청련의 창립은 구월동에 은거하던 수배자들이 공개 청년운동단체의 필요성을 논의하면서 촉발된 것으로 볼 수 있다. 팸플릿 〈전망〉 작성에 참여했던 소준섭은 당시 상황을 이렇게 회고했다.

〈전망〉의 논리가 운동권 전반에서 확실하게 득세하면서 구월동의 '논의 구조'에서는 자연스럽게 공개적 청년운동 건설론이 나오기 시작했다. 이 범영 선배가 벽에 기댄 채 큰 눈을 굴리며 "소도 비빌 언덕이 있어야 한다"고 공개 청년조직 건설의 필요성을 역설하던 모습이 지금도 선하다. 대화와 논의에 있어 김근태 선배를 좌장으로 모신 것은 물론이다. 특히 1970년대에 있었던 민청협 활동을 평가하면서 그 단점을 극복하는 새로운 청년운동을 어떻게 건설해야 할 것인가에 대해 논의가 많았다.

이 구월동에서의 논의가 팸플릿 〈전망〉에도 그대로 반영되어 나타난다. 예를 들면 1970년대 말 정문화(서울대 70학번. 1998년 작고), 조성우 등을 중심으로 재야운동의 한 축을 담당했던 민주청년협의회(약칭 민청협)에 대해 비판적으로 평가했다. "70년대 청년 재야운동이 커다란 '상징성'을 가졌으며 대중에 대한 공개적 '스피커'의 역할을 담당하고 정권에 대하여 대외적 압력을 행사하는" 긍정적 역할을 높이 평가하면서도, "불분명한 민중지향적 성격과 잡다한 구성층으로 인한 결속력의 약화, 진정한 대중적 기반이 없는 입만의 운동"(민주화운동기념사업회 소장 사료 〈학생운동의 전망〉 중에서)이라고 매서운 비판을 가했다. 새로이 건설되는 청년운동이 진정한 대중적 기반을 갖는 조직운동이 되어야 한다는 쪽으로 의견이 모였던 이유다.

〈전망〉에서 주장하는 학생운동의 선도적 정치투쟁은 사회운동으로 확산될 필요가 있었다. 1982년 말부터 격렬하게 전개되고 있던 학생들의 민주화 시위는 정부 당국의 철저한 언론통제로 신문과 방송에 단 한 줄도 보도되지 않고 있었다. 광주학살의 실상도 국민에게는 철저히 은폐되었고, 그에 대한 정보와 자료들은 일부 운동권 사람들 사이에서만 은밀히 유통될 뿐 국민에게 제대로 전달되지 못하고 있었다. 게다가 급속하게 성장하고 있는 노동자, 농민, 빈민 등도 자신들의 생존권 주장을 대변하고 엄호할 세력을 절실히 요구하고 있었다.

사회에서 이러한 공개 정치투쟁을 담당할 세력은 역시 학생운동으로 단련된 청년들일 수밖에 없었다. 1980년 5·17쿠데타로 다시 제적되어 사회에 나온 복학생 청년들이 수백 명에 이르렀기 때문에 인적 자원은 충분했다. 문제는 유신체제에 버금가는 전두환 정권의 폭압통치 아래에서 과연 공개 정치투쟁단체가 생존 가능할 것인가, 가능하다면 누가 그 일을 맡을 것인가였다.

구월동 사람들은 1983년 초부터는 공개 투쟁의 가능성에 확신을 갖기 시작했다. 모두가 수배 상태였던 터라 수사기관의 동태에 특히 민감했는데 1983년 들어서면서 변화가 감지된 것이다. 많은 수배자들의 수배가 해제되었고, 수배자들에 대한 수사기관의 추적도 완화된 듯 보였다. 이러한 변화는 이들로 하여금 공개 투쟁단체의 활동이 가능할 수 있겠다는 생각을 갖게 했다.

이때 박우섭이 자신에 대한 수배가 해제된 것으로 판단하고, 4월에 경찰에 자수하기로 결정했다. 박우섭은 예상대로 간단한 조사만 받고 풀려났다. 대신 구월동 수배자 방은 더 이상 유지할 수 없게 됐고, 나머지 사람들은 연고를 찾아 떠났다. 그러나 구월동그룹 사람들은 공개 투쟁단체가 필요하다는 강한 확신과 의지를 품고 있었고, 언젠가 그러한 단체가 출범하면 자기도 뭔가 해야 한다는 사명감을 간직하고 있었다. 박우섭이 자수하여 수배를 푼 것도 그것이 앞으로의 공개단체 활동을 위해 필요할 것이라는 생각 때문이었다.

민청협 그룹

또 한 갈래 공개적 청년운동 건설 논의가 태동한 곳은 민청협 그룹이었다. 나중에 이들은 OB그룹이라고 불렀다.

민청협은 1974년 중앙정보부에 의해 조작된 민청학련 사건 관련자들이 중심이 되어 1978년 5월에 출범한 단체다. 민청학련 사건으로 옥고를 치르고 석방된 청년들 67명은 1978년 1월 아직 풀려나지 못한 이

강철, 유인태 등 6명의 석방을 요구하는 성명서를 발표했다. 그중 일부는 유신체제 아래에서의 이른바 요시찰 인물들에 대한 탄압에 공동 대처할 필요가 있다는 생각으로 민청협을 결성했다. 정문화가 맡았던 초대 회장직을 이어받은 2대 회장 조성우는 1979년 명칭을 '민주청년협의회'로 바꾸고 상설적인 민주화투쟁 단체를 표방했다.

민청협은 1979년 3월 1일 출범한 재야단체 '민주주의와 민족통일을 위한 국민연합'(약칭 민주통일국민연합, 의장: 윤보선, 김대중, 함석헌)과 더불어 유신 말기 재야 반독재 민주화운동의 명맥을 이어나갔고, '동일방직사건', 'YH사건' 등의 노동운동에 깊숙이 개입하며 유신정권에 대항했다. 민청협은 1979년 10·26으로 박정희가 죽고 난 직후에는 유신체제를 해체하고 민주화를 달성하기 위한 '통대선출 저지 국민대회'를 기획하는 데 주도적으로 나섰다. 이들이 기획한 YWCA에서의 국민대회는 계엄군에게 혹독한 탄압을 받았고, 간부 이우회, 최열, 최민화, 강구철, 홍성엽 등이 구속되었다. 이 사건 이후 민청협은 사실상 해체되고, 구속을 면한 회원들은 1980년 3월 '서울의 봄' 시기에 복학하여 학생운동에 복귀했다.

그러나 5·17쿠데타 이후 전두환 정권에 또 한 번 철퇴를 맞아 조성우, 이해찬, 홍성엽 등 상당수가 김대중 내란음모사건으로 다시 구속되었다. 구속되지 않은 회원들은 사회 각 곳에 흩어져 재기를 노릴 수밖에 없었다. 이들 역시 1980년 이후에 과거 1970년대 민청협 같은 공개 청년운동단체의 필요성을 절감하고 있었다.

제2대 민청협 회장으로 YWCA 국민대회를 주도했던 조성우는 대회 당일 요행으로 현장에서 체포되는 것을 면했다. 그러나 계엄사에 수배되어 공개 활동을 할 수는 없었다. 조성우는 수배 상태로 1980년 '서울

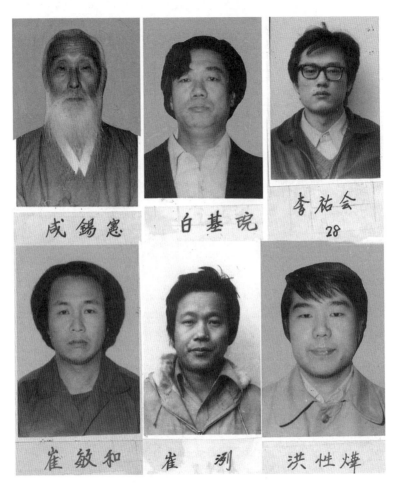

'YWCA 위장결혼사건'으로 알려진 '통대선출 저지 국민대회' 사건으로 구속된 주요 인물들. 왼쪽 위부터 시계방향(직책은 당시 기준)으로 함석헌 씨울의 소리 대표, 백기완 백범사상연구소 소장, 이우회 민청협 회장, 당시 결혼식 신랑 역을 한 홍성엽 민청협 운영위 부위원장, 최열 민청협 부회장, 최민화 밀물출판사 대표.

의 봄' 시기에 고려대 학생운동과 재야운동에 깊숙이 관여했다. 5·17 이후 다시 김대중 내란음모사건의 중심인물로 계엄사의 집중 추적을 받다가 결국 6월에 체포됐다. 조성우는 계엄사에서 혹독한 고문을 받고 군법회의 재판에서 징역 15년을 언도받고 2년여 수형생활을 하다가 1982년 12월에 형 집행정지로 문익환 목사, 이해찬 등과 함께 석방된다.

계엄사에서 워낙 혹독한 고문을 받았던 조성우는 교도소 생활 내내 건강이 좋지 않았지만 석방되자마자 민청협을 재건하여 군사정권과 싸워야 한다고 주장하고 나섰다. 석방된 지 얼마 지나지 않은 1983년 1월 김근태를 찾아가 민청협을 재건해야 한다는 자신의 생각을 밝히고, 이 재건작업에 김근태가 참여해줄 것을 요청했다. 민청협을 재건하기 위해서는 당시 양대 세력인 정치투쟁파와 현장파가 모두 함께 참여해야 하는데 그러기 위해서는 이 양파에서 모두 수긍할 수 있는 김근태가 나서야 한다고 생각한 것이다. 당시 김근태가 어떤 반응을 보였는지는 분

최민화의 부인 박혜숙이 대흥동에서 운영하던 세민약국. 이 약국은 훗날 민청련 시절에도 비밀 아지트로 자주 애용됐다. 박혜숙 씨는 암 투병 끝에 2004년 작고했다.

명하지 않지만, 조성우는 부정적이지만은 않았던 것으로 기억하고 있다. 조성우 자신은 민청협 재건을 공론화하긴 했지만, 일본 유학을 준비하고 있어서 전면에 나설 처지는 아니었다.

조성우의 석방으로 구 민청협 멤버들의 모임이 자연스럽게 형성됐다. 이 모임을 만드는 데에는 월간《씨올의 소리》편집장을 하면서 재야 선후배 사이에 두루 관계가 원만했던 최민화가 중심 역할을 했다. 최민화는 통대선출 저지 국민대회 때 체포되어 혹독한 고문을 받고 구속되었다가 징역 10월의 비교적 가벼운 형을 받고 대전교도소에서 복역했다. 그리고 1년 만에 1980년 11월 30일 석방되었다. 1981년 4월부터는 기독교사회문제연구원에 취직하여 출판부장으로 근무했다.

1982년 12월 조성우가 석방되자 최민화는 1983년 새해 벽두부터 조성우, 문국주, 이우회 등과 함께 원로들에게 세배를 다니면서 공개 청년단체를 다시 꾸리는 논의의 불을 지폈다. 처음에는 조성우가 주선한 장소에서 부정기적으로 몇 번 모이다가 점차 신촌 부근 대흥동에 있던 최민화 집을 모임 장소로 이용했다. 다들 실업자 신세인데 최민화는 부인 박혜숙이 약국을 운영하는데다 최민화 본인도 기사연에서 괜찮은 월급을 받는 처지였기 때문에 자연히 물주가 되었다.

혜화동 공해문제연구소

1982년 5월 최열과 정문화가 중심이 되어 공해문제연구소를 창립하고 혜화동에 조그만 사무소를 열었다. 이곳이 운동권 청년들의 또 다른 모임 장소가 되었다. 당시 모임 장소가 마땅치 않았던 청년들로서는 이곳에 자주 들러 모임도 하고 시국담도 나누었다. 정문화, 최열이 민청협 간부였기 때문에 자연히 민청협 사람들이 많이 드나들었다. 이범영이 소개한 서울법대 출신 김태현(서울대 75학번)이 실무 간사로 근무하고 있어서 박우섭, 이범영 등 YB그룹에서도 자주 드나들었다. 그래서 혹자는 이 공문연 사무실에서 민청련 조직이 싹텄다고 이야기하기도 한다.

민청협 그룹과 공해문제연구소 사람이 주축이 된 OB모임이 1983년 5월부터는 정례화되어 매주 한 번씩 최민화 집에서 모였다. 이때 모인 사람들의 면면을 보면 기독교 쪽에서 김경남·황인성·송진섭, 가톨릭에서 이명준·문국주, 민청협에서 조성우·장영달·정문화·이해찬 등이 참여했고, 그밖에 경북의 정화영(경북대 68학번), 광주의 이강(전남대 68학번), 부산의 김재규(부산대 68학번) 등과도 연락을 취했다. 이 모임 사람들은 대체로 공개 정치투쟁단체의 필요성에 공감했고, 구체적으로 어떤 사람들이 어떤 역할을 할 것인가를 놓고 설왕설래했다. 그러나 누가 구심이 되어 이 조직을 이끌 것인가에 대해서는 쉽게 결론을 내리지 못했다.

최열과 더불어 공해문제연구소의 주요 멤버였던 정문화와 김태현.

6

누구나 인정할
의장을 찾아라

이범영과 박우섭

1983년 초부터 전두환 정권의 유화적 조치들이 발표되고 수배자들이 수배에서 풀리는 등 변화의 조짐을 보였다. 먼저 1983년 2월 정치활동 피규제자 중 452명을 2차에 걸쳐 해금했다. 그러나 김대중, 김영삼 등 야당 핵심 인사 99명은 여전히 정치활동 금지를 풀어주지 않았다.

김영삼은 1983년 5월 18일, 광주항쟁 3주년을 맞아 〈단식에 즈음하여〉라는 제목의 성명을 내고 무기한 단식에 돌입했다. 1980년 5·17쿠데타 이후 야당 정치인으로서 전두환 정권에 정면으로 도전하는 최초의 행동이었다. 김영삼은 성명에서 구속인사 석방과 전면 해금, 해직교수와 근로자 및 제적 학생의 복직·복교·복권, 언론의 자유, 개헌 및 국보위 제정 법률의 개폐 등을 요구했다. 이 소식은 정권의 철저한 언론통제로 언론에 보도되지 않았으나 AP통신 등 외신을 통해 전 세계에 알려졌고, 국내 신문에서도 차츰 1단으로 '정치 현안' 등의 표현을 쓰면서 국민에게 알려지기 시작했다.

　김영삼의 단식은 운동권 청년들에게도 즉시 알려졌고, 공개 정치투쟁단체를 추진하려는 움직임에 활력소가 됐다. 1970년대에 민청학련 사건과 긴급조치 9호 위반으로 구속되었거나 학교에서 제적된 청년들 사이에는 출신 대학별로 모임이 있었다. 인원이 많았던 서울대는 학번별로 모였다. 이 모임들은 고난을 같이하는 동지애로 뭉쳐 있었다. 느슨하지만 끈끈하고 응집력이 있었다. 이들은 1980년 광주항쟁 이후 사회 속에 흩어져 자기 갈 길을 모색했지만 정기적으로 모여 서로의 안부를 묻고 시국담을 나눴다. 여기에 김영삼의 목숨을 건 단식 소식이 전해졌다. '이제 우리도 모여서 뭔가 해야 하지 않겠는가' 하는 투지가 이들의 마음속에 뭉게뭉게 피어났다. 이러한 생각들을 조직할 누군가가 필요했다.

1976년 서울대 농법회 수련회에 참여한 회원들. 맨왼쪽이 이범영.

가장 먼저 발 빠르게 움직인 사람은 이범영과 박우섭이었다. 이범영은 법대 출신으로 이념서클 농법회 회장을 지내 서울대 운동권 선후배들과 폭넓은 관계를 맺고 있었다. 1976년 12월 학내 시위로 2년여 징역을 살고 나온 후 1979년부터 학생운동으로 징역을 산 사람들의 병역 문제를 해결하기 위해 병역대책위를 조직하여 투쟁하면서 지방대학 출신자들과도 폭넓게 유대관계를 맺고 있었다. 이범영은 오랫동안 구월동 수배자들 모임에서 함께 지내면서 선도적 정치투쟁이 시급하고 이를 위한 공개 청년운동단체 건설이 필요하다는 확신을 가지게 되었다.

박우섭은 대학시절 연극반, 극단 연우무대 활동 등을 통해 문화패들과 광범하게 교류하고 있었다. 그는 이해찬, 황선진, 김도연, 이석원, 박성규 등 서울대 72학번들 모임인 '마당모임'의 연락 담당 역할을 했고, 문익환·백기완 등 재야원로들 및 장기표, 이신범, 조영래 등 중견 재야인사들과 광범하게 교류하고 있었다. 신동수, 김근태 등을 통해 청계노조 등 현장 노동운동권과도 긴밀한 연계를 가지고 있었다.

이 두 사람은 광범위하게 사람들을 만나면서 공개 운동단체 설립에 관한 의견을 수렴했다. OB그룹에서는 최민화와 이해찬이 적극적으로 움직였다. 그렇지만 최민화는 기사연 출판부장으로 직장에 다녔고, 이해찬도 당시 돌베개라는 출판사를 운영하고 있어서 박우섭 이범영에 비해 상대적으로 움직임이 더딜 수밖에 없었다. 이범영은 서울대 후배 권형택(74학번), 이우재(75학번), 연성만(75학번) 등과도 자주 만나 논의했다. 또 고려대 출신 조성우와 설훈, 연세대 출신 홍성엽도 열심히 움직였다.

양수리 모임

1983년 6월 말경, 경기도 양수리 북한강가 한 민박집에 30~40명의 청년들이 모였다. 수사기관의 주목을 피하기 위해 표면적으로는 민주 동지들이 오랜만에 서로 얼굴들이나 보자는 취지로 학교별, 학번별로 몇 사람씩 연락했다. 아직 전두환 정권의 서슬이 시퍼럴 때인지라 조심스럽게 연락을 취했다. 신동수, 안양로(서울대 68학번), 조성우, 최민화 등 OB그룹들과 이해찬, 김도연, 박성규, 이범영, 설훈, 권형택, 이우재, 최정순(이대 75학번) 등 YB그룹으로 논의를 진행하던 사람들이 거의 모두 모였다. 박우섭은 4월에 수배가 풀려 5월 22일에 뒤늦게 결혼식을 올리고 당진 고향집에 갓난아이와 새댁을 데리고 들어가 있던 터라 참석하지 못했다.

이 양수리 모임이 그동안 진행해온 공개단체 논의의 매듭을 짓는 자리가 되었다. 사실상 이 자리에서 공개 청년단체가 필요하다는 암묵적인 합의가 이루어졌다. 안양로가 이 날 논의를 끌어가는 데 상당히 적극적인 역할을 했다.

공개 청년단체를 만들자는 데는 합의가 이루어졌지만 구체적인 조직 결성 작업은 쉽지 않았다. 전두환 정권이 일련의 유화 제스처를 보이긴 했지만 공개적인 반정부단체의 활동을 용인할 것인지는 미지수였다. 사실 전두환 정권은 1983년 초까지 학생운동에 대해서는 철저히 탄압 기조를 유지했다. 학생운동 출신 군복무 사병에 대한 학원프락치사업, 이른바 녹화사업도 계속되고 있었다. 그러나 희생이 따르더라도 공개 정치투쟁단체는 필요하다는 것이 당시 양수리에 모인 청년운동가들의 생각이었다. 문제는 누가 그 일을 할 것인가, 누가 고양이 목에 방울을 달 것인가였다.

동막 모임

그해 7월 중순, 포도 수확철에 인천 동막에 있는 한 과수원에서 이해
찬, 박우섭, 이범영, 연성수, 연성만, 최정순 등 20명쯤 되는 청년들이
다시 모였다. 모인 사람들은 모두 공개 단체가 출범하면 구속을 각오하
고 참여할 의지가 있는 사람들이었다. 문제는 조직을 앞장서서 이끌 지
도자를 누구로 세울 것인가였다. 손학규(서울대 65학번), 장명국(서울대 66
학번), 안양로, 조성우 등 1960년대 학번 중에서 대표급 인물들이 모두
거론되었다. 이때만 해도 김근태의 이름은 거론되지 않았다. 아마도 김
근태는 노동 현장에서 자기 역할을 하는 사람이고, 그런 사람을 일부러
끌어내 대표로 세우는 것은 쉽지도 않을 뿐 아니라 도리도 아니라고 판
단했기 때문인 듯하다. 결국 결론을 내지 못하고 헤어졌다.

5월 말부터 OB모임 물주 역할을 하던 최민화 역시 이 문제를 가지고
고민했다. OB모임에서도 의장 후보를 놓고 설왕설래가 많았다. OB멤
버 중 안양로, 조성우, 장영달 등이 추천되었다.

안양로는 성격이 두루 원만하고 선도 투쟁파나 현장파에게 거부감이
없는 사람이라는 장점이 있었으나 본인이 고사했다. 일선에서 투쟁한
경험이 적고 능력이 부족하다는 것이 본인이 내세운 이유였다.

조성우는 의지는 있는 듯 보였으나, 일부 사람들이 반대했다. 경력으
로 볼 때 지나치게 선도 정치투쟁으로 기울어 현장파의 참여를 끌어낼
수 없을 것이라는 주장이었다. 조성우 본인도 일본 유학 계획 때문에

나설 생각이 없었다고 후일 술회한다. 장영달은 오랜 투옥생활로 운동권 청년들과의 인간관계가 넓지 못한 것이 흠이었다. 민청학련 사건으로 7년간이나 징역을 살고 출소한 지 얼마 되지 않았던 장영달을 다시 구속 1순위 자리에 세운다는 것도 동료들의 마음에 흔쾌하지 않았다.

6월 말쯤 정문화가 최민화에게 중요한 제안을 했다.

"형님이 김근태 선배를 한번 만나 보쇼."

김근태가 가능성이 있다는 것이었다. 최민화는 이것이 아마도 정문화 부인 천영초(고대 72학번)의 아이디어였을 거라고 생각했다. 당시 기독교 사회선교협의회 실무 간사를 했던 천영초가 인천도시산업선교회(이하 인천산선) 실무 간사를 하던 김근태의 근황을 비교적 소상히 알고 있었기 때문이다. 인천산선의 내부 사정으로 인해 김근태가 조만간 실무 간사 일을 그만둬야 할지도 모르는 형편이었다는 것이다.

최민화는 무릎을 쳤다. '그래, 그거야!'

김근태는 서울대 상대 65학번으로 손학규, 조영래, 신동수와 경기고등학교 동창이었다. 고등학교 때는 친구들이 데모하러 나갈 때 교실을 지키던 모범생인 그가 학생운동에 뛰어든 것은 한일회담 반대 데모가 한창이던 대학 1학년 때였다. 이후 그는 1967년 6·8부정선거 반대투쟁 때 서울상대 학생회 대의원 의장으로 데모를 주도하다 제적되면서 학생운동의 중심인물로 부각된다.

그는 군대를 갔다 와서 1970년 복학한 후 1971년 위수령, 1972년 유신 쿠데타 등 박정희 군사정권이 장기집권체제를 완성해가는 동안 항상 배후에서 학내시위를 지도했다. 심재권, 장기표, 조영래, 이신범 등이 체포되어 언론에 오르내릴 때 그만은 늘 잡히지 않고 지명 수배된 상태로 남았다. 체포된 동료들의 법정에서는 항상 '공소외 김근태'로 불렀다. 그래서 그의 별명이 '공소외'였다.

그는 유신 쿠데타가 있던 1972년부터는 학생운동만으로 독재정권을 물리칠 수 없음을 깨닫고 노동운동에 뛰어든다. 중앙정보부의 추적을 피해 도피생활을 하면서도 냉동학원 강사, 보일러 기사 등으로 노동 현장에서 활동했다. 그 과정에서 부인 인재근을 만나 동거하다가 10·26으로 박정희가 죽고 수배가 풀린 후 1980년 4월 26일 뒤늦은 결혼식을 올린다. 1980년 5·17로 전두환 정권이 들어선 후에는 1980년부터 1983년까지 인천도시산업선교회 실무 간사로 노동조합 교육과 노동자 의식화사업에 주력했다. 공개 청년운동이 한참 논의되던 1983년 초에는 구월동에서 역곡으로 이사해서 살고 있었다.

최민화는 정문화의 제안을 듣는 순간 김근태가 이 문제를 풀 열쇠라는 걸 직감했다. 김근태야말로 공개 청년단체를 이끌 적임자라고 생각

오른쪽이 인재근.
이화여대 재학 시절의 모습이다.
인재근은 노동 현장에서 활동하던 중
수배자 김근태와 만나 결혼했다.

했다. 최민화는 학생운동 선배로서 김근태의 명성을 익히 들어 알고 있었다. 게다가 그는 운동의 뿌리가 기독교에 있었던 터라 김근태를 다른 사람보다 좀 더 잘 알 수 있었다. 김근태를 처음 만난 것도 1971년 강원룡 목사가 시작한 크리스찬 아카데미 교육에서였다.

최민화는 집안이 원래 독실한 기독교 집안인데다 기독교 학교인 연세대에 다녔기 때문에 학생 때부터 함석헌, 박형규, 김찬국 등 기독교계 민주 인사들과 가까웠다. 산업선교회 설립자 조승혁 목사와는 일찍부터 같은 교회를 다녀 친했고, 나중에는 조 목사가 시무하는 회현교회의 장로가 되었다. 그래서 인천산선 실무자로 일하는 김근태의 근황을 간간히 들을 수 있었다.

최민화가 생각할 때 김근태는 학생운동 출신 청년들의 선배로서 1960, 70년대 학생운동 출신들을 두루 아우를 수 있을 뿐 아니라 현장지향적인 성향이 강한 1970년대 중후반 학번 후배들 세대에도 어필할 수 있는 강점이 있었다. 당시 민주화운동권의 가장 영향력 있는 거점인 '종로5가'—종로5가 기독교회관에 기독교 운동단체가 모여 있어 기독교 민주화운동권을 이렇게 불렀다—와 연결하고 그 도움을 받는 데도 적임으로 보였다. 문제는 대표적인 현장파로 알려진 김근태가 과연 그 제안을 수락할 것인가였다.

7

김근태,
의장직을 수락하다

최민화의 삼고초려

1983년 6월 말경, 정문화의 제안을 받은 최민화는 역곡에 사는 김근태를 찾아가 그간 OB모임에서의 논의 과정을 상세히 설명하고 새로 건설할 청년단체의 의장이 되어줄 것을 간청했다.

김근태는 최민화의 이야기를 경청하더니 자신으로서는 갑작스러운 이야기이고, 아직 준비가 돼 있지 않다면서 완곡하게 거절했다. 역으로 최민화 당신이 하는 것이 좋지 않겠느냐고 제안하기까지 했다. 하지만 최민화는 물러서지 않았다. 공개 정치운동과 현장 민중운동을 아우를 수 있는 사람은 형님밖에 없다고 강하게 밀어붙였다. 최민화의 진정어린 뚝심에 결국 김근태가 졌다. 한 시간이 넘는 옥신각신 실랑이 끝에 "내가 지금 하고 있는 일도 있고 의논할 사람도 있으니, 다른 사람에게는 이야기하지 말고 시간을 달라"고 한 걸음 물러서면서 다시 만날 약속을 했다.

첫 만남에서 김근태가 딱 잘라 거절하지 않는 걸 보고 가능성을 확인한 최민화는 2주 뒤 김근태를 다시 만나러 가면서는 수락을 받아내기 위한 비장의 카드를 준비했다.

예상대로 이번에도 역시 김근태는 확실한 답을 주지 않았다. 시간이 더 필요하다고 했다. 최민화가 준비한 비장의 카드를 꺼냈다.

형님이 만일 의장을 맡아주신다면 내가 세 가지 약속을 하겠습니다. 첫째, 새 단체의 재정문제는 전적으로 제가 책임지겠습니다. 집을 팔아서라도 운영비를 대겠습니다. 둘째, 교도소 갈 일이 있으면 제가 첫 번째로 가게 해 주십시오. 몸으로 때우는 일은 자신 있습니다. 셋째, 형님이 의장을 맡아주신다면 앞으로 저는 형님을 저의 정치적 얼터너티브 Alternative로 모시고 끝까지 따르겠습니다.

– 최민화 인터뷰에서

물질적·육체적·정신적인 세 가지 차원의 충성 맹세를 한 것이다. 최민화의 강력한 대시에 김근태의 마음이 움직인 듯 보였다. 감동을 받은 것이다. 그러나 김근태는 신중했다. 바로 수락 의사를 밝히지 않고 다음에 다시 만나기로 약속하고 헤어졌다.

7월 중순쯤 최민화가 근무하는 기독교사회문제연구원으로 박우섭이 찾아왔다. 박우섭은 다짜고짜 따졌다. "형이 우리 운동권을 말아먹을 무슨 음모를 꾸미고 있는 것 같은데, 대체 무슨 일이우?" 최민화가 지금까지 논의되지 않은 누군가를 새 청년단체 의장으로 추대하려는 모종의 계획을 추진하고 있다는 이야기를 듣고 찾아온 것이다.

최민화는 적당히 달래서 돌려보내려 했다. "잘하면 이상적인 모양새가 될 것 같으니 조금만 참아라. 2주 후에 다시 와라." 외부에 알리지 않겠다는 김근태와의 약속 때문이었다. 그러나 순순히 물러날 박우섭이 아니었다. 박우섭의 집요한 물음에 최민화는 지금 김근태와 교섭 중이라고 전말을 고백하고 말았다.

박우섭은 원래 구월동 시절부터 자주 만났던 사이라서 그의 인품과 능력을 익히 알고 있었기에 김근태가 민청련 의장으로 적임이라는 데 전적으로 동의했다. 다만, 잘못되면 1회용 소모품이 될지도 모르는 민청련 의장에 김근태를 써먹는 것은 좀 낭비가 아닐까 하는 생각을 가졌다. 김근태를 자주 만나면서도 그에게 권유를 하지 않았던 것은 그래서였다. 그러나 의장 문제가 잘 안 풀리고 있는 이때 최민화의 노력이 성사되기를 바랄 수밖에 없었다.

1984년 8월, 흥사단에서 열린 '전두환 방일 반대'를 겸한 민청련 8·15집회에서 나란히 자리한 최민화와 김근태. 김근태 바로 뒤는 그의 부인 인재근.

최민화가 세 번째 김근태를 만난 7월 말, 김근태는 결국 새로운 청년 단체의 의장을 맡을 것을 수락한다. 삼고초려를 방불케 하는 최민화의 눈물어린 노력이 결실을 맺은 것이다.

김근태의 결단

김근태는 한 인터뷰에서 당시의 상황을 이렇게 회상했다.

> 장영달, 조성우, 이해찬, 박계동 이런 사람들이 중심이 돼서 청년운동을 새로 만들자는 주장이 제기됐고, 지금 이 상황에서 이걸 만들어서 활동 하는 게 맞는 거냐, 또 어떻게 만들 거냐, 누가 책임을 질 거냐, 이런 논 의가 있었습니다. 하나하나가 다 복잡한 문제였죠. 탄압은 엄혹하고, 또 그걸 뚫고 만든다고 해도 역할은 어느 정도 할 수 있는지 예측이 안 되 고, 또 일부는 책임자를 누구로 할 거냐를 둘러싸고 좀 갈등도 있고, 다 른 한편에 무섭기도 하고, 이런 게 다 겹쳐 있었습니다. …… 최민화가 나한테 와서 설득을 하더군요. 그는 내가 선배 그룹이라는 것, 학생운동 을 떠난 뒤 노동운동을 해왔는데 사람들이 그런 내가 대표가 되는 게 좋 겠다고 생각한다고 했습니다. 나는 일단 "지금은 공개 정치투쟁이 필요 한 시점이다"라고 인정했습니다. 민주화운동이란 게 대체로 "그게 옳다, 해야 된다"고 주장하면 그 주장한 사람보고 "당신이 해 봐라"라고 하는 게 상례였습니다. 최민화가 와서 권유한 것도 있지만, 그런 상례에 따라 서, 말하자면 뒤집어 쓴 거죠.

사실 김근태는 구월동 사람들과의 논의 과정에서 이미 공개 투쟁단체가 필요하다는 결론을 내리고 있었다. 그러나 자신이 중심에 서야 한다는 생각까지 간 것은 아니었다. 그 시점에 최민화가 찾아와서 그를 의장으로 밀어붙인 것이다. 김근태는 같은 인터뷰에서 민청련 결성을 필요로 한 당시의 정세에 대해 이렇게 이야기했다.

이때 싸워야 한다고 주장한 근거는, 공개적으로 국민에 다가가지 않고는 '정권과 싸우는 깃발이 있다, 싸우는 리더십이 있다'는 걸 국민에게 알릴 수 없다는 거였죠. 그런데 당시 전두환 정권이 권력을 잡은 지 한 3년 가까이 되고, 물가를 잡고 경제도 안정돼 있었어요. 전두환의 헤게모니가 확립됐다, 세상도 그렇게 느꼈고, 또 전두환 그룹도 그렇게 느껴서 자신감을 가지면서 좀 풀어주기 시작했어요. 학생시위에 대해서도 초기에는 아주 혼내고 그랬는데 덜 혼내는 분위기였어요. 그 기회, 틈을 밀고 들어가야 한다는 건 운동하는 사람으로서는 너무나 당연한 거죠. 그런데다가 학교에서 데모하다가 구속돼서 복역하고 나온 청년들이 많이 쌓였어요. 그들은 사회과학서적 출판사를 만들고 그랬는데 그런 거 가지고는 정권과 맞설 수 없는 거죠. 그렇게 사람들이 있고, 또 국민 속에서 유화 국면이 되고, 분위기가 다시 솟는 시점에서 거기에 돌파구를 내는 거는 운동하는 사람들에게는 당연한 책무다, 그래서 민청련이 결성된 거죠.

김근태가 술회한 대로 그는 최민화의 집요한 노력에 '엮인' 것이긴 했지만 어느 정도는 '자발적'이었던 것으로 보인다. 그래서 김근태는 7월 말 세 번째로 최민화가 찾아왔을 때 의장직을 수락하고 8월 중순경부터는 OB, YB가 함께 모이는 민청련 결성 준비모임에 참석하기 시작한다.

공개 청년단체 건설 작업은 김근태의 의장직 수락으로 가장 큰 난제를 해결하자 활기를 띠게 됐다. 당시 OB, YB를 막론하고 김근태를 의장으로 하는 것은 극히 일부 사람을 제외하고 거의 모두 환영했다. 노동 현장 쪽의 일부 사람만이 김근태의 공개운동으로의 진출을 소영웅주의라고 비판했다. 이들은 당면 정치투쟁의 중요성을 인정하지 않는 협소한 시각, 즉 '준비론'에 빠진 사람들이었다.

당시 학생운동 출신자들 사이에는 공개 정치투쟁과 노동현장운동에 대해 많은 토론이 있었다. 논쟁 결과 대체로 이것은 운동 영역의 문제일 뿐, 대립하는 개념이 아니라는 점에 동의했다. 공개 정치투쟁과 노동현장운동은 상호 보완적이라는 생각이 널리 인정됐다.

일부는 노동현장운동에 대한 강조를 장기적인 투쟁을 위해 현재 투쟁을 자제하는 준비론으로 이해하고, 김근태를 준비론자라고 생각했다. 그러나 김근태는 오랫동안 노동운동에 몸담고 있었고 현장운동의 중요성을 강조했지만, 준비론은 철저히 배격하는 입장이었다. 이 문제에 대해 김근태 의장은 한 인터뷰에서 다음과 같이 명쾌하게 정리했다.

이것은 오래전 일본제국주의 치하에서부터 논쟁이 되어왔던 것이다. 어떤 경우에도 전략이나 원칙에 있어서의 준비론이라는 것은 옳지 않다. 전술적으로 준비를 하고 잘 갖춰야 한다, 이런 얘기는 맞지만, 원칙이나 근본에 있어서 준비론, 이런 것은 인간의 약한 면을 반영한 것이고 어떠한 경우에도 정당화될 수 없다고 생각한다. 그래서 공개 정치투쟁이냐 노동현장운동이냐 구분하는 것은 형태적인 것일 뿐, 그 근본적인 마음

공개 정치투쟁과 현장운동의 한 단면.
1984년 서울 시내 한복판에서 공개 정치투쟁을 벌이는 민청련과
대우자동차 부평공장 파업 현장 모습.

가짐과 태도와 원칙에서 보면 군사독재와 맞서 싸울 수 있는 모든 곳에서 맞서 싸운다는 점에서 차이가 없는 것이다.

창립 준비모임과 기반 조직 건설

김근태가 전면에 나서면서 8월 중순부터는 기존의 OB, YB 논의 구조 대신 김근태를 중심으로 준비모임이 새로 꾸려졌다. 여기에는 실제로 향후 건설될 공개 청년단체에서 중추적 역할을 할 사람들이 참여했다. 최민화, 박계동, 김도연, 이해찬, 박우섭, 이범영, 홍성엽, 연성수, 이을호, 연성만 등이 그들이다.

학교별, 학번별 모임을 활성화하여 광범한 기반 조직을 건설하는 일이 일정에 올랐다. 준비모임에서는 무엇보다 이 기반 조직 건설에 힘을 기울였는데, 새 단체가 일회성 조직이 아닌 지속가능한 조직이 되기 위해서는 인적·물적 재생산 기능을 할 수 있는 기반 조직이 중요했다. 과거 민청협 조직의 한계를 극복하는 길이기도 했다.

우선 서울대 출신의 경우 72학번 이상 선배그룹은, 처음에는 박우섭이 조직을 담당하다가 그가 집행부에 참여하기로 하면서 김도연, 황선진, 박성규 등이 그 자리를 대신했다. 73학번은 이범영, 74학번은 권형택, 75학번은 이우재, 연성만, 77학번은 유기홍, 78학번은 김성환, 진영효 등이 모임을 이끌었다. 전체적으로 이범영이 이들 기별 대표를 만나 정보를 전달하고 조직 작업을 독려했다.

고려대 쪽에선 처음에는 조성우와 박계동, 설훈(74학번)이 내부 조직 작업에 나섰고, 나중에는 한경남(68학번), 천영초(72학번), 서원기(75학번)

등이 합류했다. 연세대는 최민화(68학번)와 김학민(68학번), 홍성엽(73학번) 등 선배그룹 중심으로 참여했다. 74학번 이하 후배그룹은 노동 현장 지향성이 강했던 탓에 민청련 참여가 상대적으로 늦었다.

　문화패는 나름의 독자적인 논의구조가 있었다. 채광석(68학번), 채희완(68학번), 김도연(72학번), 연성수 등이 논의를 이끌었고, 그 결과 연성수가 나중에 집행부에 참여하게 된다. 그밖에 이화여대는 최정순(75학번)이 대표로 참여하여 이대 출신들을 조직하는 데 힘을 보탰다.

① 박성규, ② 이범영, ③ 이우재, ④ 김성환, ⑤ 진영효, ⑥ 연성만.
작고한 이범영을 제외하고 모두 근황 사진이다.

8
누가 먼저
교도소에 갈 것인가

소사 모임, 공개 집행부를 구성하다

김근태가 의장으로 내정된 1983년 8월 이후 창립 준비모임이 본격적으로 가동되기 시작했다. 모임에서는 우선 집행 조직을 집행위원회와 상임위원회로 이원화하기로 결정했다. 누가 먼저 제안했는지는 분명치 않지만 김근태의 생각이 반영된 결정이었다.

집행위원회는 처음부터 공개 활동 전면에 나서는 조직이다. 반면 상임위원회는 2진 개념으로, 처음에는 공개하지 않되 집행위가 전원 구속되어 기능을 상실하게 되면 다시 집행부를 구성할 책임을 지는 조직이었다. 집행부 전원 구속은 당시 상황에서는 충분히 예측할 수 있는 일이었다. 전두환 정권의 폭압 아래에서 활동하기 위해서는 비공개 상임위가 불가피하다고 보았던 것이다.

당면과제는 집행위 구성이었다. 누가 1순위로 교도소에 갈 것인가.

9월 초, 소사(현재의 부천시)에서 창립 준비모임이 열렸다. 집행위를 구성하기 위한 모임이었다. 구월동에서 김근태 의장과 함께 뒹굴었던 박우섭이 맨 먼저 나섰다. 박우섭은 김근태가 의장으로 나서는 순간 자신은 김 의장과 운명을 같이해야 한다고 생각하고 있었으므로 망설임 없이 집행위에 자원했다. 김근태, 박우섭 외에 나머지 3~4명의 집행위원이 필요한데 누가 맡을 것인가.

잠시 침묵이 흐른 끝에 홍성엽이 차분한 목소리로 집행위에 참여하겠다고 의사를 밝혔다. 1970년대에 민청협 총무를 맡아 궂은 살림살이를 도맡아 하고, 1979년 YWCA 위장결혼식 사건으로 체포되어 온갖 고문을 받으며 교도소살이를 했던 홍성엽의 집행위원회 지원은 참석한 사람들에게 잔잔한 감동을 주었다.

1979년 11월 24일 명동 YWCA 강당에서 열린 통대선거반대 국민대회는 결혼식으로 위장했다. 사람들을 모으기 위해서는 청첩장에 박힐 신랑과 신부 중 최소한 실재 인물이어야 했다. 최규하가 대통령으로 선출되었다는 발표가 있던 날 열린 민청협 8인 운영위원회에서 홍성엽이 신랑 역을 자청했다. 당시 계엄하에서 위장결혼식의 신랑이 된다는 것이 얼마나 위험한 일인가는 불 보듯 뻔했다. 홍성엽은 이 사건으로 보안사에서 참혹한 고문을 당했고, 5년형을 선고받았다. 그런 그가 이번에도 교도소 갈 것이 뻔한 길을 담담하게 선택한 것이다. 뒷날 얘기지만, 위장 신랑 역할을 했던 홍성엽은 현실에서는 결혼하지 않고 살았다. 그는 운동에 헌신하다가 2005년 10월 7일 백혈병으로 세상을 떠났다.

이어 박계동과 연성수가 참여 의사를 밝혔다. 박계동은 고려대 정외과 3학년이던 1975년 5월, 이른바 '명동성당 전국대학생연맹사건'으로 첫 징역을 살았다. 당시 과 선배이자 서클 선배였던 한경남과의 인연으로 험난한 인생행로에 들어선 박계동은 출소 이후에도 늘 민주화운동의 일선에서 활동했다. 1977년부터는 같은 학교 출신 조성우가 회장으로 있던 민청협의 간부로 활동했다. 1980년 광주항쟁 이후에는 광주 미국문화원 방화사건의 배후로 거액의 현상금이 걸린 채 전국에 지명 수배되기도 했다. 수배 상태에서 구월동에 살던 명동사건 공범 이명준의 집을 드나들면서 구월동 수배자들과 함께 어울리기도 했다. 김근태와도 당시부터 안면이 있었다. 일찍부터 공개 운동으로 교도소와 경찰서를 드나들어 수사기관에 요주의 인물로 알려졌기에 고대 쪽에서 민청련 집행부에 참여할 사람으로는 가장 가능성이 높았다. 당시 소사 모임에 참석한 그는 역전의 용사답게 망설임 없이 집행위 참여를 선언했다.

연성수의 참여는 회의 전에 이미 예정되어 있었다. 연성수는 1975년 5월 서울대 식물학과 2학년에 재학 중 이른바 '오둘둘 사건'—5월 22일 서울대에서 긴급조치9호에 반대하여 일어난 최초의 대규모 학생시위—에 주도적으로 참여해 징역을 살았다. 학생 때부터 반유신 문화운동패인 '가면극회'의 일원이었던 그는 징역을 살고 나와서도 민중문화운동판을 떠나지 않고 김민기, 채희완, 홍석화, 황선진 등과 함께 현장 극단운동을 계속했다. 이들은 '한두레'라는 이름으로 아현동에 애오개 소극장을 열어 '진오귀굿', '예수전' 등 저항성 강한 마당극을 무대에 올리고, 동일방직, 콘트롤데이터 등 노동 현장에서 노동자들을 지원하는 공연을 하기도 했다. 이런 그가 민청련 집행부 참여를 결심하게 된 것은 민중극단 한두레 모임에서였던 듯하다. 당시 학교·학번별로 이루어졌던 민청련 기반 조직 모임과 달리 별도의 논의 단위를 형성하고 있던 문화운동 쪽은 황선진과 김도연이 대표로 참석하고 있었다. 이들을 통해 집행부 참여를 권유 받은 연성수는 큰 고민 없이 집행부 참여를 결정했다.

그의 말을 빌리면 "내 자신이 민중 출신이다. 그리고 문화판에서 노동자 농민들과 함께 작업하다보니 이들의 고통을 덜기 위해 도움이 되는 일이라면 뭐든지 하겠다"(연성수 인터뷰에서)는 생각으로 참여를 결정했다고 한다. 아내 이기연의 동의도 얻었고, 연로한 어머니가 반대할 것을 염려했으나 아들의 단호한 결심에 어머니도 따라주었다.

이범영도 집행위 참여 의사를 밝혔다. 그러나 김근태 의장이 기반 조직을 오랫동안 조직하고 관리해온 이범영에게 비공개로 남아 계속해서 기반 조직을 관리해달라고 부탁했다.

모임에는 참여하지 않았지만 무슨 일이든 맡겨주면 기꺼이 하겠노라고 김근태 의장에게 일임했던 장영달도 집행위에 포함시켰다.

집행위원들의 부서도 정했다. 총무와 재정을 나누어 총무부장은 박우섭, 재정부장은 홍성엽, 홍보부장은 박계동, 사회부장은 연성수로 정했다. 사회부장 연성수는 노동 현장과의 연결고리 역할을 해야 하는 점을 고려하여 일단 창립총회에서는 대외적으로 공개하지 않는 것으로 했다. 장영달은 연배를 고려하여 부의장으로 내정했다.

이어서 상임위 구성을 논의했다. 상임위 의장에 최민화가 내정되었다. 김근태를 의장으로 추대하는 데 앞장섰던 최민화는 직장이 있어 준비 모임에는 자주 참석하지 못했다. 그러나 김근태 의장에게 약속한 대로 자신의 거취는 전적으로 김근태 의장에게 일임해놓고 있었다.

준비 모임에서는 최민화에게 1진 집행위 유고 시 후속 집행위를 재조직하는 임무를 맡기기로 했다. 향후 더욱 중요해질 가능성이 높은 재정 조달을 위해서도 OB모임의 물주였던 최민화가 2선에 남을 필요가 있었다.

상임위 부의장에는 이해찬과 이을호가 내정되었다. 이해찬의 냉철하고 정확한 정세 판단 능력을 평가한 것이었지만, 향후 상임위가 담당하게 될 기관지 출판을 위해서도 출판사를 운영하는 이해찬이 상임위에서 역할을 해줄 필요가 있었다. 이을호도 탁월한 이론적 능력을 인정받아 상임위 부의장으로 정해졌다. 이것으로 집행부 구성은 대체로 마무리되었다.

창립총회 준비

창립총회를 열기 위한 실무 준비도 집행부를 중심으로 착착 진행되었다. 우선 단체의 명칭은 준비모임에서 민주화운동청년(전국)연합, 약칭 민청련으로 결정되었다. '전국'을 괄호로 넣은 것은 아직 지역 조직이 건설되기 전이라는 점을 고려한 것이기도 하지만 서울에서 하향식으로 조직해가는 것이 아니라 지역으로부터 상향식으로 전국 조직이 건설되어야 한다는 원칙의 표현이기도 했다. 이는 지역 운동의 자발성을 존중한다는 점에서 적절한 방침이었지만, 창립 이후 전국에서 지역 운동 조직이 자생적으로 생겨나면서 '전국' 호칭은 사라진다.

창립총회에서 발표할 문건으로 창립선언문과 발기문을 준비했다. 이 두 문건을 준비하기 위해 김도연을 중심으로 문건 준비 팀이 따로 마련됐다. 이 팀에는 황선진과 권형택이 함께했다. 문건팀은 김도연의 집과 사무실에서 3, 4차례 만나 회의를 하고 문건의 내용을 논의했다.

창립선언문은 황선진, 발기문은 권형택이 초안을 써서 함께 검토했는데, 김도연이 의견을 많이 내고 문장도 다듬었다. 이렇게 수정 보완된 두 문건은 창립 준비모임에 넘겨졌는데, 발기문은 대체로 문건 팀에서 작성한 대로 통과되었으나 창립선언문은 논란이 되었다. 그래서 김근태 의장이 거의 새로 쓰다시피 해서 다시 만들었다.

두 문건은 보안을 생각해서 인쇄소에 넘기지 않고 원지에 타자를 쳐서 드럼에 원지를 올려 돌려 찍는 수동식 인쇄기로 직접 인쇄했다. 문건 인쇄는 홍보부장 박계동이 당시 EYC 간사로 일하는 후배와 함께 기독교회관에 있는 EYC 등사기를 이용하여 밤 시간에 비밀리에 진행했다. 각각 300부 정도씩 준비했다.

창립총회를 어디서 할 것인지 대회 장소를 물색하는 것이 마지막으로 남은 과제였다. 200명쯤 들어가는 곳이면서 대회 전에 수사기관에 포착되지 않을 수 있는 장소를 찾는 것은 난제 중의 난제였다. 일반적으로 많이 사용하는 집회 장소로 YWCA회관이나 흥사단 강당 등이 있었지만, 수사기관이 항상 주목하는 곳이라 사전에 발각되기 십상이었다. 오랫동안 가톨릭 쪽과 함께 운동을 해왔던 박계동이 여기에서도 능력을 발휘했다. 당시 한강성당 주임신부로 있던 함세웅 신부에게 부탁하여 돈암동 상지회관 예배실 사용을 허락받은 것이다.

상지회관은 성북구 돈암동의 아리랑 고개에 있는 가톨릭 수녀들의 수양기관이다(현재는 상지 피정의 집으로 이름이 바뀌었다). 지금은 재개발 사업으로 주변에 산뜻한 고층 아파트단지가 들어서 있다. 그러나 1983년 당시에는 상지회관으로 올라가는 길이 차 한 대가 겨우 비켜 갈 수 있는 좁고 꼬불꼬불한 골목이었고, 골목 양쪽에 낮은 주택들이 죽 늘어서 있는 전형적인 서울의 서민층 주택가였다.

마지막 난제를 해결한 김근태 의장을 비롯한 집행부는 남은 보름 남짓한 기간 동안 어떻게 하면 무사히 창립총회를 치를 수 있을까 신경을

곤두세웠다. 대회 장소가 수사기관에 알려지면 봉쇄할 것이 명약관화
한 일이라 무엇보다도 대회 장소에 대한 보안 유지가 중요했다.

대회 날짜는 대회 1주일 전쯤 조직을 통해 확인된 회원들에게만 구
두로 전달했다. 고문·지도위원들에게도 가급적 직접 만나서 전달하는
것을 원칙으로 했다. 전화 도청 우려 때문이었다. 집행부는 대회 장소
를 각 대학 기별 대표들에게만 알려주고 그 대표가 회원들을 일정 장소
에 모이게 하여 함께 데려오는 방식을 취했다. 집행부원들은 정보가 새
서 사전 구금되는 사태를 피하기 위해 대회 3, 4일 전부터는 아예 집에
들어가지 않았다.

두꺼아 가자
무동성장 앞세우고
동민꾼들 등에업고
두꺼아 가자
가자
가자

2

초창기의
조직과 투쟁

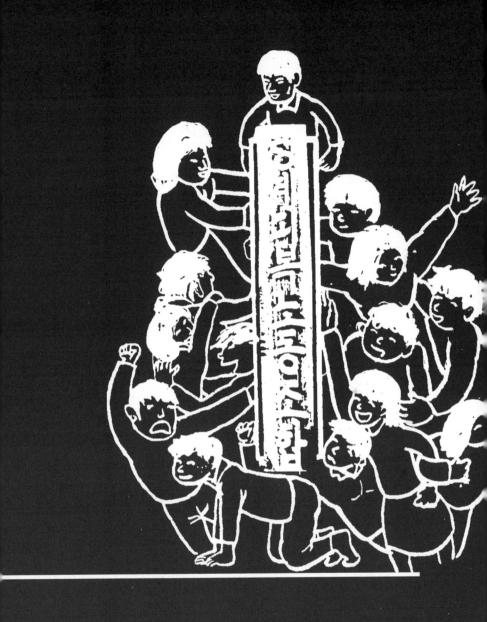

1

공개 활동의 거점,
사무실 확보 투쟁

'민주 두꺼비'의 탄생

민청련은 경찰병력이 둘러싼 살벌한 상황 속에서 창립총회를 무사히 마쳤다. 총회 직후 안기부로 연행됐던 김근태 의장과 집행부원들도 우여곡절 끝에 일주일여 만에 전원 무사히 풀려났다. 이로써 민청련은 일단 전두환 독재정권의 유화 조치 틈새 속에서 공개 청년운동의 활동공간을 확보하는 데 성공했다. 이범영의 말처럼 소도 비빌 언덕이 있어야 하는데 그 비빌 언덕이 생긴 것이다.

그러나 어렵게 확보한 그 활동공간은 24시간 기관원들의 감시 아래 놓여 있는 불안정한 공간이었다. 민청련 집행부는 이러한 민청련의 상황을 설화 속의 독사와 두꺼비에 비유했다. 두꺼비는 비록 독사에게 잡아먹히지만 두꺼비를 잡아먹은 독사도 두꺼비의 독으로 죽을 수밖에 없다. 게다가 잡아먹힌 두꺼비는 독사의 몸을 자양분으로 삼아 품고 있는 알을 부화시켜 새끼들을 탄생시킨다.

민청련은 언제든지 독재정권의 탄압에 희생될 각오를 하면서 출범했다. 희생을 바탕으로 독재정권을 물리치고 민중들의 세상을 탄생시킬 것이라는 당찬 희망을 가졌다. 이 희망은 민청련 초기 수많은 시련 속에서도 민청련 집행부와 회원들을 지탱해주고 당당하게 했던 원동력이었다.

이 두꺼비의 비유는 사회부장 연성수가 전래 민담에 나오는 두꺼비 설화에서 따온 이야기인데, 이후 민청련 정신의 상징이 되었다. 연성수의 설명을 직접 들어보자.

두 가지 생각이 떠올랐어요. 하나는 어렸을 때, 손에 흙을 덮고 두드리며 "두껍아, 두껍아, 헌 집 줄게 새 집 다오" 하며 놀던 생각이 났어요. 우리가 지금 처한 현실이 헌 집이고, 우리가 원하는 새 세상은 새 집이라는

민청련의 상징 두꺼비.
당시 사회부장인 연성수와 부인 이기연이 제작했다.

생각이 들었죠. 또 하나는 두꺼비는 대개 알을 품으면 독사한테 가요. 일부러 독사 앞에 가서 약을 올려서 자기를 잡아먹게 만들어요. 잡아먹히면 자신은 죽지만 독사를 영양분으로 해서 새끼가 부화하거든요. 그게 우리 공개운동의 취지와 딱 맞는다고 생각한 거지요. 우리가 앞에 나서서 전두환 정권에 저항하면 탄압을 받겠죠. 그러나 그 과정에서 전두환 정권의 본질이 폭로되고 그로 말미암아서 전두환 정권이 끝장이 날 거다, 그런 걸 상징한 거였죠.

이 두꺼비 이야기는 연성수의 부인 이기연이 판화로 새겨 민청련의 공식 로고가 되었다. 그리고 이듬해 초부터 발간되는 민청련 기관지 《민주화의 길》에도 이 두꺼비 판화가 표지를 장식했다.

민청련 두꺼비를 제작한 이기연.
1985년 민가협에서 활동하던 당시의 모습.
현재 '질경이 우리옷'을 경영하고 있다.

사무실 확보를 위한 투쟁

김근태 의장과 집행부는 안기부에서 풀려나자 우선 활동 근거지가 될 사무실부터 물색했다. 10월 하순 드디어 종로2가에 임대로 나와 있는 적당한 사무실을 찾아냈다. 종로2가 사거리에서 낙원상가로 가는 대로 왼편에 있는 파고다빌딩 5층 514호실이었다. 10평쯤 되는 사무실인데, 도심 한복판이라 교통이 편리했다. 오래된 건물이고 엘리베이터가 없는 5층이라 임대료도 생각보다 비싸지 않았다. 김근태 의장이 박우섭 총무와 함께 직접 가서 부인 인재근의 명의로 사무실을 계약했다.

사무실 보증금은 예춘호 선생 등 재야 원로들이 마련해준 찬조금에 회원들이 낸 회비를 보태 마련했다. 민청련이 대정부투쟁을 하는 재야 단체라는 걸 알면 계약해주지 않을 게 뻔했기 때문에 출판사 사무실인 것처럼 이야기했다. 관리인은 별 생각 없이 순순히 1년 기한의 임대계약서에 도장을 찍어주었다. 사무실 집기는 중고 가구점에서 일부 사고,

민청련 사무실 현판식. 1983년 10월 29일 사무실 입주식에서 김근태 의장과 장영달 부의장이 현판을 달고 있다.

회원들이 경영하는 출판사들에서 남는 집기를 보내주었다. 전동타자기 한 대와 수동식 먹지 인쇄기 1대를 장만하고, 전화도 놓았다.

10월 29일 오후 2시, 회원 120여 명이 참석한 가운데 입주식을 갖고 현판식도 했다. 내빈들과 회원들이 지켜보는 가운데 김근태 의장과 장영달 부의장이 '민주화운동청년연합'이라는 글자가 선명한 현판을 출입문 위에 달았다.

민청련 초기 운영자금 마련에는 김지하의 수묵화가 큰 도움을 주었다. 재정부장 홍성엽이 김지하 시인에게서 난초 그림 10점을 받아 왔다. 이 '김지하 난'을 마침 일본을 방문하는 성래운 교수에게 부탁해 교포들에게 5점을 팔고, 나머지 5점은 국내 지인들에게 판매해 500여 만원을 만들었다. 공병우식 타자기로 유명한 공병우 선생은 타자기 수십 대를 협찬해 주었다. 타자기는 팔아서 운영자금에 보탰다. 문익환 목사와 친분이 있던 종로서적 장하구 회장도 후원금을 냈다.

10월 30일 오전 9시, 새로 마련한 사무실에 첫 출근하는 집행부원들의 발걸음은 가벼웠다. 그러나 곧 사단이 났다. 나중에 안 사실이지만, 이 파고다빌딩은 비리사학의 상징으로 세상에 알려진 상지대학 이사장이자 민정당 국회의원을 3번이나 지낸 김문기의 소유였다. 입주자가 민청련이라는 걸 안 김문기가 가만히 있을 리 없었다.

입주한 지 1주일쯤 지났을 때 관리인이 찾아와서 보증금을 돌려줄 테니 방을 비워달라고 통고했다. 민청련이 입주식을 하자마자 빌딩 관리실로 안기부, 치안본부, 서울시경, 종로경찰서 정보과 등 온갖 기관에서 민청련 담당자라는 사람들이 찾아와 동향을 캐물었던 것이다. 출판사로 알고 별 생각 없이 계약해준 빌딩 측에서는 아닌 밤중에 홍두깨로 야단이 났고 그 소식은 김문기에게도 보고됐을 것이다.

총무 박우섭은 관리실로 내려가서 계약서를 꺼내놓고 계약서에 명시돼 있는 계약 만료 기간이 되기 전에는 나갈 수 없다고 항변했다. 쉽게 나갈 사람들이 아니라고 판단했는지 관리인은 자기들이 받은 보증금에 이사비조로 상당액을 얹어주겠다고 회유하는 한편, 만일 나가지 않으면 경찰에 신고하여 강제 퇴거시키겠다고 위협했다.

그들이 보기에 민청련은 경찰서에 신고해야 하는 범죄단체였다. 하지만 계약서에 무슨 일을 한다는 내용이 있을 리 없고, 범죄단체도 아닌 민청련이 민주화운동을 한다는 이유로 쫓겨날 이유도 없었다. 박우섭은 마음대로 해보시라고 완곡하지만 단호하게 거절했다.

이튿날 사무실에 출근한 민청련 집행부원들은 빌딩 앞 길거리에 책상, 소파 등 사무실 집기들이 쌓여 있는 걸 보았다. 지난밤에 관리실에서 인부를 시켜 사무실 집기를 모두 들어낸 것이었다. 5층 사무실에는 큼직한 자물통을 채워 출입을 막아놓았다. 그들이 말한 대로 강제퇴거를 집행한 것이다.

민청련 간부들은 여기에서 물러나서는 안 된다고 결의했다. 즉시 관리사무실에 항의하고, 열쇠공을 불러 자물통을 열었다. 그리고 책상과 집기들을 모두 원래대로 다시 5층 사무실로 올려놓았다. 다음날도 또 그 다음날도 이런 사태는 계속되었다. 밤중에 밖에 내려놓으면 아침에 올려놓고, 다시 내려놓으면 다시 올려놓았다. 이런 실랑이가 5일간이나 계속됐다.

종로경찰서는 수수방관했다. 관리인 측에서 신고를 했어도 쫓아낼 법적 근거가 없을 뿐 아니라 자신들이 개입해서 유리할 일이 없을 거라고 판단했던 것 같다. 1주일 만에 빌딩 측이 손을 들었다. 민청련은 공개단체로 자리 잡는 또 한 번의 관문을 그렇게 통과했다.

2

비공개 회원
조직의 구축

기별대표모임과 계반

창립총회를 마친 뒤, 내부의 조직 기반을 건설하는 문제가 제기됐다. 이 문제를 푸는 중심 역할은 집행부와 함께 이범영, 김도연이 맡았다.

민청련 회원들은 주로 서울에 있는 각 대학에서 학생운동을 했고 그 과정에서 구속과 수감생활을 경험한 이른바 '빵잽이'들이었다. 그래서 민청련 창립 이후 그들은 자연스럽게 각 대학별로 조직을 만들어나갔다.

민청련의 기반 조직은 이미 기존에 형성돼 있던 출신 대학 및 학번별 모임을 바탕으로 이루어졌다. 각 단위 모임에서 대표가 한 명씩 나와 대표 모임을 구성했다. 처음에는 기별 대표 조직이라는 뜻에서 '기대'라고 부르다가 1984년 들어 조직이 확대되면서부터는 단위 모임을 '계반'이라 하고, 계반 대표를 '계주', 계반 대표 모임을 '계주 모임'이라 했다. 조직을 보호하기 위해 민청련 조직원들끼리만 통하는 일종의 은어를 쓴 것이다.

이 기반 조직은 창립총회 이전부터 창립 준비모임 형식으로 존재했다. 각 단위의 공식 대표성을 온전히 갖추지는 않았다. 창립총회 때까지만 해도 서울대 정도가 단위 모임 대표성을 갖추었고, 여타 대학들은 대개 개인 자격으로 참여하는 경우가 많았다. 그러다 창립총회 이후 조직을 정비하면서 각 단위의 대표성을 갖춘, 대의원회 성격의 기반조직으로 정비해나갔다.

최대 인원을 자랑한 서울대

서울대 운동권은 1980년 이후 대체로 72학번부터 78학번까지는 학번별 모임이 형성되어 있었다. 학생운동을 함께한 동기들이 매월 한두 차례 십여 명 정도씩 모였다. 71학번 이상 60년대 후반 학번 선배들은 숫자도 적고 대개 서로 잘 아는 사이라 학번 구별 없이 모였다.

민청련 조직으로서의 기별 대표, 즉 '기대'는 초기에는 서울대의 학번별 모임 대표가 주축이 되었다. 당시 기대로 활동한 면면을 보면, 71학번 이상 선배 그룹은 임상택, 72학번은 김도연, 박성규, 73학번은 이범영, 박석운, 74학번은 권형택, 김영현, 75학번은 이우재, 연성만, 76학번은 김종복, 77학번은 오세중, 유기홍, 78학번은 김성환, 진영효 등이었다.

공대 출신은 별도의 모임이 형성되어 기대에는 백경진, 이래경, 이종현 등이 참석했다. 농대 쪽은 1984년 이후에 이병호, 정혁기 등이 참석했다. 문화운동 쪽은 학번과 상관없이 연성수가 애오개소극장 문화패들과 연결되어 집행부 겸 기대 역할을 맡았다.

서울대 학번별 모임 대표 ① 임상택, ② 박석운, ③ 김영현, ④ 김종복.

서울공대 학번별 모임 대표 ① 백경진, ② 이래경, ③ 이종현. 서울농대 기대 ④ 이병호.

고려대 학번별 모임 대표 ① 정경연, ② 이승환. 중앙대 기대 ③ 이석표.

역전의 노장이 많았던 고대와 연대

고려대는 서울대 다음으로 인적 자원이 많은 그룹이었다. 조성우와 박계동이 초기에 고대 출신 인맥들을 민청련과 조직적으로 연결하려고 시도했지만 오랫동안 내려오는 학교 이념서클의 인맥들을 모두 다 커버하기 어려웠다. 그런데다 1983년 10월 조성우가 일본으로 유학을 떠나고, 박계동도 집행부로 들어왔기 때문에 내부 조직 작업에 힘을 쏟을 수 있는 사람이 없었다.

이범영, 김도연 등이 나서서 선배 그룹 쪽은 한경남(68학번), 그 아래 후배 쪽은 안희대(73학번), 서원기, 정경연(이상 75학번), 이명식, 이범, 이승환, 고성국(76학번), 백병규, 백완승(이상 77학번) 등과 접촉하여 조직적으로 연결을 꾀했다. 그러나 후배 쪽은 공장에 취업해 노동자를 의식화·조직화하는 것이 운동의 올바른 경로라고 주장하는 노동 현장론이 강한 데다 민청련 참여 방법을 놓고도 내부에서 여러 의견으로 나뉜 탓에 민청련과 체계적으로 조직 연결이 이루어진 시기는 1984년 이후로 미뤄졌다.

연대는 선배 쪽은 최민화(69학번)와 홍성엽(73학번)이 중심이었다. 이들은 민청학련 사건 때 함께 옥고를 치른 김학민(67학번), 송무호(71학번), 송재덕(73학번), 고영하(71학번)와 고영하의 의대 후배 몇 사람, 문병수 등과 개인적으로 연결했다. 이들은 모임을 하면 반드시 회비를 걷었고 이를 민청련에 전달했다.

그러나 후배 쪽은 홍성엽의 노력에도 불구하고 1984년까지 거의 참여가 이루어지지 못했다. 노동 현장론이 우세해 공개운동에 대한 거부감이 강했기 때문이다.

일찍부터 참여를 결정한 성균관대

성균관대는 비교적 빨리 '기대'에 참여했다. 장준영(73학번)이 중심이 되어 일찍 내부 논의를 정리하고 1983년 10월 말에 조직적으로 민청련에 참여하기로 결정했기 때문이다.

성대와 처음 접촉을 시도한 사람은 김도연이었다. 김도연은 1983년 7, 8월경 성대 쪽 연결고리를 찾기 위해 수소문하던 중 장준영이 성대의 핵심 인물이라 보고 전화를 걸어 만났다. 김도연으로부터 공개 청년 단체 논의를 처음 접한 장준영은 그것이 어느 정도 실효성 있는 논의인지 몇 번 더 신중하게 확인했다.

성균관대 학번별 모임 대표 ① 장준영, ② 김희상, ③ 탁무권, ④ 김찬, ⑤ 이현배, ⑥ 최경환.

당시 성대는 전투적인 학생조직을 갖고 있었으며, 노동운동을 중심으로 하는 현장론에 중심을 두고 있었다. 그렇지만 선배 그룹은 민청련 참여 문제에 대해 성균관대 학생운동 조직 전반의 집단적인 논의에 부쳐, 창립총회 직전인 9월 하순에 천마산에서 전체 회동을 가졌다. 참석자는 장준영, 김수길, 김희상, 최영삼, 탁무권, 이순동, 김찬, 최금희, 이현배, 민병두, 최경환, 이헌필 등 72학번에서 80학번까지 약 20명이었다. 이 모임에서 장시간 논의 끝에 "민청련이 변혁운동의 중심이 될 수는 없으나 당면 운동에 필요한 조직이니 참여하는 게 좋겠다"는 결론을 내렸다. 그리고 성대 대표로 '기대'에 장준영이 참석하기로 결정했다.

그러나 9월 30일 창립총회의 경우 시일이 촉박하므로 내부적으로 좀 더 정비할 필요가 있다고 판단하여 조직적인 참석은 보류하고 78학번 이현배만 개인 자격으로 참석했다. 그리고 창립 한 달쯤 뒤인 10월 말부터 기대 모임에 장준영이 참석하기 시작했다.

한편 이화여대에서는 최정순(75학번)이 기별 대표로 참석했으나, 조직적 논의 단위 형성은 좀 더 시간이 흐른 뒤에 이루어져 권미혁, 이난현(이상 77학번), 윤혜린(78학번)이 참여했다. 중앙대에서는 이명준(68학번), 이석표(73학번)가 옵서버 자격으로 부정기적으로 참석했다.

모든 중요 결정은 '기대'에서

민청련 창립에서 '기대'는 일종의 대의원회의 역할을 했다. 그래서 기대의 조직 위상이 집행위와 상임위보다 상위에 있었다. 모든 중요한 문제의 결정이 이 '기대' 회의에서 이루어졌다. 예컨대 '민청련'이라는 조직

명칭과 약칭, 기관지 제호 '민주화의 길'도 이 기대회의에서 결정했다.

중요 집회나 집행부에서 발표하는 성명서, 문건도 반드시 이 기대회의를 거쳤다. 이런 권한에는 그에 상응한 책임이 따랐다. 우선 기대에서는 각 단위 조직을 통해 회원들로부터 회비를 걷어 집행위에 전달해야 했다. 전체 운영경비의 3분의 1에서 2분의 1 정도가 이 기대에서 거두어들이는 회비로 충당되었다. 기대 모임은 중요 집회에 인원을 동원하는 일도 맡았다. 당시 시위 주동자를 '야전사령관'이라는 뜻에서 '야사'라고 불렀는데, '야사'를 선정하는 일도 기본적으로 여기에서 이루어졌다.

성균관대가 참여한 뒤 10월 말경에 열린 기대 모임에는 대략 15~20명 정도의 기별 대표가 참석했다. 서울대가 7~8명 정도로 제일 많았고, 연대, 고대, 성대, 이대가 1~2명, 그밖에 2~3개 대학 출신들이 옵서버로 참석했다. 김근태 의장 등 집행위에서 2~3명, 상임위에서도 이해찬, 이을호 등 1~2명이 배석했다.

모임은 주 1회 정례 모임을 갖는 걸 기본으로 하고, 중요한 일이 있을때는 주 2회 이상 모이는 일도 자주 있었다. 김근태 의장은 이 기대 모임에 자주 나와 국내외 정세 분석과 활동 상황을 보고했다. 그러나 중요한 결정은 '기대'의 자율적 논의에 맡겼다. 이런 김 의장의 민주적 조직 운영은 기대의 책임성을 높이는 데 기여했다. '기대'의 운영 책임은 창립 초기에는 김도연과 이범영이 주로 담당했고, 성대가 참여한 후 11월 초부터는 장준영이 가세했다.

기대 모임은 대외적으로는 드러내지 않는 비밀 조직이어서 모이는 시간과 장소의 보안에 신경을 많이 썼다. 주로 모임 장소로 종로2가 이문설렁탕 등을 이용했다. 기대에 참석하는 사람들의 직업은 자영업, 회사원 등 다양했지만 집행부를 제외하면 대체로 직장인이 많았다. 한번 모이면 회의가 3~4시간 계속되는 경우가 많았고, 때로 자정을 넘기는 경우가 있을 정도로 열기가 뜨거웠다.

기대의 역할은 기대 모임 참석으로 끝나지 않았다. 기대 모임의 논의 결과를 자기가 속한 기별·대학별 모임에 전달하고, 회비 수납, 인원 동원, 중요 문제에 대한 의견 수렴 등을 해야 했다. 그래서 기대는 보통 1주일에 2~3일은 민청련 활동에 자기 시간을 투자해야 했다. 이러한 시스템은 1983년 12월 21일 전두환 정부가 발표한 학원 자율화 조치 이후 바뀌게 된다. 이 조치로 민청련 조직원이 급속도로 확대되면서 기대 모임에도 큰 변화가 일어났다.

상근직으로 월급도 받은 집행 간부들

민청련의 대외적인 활동은 집행위 간부들을 중심으로 이루어졌다. 아침 9시면 어김없이 김근태 의장의 주재로 장영달 부의장, 박우섭 총무부장, 박계동 홍보부장, 홍성엽 재정부장, 연성수 사회부장 등 6명의 집행위원들이 사무실에 모여 아침 조회를 열었다. 퇴근은 저녁 6시였다.

김근태 의장은 온유한 성품이었지만 상근 간부들의 근무 기강을 세우는 데는 엄격한 면이 있었다. 그래서 모두 김근태 의장을 형처럼 따랐지만 어려워하기도 했다. 딱딱한 분위기를 부드럽게 한 이는 주로 장영달 부의장이었다. 그는 자신이 교도소살이를 하면서 벌인 옥중투쟁이나 교도관들과 싸운 무용담으로 분위기를 돋웠다.

안기부, 치안본부 등 민청련 담당 기관원들과의 교섭 창구는 박계동이 맡았다. 박우섭은 부지런히 재야운동과 민청련 내부 조직을 오가며 일을 기획하고 추진해나갔다. 홍성엽은 성품대로 언제나 말없이 사무실을 지키면서 온갖 궂은 살림살이를 도맡아 꾸려나갔다. 연성수는 주로 노동 현장 쪽과 연결하며 민중 생존권 투쟁을 지원하는 일에 나섰고, 톡톡 튀는 아이디어를 내서 사업 전반에 활력을 주었다.

집행위 간부는 모두 상근직이었다. 민청련은 집행 간부의 상근화를 위해 최저생계비 수준은 안 되지만 고정 급여를 지불했다. 급여 체계는 간단했다. 연령에 상관없이 월 10만 원 기본급에 기혼자는 10만 원을 추가하고, 자녀가 있을 경우 2명까지 1인당 각 5만 원씩 추가해 최대 20만 원까지 가족 수당을 지급했다. 단 부인이 돈을 벌 때는 5만 원을 삭감했다. 예를 들면, 기혼에 자녀가 둘이 있으면 30만 원인데 부인이 돈을 벌 경우 25만 원을 받았다. 당시 일반 회사에 다니는 사람들에 비하면 턱없이 적은 월급이었지만, 집행 간부들이 한눈팔지 않고 일에만 전념할 수 있도록 돕는 소중한 돈이었다.

상근 체제 유지에는 회원들과 후원자들의 노고가 숨어 있었다. 특히 '기대'들의 노력이 컸다. 이들은 매달 회원들이 1만 원씩 내는 회비를 모아 10만~20만 원 정도씩 꼬박꼬박 박우섭 총무에게 전달했다. 박우섭의 회고에 의하면 창립 초기 급여를 포함하여 매월 400만~500만 원 정도 운영비가 들었는데, 그중 대략 3분의 1은 회비, 3분의 1은 후원금, 3분의 1은 수익사업으로 충당되었다고 한다.

정책 기능을 담당한 상임위원회

상임위원회는 원래 집행위 간부들이 모두 구속되는 사태에 대비해 2진 개념으로 조직했지만, 집행위가 안정을 찾으면서 주로 정책 기능을 담당했다. 초기에는 상임위 독자의 사무실과 상근자가 없었기 때문에 활발하게 움직일 수 없었으나 꾸준히 정기적으로 모임을 유지하면서 자기 역할을 수행했다.

모임 장소로는 주로 이해찬 상임위 부의장의 돌베개출판사 사무실을 이용했다. 최민화 의장, 이해찬 부의장, 이을호 부의장 등 4~5명이 모여 토론하고, 정세분석 등의 문건을 작성했다. 문건 초안 작성은 주로 이을호가 맡았다. 이을호는 당시 출판사에 간부 직원으로 근무하면서도 저녁시간은 거의 상임위 활동에 바치다시피 했다. 상임위는 1984년부터는 독자적인 사무실을 마련하고, 김병곤, 장신환, 정문호, 강선미, 김영수, 김지숙(쩸마), 오기출, 최순일, 이영애 등 인력을 충원하여 회원들의 상근도 가능해지면서 보다 활발한 활동을 펼치게 된다.

3
첫 투쟁,
레이건 미국대통령
방한 반대투쟁

레이건 미국대통령 방한 반대투쟁

민청련은 사무실과 조직체계가 어느 정도 정비되자 11월 초부터 본격적인 대외활동을 시작했다. 첫 활동으로 11월 5일 사무실 근처 음식점 대우정에 내외신 기자와 외부인사를 초청하여 다과회를 열고, 레이건 대통령의 방한에 반대하는 장문의 성명서 〈민주화여! 민주화여! 민주화여!〉를 발표했다. 11월 12일 레이건 대통령 방한이 미국의 전두환 독재정권 지지 표명이라 보고 이에 대한 한국민의 반대의사를 밝힌 것이다. 이 성명서에서 민청련은 레이건 대통령의 방한이 "우리의 민주화를 위한 것인가 아니면 독재권력의 지원을 위한 것인가"라고 묻고 전두환 독재정권의 지원을 위한 이번 방한에 단호히 반대한다는 입장을 천명했다.

이 성명서는 단순히 레이건 방한 반대만을 목적으로 한 것은 아니었다. A4 용지 9쪽에 달하는 장문의 문건으로 성명서라기보다는 당시 운동권에 떠돌던 운동론 팸플릿에 가까웠던 이 성명서에는 당시 민청련이 바라보는 정세에 대한 인식과 향후 전체 운동의 방향과 실천과제 등이 종합적으로 정리되어 있었다. 문건의 작성자는 알려져 있지 않지만 김근태 의장일 가능성이 높다.

성명서 말미에는 민청련 운동의 방향에 대해서도 정리해놓았다. 목소리만 높이는 명망가 운동이나 권력이 그어놓은 선 안에 머무는 소극적인 운동을 배격하고 투쟁성에 기초한 조직적 대중투쟁이 민청련이 지향하는 청년운동의 방향임을 밝혔다.

레이건 방한 반대운동의 열기가 고조되자 치안 당국은 민주인사들에 대해 불법 연행과 불법 연금조치를 남발했다. 이를테면, 당국의 요시찰 대상이던 학생운동 출신 제적생을 예비검속이라는 명분으로 경찰서 유치장에 구금했다. 이때 숭실대 제적생이었던 윤여연(74학번)은 다짜고짜 경찰의 급습을 받고 연행돼 구로경찰서 유치장에 구금되어 레이건이 한국을 떠나는 날까지 꼬박 갇혀 있었다. 윤여연은 이 유치장에서 외국어대 제적생인 김성원(77학번)과 첫 대면을 했는데, 이들은 훗날 민청련에 가입하여 간부로 활동하게 된다.

경찰은 레이건 방한 반대운동의 확산을 저지하기 위해 연행과 연금조치를 남발했다. 독재정권 치하의 법률에 의하더라도 있을 수 없는 불법 행위였다. 그러나 어느 누구도 이에 대해 지적하고 항의하지 못했다. 이러한 상황에서 민청련은 11월 11일에 기독청년협의회EYC와 함께 정권의 만행을 규탄하는 성명서를 발표했다. 비록 힘은 약했지만, 무소불위의 철권을 휘두르던 전두환 정권에게 처음으로 제동을 건 '작은 사건'이었다.

누가 황정하를 죽였는가

1983년 11월 8일 서울대에서 레이건 방한에 반대하는 교내 시위가 있었다. 이 시위 과정에서 4학년 학생 황정하가 시위를 주동하기 위해 도서관 6층에서 줄을 타고 5층 난간으로 내려오다 추락하여 사망하는 사건이 일어났다. 교내에 상주하던 기관원들의 과잉제지가 사고의 원인이었다.

이에 민청련은 11월 30일 한국기독학생회총연맹KSCF, 한국기독청년협의회EYC와 공동 명의로 〈이 땅에서 폭력은 영원히 추방되어야 한다〉라는 성명서를 발표했다. 이 성명서는 "누가 황정하 학형을 죽였는가?"라고 묻고, 1차적 책임은 학원에 투입된 학원사찰 요원들에게 있지만 그 배후에서 이들을 '교사하고 명령한' 권력 당국이 진짜 주범이라

1983. 11. 16 11 : 22 죽음

누가 황정하를 죽였는가?

황정하 추모카드. 1983년 12월 4일 민청련과 청년단체들은 명동성당에서 황정하 추도미사를 열고 황정하 추모카드를 판매해 어려운 재정 상황을 타개하고자 했다.

고 주장하고 철저한 진상규명을 요구했다.

성명서는 아울러 억압과 감시체제를 묵인하고 침묵하는 우리 자신에게도 책임이 있음을 고백했다. 또한 "황정하 학형은 영웅인가?"라고 묻고, "아니다. 결코 아니다! …… 그는 연속적인 작은 물방울이 바위를 꿰뚫는다는 진리 앞에 한 작은 물방울이고자 했다. 외롭고 두려운 자기 결단과 희생 앞에 지극히 겸허하게 작아지고자 한 황정하 학형은 그러기에 오히려 위대한 것이다"라고 그 죽음의 뜻을 기렸다.

민청련과 청년단체들은 12월 4일 명동성당에서 황정하 추도미사를 열었다. 추도미사는 명동성당 교육문화관에서 1,500여 학생들이 참석한 가운데 열렸는데, 함세웅 신부의 강론과 서울대학생 백낙현 군의 추도사 낭독, 〈학원 민주화를 위한 가톨릭 학생 선언〉 등으로 진행됐다. 미사 후에는 100여 명의 청년들이 스크럼을 짜고 '학원 탄압 중지하라!'는 등의 구호를 외치며 성당 밖 100미터까지 진출했다.

이 추도식장에서 민청련은 고인의 뜻을 기리고 어려운 재정 상황에 도움이 되고자 황정하 추모카드를 만들어 300원에 팔았다. 이 추모카드에 공동성명서 내용을 담았는데, 성명서를 판매한다는 것이 집회 참석자들에게 신선하게 느껴졌는지 호응이 좋았다.

김근태 의장의 수난

안기부와 경찰에서는 민청련 간부들을 계속 감시하는 한편 활동을 위축시키기 위해 여러 형태로 위협을 가해왔다. 그중에서도 김근태 의장이 가장 중요한 목표였다. 김근태 의장은 창립총회 때 안기부에 연행되었다가 10일 만에 풀려난 이후에도 툭하면 담당서인 종로경찰서에 연행됐다. 민청련이 성명서를 발표하거나 집회 같은 대외 활동이 있을 때마다 경찰은 김근태를 연행해갔고, 그 과정에서 구류도 여러 번 살았다.

11월 중순쯤 되었을까. 김근태 의장이 종로서에 연행되어 갔다는 소식이 사무실로 전해졌다. 구체적인 이유는 확인되지 않았다. 아마도 그 직전에 냈던 레이건 방한 반대 성명서 때문이었을 것으로 추정됐다. 사무실에 비상이 걸렸다. 박우섭 총무와 홍성엽 재정부장이 전화로 회원들을 불러 모으고, 박계동 홍보부장은 언론사에 연락하여 연행 사실을 알렸다. 그리고 종로경찰서장에게 전화로 강력히 항의하고 즉각 석방할 것을 요구했다. 비상을 건 지 한 시간쯤 지나 이해찬, 박성규, 권형택 등 10여 명의 회원들이 사무실에 모였다. 긴급 대책회의를 열어 의논한 결과 종로경찰서로 직접 쳐들어가기로 했다.

'실탄'이 필요했다. 실탄이란 민청련 입장을 알리는 성명서였다. 우선 급한 대로 박계동이 초안한 16절지 한 장짜리 항의 성명서를 쓰고, 연성수 등 집행부원들이 함께 달려들어 수동식 먹지 인쇄기로 200여 부를 인쇄했다. 이해찬, 박계동이 앞장서고 집행부원들과 회원들 10여 명이 뒤따르면서 시민들에게 유인물을 나눠주면서 종로경찰서까지 행진했다. 간간히 "김근태를 석방하라!" 구호도 외쳤다. 사무실에서 종로경찰서까지는 걸어서 5분 거리지만 연도의 시민들에게는 이 시위 행렬이 당시 전두환 철권통치 아래에서 보지 못한 신기한 광경이었다. 종로서에 도착한 이들은 경찰서 마당에서 저지하는 경찰들에 둘러싸였다. 그러자 이들은 소리를 고래고래 지르면서 서장 면담과 김근태 석방을 요구했다. 경찰들과 밀고 당기고 하는 과정에서 이해찬의 안경이 깨지는 일도 있었다.

결국 민청련 담당이었던 정보과 소속 정 아무개 형사가 쫓아 나와 정보과 사무실로 안내했다. 정보과에 들어가자마자 박계동, 이해찬이 주동해서 사무실 책상을 주먹으로 내리치고, 금방이라도 책상을 둘러엎을 태세로 큰소리로 김 의장 내놓으라며 소란을 피웠다. 한참 소란을 피운 후에야 정보과장이 나와 김근태 연행에 대해 해명했다. 조사 중이니 기다려달라는 말만 되풀이했다.

이 자리에서 김 의장의 석방 약속을 받아내지는 못했지만 민청련의 강력한 항의 의사를 경찰 측에 전했다. 그리고 이해찬 상임위 부의장 폭행에 대해서는 종로경찰서장의 사과와 깨진 안경에 대한 변상 약속을 받아냈다. 김 의장은 이번에도 결국 구류 3일을 살고 나왔다.

아현동의 '5분 대기조'

이러한 긴급 동원에는 권형택이 운영하던 공동 번역실이 한몫을 했다. 공동 번역실은 권형택이 아현동에 있는 선배 박경희(동국대 74학번)가 운영하는 출판사 지양사 옆에 사무실 한 칸을 얻어 운동권 선후배 4~5명과 운영하고 있었다. 이 번역실은 일반 직장에 다니는 회원들에 비해 근무가 자유로운 편이라 민청련의 긴급사태가 있을 때마다 일차적으로 동원되었다.

공동 번역실은 권형택이 다음해 민청련 집행부로 들어가기 전까지 책임자가 되어 1년여를 운영했다. 이 번역실에는 오의택(서울대 77학번), 진재학(서울대 77학번), 백병규(고대 77학번), 김성환(서울대 78학번) 등이 있었다.

공동 번역실의 일거리는 당시 운동권 선배들이 경영하는 사회과학 출판사에서 주로 얻어왔다. 물론 바로 옆 사무실 지양사도 고객 중 하나였다. 그러나 번역 일은 당시 소규모 사회과학 출판사들의 재정사정이 워낙 뻔해서 번역료도 쌌고 결제도 몇 달씩 미뤄지기 십상이라 썩 재미있는 일이 못 되었다.

그나마 당시 여의도 전경련빌딩에 있던 《현대경영》이라는 잡지사에 다니는 천희상(서울대 73학번)이 잡지에 게재할 영어 원고 번역 일을 나눠 줘서 큰 도움이 됐다. 원고료도 비교적 괜찮았고, 무엇보다 월말에 꼬박꼬박 결제 받을 수 있었다. 천희상은 나중에 권형택이 번역실을 떠난 뒤 아예 회사를 그만두고 번역실장으로 들어앉았다.

공동 번역실은 말이 직장이지 선후배들이 모인 동아리 비슷했다. 출퇴근 시간은 정해놓았지만 실제 규율은 느슨했다. 번역 작업을 하다가

공동번역실 멤버들. ① 박경희, ② 천희상, ③ 오의택, ④ 권형택, ⑤ 진재학, ⑥ 백병규, ⑦ 김성환.

오후 3~4시면 모여서 바둑도 두고, 고스톱도 치고, 그러다 술 먹으러 가는 일이 잦았다. 각자의 수입은 자기가 일한 분량만큼 가져가고, 그중 일정 부분만 사무실 경비조로 내놓는 방식이었다. 일종의 협동조합과 비슷했다. 권형택은 번역실장이었지만 업무를 지시하고 이윤을 챙기는 회사 사람이 아니라 단순 관리자에 가까웠다. 일종의 방장 역할이었다고나 할까.

그런데 민청련이 생기고 나서 이 번역실에 변화가 생겼다. 민청련 집행부가 구성되고 활동을 시작하면서 번역실이 집행부의 행동대 역할을 맡게 된 것이다. 번역실 사람들에게는 민청련에서 한 달에 몇 번씩 동원령이 떨어졌다.

민청련이 사무실에서 쫓겨나지 않기 위한 긴급 대책회의라든지, 김근태 의장이 경찰서에 잡혀가서 항의방문을 해야 할 때면 어김없이 번역실로 연락이 왔다. 막상 직장 다니는 회원들을 근무 중에 불러내기는 어려웠으니 자유노동자인 번역실 사람들이 일차 동원 대상이었던 것이다. 그래서 공동번역실 사람들은 자신을 민청련의 '5분 대기조'라고 생각했다.

4

줄을 잇는
공개정치투쟁의
깃발

김근태 의장 폭행사건

김근태 의장의 수난은 경찰에 의한 연행과 구류처분으로 그치지 않았
다. 1983년 11월 28일, 안기부 수사 1국장 성용욱이 김 의장에게 전화
를 걸어 면담을 요청해왔다. 김 의장은 집행부에 대한 안기부의 집요한
협박과 방해를 항의하기 위해 만나볼 필요가 있다고 판단하고, 면담에
응하기로 하고 약속장소인 신라호텔로 나갔다.

그런데 객실에서 단 둘이 저녁식사를 하는 도중에 성용욱이 무례한
언동으로 김 의장을 자극했다. 이에 김 의장이 격분하여 상을 뒤집어엎
으며 항의했다. 결국 두 사람 간에 치고받는 싸움이 벌어졌고, 김근태
의장은 눈 위가 찢어지고 코뼈가 부러지는 부상을 당해 명동 성모병원
(현재 명동성당 내 가톨릭회관 건물)으로 옮겨져 입원했다.

당시의 사회 분위기에서 안기부 요원의 행패에 대해 공개적으로 항

의하는 것은 상상하기 어려운 일이었다. 하지만 민청련에서는 즉시 성용욱의 폭력에 대해 고소하는 법적 조처를 취하는 한편 11월 30일 자로 폭력사태를 규탄하는 성명서를 발표했다. 12월 9일에는 홍제동의 한 중국음식점에서 회원 긴급 대책회의를 열어 김 의장 폭행사태에 대한 경과를 보고하고 대책을 협의했다.

안기부는 처음에는 전혀 그런 사실이 없었다고 부인했으나 민청련의 끈질긴 대응에 결국 자기들의 잘못을 시인했다. 결국 안기부 최 아무개 수사단장이 직접 병원에 찾아와 사과하고 치료비를 변상하는 선에서 사태는 마무리됐다.

블랙리스트 철폐투쟁

1983년 12월 6일, 전북 이리에서 태창메리야스 해고 노동자들이 농성에 돌입했다는 소식이 민청련 사무실로 전해졌다. 민청련은 진상조사와 대책 수립을 위해 즉각 박우섭 총무국장을 현지로 파견했다. 박우섭은 노동부 이리지방사무소 등을 방문하여 진상조사를 하는 한편 농성 현장을 방문하여 노동자들을 격려했다. 그리고 귀경하여 집행위에 출장보고를 했다.

사회부장 연성수는 박우섭 총무의 조사보고를 바탕으로 가톨릭노동청년회JOC 등과 함께 공동으로 농성 노동자를 지원하는 활동을 조직하기 시작했다. 연성수는 인천에서 노동현장 문화패 활동을 하는 과정에서 사귄 동일방직 해고노동자 김옥섭, 인천 산업선교회에서 일하는 서기화(JOC 회원) 등을 만나 지원 방안을 의논했다. 김옥섭은 동일방직에서 해고된 후에도 사업주들 사이에 돌고 있는 블랙리스트 때문에 6번이나 더 해고된 전력이 있었다. 블랙리스트는 노조활동가들의 성명을 기록한 명부로 이 명부에 오르면 회사가 취업을 받아 주지 않았다. 노동운동을 막기 위한 정부와 사업주의 합작품으로 노동운동에 큰 족쇄로 작용하고 있었다. 이리 태창메리야스의 쟁의 역시 이것이 문제가 되어 일어난 것이었다.

민청련은 즉시 노동·청년운동 단체들과 함께 블랙리스트를 철폐하는 운동을 조직했다. 12월 15일 JOC 회장단 단식농성, 16일 인천지역 해고노동자 단식농성, 21일 JOC 주최의 해고노동자를 위한 미사 및 농성에 민청련이 동참했다.

이와 동시에 민청련은 12월 20일, 16개 청년단체 연석으로 긴급 대책회의를 소집했다. 대책 논의 결과 청년단체들은 12월 26일 13개 단체 연합으로 성명서를 발표하고 '민주노동운동자 블랙리스트 문제 대책위원회'(위원장 문익환)를 발족하기에 이른다.

야학연합회 탄압 폭로투쟁

1983년 8월부터 12월까지 이른바 '야림사건'으로 알려진 '야학연합회' 사건이 발생했다. 야학이란 노동자들이 밀집한 공단 등에서 대학생들이 교회와 같은 장소를 빌려 배움을 원하는 노동자들을 퇴근 후 야간에 불러 모아 진행한 중졸이나 고졸 검정고시 교육을 일컫는다. 정보기관에서는 이것이 학생운동권에서 노동자들을 의식화하는 수단이라며 의심스러운 눈길을 보내고 있었다.

이런 가운데 치안본부 대공분실이 150여 명의 대학생 야학교사들을 불법적으로 연행하고 가택수사를 하는 등 전면적인 탄압을 가하기 시작한 것이다. 연행된 교사들은 수사과정에서 장시간 밀실 감금과 잠 안재우기 등의 가혹행위를 당하며 노동자들에게 '사회주의 의식화 교육'을 시켰다는 강제진술서를 요구받았다.

치안본부는 이런 과정을 통해 대학생 300명, 노동자 200명이 연루된 조직표를 작성하고 야학 전체를 사회주의 단체로 낙인찍으며 좌경용공 혐의를 뒤집어 씌웠다. 민청련은 이 사건을 적극적으로 파헤쳐 전두환 정권이 어떻게 순수한 야학운동을 용공조작하고 있는지 실상을 폭로하는 활동을 전개했다.

농협 민주화운동과 수세 현물납부운동

민청련은 1983년에 가톨릭농민회(이하 '가농') 중심으로 전개된 '농협 민주화운동'에도 적극 연대하기로 했다. '농협 민주화운동'은 농협이 농민의 경제적 이익을 담보하고 농민이 식량생산자로서 자부심을 갖고 인간적인 대우를 받는 데 도움이 되는 조직이어야 함에도 불구하고 실제로는 농민의 이익과는 무관하게 외국농산물을 수입해 판매하는 등 농민을 어렵게 만드는 기구로 타락해가고 있던 현실에서 출발했다. 가농은 농협의 문제는 농민이 직접 대표를 뽑지 못하고 정부가 임명하는 데 원인이 있다고 보고 농협 민주화운동을 본격적으로 전개하기로 했다. 이에 따라 1983년 7월 27일부터 '농협조합장 직선제 100만 서명운동 추진 결의대회'를 연합회별로 개최하고 범국민적인 서명운동을 전개해나갔다. 이 서명운동에 민청련은 적극 동참하고, 지지성명도 발표했다.

아울러 민청련은 '수세 현물납부운동'에도 적극적으로 연대를 표시했다. '수세 현물납부운동'은 경상남도 진양 관방마을에서 가톨릭농민회 주도로 일어났다. 1983년 11월 초부터 이 마을 농민들은 추곡수매량을 늘려줄 것을 요구했으나 묵살 당하자 현물(벼)로 수세(농지개량조합비)를 납부할 것을 결의했다.

농민들은 12월 19일, 경운기 17대에 261가마의 벼를 싣고 '수세 현물 자진납부 차량'이라는 현수막을 걸고 12킬로미터 떨어진 진주 시내의 진양 농지개량조합으로 출발했다. 가는 도중 온갖 방해와 구타가 있었지만 결국 조합에 도착하여 잠긴 출입구의 담장 너머로 벼 가마를 던져 넣었다. 이 투쟁으로 이장이 구속되기까지 했으나 전국으로 확대될 것을 우려한 당국이 농민들의 요구를 모두 수용했다. 민청련은 이 사건의 경과를 성명서와 유인물 등으로 사회에 적극 알려나감으로써 농민들의 투쟁을 지원했다.

학원 자율화조치와 마리스타 송년회

1983년 12월 21일, 이른바 학원 자율화조치가 발표됐다. 권이혁 문교부 장관은 전국대학 총·학장회의에서 제적학생 1,363명에 대한 복교조치를 발표하고, 학원대책도 처벌 위주에서 선도 위주로 바꿀 것이라고 밝혔다. 다음날 공안사건으로 구속됐던 172명이 석방되고 142명이 복권되었는데 그중 131명이 학생운동으로 구속, 수감되었던 학생들이었다.

제적생 복학 조치는 민청련 활동에 즉각 큰 영향을 미쳤다. 민청련의 기반조직에 속한 회원들 중 대다수가 제적생이었기 때문에 복학 문제는 회원들 자신의 거취와 관련된 중대사였다. 곧 복학 조치를 받아들여 복학할 것인가, 이를 거부할 것인가를 둘러싸고 민청련 각 조직 내에서 격렬한 토론이 일어났다. 집행위에서는 집행위원 모두가 민청련 상근활동으로 복학이 현실적으로 어려웠기 때문에 일단 집행위원들은 복학하지 않는 것으로 입장을 정리했다.

민청련 집행부는 복학 논의가 복학 여부를 떠나 민청련 조직을 활성화할 수 있는 좋은 기회라고 판단했다. 민청련과 같은 공개운동에 소극적이었던 제적생들도 대부분 이 복학 논의에는 참여했던 터라, 이 논의를 매개로 미조직 계반을 조직화하여 민청련과 연결시킬 수 있다고 보았기 때문이다. 이런 판단이 옳았음은 곧 드러났다.

이렇게 복학 논의가 점차 활발해지기 시작하는 시점에 어느덧 해는 기울어 연말이 다가왔다. 민청련은 당시 운동권 사람들에게는 낯선 모임인 대규모 송년회를 계획했다. 송년회는 12월 28일 서울 합정동에 있는 마리스타 수도원에서 열렸다. 2호선 전철 합정역에서 한강 쪽으로 5분 정도 걸어가면 병인년(1864) 천주교도들이 목이 잘려 순교한 절두산 성지가 있다. 절두산 성지를 오른쪽에 두고 왼쪽으로 꺾어 3, 4분쯤 걸어가면 1973년 멕시코 수사들이 세운 마리스타 수도원이 나온다.

마리스타 수도원은 2013년 통진당 이석기 의원이 당원들을 모아놓고 강연했다가 내란 음모죄로 기소되어 당 해산의 빌미가 됐던 곳으로 세간에 알려졌지만 1980년대 민청련·민통련의 민주화운동과 인연이 깊은 장소였다. 6월 항쟁 당시 민통련과 국민운동본부의 중요한 결정이 이곳에서 이루어졌다.

1983년 한 해가 저물어가는 12월 28일 저녁 7시에 마리스타 수도원에서 민청련 합동송년회가 열렸다. 합동송년회라 이름 붙인 것은 민청련이 주관하는 송년회이지만 민청련 회원들 외에 아직 민청련에 들어오지 않은 재야 민주청년들 모두를 초청한 송년회였기 때문이다. 마침 22일에 크리스마스 특사로 130여 명의 청년 학생들이 석방되었던 터라 이들에 대한 석방 환영회도 겸하는 모임으로 준비됐다.

민청련 집행부가 공안기관의 방해공작을 뚫고 사무실에 입주한 지 두 달도 채 되지 않았고, 성명서 한 장에 김근태 의장이 연행되고 구류를 사는 등 전두환 정권의 탄압이 기승을 부릴 때라 이 합동송년회를 개최하는 문제를 놓고도 의결기구인 '기대'에서는 논란이 많았다. 기대의 초반 분위기는 신중론이 강했다. 아직 조직의 힘이 약한데 공개적으로 이렇게 큰 집회를 열었다가 저들에게 탄압의 빌미를 줄 우려가 있다는 것

1983년 민청련 송년회가 열린 마리스타 수도원의 현재 전경. 지금은 마리스타 교육원으로 운영하고 있다.

이었다. 또 신분이 노출될 수 있는 공개 집회라는 점도 우려되었다.

그러나 김근태 의장을 비롯한 집행부에서는 이 송년회가 운동권의 분위기를 일신하고 민청련을 대외적으로 알려 회원을 확장할 수 있는 좋은 기회라고 생각했다. 기대에서도 결국 집행부의 적극적인 설득에 따라 합동송년회를 열기로 결의하고, 출신 학교별로 대대적으로 참석을 독려했다. 송년회 장소는 창립총회와 마찬가지로 보안을 고려해 시내 중심가에서 좀 떨어진 합정동 마리스타 수도원으로 정했다.

송년회는 예상을 뛰어넘어 200여 명이 참석하는 대성황을 이루었다. 1부, 2부로 나뉘어 진행되었는데, 1부에서는 석방된 동지들에 대한 환영회가 있었다. 박우섭의 사회로 석방된 청년 40여 명이 한 사람 한 사람씩 소개되고 환영과 격려의 박수를 받았다. 김근태 의장의 환영사와 석방자 대표의 답례 인사가 이어졌다.

석방자들은 수감 중에 민청련과 김근태 의장에 대해 대략적인 이야기를 들었지만 이렇게 공개적으로 자기들을 환영해주리라 예상치 못했기 때문에 감동이 컸다. 군대를 갔다 온 나이든 제적생들은 학생운동 후에 자신이 선택할 활동지로서 자연스럽게 민청련을 떠올리게 됐다고 한다.

2부에서는 연성수의 사회로 민주화운동상 시상식을 가졌다. 연성수가 직접 기획한 행사로 민주화운동과 관련하여 한 해 동안 있었던 여러 가지 활동과 인물에 대해 시상하는 것이었다. 우수 성명서 상은 〈황정하 학형을 누가 죽였는가!〉가 받았다. 시위 중에 밧줄을 타고 내려오다 허리를 다친 연대의 양경희(79학번)와 외대의 이경옥(80학번)에게도 상이 수여됐다. 민중가요 대상에는 〈님을 위한 행진곡〉이 선정됐다.

이어서 박우섭의 사회로 흥겨운 여흥시간을 가졌다. 참석한 청년동지들은 투쟁 과정의 온갖 시름을 털어버리고 한데 어울려 밤이 깊도록 놀았다. 민청련은 예상외로 큰 성황을 이룬 송년회에 크게 고무되었다. 김근태 의장은 한 구술 인터뷰에서 당시 송년회를 이렇게 평했다.

민청련이 마리스타 수도원에서 한 송년회는 굉장히 열기 있는 모임이었다. 많은 사람들이 참여했고, 자신감을 가졌고, 그리고 함께 뜻을 모아서 더욱 전진해야 한다는 분위기가 조성됐다. 이 굉장한 열기가 민주주의 쪽으로 진군할 수 있는 힘이 됐다.

송년회 모임을 기점으로 민청련은 공개 정치투쟁단체로서 입지를 확고히 하고 1984년부터는 더욱 활발한 활동을 펼쳐 나가게 된다.

송년회에서 상을 받은 민청련 회원
이경옥. 2012년 모습.

3

민주화운동의
선봉

1

"녹화사업 의문사, 진상을 밝혀라"

뜨겁게 밝아온 1984년

1984년 새해가 밝자 전두환 대통령은 신년사에서 "작년에는 많은 시련이 우리를 괴롭게 했으나, 우리는 민족의 위대한 저력으로 이를 극복하고 착실한 전진을 이룩해냈다"고 말했다. 그가 말한 '시련'은 무엇을 가리키는 것이었을까. 아마도 가장 직접적인 '시련'은 아웅산 폭탄테러 사건일 것이다. 1983년 10월 9일, 버마를 방문했던 그가 수행원들과 아웅산 장군 묘소를 참배하던 중, 나중에 북한인으로 밝혀진 테러범들이 설치한 폭탄이 터져 비서실장과 장관들을 비롯해 17명이 사망하는 대형 참사가 발생했던 것이다. 이보다 한 달쯤 전에는 대한항공 여객기가 사할린 부근 상공을 지나던 중 소련이 발사한 미사일에 맞아 추락해 탑승객 269명 전원이 사망하는 전대미문의 사고도 있었다. 전두환에게는 글자 그대로 시련의 한 해였을 것이다.

하지만 전두환에게는 더 큰 정치적 시련이 있었다. 정치활동 금지로 꽁꽁 묶어둔 김영삼이 급기야 단식투쟁으로 항거하고 그 사실이 언론에는 '현안 문제'라는 누구도 알아보지 못할 사건으로 보도되었지만, 사람들의 입에서 입으로 전해지며 전두환에게 말 그대로 '현안'이 되어갔다. 더욱 큰 시련은 학생운동을 중심으로 반정부투쟁이 끊이지 않고 불타올랐던 것이다. 이것이야말로 전두환에게 진짜 시련이었을 것이다. 결국 그는 모종의 유화책이 필요하다고 보고, 연말에 학생운동으로 제적된 학생들에 대한 전면 복학 조치를 내놓기에 이르렀다.

'유화 국면'과 복학투쟁

운동권도 1984년은 지난 연말에 발표된 복학 허용조치가 초래한 논란으로 뜨겁게 시작되었다. 운동권에서는 제적생 복학 허용 조치를 전두환 정권이 과격해지는 운동권을 회유하기 위해 내놓은 '유화 조치'로 보았고, 이러한 조치로 인해 조성된 정세를 '유화 국면'이라고 불렀다. 궁지에 몰린 5공이 운동 세력에게 숨통을 트여줘 저항의 기세를 누그러뜨리겠다는 심산에서 나온 고육책이라는 판단이었다.

1984년이 밝아오자 학생운동 출신자들로 구성된 민청련 안에서는 복학 허용 조치를 받아들일 것인가, 거부할 것인가를 두고 치열한 논쟁이 전개된다. 민청련이 대외적으로 이 문제에 대한 입장을 밝히지는 않았지만, 내부 논쟁의 열기는 엄청 뜨거웠다.

복학 거부론의 기본 논지는 유화 조치가 기본적으로 전두환 정권의 수명 연장을 위한 기만적인 제스처에 지나지 않기 때문에 당연히 거부해야 한다는 것이었다. 이 주장을 가장 선명하게 밀고나간 민청련 간부로는 기대(기별대표) 모임을 이끌던 이범영을 꼽을 수 있다.

이범영은 180센티미터가 넘는 훤칠한 키에, 굵지만 윤기 있는 목소리로 정세나 활동 방향에 대해 조리 있게 설명하곤 했다. 그래서 그에게 붙여진 별명이 '노가리'였다. 그는 매월 1회의 정기 기대 모임을 소집해서 공개 집행부의 활동 보고와 정세 토론을 주재했다. 또한 각 기별 모임에서 제기된 의견과 기별 모임에서 거둔 회비를 집행부에 전달하는 일도 맡고 있었다.

1984년 초 기대 모임에서 복학 문제로 뜨거운 논쟁이 벌어지자 이범영은 복학 거부론의 입장을 취했다. 그가 기대 모임에서 밝힌 이유는 이랬다.

저들이 던져주는 떡고물을 왜 받아먹어야 하는가. 한번 뒤로 물러서면 자꾸 물러서게 된다. 복학을 해서 학교에 들어가서 학생운동을 계속해야 한다는 주장도 있지만, 현실적으로 복학한 이들을 통제하고 지휘할 지도부는 존재하지 않는다. 결국 복학은 우리 운동력의 손실만 초래할 것이다.

이에 반해 복학 수용론은 상대적으로 젊은 층에서 활발하게 제기되었다. 서울대의 경우 78학번들(민청련 출범 당시 78학번은 가장 어린 막내 세대였다) 사이에 수용론을 주장하는 이들이 많았다. 1980년 '서울의 봄' 당시 서울대총학생회 대의원회 의장이었던 유시민이 대표적이었다. 수용론의 논지는 이 복학 허용 조치 자체는 운동의 힘으로 정권을 압박해 쟁취한 성격이 있으므로 당당하게 받아들여야 한다는 것이었다. 유시민은 복학이 결코 투항이 아니며 학교라는 투쟁의 현장으로 복귀하는 것이라고 했다. 그는 서울대 78학번 모임에서 이렇게 말했다.

나는 전두환 정권에 굴복해서 학교에 들어가는 것이 결코 아니다. 싸우러 들어가는 거다. 1980년 5·17 때 교도소에 가지 않고 군대에 간 것이 늘 부담이 됐었다. 이번엔 교도소 가는 것을 두려워하지 않고 싸우겠다.

실제로 그는 복학한 후 복학생협의회를 이끌며 학생운동의 대열에 섰다. 그해 가을 서울대 안에서 이른바 '학내 프락치 사건'이 일어나자 그는 기꺼이 책임을 떠안고 교도소에 갔다. 자신이 한 말을 지킨 셈이었다. 이때 그가 교도소에서 쓴 〈항소이유서〉는 일반 대중에게까지 널리 읽히는 명문장이 되었다.

복학 거부론을 역설한 이범영(왼쪽)은 이후 시위 관련으로 수배되었고, 복학 수용론을 주창한 유시민(오른쪽)은 서울대 프락치 사건으로 구속되었다.

논쟁은 뜨거웠지만 민청련은 복학 문제에 대해 공식적인 입장을 표명하지 않았다. 집행부는 민청련이 각 대학 학생운동의 연합체인 점에서 어느 한 쪽을 두둔하는 것은 바람직하지 않다고 보았다. 그보다는 전두환 정권에 대한 비판과 저항에 집중하기로 했다.

수면 위로 드러난 '녹화사업' 공작

민청련이 투쟁의 대상으로 삼은 것은 이른바 '강제 징집'과 '녹화사업'이었다. 강제 징집은 1979년 무렵부터 각 대학이 총장에게 일방적으로 학생의 휴학을 명령하는 것이 가능하도록 권한을 부여한 학칙에 따른 것이었다. 이러한 일방적인 휴학을 '지도휴학'이라고 불렀다. 지도 휴학의 요건은 학칙상으로는 '학업을 계속할 수 없는 피치 못할 사유'라는 식으로 모호하게 표현되어 있지만 사실상 학생운동 관련자들을 학교로부터 강제적으로 격리시키기 위한 정책이었다. 당시 대부분의 남자 대학생들은 학업을 이유로 병역을 연기하고 있었는데 지도휴학을 당하면 군 입대 연기가 취소되고 곧바로 입대영장이 발부됐다.

지도휴학 제도는 1980년 전두환 정권에도 이어졌다. 1980년 5·17 계엄령 포고 이후 수많은 학생운동 관련자들이 이 제도에 의해 본인의 뜻과는 관계없이 군 입대를 강요당했다. 특히 전두환 정권은 지도휴학 제도의 절차적 요건조차 무시하고, 시위 현장에서 체포된 단순 가담자를 연행한 상태에서 지도휴학과 징집을 단 하루이틀 만에 일사천리로 진행시켜 곧바로 입대 조치했다.

가족들은 어느 날 갑자기 아들이 사라지고 며칠 뒤 군에 입대했다는 통지를 받게 되었다. 깜짝 놀란 가족에게 학교 당국과 경찰은 구속되는 것보다 군에 입대하는 것이 신상에 더 좋다고 회유했다.

군에 입대한 당사자들을 기다리는 것은 결코 단순한 병영생활이 아니었다. 보안사는 이렇게 강제 징집된 자들을 '특별관리'하여 마치 형사 피의자인 것처럼 불러서 조사하고, 학생운동에 관한 정보를 진술하도록 강요했다. 보안사는 이를 '녹화사업'이라고 불렀는데, '좌익사상으로 빨갛게 물든 머릿속을 녹색으로 바꾸는 작업'이라는 뜻이었다.

녹화사업은 법률에 의하지 않은 정책일 뿐만 아니라 헌법을 정면으로 위반한 위헌행위였으나, 1980년대 초반 전두환 정권의 폭압적인 분위기 아래 군 부대 안에서 공공연하게 자행되었다. 보안사는 학생운동 관련 사병들에게 '사상 전향'을 강요하는 한편, 휴가를 주고는 자신이 다니던 대학교 선후배들을 만나서 학생운동 동향을 파악한 뒤 보고할 것을 강요하기도 했다.

녹화사업은 당사자들에게 육체적·정신적으로 심한 고통을 준 것으로 보인다. 녹화사업 과정에서 발생한 의문의 죽음은 이 같은 추측에 힘을 실어준다. 아들이 죽었다는 황망한 소식을 듣고 달려온 가족들에게 전달된 사인은 한결같이 '신병을 비관한 자살'이었다. 가족들은 자살할 이유도 없고, 심지어 유서도 남기지 않은 아들의 죽음을 받아들일 수 없었다. 그러나 이러한 가족들의 호소는 언론에 단 한 줄도 보도되지 않았다. 학생운동가들의 입에서 입으로만 전해질 뿐이었다.

소문으로만 떠돌던 녹화사업과 그로 말미암은 의문사 사건은 복학 허용 조치를 계기로 군대에서 제대한 복학생들에 의해 처음 공론의 장에 올랐다. 1984년 2월 20일, 한국기독학생회총연맹과 한국기독교청년협의회가 서울 종로5가 기독교회관에서 '진정한 복교를 위한 공개 간담회'를 주최하려 했으나 당국의 압력을 받은 회관 측에서 장소 대여를 거부했다. 그러자 140여 명의 복학생들이 농성에 들어갔다. 이때 그들이 내세운 구호 중에 "강제 징집 철폐"와 "의문사 진상규명"이 들어 있었다.

선도투쟁의 모범을 보이다

소식을 접한 민청련은 곧바로 이 문제를 공론화하는 데 앞장선다. 기독교 청년단체들과 함께 '강제 징집 철폐를 위한 공동대책위원회 준비모임'을 만든 것이다. 모임을 이끈 이는 서울대 사범대 76학번 이원주였다. 그 자신이 5·17계엄 조치 이후 강제 징집으로 군에 입대 당해 '녹화사업'을 받은 당사자였다. 그는 나중에 인천민주노동자연맹 창립에 참여했고, 평생 진보정치를 위해 헌신했다. 말년엔 아파트 관리소장으로 어렵게 생계를 이어나가던 중 2016년 11월, 지병으로 별세했다.

이원주는 1984년 2월부터 준비모임을 이끌며 서울의 7개 대학(서울대, 성균관대, 고려대, 연세대, 서강대, 외국어대, 경희대)과 지방의 전남대학에서 1980년 5·17계엄 이후 발생한 강제 징집과 의문사 사건을 조사한 후 그동안 입으로만 전해지던 녹화사업과 의문사의 진상을 담은 〈강제 징집 문제 공동조사 조사보고서〉를 발표했다.

〈보고서〉에 따르면 지도휴학과 강제 징집은 법률상 대상이 될 수 없는 이들에게까지 마구잡이로 시행되었다. 시위 현장에서 단순 가담자로 연행된 학생, 뚜렷한 혐의 없이 '문제 학생'으로 지목된 자, 공단 부근에서 야학 강사를 하던 대학생 등이 주된 대상이었다. 그들을 이런 이들을 불법으로 연행하여 육체적·정신적 고통을 주며 공포분위기를 조성한 뒤 본인의 의사를 무시한 채 강압적으로 자원입대 동의서에 서명하게 했다. 그러고 나서 병역법상 정상적 절차 없이, 가족 면회도 없이 수사기관에서 곧바로 군부대로 징집 처리했다.

그들 중에는 신장 및 체중이 규정에 미달하거나 시력이 극도로 나쁜 학생, 아직 징집 대상이 아닌 연령의 학생, 간질·늑막염·축농증·소아마비 등 징집에서 제외될 정도로 심각한 질병을 앓고 있는 학생도 포함됐다. 심지어 2대 독자 및 3대 독자로 규정상 징집 면제가 되어야 했던 이들도 있었다.

〈보고서〉는 사회에 커다란 충격을 안겨주었다. 특히 정치권은 국민의 생명이 걸린 이 문제를 외면할 수 없어 야당인 민한당을 중심으로 정부에 추궁하기 시작했다. '준비모임'은 정식으로 '강제 징집 철폐를

총 28쪽에 달하는 강제 징집 문제 보고서의 표지와 그 작업을 주도한 이원주.

위한 공동대책위원회'를 출범시키고 더욱 광범위한 조사 활동과 진상을 널리 알리기 위한 홍보 활동을 펼쳐나갔다.

또한 〈보고서〉는 강제 징집되어 '녹화사업'을 받은 후 의문의 죽음을 당한 6명의 신원과 그들의 행적을 조사하여 실었다. 최초로 일반에 공개된 사례였다. 한양대 기계과 81학번 한영현, 고려대 정경 계열 80학번 김두황, 연세대 영독불 계열 81학번 정성희, 성균관대 사학과 81학번 이윤성, 서울대 기계설계과 79학번 한희철, 동국대 사대 수학교육과 81학번 최온순이었다. 이들의 공통점은 죽음이 있기 전 그 어떤 자살의 조짐이나 동기가 발견되지 않았다는 것이었다.

강제 징집과 녹화사업 그리고 의문사에 대한 문제 제기는 용기를 필요로 하는 일이었다. 당시 군은 일종의 불가침 영역이었고, 군에 대해 문제를 제기할 경우 보안사 분실 같은 곳으로 연행되어 조사를 받지나 않을까 두려워하는 분위기였다. '서빙고 호텔'이라 불리던 서울 서빙고동의 보안사 분실은 상상을 초월하는 공포의 고문으로 유명했다. 따라서 정치권의 야당은 물론 어떤 사회단체도 이 문제를 공식적으로 제기하지 못하고 있었다. 그런 상황에서 민청련이 이원주를 앞세워 대책위원회를 꾸리고 조사활동을 벌이는 등 총대를 메고 나선 것이었다.

공대위에 참여한 단체가 민청련 외에는 모두 기독교와 가톨릭 교단에 속한 청년 단체였던 것은 이 문제가 정권이 섣불리 손댈 수 없는 종교권을 뒷배경으로 삼지 않고서는 제기할 수 없는 문제였기 때문이다. 유일하게 종교의 배경이 없는 민청련은 정보기관에 눈엣가시였을 것이다. 그렇지만 민청련은 강제 징집 문제를 선도적으로 제기함으로써 자칫 학생운동이 복학 문제를 두고 관념적인 논쟁에 빠지는 것을 경계하고, 당면 투쟁을 통해 운동 대열을 유지하는 데 기여했다.

2

청년운동론의
정립

민청련 조직의 확대

1984년 새 학기의 대학가는 전두환 정권의 복학 조치로 제적생들이 복
학을 할 것인가에 관심이 쏠렸다. 특히 민청련 구성원들에게 복학 여부
는 각 개인의 판단에 맡겨진 셈이 되었는데, 정확한 통계는 없지만 대
체로 복학을 거부한 회원이 다수였다.

　복학 허용 조치는 정권이 의도한 대로 운동권의 약화라는 효과를 가
져오지 못했다. 오히려 복학할 것인가 말 것인가에 대한 논쟁 과정에서
학교를 떠난 뒤 흩어져 생활 현장으로 돌아가거나 운동을 지속하더라
도 소그룹 단위의 지하조직에서 활동하던 이들을 토론의 광장으로 불
러내는 효과를 발휘했다. 그들 상당수는 민청련의 틀 안으로 들어오게
되었다. 전두환 정권의 복학 조치는 민청련 운동에 밑거름을 제공한 격
이었다.

민청련은 1960년대 말에서 1970년대 초반 학번의 소수 활동가들을 주축으로 창립했지만, 복학 국면을 거치면서 1970년대 중·후반에서 1980년대 초반 학번 사이의 수많은 청년 활동가들을 회원으로 확보하게 되었다. 민청련은 이들을 학교·학번별로 조직했는데, 기존의 기별 모임을 대신해 '계반'이라고 불렀다. '계모임'의 이름을 모방해 만들어진 계반은 서울의 주요 대학을 망라했다. 규모가 큰 서울대의 경우 단과대학, 나아가 학번별로 모임이 만들어졌다. 성균관대 79학번으로 계반 모임에 참석했던 최경환은 2011년 자신의 블로그에 올린 〈자전에세이〉에서 당시를 이렇게 회고했다.

성균관대의 제적생을 중심으로 한 운동권에서도 민청련에 조직적으로 참여하기로 하고 79학번에서는 내가 대표로 발탁됐다. 나는 낮에는 출판사 일을 하고, 저녁에는 민청련 일을 했다. 그때 우리 계반에는 은행원도 여럿 있었고, 이름 있는 건설회사 직원 등 나와 같은 직장인이 많았다. 대부분 학생운동 경험이 있는 사람들이었다. '계주' 모임은 모든 활동 방향과 노선이 논의되는 대의원회의 같은 성격의 모임이었다. 또한 '계반'을 이끌며 시위와 집회에 참여하고 선전물을 배포하는 실천 단위였다. 밤을 새워 토론하고 집회에 나가고 유인물을 뿌리고 하는 일들을 했다. 그리고 '계주'와 '계반'은 외부에 노출되지 않은 비공개 조직이었다. 민청련이 혹독한 탄압 속에서도 오랫동안 조직을 유지하고 싸울 수 있었던 것은 '계주'와 '계반'과 같은 조직적 기반이 있었기 때문이었다.

마르크스주의 역사관이 풍미하다

이 시기에 민청련 조직이 확대되었다고 해서 민청련 내부의 분위기가 한껏 고양돼 있었던 것만은 아니었다. 당시 분위기를 파악하기 위해선 우선 그때 학생운동에 뛰어든 청년들의 고민을 들여다봐야 한다.

1970년대에서 1980년대 초반까지 학생운동을 하던 이들의 사상을 지배하고 있던 담론은 마르크스주의적 역사관, 이른바 사적 유물론이었다. 간략하게 말하면 인류의 역사는 모든 인간이 평등하던 원시 공산 사회가 붕괴된 뒤 고대 노예제 사회, 중세 농노제 사회, 근대 자본제 사회로 단계적 발전을 해왔다고 보는 것이다.

이 역사관의 근본 뼈대는 '역사는 발전한다'는 테제다. 노예제, 농노제, 자본제가 모두 서로 대립하는 두 계급으로 이루어져 있지만, 인간의 자유와 평등의 정도는 단계적으로 발전해왔다는 것이다. 따라서 자본가 계급과 노동자 계급이 대립하고 있는 현재의 자본제 사회는 다음 단계로 발전해서 마침내 계급이 소멸된 사회에 도달한다고 주장했다.

당시 학생운동가들이 모두 사회주의자였다고 말할 수는 없다. 그러나 사회주의로의 이행 이전까지의 역사에 대한 발전사관은 대체로 받아들였다. 즉 우리 사회는 자본주의 사회이므로 기본적으로 자본가 계급과 노동자 계급이 대립하고 있으며 이러한 대립을 극복할 주체는 노동자 계급이라는 것에 동의했다. 따라서 사회운동의 축은 노동운동이어야 했다. 학생운동은 우리나라에서 4·19혁명을 주도했고 1980년 광주항쟁에서도 주력을 담당했던 고도로 정치적인 세력인 것은 분명하지만 그들만으로는 사회를 발전시키지 못한다, 근본적인 변혁을 이끌 주체는 노동자 계급이다, 따라서 학생운동가들은 노동자 계급을 각성시키고 조직하는 데 투신해야 한다는 것이 당시의 시대정신이었다.

학생운동가들은 이러한 관점에서 노동 현장에 투신하는 것을 자연스러운 운동 과정으로 받아들였다. 대학 학력으로 공장 노동자로 취업하는 것은 이상한 눈초리를 받기 십상이었기 때문에 고졸 학력으로 속이고 이른바 '위장취업'을 했다. 주로 구로 공단과 경인지역 공단의 제조업 기업에 취업한 그들은 노동자들의 소그룹을 만들어 함께 노동법 등을 학습하며 의식을 일깨우고, 노동자 권익을 위한 '경제투쟁'을 벌여나갔다. 서울대 사범대 출신으로 나중에 민주노동당 창당을 주도한 심상정이 대표적이다. 그는 당시 구로공단의 대우어패럴이라는 의류업체에 위장 취업하여 경제투쟁을 이끌었다.

이러한 환경에서 민청련 '계반'에는 민청련 활동에 대한 일정한 비판분위기가 존재했다. 민청련 운동이 기본 계급, 즉 노동자 계급에 기초하지 않은 상층에서의 정치운동이므로 결과적으로 야당 등 제도정치권의 아류에 지나지 않는다는 자못 냉혹한 평가였다. 당시 야당은 민주

1986년 구로공단 동맹파업 사건으로 수배된 시절의 심상정.

한국당으로, 김영삼·김대중 두 야당 지도자의 정치활동이 금지된 상태에서 정부의 간섭 아래 만들어진 당이었다. 학생운동 측에서는 그들이 전두환 군사정권의 2중대에 지나지 않는다고 혹평하고 있었다. 민청련 운동이 그들과 같은 종류의 활동으로 평가받는다는 것은 일종의 모욕과도 같았다.

민청련 청년운동론의 정립

민청련 집행부에서는 이러한 상황을 방치해서는 구성원들을 붙잡아둘 수 없다는 판단 아래 학교를 떠난 학생운동, 즉 청년운동의 개념을 정립해야 할 필요성을 느꼈다. 그 임무는 서울대 출신의 이론가 이을호에게 맡겨졌다. 이을호는 전북 전주고등학교 출신으로 서울대 철학과 74학번이었는데, 민청련 창립에 적극 참여해 정책실장을 맡고 있었다. 그를 중심으로 틀을 갖춘 모습으로 정리된 것이 민청련판 '청년운동론'이었다.

주로 이범영을 통해 회원들에게 전파된 청년운동론의 핵심 내용은 다음과 같았다. 첫째, 청년운동에서 청년이라 함은 반드시 연령을 기준으로 분류하는 개념은 아니다. 청년의 특성은 나이에 있는 것이 아니라, 혈기 넘치는 활동성에 있다. 이러한 활동성은 곧 진보적인 흐름을 별 거부감 없이 받아들이는 진보적 감수성으로도 연결된다. 즉 청년운동에서 청년은 새로운 이념을 쉽게 받아들이고, 그것을 활발할 활동으로 표출하는 이들을 가리킨다.

둘째, 청년운동은 전체 운동에서 '전술적 단위'여야 한다는 것이다. 전술적 단위란 '전략적 단위'에 상대되는 개념이다. 운동의 궁극적 목표는 사회의 변혁이다. 사회 변혁을 이루어낼 운동체나 조직이라면 전 계급을 아우르면서 운동을 총체적으로 지휘하는 '전위적 정당'의 형태여야 한다는 것이 당시 운동가들의 인식이었다. 그러나 '청년운동론'에서는 청년운동이 비록 높은 활동성을 가지고 정권에 맞서 싸우고 있다 하더라도 스스로를 운동의 지도부라고 생각해서는 안 된다고 본 것이다.

그렇다면 '전략적 단위'는 어디에 존재하는가. 현재의 관점에서 보면 이런 질문이 자연스럽지만, 1980년대 중반 당시의 운동권 안에서 이런 질문이 공개적으로 제기된 적은 거의 없다. 그런 조직체라면 당시 법규상 국가보안법상의 반국가단체일 것이므로 지하에서 활동할 수밖에 없는데 이를 입에 올리는 행위 자체를 금기시했기 때문이다. 그런 조직체는 당시 운동 수준상 존재하지 않으므로 논의의 대상에 올리지 않았기 때문으로 볼 수도 있다.

민청련은 스스로를 '전술 단위'로 한정함으로써 노동운동으로부터 제기되는 비판에서 벗어날 수 있다고 생각했다. 즉 민청련의 운동이 정권과 맞서 치열하게 투쟁하고 있지만, 전체 운동의 지도부라고 자임하지 않는다는 것이었다. 민청련 운동은 어디까지나 전체 운동의 일부분일 뿐이라는 선언이었다.

노동운동에 기초하지 않은 민청련 운동의 효용성은 어디에 있는가. 그것은 '선도적 정치투쟁'에 있었다. 노동운동은 기본 계급의 운동이고 장차 전체 운동의 지휘부가 되어야 할 '전략적' 운동이지만 아직은 미성숙하여 당장의 부당한 정권에 맞서 싸울 능력이 부족하다. 그렇다면 노동운동이 정치적으로 충분히 성장할 때까지 기다려야 하는가. 그럴 수는 없다. 청년들이 나서서 정권에 맞서 정치투쟁을 벌여나가야 한다. 거기에서 정치적 긴장이 조성되고, 민주화를 위한 공간이 열릴 수 있다. 이는 전체 운동의 발전에 결정적인 기여를 할 것이다. 바로 그 임무를 민청련이 떠안는다는 것이었다.

민청련이 선도적 정치투쟁을 전개하기 위해서는 지하에 숨은 익명의 존재여서는 곤란하다. 대중 앞에 모습을 드러내 당당하게 활동해야 한다. 그것이 민청련이 공개적으로 창립대회를 열고, 시내에 공식적으로 사무실을 개설하며 활동을 시작한 이유였다.

그렇지만 민청련이 조직 전체를 공개할 경우 정권의 탄압 앞에 속수무책으로 당할 수 있었다. 그래서 조직은 공개된 부분과 공개되지 않은 부분으로 나뉘어야 했다. 집행부는 대중과 정권 앞에서 공개적으로 활동하되, 집행부가 탄압으로 구속될 경우 이를 대체할 차기 집행부 및 거기에 필요한 회원 조직은 비공개로 운영되어야 했다. 이것을 민청련

민청련에서 공개 및 비공개로 활동한 간부들. 윗줄 왼쪽부터 장준영, 박순섭, 한 사람 건너 장영달. 둘째 줄 왼쪽부터 김병태, 유기홍, 박우섭, 김재승. 아랫줄 왼쪽부터 원혜영, 김근태, 최민화, 이을호, 임태숙. 사진은 1988년 김근태 석방 당시의 모습.

에서는 '반半 공개 조직'이라는 개념으로 규정했다. 이러한 청년운동론을 한마디로 정리하면, 민청련은 '청년들이 전술적 단위로서 선도적 정치투쟁을 수행하는 반공개 조직'이었다.

3
제2차 총회와
민청련의 여성운동론

확대된 조직

청년 활동가의 대거 유입으로 활기를 띠게 된 민청련은 1984년 4월 17일 서울 청량리 소재 신흥교회에서 제2차 총회를 열었다. 창립 당시 집행부는 구속될 각오를 했고 그에 대비해 차기 집행부를 구상해놓을 정도였다. 그런데 모두 살아남은 것은 물론 복학 허용 조치로 조직이 크게 확대되기까지 했으니 감개무량한 일이었다. 이날 총회에 참가한 인원은 약 180명에 이르렀다.

총회는 내부 행사이므로 경찰이나 정보기관에 노출되지 않도록 보안을 유지해야 했다. 특히 많은 인원이 모일 넓은 장소를 기밀 누출 없이 마련하는 것은 쉬운 일이 아니었다. 총회 직전 '계반원'들에게 전달된 장소는 회원들에게 익숙하지 않은, 청량리에 있는 신흥교회였다. 이 교회의 담임목사는 윤반웅이었다. 그는 장준하의 동료로서 기독교계에서 존경받는 원로이자, 1974년 민주회복국민선언, 1976년 명동 3·1민주 구국선언 등 민주화운동의 선봉에 서서 여러 차례 옥고를 치른 투사이 기도 했다(1990년에 향년 80세를 일기로 별세했다). 그런 그였으므로 민청련에 기꺼이 총회 장소로 교회를 내주었다.

총회에서는 조직 확대를 반영해 부의장직을 2명으로 늘렸다. 창립 당 시부터 관여해왔던 이명준(중앙대 69학번)과 고려대 출신의 노동운동가 한

제2차 총회가 열린 신흥교회는 현재는 옛 자취가 남지 않고, 이름도 동녘교회로 바뀌었다. 왼쪽 사진은 윤반웅 목사.

제2차 총회에서 새로 선출된 이명준(왼쪽)·한경남(오른쪽) 부의장.

경남(68학번, 2014년 별세)을 부의장으로 추대해 집단 지도체제를 갖췄다.

이명준은 천주교사회운동협의회 사무국장을 지냈고, 창립 당시부터 모임에 참여해온 인물이었다. 한경남은 고려대에 군제대 복학 후, 이명준, 심지연, 선경식, 조성우 등과 함께 1975년 4월 이른바 명동성당 7인위원회 사건(전국대학생연맹 사건이라고도 지칭)으로 옥고를 치른 뒤 노동운동에 관여해오고 있었다. 말년에는 친박연합, 새누리당 등으로 옮겨 정치를 하다가 2014년 갑작스런 심장마비로 세상을 떠났다.

한경남을 부의장으로 추대한 것은 대략 두 가지 이유였다. 하나는 고려대 출신들이 창립에 기여한 바가 컸으므로 그 공헌을 반영하기 위한 것이었다. 또 하나는 노동운동 출신을 대표로 내세움으로써 노동운동 측의 지지와 지원을 기대한 것이었다.

여성부를 신설하다

제2차 총회에서 또 하나 특기할 일은 집행부에 여성부를 신설한 것이었다. 여성부를 맡을 책임자는 당시 집행부에서 가장 낮은 학번이던 77학번의 임태숙이었다. 다른 부서 책임자들과 학번 차이가 커서 부장이 아닌 부장 대리로 임명했다.

집행부에 여성부를 신설한 것은 당시 여성운동의 상황을 반영한 조치였다. 한국의 여성운동은 다른 진보적 운동과 마찬가지로 일제강점기에 러시아혁명의 영향으로 사회주의 사상이 유입되면서 태동되었다. 좌우가 대립하던 해방 정국에서 좌우로 나뉘었다가 한국전쟁을 거치면서 진보적 여성운동은 다른 모든 진보운동과 함께 거의 소멸됐고, 보수적 여성운동은 이승만과 박정희 정권의 보호 아래 일종의 봉사단체 수준에 머무르는 상황이었다.

박정희 정권이 밀어붙인 경제개발 과정에서 억눌리고 짓눌린 노동자들이 자생적으로 운동에 나서게 되는데, 그 구성원의 상당수는 늘 여성이었다. 1970년대 노동운동에서 여성의 역할이 대단히 커짐에 따라 자연스럽게 여성운동에 대한 모색도 새롭게 싹트기 시작했다.

1970년대에 한국 여성운동의 모태 역할을 한 곳은 강원룡 목사가 창설한 '크리스찬 아카데미'였다. 크리스찬 아카데미에서는 여성 사회교육과정을 도입했는데, 이 교육을 이수한 여성 활동가들이 1970년대 말에 '여성유권자연맹'을 만들어 여성의 정치적 각성을 위해 활동했다.

크리스찬 아카데미 출신의 여성들 중 일부는 당시 미국에서 여성에 대한 폭력이 사회적 이슈가 되어 있는 것에 착안하여 폭력에 노출된 여성을 위한 운동을 주창하며 1983년에 '여성의 전화'를 설립했다. 이러한 여성운동단체들은 대체로 중산층 여성들을 대상으로 활동했다. 당시 마르크스주의적 역사관으로 무장한 학생운동가들, 특히 여성 학생운동가들은 이러한 운동에 '부르주아적' 혹은 '프티 부르주아적'이라는 수식어를 붙여서 불렀다. 계급적 한계를 지닌 운동, 민중을 외면한 운동이라는 시각이었다.

그런데 1980년에 이러한 여성 학생운동가들의 인식을 확인해주는 사건이 일어난다. 당시 여성유권자연맹 대표는 우리나라 여성운동 1세대 대표주자라고 불리는 김정례였다. 김정례는 일제강점기에 초등학교를 다닌 것이 학력의 전부였지만 왕성한 활동력으로 '자수성가'한 여성운동가였다. 박정희 시대에는 김대중·이희호 부부 등 재야 민주세력과 가깝게 지내며 활동했다. 그런데 전두환이 '광주 학살'을 저지르고 권력을 잡아 만든 국가보위입법회의에 김정례가 여성 대표로 참여한 것이다. 이에 충격을 받은 젊은 여성활동가들이 여성유권자연맹을 탈퇴하고 별도의 조직을 만든다. 그것이 1983년에 창립한 '여성평우회'(약칭 여평)였다. 여평은 1987년에 여성민우회로 이름을 바꿔 현재에 이르고 있다. 2005년 호주제 폐지는 여성민우회가 이룬 큰 업적이다.

여평은 비록 전두환 정권에 비판적인 여성활동가들이 주축이 되었지만, 활동의 축은 이전 유권자연맹 때와 크게 달라지지 않았다. 따라서 많은 여성학생운동가들은 '여성의 전화' 및 여평과는 다른 '변혁운동으로서의 여성운동'을 모색하고 있었다. 민청련 제2차 총회에서 집행부 안에 '여성부'를 신설한 1984년 4월은 바로 이 같은 움직임이 시작된 시기였다.

민청련의 여성운동론

민청련 여성부의 여성운동론은 청년운동론과 궤를 같이했다. 청년운동론에서의 청년이 단순히 연령을 기준으로 한 구분이 아니었듯이, 민청련에서 말하는 여성은 단지 성별 구분으로서의 여성이 아니라 '사회 변혁에 앞장서는 존재로서의 여성'을 의미했다.

애초에 민청련 집행부에 여성부를 만들자는 논의는 각 대학의 여성활동가들이 모여 시작했다. 고려대의 천영초와 서명숙, 이화여대의 최정순, 서울대의 임태숙이 그들이었다. 이들의 논의는 '계반' 중 여대 모임인 동덕여대, 상명여대, 서울여대, 숙명여대 등으로 확대되어 여성부의 역할에 대한 광범위한 논의가 이루어졌다.

이러한 논의는 서울대에 있는 여학생운동가 그룹이 취합했고, 임태숙이 정리했다. 그래서 여성부를 이끌 인물로는 자연스럽게 다른 부서와 달리 나이 어린 77학번의 임태숙이 발탁된 것이다.

정리된 문건은 총회에서 〈여성부 발족에 붙여〉라는 결의문으로 발표했다. 결의문에서 "여성 대중은 같은 계층의 남성들이 받는 경제적 억압과 더불어 성차별이라는, 이중적 억압을 받고 있다"고 주장하며 그러한 억압을 타파하기 위한 다음의 6가지 행동지침을 내걸었다.

1. 고립 분산된 여성 역량을 결집, 체계화하여 여성의 진정한 해방과 민주화운동을 위해 투쟁한다.
1. 기층여성들이 처해 있는 경제적·성적 억압의 현실을 폭로하고 이를 여론화하며, 이들의 운동을 지원한다.
1. 바람직한 여성운동을 지향하는 타 여성 세력과의 연대운동에 참여한다.
1. 우리의 현실이 요구하는 여성운동의 방향을 정립하기 위한 연구 및 조사 활동을 한다.

민청련 초대 여성부장을 지낸 임태숙.
2008년 10월 민청련동지회 강화도 야유회
당시 모습.

1. 가부장제 이데올로기에 의해 길들여지고 왜곡된 문화를 지양, 현실에 뿌리 내린 건강한 여성문화를 창조한다.
1. 민주화운동 세력 내부에도 온존하고 있는 여성 차별의 현실을 타파하기 위해 끊임없이 노력한다.

이 중 특히 마지막 결의가 눈에 띄었다. 운동권 안에도 남녀 성차별이 존재한다는 사실을 용기 있게 폭로한 것이다. 이는 이후 다른 단체의 여성운동가들에게 상당한 영향을 끼쳤다.

김병곤의 등장

민청련 조직의 강화는 공개된 집행부에만 적용된 것이 아니었다. 민청련은 창립 당시부터 공개된 집행부 이외에 공개되지 않은 조직으로 상임위원회를 두었다. 상임위의 초대 위원장은 최민화였다. 상임위는 공개된 집행부의 공식 활동과는 다르게 노동, 농민, 여성, 빈민 등 각 부문운동과의 연대 및 지원 활동을 기획·실행했다. 또한 정치·경제·국제관계 등 각 분야의 정세를 분석하고 정책을 연구했다.

상임위는 이러한 일상적인 기능뿐만 아니라 공개된 집행부가 구속되어 공석이 될 경우 빠른 시일 안에 그것을 복원하는 임무도 맡은 일종의 섀도우 캐비닛이었다. 제2차 총회에서 상임위원장은 매우 의미 있는 인물이 맡았다. 바로 김병곤이었다.

김병곤은 1971년 서울대 상대에 입학했는데, 박정희가 자신의 종신집권을 위한 유신체제를 구축하자 과감하게 유신체제 반대 시위를 감행했다. 대학생들의 반대시위가 격화될 조짐을 보이자 1974년 중앙정보부가 대학생들을 엮어 이른바 전국민주청년학생총연맹(약칭 민청학련) 사건을 조작했는데, 이때 김병곤도 구속되었다. 군사재판 법정에서 검찰이 그에게 사형을 구형하자 그는 최후진술의 첫 마디로 다음과 같이 말했다. "영광입니다!" 자신이 생각하기에 자신이 한 일은 보잘것없는 것이었는데 정권에서 큰일을 한 것으로 치켜세워줬다는 조롱이었다. 목숨이 걸린 사형 구형 앞에서 보인 그의 당당함에 많은 이들이 감동을 받았다.

이후 1980년 '서울의 봄' 때 복학했으나 전두환의 등장과 광주항쟁으로 다시 학교를 떠나야 했다. 그는 모처럼 운동의 일선에서 물러나 직장인이 되었다. 민청련 창립에 그가 참여하지 않은 것은 아마도 오랜

1987년 가을 홍제동 성당에서 열린 시국토론회에 토론자로 참석한 김병곤 민청련 상임위원장.

투쟁과 투옥으로 지쳐 있었기 때문일지도 모른다.

그러나 결국 그는 운동을 외면할 수 없었다. 유화 국면을 통해 운동의 전선이 넓어지고 경험 있는 운동가가 요청되는 국면이 조성되자 민청련에 가담하기로 결심한 것이다. 민청련 간부 및 회원들이 그의 참여를 크게 반긴 것은 당연한 일이었다. 그리고 앞으로 그가 펼칠 지도력에 큰 기대를 걸었다.

키가 크고 기골이 장대했던 김병곤은 민청련 활동에 온몸을 던졌고, 옥살이도 마다하지 않았다. 하지만 그러한 활동이 큰 육신으로 감당하기에도 너무 벅찬 탓이었을까. 그는 1990년 37세 한창 나이에 위암으로 세상을 떠나고 말았다.

총회에서는 4·19 24주년을 기념하여 〈민주화의 햇불을 드높이기 위하여〉라는 시국성명서를 채택했다. 이 성명서는 이틀 후 4월 19일 서울 수유리 4·19묘지에서 거행된 기념식에서 공개적으로 낭독된다.

총회를 마칠 무렵, 정보기관은 눈치를 채고 정복 및 사복 경찰 200여 명을 교회 주변에 배치했다. 하지만 정보기관이 판단하기에 아직은 총회 자체만으로 연행할 상황은 아니었던 듯하다. 회원들은 긴장한 가운데 무리를 지어 청량리 로터리까지 행진을 했다. 이때 구호를 외치거나 했으면 당장 연행되었을 것이다. 그러나 회원들은 침묵의 행진을 함으로써 빌미를 주지 않았다.

4

공개운동
영역의 확대

정부 공식행사와 따로 치른 4·19 24주년 기념식

제2차 총회를 통해 조직을 강화한 민청련은 공개 정치투쟁체라는 자기
인식을 대외적으로 표출하는 활동을 적극적으로 전개하기 시작한다.
그 첫 번째가 4월 19일 수유리 4·19묘역에서 열린 '4·19 24주년 기념
식'이었다.

이전까지 4·19 기념식은 정부의 공식행사로 치러져왔다. 1984년 4
월 19일 오전에도 수유리 묘지에서 정부 요인과 희생자유족회 등이 참
석한 가운데 '4·19의거 제24주년 기념식'이 거행됐다. 4·19가 '의거'를
벗고 1960년 당시의 이름인 '혁명'을 되찾은 것은 1993년 김영삼 문민
정부가 들어서고 나서였다.

정부 요인이 참석했다고 하지만 대통령과 총리는 물론 기념사를 쓴
부총리조차 참석하지 않았다. 그들이 4·19를 얼마나 낮춰 보고 있는지

1984년 신군부에서 개최한 기념식에는 4·19를 '의거'라고 표기했으나(위) 같은 해 고려대에서 있었던 4·19 재현 모의시위에서 학생들은 '4월 혁명 다시 찾자'는 플래카드를 들었다(아래).

를 여실히 보여주는 행태였다. 신병현 부총리의 기념사는 조철권 원호처장이 대신 낭독했는데 4·19 정신과는 거리가 먼 내용이었다. "4·19 정신은 조국 근대화를 위한 밑거름이 되었다"는 식이었다.

민청련은 관에서 거행하는 형식적인 기념식과는 별도로 민주세력이 4·19의 본래 정신을 기리는 제대로 된 기념식을 갖기로 했다. 정부 행사가 끝난 뒤인 오후 2시에 따로 '4·19 24주년 기념식'을 갖고 묘지를 참배했다.

이때 많은 사복 경찰과 정보기관원들이 둘러싸 살벌한 분위기를 연출했다. 참배를 마치고 해산하는 길에 경찰이 박우섭 총무부장을 검문 검색하려고 했으나 단호하게 거부했다. 그러자 경찰은 박우섭을 강제 연행했다. 이에 대해 민청련 회원 50여 명이 강력하게 항의하자 회원들을 집단적으로 구타하며 20여 명을 연행하기까지 했다. 그 과정에서 장영달 부의장, 박계동 홍보부장, 연성수 사회부장 등 간부와 회원 오경

4·19 행사에서 경찰의 구타로 병원에 입원까지 한 오경렬 민청련 회원. 사진은 퇴원 후 모습으로 그는 이후 민청련, 민통련, 전민련에서 간부로 활동했다.

렬, 예병남, 김종환, 김진의 등 수십 명이 부상당했다. 장영달 부의장과 오경렬 회원은 병원에 입원하여 치료를 받아야 할 정도로 큰 부상을 당했다. 연행된 집행부 상당수는 구류 처분을 받았다.

경찰의 이러한 폭압적인 행태는 당시에는 흔한 일이었다. 그러나 민청련은 그것을 의례적인 일로 방치해서 안 된다고 판단했다. 바로 다음 날인 4월 20일, 내외신 기자들을 불러 〈죽음에 죽음이 꼬리를 물고, 폭력에 폭력이 온 사회에 넘쳐흐르고 있습니다〉라는 제목의 성명을 발표하고, 당시 4·19 묘지에 배치되었던 사복경찰 및 병력 지휘자의 신원을 밝히고 처벌할 것과 내무부장관 및 치안본부장이 국민과 민청련에 대해 공개 사과할 것을 요구했다. 정권의 폭력성을 고발하고, 기본 인권에 대한 관심을 환기시키려는 목적이었다.

성명서 〈민주화의 횃불을 드높이기 위하여〉

이날 기념식에서 민청련은 이틀 전 제2차 총회에서 결의한 〈민주화의 횃불을 드높이기 위하여〉라는 성명서를 발표했다. 성명서에서 민청련은 "우리 사회는 대외적인 예속과 대내적인 독점으로 인해 크게 일그러져 있다"고 보고, 그로 말미암아 "불평등의 심화로 민중생활은 더욱 피폐해지고 있다"고 분석했다. 그리고 이러한 정세를 조성하고 있는 주체는 군사 독재정권이며 뒤에서 조종하고 있는 주체는 미국이라고 규정했다.

투쟁 방향을 제시하는 대목에서는 다음 내용이 눈에 띄었다. 그동안 복학 허용 조치에 대해 침묵하던 민청련이 비로소 입장을 밝힌 것이다.

정권이 복학 허용 등 일련의 '화합 조치'를 편 데 대한 민청련의 시각은 이러했다.

정권이 유화 국면을 조성한 배경은 "첫째 한국을 장기적으로 안정된 시장으로 남겨두기 위해서 극단적인 독재정치로 인해 야기될지 모르는 혼란이나 파국을 막아보려는 외세의 압력, 둘째 교황 방문 등을 앞두고 이제까지 실추된 대외적인 체면을 되찾으려는 전두환 정권의 궁여지책, 셋째 폭력을 통해 집권한 정권에 치명적으로 부족한 국민적 지지 기반과 정통성을, 총선을 앞두고 조금이나마 회복하려는 화해 제스처, 넷째 권력 내 강경파의 무차별한 탄압책만으로는 민주화운동을 도저히 막을 수 없다는 온건파 의견의 득세 등"이라는 것이었다. 이는 그동안 운동권 안에서 유화 국면의 배경을 두고 벌어졌던 논쟁들을 총정리한 것이었다.

민청련은 이러한 분석을 토대로 상대적으로 자유로워진 공간을 이용하여 그동안 흩어져 있던 역량들을 결집시켜 내부 조직 역량을 강화시키자고 투쟁 방향을 제시했다. 구체적으로 학원자율화추진위원회와 제적생 복교대책협의회, 해직교수협의회, 해직기자협의회, 노동자복지협의회 등의 결성이었다. 나아가 이 같은 활성화된 부문운동 역량을 연대의 틀로 묶어 일종의 '전선'을 형성할 것을 주문했다. 이는 이후 민청련 활동의 주된 방향이 된다.

햇볕에 드러낸 '광주'

4·19 집회를 통해 자신감을 얻은 민청련은 보다 과감한 집회 개최에

나선다. 당시까지 어떤 단체도 공개적으로 열지 못했던 광주항쟁 기념식을 갖기로 한 것이다. 의장단을 비롯한 집행부는 집회 장소를 광주 현장, 그것도 희생자들이 잠들어 있는 망월동 묘역으로 정했다.

1984년 5월 14일 오후 2시경, 김근태 의장을 비롯한 집행부와 회원 30여 명은 광주항쟁 희생자 127분을 모신 망월동 묘역을 찾아 추모식을 거행하고 참배했다. 이 자리에서 김근태 의장은 〈광주여, 오! 영원한 민주화의 불꽃이여!〉라는 제목의 광주항쟁 4주년 추도사를 낭독했다. 참배자 일동은 4년 전 민주항쟁의 현장이었던 금남로를 따라 연도의 시민들이 숙연히 지켜보는 가운데 〈오월의 노래〉를 부르며 가두행진한 후 가장 많은 희생자를 냈던 도청 앞 광장 분수대에서 만세 삼창을 외치고 행사를 마쳤다.

경찰이 불법 집회 및 시위라며 강제 연행해도 당할 수밖에 없는 것이 당시의 현실이었다. 그런 만큼 회원들은 조마조마해했다. 하지만 경찰도 뜻밖의 행진에 당황했는지 감시만 할 뿐 연행은 하지 않았다. 광주 시민들은 서울에서 찾아와 공개적으로 추모행사를 연 데 대해 감사해했지만, 누구보다도 뿌듯해했던 이들은 민청련 회원들 자신이었다.

서울로 올라온 민청련은 5월 19일에는 동숭동 흥사단 강당에서 '5월과 민족의 혼'이라는 주제로 1,000여 명의 재야 민주인사, 해직언론인, 해고노동자, 해직교수, 학생 및 기타 많은 시민들이 참여한 가운데 집회를 가졌다. 이를 통해 지난 4년 동안 음지에 가려져 있던 광주항쟁이 광장에 등장했다. 민청련은 광주항쟁 이후의 폭압적인 분위기를 뚫고 스스로 공개단체로 나선 데 그치지 않고, 광주항쟁을 공개적인 행사의 장으로 불러내는 데 성공했다.

행사가 끝날 무렵 흥사단 주변에는 전경과 사복경찰들의 삼엄한 경계가 펼쳐져 있었다. 집회 참석자들이 그대로 길거리로 나섰다가는 충돌이 일어날 것이 뻔했다. 집행부는 일단 집회 자체를 성사시키는 데 목적을 두었으므로 경찰 측과 대화를 통해 시위를 하지 않는 조건으로 참석자들의 안전한 귀가와 검문 및 검색을 하지 않을 것을 요구하고 약속받았다. 그러나 귀가하던 50여 명의 참석자들은 이화동 4거리에서 자신들을 연행하려던 경찰과 충돌했다. 경찰 측에 무자비하게 집단구타를 당해 회원 김재황 등 5명이 병원으로 실려 가고 회원 서원기 등 10여 명이 연행되었다.

이날 경찰의 폭행으로 인해 이경은 회원이 임신 6개월의 태아를 사산하는 불행한 사태가 발생했다. 민청련 집행부는 즉각 성명서를 내고 폭행자 처벌과 정부 당국의 공개 사과를 촉구했다.

아기를 잃은 불행한 일을 겪은 이경은·서원기 부부가 직접 펜으로 쓴 〈동대문서 경찰의 무자비한 폭력으로 딸을 잃어버린 죄 많은 부부가 각계 여러분께 드리는 호소문〉과 이경은의 1985년 민가협 집회 당시 모습.

폭행 당사자인 동대문경찰서 측은 책임이 없다며 발뺌했다. 그러자 이경은·서원기 부부는 직접 펜으로 쓴 〈동대문서 경찰의 무자비한 폭력으로 딸을 잃어버린 죄 많은 부부가 각계 여러분께 드리는 호소문〉을 쓰고 복사해서 직접 거리에서 배포했다. 당국의 반응은 없었지만, 민청련 회원들은 이러한 헌법상의 기본적 권리에 대한 주장과 호소가 국민 대중으로 하여금 정권의 폭력성을 인식하게 하는 효과를 가져올 것이라고 믿었다.

가두시위 촉발한 8·15기념식

민청련의 집회 활동은 8·15기념식으로 연결되었다. 이 역시 정부 주관의 광복절 행사가 치러지는 것이 관례였지만 민청련 집행부는 그것과 별도로 기념식을 거행하기로 했다. 명칭도 광복절이 아니라 '민족해방 39주년 기념식'이었다. 장소는 종로2가의 탑골공원으로 하고 시간은 사람들이 많이 모일 수 있는 오후 5시로 했다.

이때는 전두환 대통령의 9월 6일 일본 방문을 앞두고 정부의 친일 외교에 대한 비판이 높아지고 있던 시점이었다. 정부는 전두환 대통령의 방일이 '전후 한일관계의 청산'을 마무리하고 '한일 신시대의 개막'을 여는 의미가 있다며 홍보했다. 하지만 민청련은 그것은 허위이며 일본에서 군국주의가 부활하고 재침략을 연상시키는 위험한 발언이 계속되는 시점에 전두환이 방문하는 것은 곧 일본의 정치적·군사적 의도를 용인하는 결과를 초래할 뿐이라고 비판했다. 그럼에도 굳이 방일을 강행하는 것은 정통성을 인정받지 못한 정권이 외교적 성과를 과시함으로써 논란을 잠재우려는 시도라고 규정했다. 이런 점에서 민청련의 8·15행사는 자연스럽게 전두환 방일 반대투쟁의 일환이기도 했다.

민청련의 의도를 간파한 정부는 8월 15일이 되자 버스 15대로 탑골공원을 에워싸고 전경과 사복경찰로 탑골공원을 봉쇄하여 기념식을 막았다. 민청련 집행부와 회원들은 경찰의 행사장 봉쇄에 아랑곳하지 않고 태극기와 플래카드를 앞세우며 탑골공원 진입을 시도했다. 결국 집행부는 경찰들에게 무차별 폭행과 구타를 당하며 연행됐다. 그러자 집회 참석을 위해 모여든 회원들과 대학생들 3,000여 명이 가두에서 항의 시위를 펼쳤다. 경찰이 최루탄을 쏘며 강제 해산시키자 시위대는 흩어져서 종로3가, 회현동 신세계 앞, 제기동, 청량리 등을 돌며 산발적으로 시위를 벌였다. 시위대는 주로 전두환의 "매국적 방일 결사반대"라는 구호를 외쳤다. 이날 시위로 민청련 간부 및 회원 30여 명과 대학

종로2가에서 사복형사들에게 둘러싸여 연행당하는 연성수 사회부장(왼쪽). 종로3가에서 연행당하는 이명식 민청련 인권부 차장(오른쪽). 고려대 출신인 그는 이후 민청련과 민통련에서 간부로 활동했다.

생 100여 명이 연행되었다.

구류 처분이라는 새로운 탄압

제39주년 '8·15 민족해방 기념식' 성사에 실패한 집행부는 8월 18일 서울 동숭동 흥사단 강당에서 다시 행사를 개최했다. 600여 명의 회원, 대학생, 민주인사들이 참석한 가운데 대회가 개최되었다. 이날 기념식은 정부가 주관하는 여느 8·15 행사와는 다르게 기념사, 해방가 제창, 일제강점기 증언, 1964년 6·3한일회담반대투쟁 증언, 오늘의 한일관계에 대한 강연, 8월 15일 기념식 경과보고, 메시지 채택의 순서로 진행됐다.

민청련 의장 김근태가 〈8·15 해방 39주년에 즈음하여〉라는 제목의 기념사를 발표했다. "해방은 다시 이룩해야 할 우리의 목표로서, 첫째 신식민주의 세력과 이에 유착한 집단의 수탈과 폭력으로부터의 해방이며, 둘째 통일된 조국을 향한 해방, 셋째 민중의 자기 인식과 실천을 기축으로 여기에 양심적 제 지원 세력의 헌신을 더한 전 민중에 의한 해방"이라는 내용이었다.

이어 독립운동가 이강훈 선생이 "아직도 우리나라의 독립은 이룩되지 않았으며 우리가 살 길은 자주적인 국가와 완전한 통일에 있다"고 일갈했다. 6·3세대인 성유보 동아투위위원장은 "전두환 씨의 일본 방문은 새로운 군국주의의 부활을 기정사실화시킬 수 있다"며 경고했다.

이러한 민청련의 집회 개최와 과감한 정부 비판 발언에 대해 전두환 정부는 어떤 식으로든 제재를 가해야 한다고 판단한 듯했다. 8·15 기념식과 같은 일반적인 행사를 집회 및 시위에 관한 법률로 처벌하는 것은 자칫 그 자체가 사회적 이슈가 되어 민청련의 정치적 위상을 키워줄 염려가 있었다. 그렇다고 이를 방치할 경우 전두환의 일본 방문을 비롯해 정권이 금기시해왔던 광주 문제 등에 대한 정부 비판 집회가 공인되는 셈이니 그럴 수도 없었다.

그 결과 고심 끝에 내린 결정이 집회 자체는 눈감아주되, 집행부를 소란죄나 거리질서 위반 등 사소한 혐의로 경범죄를 적용해 유치장에 구류하는 방식이었다. 이에 따라 1984년 한 해 내내 집행부는 유치장을 들락거려야 했다. 8·15행사 시기에만 김근태 의장 등 집행부와 회원 13명이 최장 15일에서 10일까지 구류처분을 받았다. 바야흐로 구류처분이라는 새로운 탄압 수단이 등장한 것이었다.

'전두환씨 매국방일 저지' 명칭하에 개최된 민족해방 39주년 기념대회. 사회를 보는 이는 이해찬 상임위 부의장.

5

《민주화의 길》 창간

재갈 물린 제도권 언론

민청련 운동이 활성화되면서 제기된 중요한 문제 가운데 하나가 언론이었다. 전두환 정권은 출범하면서 비판적인 언론을 없애기 위해 '언론 통폐합'을 시행했다. 그 결과 방송은 KBS와 MBC 단 두 개로, 중앙일간지는 석간은 동아, 중앙, 경향, 조간은 조선, 한국, 서울의 6개로 정리되었다.

여기에 '언론기본법'을 제정해 정부가 언론사 허가제를 실시하고 기존 언론사의 허가를 취소할 수 있는 조항을 두었다. 언론은 자신의 목줄을 쥐고 있는 권력 앞에서 설설 기었다. 당시 국민은 TV 방송의 9시 뉴스를 '땡전 뉴스'라고 비아냥거렸다. 매일 저녁 9시 정각, TV에서는 "뚜, 뚜, 뚜, 땡!"하고 시보를 울리면서 뉴스를 시작하는데, 하루도 빠짐 없이 오프닝 멘트는 "전두환 대통령 각하께서는……"으로 시작되었기 때문이다. 방송이 정부의 홍보기관과 다름없었던 것이다.

언론은 야당의 의정활동에 대한 보도조차 소략하게 다룰 뿐이었다. 김대중, 김영삼 등 정치활동이 금지된 이들에 대한 보도는 '보도지침'에 의해 철저하게 봉쇄됐다.

1983년 5월, 정치활동이 금지되어 있던 김영삼이 전두환 정권의 탄압에 대한 저항으로 무려 23일에 걸친 단식투쟁을 벌였다. 그러나 이는 언론에 단 한 줄도 보도되지 않았다. 양심이 있던 기자와 데스크는 '보도지침'을 피해 보도할 방법을 찾다보니 수수께끼와 같은 기사를 써내기도 했다. 신문 구석의 작은 가십란에 "최근 '정세 흐름'과 관련, 정가 일각은 …… 신경을 쓰는 눈치"라는 식이었다. 심지어 "모 재야인사의 식사 문제"라는 웃지 못할 표현도 있었다.

이러한 언론 상황에 대해 가장 큰 문제의식을 가진 이들은 1980년에 해직된 언론인들이었다. 이들은 1984년에 '민주언론운동협의회'(약칭 민언협)를 만들었다. 민청련의 창립 성공을 보고 용기를 얻어 나선 것이었다. 그리고 1985년에 정부의 간섭을 거부한 대항언론으로서 《월간 말》을 창간했다.

운동의 진로를 밝힐 기관지

민청련 내부에서도 1984년 초부터 대항언론의 필요성을 검토하고 있었다. 민청련이 지향하는 것은 민언협의 '대항언론'과는 결이 약간 달랐다. 《월간 말》이 제 역할을 못하는 기존 제도언론에 대한 비판과 대안으로 모색되었다면, 민청련은 학생운동·노동운동·농민운동·빈민운동 등 각 부문 민주화운동 소식을 운동 세력 내부에서 서로 소통하는 것을 더욱 중시했다. 나아가 당면 정세를 어떻게 바라볼 것인가 하는 '정세 분석'을 운동 세력들이 공유할 필요성, 운동 세력 내부에서 벌어지고 있던 다양한 논쟁들을 정리할 필요성 등이 절실했다.

이러한 취지에서 민청련 집행부는 기관지 형태로 《민주화의 길》을 발간하기로 결정한다. 정권의 시각에서 이는 '불법 유인물'일 것이었고, 당연히 탄압할 것이 뻔했기 때문에 편집부는 공개되지 않는 비밀조직으로 만들어야 했다.

그 임무를 맡은 이는 당시 상임위 부위원장 이해찬이었다. 하지만 당시 이해찬은 출판사를 운영하고 있었으므로, 성균관대 73학번 김희상에게 편집장을 맡아줄 것을 요청했다. 김희상은 이후 민청련 집행부로 진출해 대변인을 맡았으며 김근태와 함께 옥고를 치렀다. 그 후유증 때문이었을까, 2011년 아직 한창일 나이에 세상을 뜨고 말았다.

김희상 역시 직장에 다니고 있었기 때문에 《민주화의 길》 편집에 전념할 수는 없었다. 그래서 서울대 78학번으로 나중에 이른바 '제헌의

민청련 기관지 《민주화의 길》 창간에 중요한 역할을 한
이해찬, 김희상, 최민(왼쪽부터).

회'그룹의 이론가로 맹활약하는 최민에게 편집 진행을 맡겼다. 최민은 소아마비로 휠체어에 의지하고 있었지만, 선후배 편집진들을 지휘하며 《민주화의 길》 창간의 산파 역할을 했다.

마침내 1984년 3월 11일, 《민주화의 길》 창간호가 발행됐다. A4용지 크기의 갱지 20페이지를 흑백으로 인쇄한 뒤 중철로 제본한 소박한 간행물이었지만, 이를 받아본 편집진들은 그동안의 고생을 되돌아보며 감개무량해했다.

충무로 인쇄골목에 있던 민청련을 지원하는 인쇄소에서 야간 비밀 작업으로 1,000부 정도를 발행했다. 회원 배포용이라 가격은 없었다. 처음엔 계반 모임을 통해 회원들에게 배포했으나 회원이 아닌 사람들, 특히 학생운동 쪽의 요청이 늘어나서 나중에는 발행부수를 늘려 각 대학 앞에 하나씩은 있던 사회과학 서점에 배본했다. 이때부터 약간의 판매 수익도 발생하기 시작했다. 광화문에는 회원인 박강희, 백완승 부부가 운영하던 논장서적이 대표적인 《민주화의 길》 판매처였다.

'한 개의 칼과 두 개의 방패'

표지의 중앙에 배치한 이미지는 두꺼비를 중심으로 전봉준을 비롯한 동학농민군이 둘러싸고 있는 모습을 목판에 새겨 찍은 판화였다. 《민주화의 길》은 1992년 민청련을 해소하면서 36호로 폐간할 때까지 이 두꺼비 판화를 제호 옆에 로고로 사용했다. 이 판화를 민청련 깃발로 만들어 집회 때마다 사용하기도 했다. 덕분에 두꺼비는 민청련의 상징이 되었다.

창간호의 권두언은 김근태 의장이 〈민주화운동의 깃발을 들며〉라는 제목으로 썼다. 이 글에서 김 의장은 《민주화의 길》임무로 5가지를 들었다. '민주화운동의 방향 제시, 정확한 정세 분석, 운동권 내부의 동질성 확보, 관제 언론이 보도하지 않는 민주화운동 관련 사건의 보도, 다른 운동 세력과의 연대' 등이었다. 이후에도 권두에는 논단, 논설 등의 제목으로 당면 정세에 대한 민청련의 견해글이 실렸다. 대개는 김근태 의장이 썼으나, 다른 집행부 또는 김병곤, 이범영 등 비공개 간부가 작성하기도 했다.

권두언에 이어 당시 민주화운동 전체를 이끌던 지도자 문익환 목사의 격려사, 신경림 시인의 축시가 실렸다. 축시의 제목은 〈아아 모두들 여기 모였구나〉였는데, 시의 첫 번째 연 "불길을 헤치고 물속을 헤엄치고 / 가시밭 돌무덤 바위산을 뚫고서 / 모두들 여기까지 달려왔구나 / 온 나라에 울려펴지는 / 노래 크게 외쳐부르면서"를 가사로 삼아 노래를 만들어 〈민청련가〉로 부르게 되었다.

그리고 정세 분석, 민주화 동향이 이어졌다. 이후 《민주화의 길》은 대체로 이러한 편집체제를 유지하며 발간되었다. 발간 주기는 일정하지 않았는데, 대략 2, 3개월의 간격을 두고 발행되었다.

3호부터는 편집진이 보강돼 《전자시보》라는 신문의 기자 출신으로 민청련 활동에 힘을 보태고 있던 진재학, 백현기, 김선택 등이 참여했다. 덕분에 《민주화의 길》은 기관지로서의 틀과 격식을 제법 갖추게 되었다.

정보기관은 《민주화의 길》 발간에 민감하게 반응했다. 3월 14일, 서울 인사동 입구 파고다빌딩 5층 사무실에서 일을 마치고 퇴근하던 김근태 의장은 종로경찰서 소속 10여 명의 수사관들에 의해 강제 연행되었다. 그때 김근태는 혼자가 아니었다. 민청련 간부들과 함께 저녁식사를 하기 위해 이동 중이었다. 인사동 길에서 내려와 종로2가 교차로를 돌아서 종각 쪽으로 걷고 있었다. 이해찬, 홍성엽, 이석표, 연성수, 이범영, 최열, 김설이 등이 동행했다. 형사들이 김근태를 덮치는 순간 두 집단 사이에 몸싸움이 벌어졌다. 형사들은 대기 중이던 경찰차에 김근태를 강제로 밀어 넣었다. 민청련 간부들은 1인당 형사 2인에게 붙잡혀 있었고, 연성수와 김설이만이 자유로왔다. 두 사람은 차에 구겨 넣어진 김근태를 구출하려고 그의 두 팔을 잡아당겼고, 차 안의 형사들은 그의 두 다리를 잡아 당겼다. 결국 경찰차는 김근태를 태운 채 떠나고 그의 코트 자락만 남았다. 웃지 못할 진풍경이었다.

민청련 집행부는 '올 것이 왔다'고 느꼈지만, 강력하게 대응하기로 했다. 이튿날, 집행부는 김 의장을 즉각 석방하고 부당한 강제 연행에 대해 내무부장관이 사과하고 종로경찰서장과 수사관들을 처벌할 것을 촉구하는 성명을 발표했다. 민청련 측의 강력한 반발이 있자 정권 측은 며칠 지나지 않아 김 의장을 슬그머니 석방했다.

4·19행사와 5·18기념식 이후에도 민청련 간부 및 회원들에 대한 폭행 사태가 되풀이되었다. 바야흐로 민청련은 정권에 눈엣가시 같은 존재가 되어가고 있었다. 정권의 탄압이 있었지만, 비공개된 《민주화의 길》편집부는 정보기관에 노출되지 않은 채 다음 호 작업을 계속했다.

편집부는 제2차 총회가 끝난 뒤인 4월 25일에 제2호를 발행했다. 제2호는 권두 논설에 〈한 개의 칼과 두 개의 방패—기만적 화해정책에 대한 주체적 인식과 실천〉을 실었다. 당시 학생 운동권 내부를 뜨겁게 달구고 있던 복학 허용 조치에 대한 논쟁을 민청련의 시각에서 정리한 글이었다. 정권이 화해 제스처를 보이는 이유를 분석한 뒤 운동 세력이 준비해야 할 것으로 '한 개의 칼'과 '두 개의 방패'를 제시한 것이다.

한 개의 칼이란 '국민 대중의 편에 서서 민주화운동을 적극적으로 추진해나가는 것'이며, 두 개의 방패란 '운동의 조직력을 강화함으로써 앞으로 다가올 쓰라린 시련에 무릎 꿇지 않도록 준비하는 것'과 '기층 대중과의 구체적인 연대를 통해 민중운동의 토대를 건설하는 것'이었다. 이 논설은 민청련 회원뿐만 아니라 학생운동과 사회운동 각 부문의 활동가들에게 널리 읽혔다. 이때부터 《민주화의 길》은 민주화운동가들에게 방향을 제시해주고, 정세 분석의 안목을 길러주는 일종의 지침서 역할을 하게 된다.

1980년대에 전국 각 대학 앞에는 대개 '사회과학 서점'이라고 불리는 서점이 한 군데씩 있었다. 학생운동가들 사이에서 읽히는 진보적 사상을 담은 책들을 주로 판매했기 때문이다. 이러한 서점은 단순히 서적 판매의 장소가 아니라 학생운동가들이 서로의 정보를 공유하고 소통하는 장소이기도 했다. 그런데 《민주화의 길》에 대한 인기가 높아지자, 이들 서점에서 《민주화의 길》을 주문하기 시작했다. 물론 《민주화의 길》은 정부에 등록된 간행물도 아니고 출판사를 통해 발간된 공식 서적도 아니었기 때문에 일반적인 서적 유통경로인 서적 도매상을 통해 배본할 수는 없었다. 그래서 민청련 집행부 안의 사무국에서 직접 서점으로 배본하고 수금하는 방식을 택하게 된다. 의도하지 않았지만, 민청련의 재정에 약간이나마 도움을 주는 판매상품이 된 것이다. 6월항쟁을 전후한 시기에 사회부장을 맡은 김성환, 김병태(고려대 78학번), 전준현(성균관대 79학번)이 이러한 사업체계를 완성시켰다.

광화문에 위치한 사회과학 전문서점 '논장'에도 《민주화의 길》이 깔렸다. 초기에 배본을 담당한 이는 오경렬 회원과 박계동 홍보부장이었다. 언젠가 종로경찰서 형사 5~6명이 논장 서점에서 이른바 '불온서적'을 압수수색하는 중이었는데, 공교롭게도 홍보부장 박계동이 《민주화의 길》을 한보따리 안고 들어왔다. 서점주인 백완승이 다급하게 눈짓으로 신호를 줬는데도 알아채지 못했다. 결국 박계동은 불온서적 유포 현행범 혐의로 체포됐다. 그는 끌려가면서도 고래고래 소리쳤다고 한다. "이게 죄가 돼? 나는 죄가 아니라고 생각한다! 맘대로 해봐!"

'박종만 열사를 살려내라!'

1984년이 저물 무렵인 11월 30일, 민청련 활동에서 빼놓을 수 없는 커다란 사건이 발생했다. 서울에 있는 택시회사 민경교통의 택시기사 박종만 씨의 분신자살 사건이었다. 노조 대의원이었던 그는 노조원 해고와 부당한 노조탄압에 항의하며 회사 마당에서 농성하던 중 막무가내로 노조를 무시하던 회사에 분노하여 분신자살로 항거했다.

민청련은 이 소식을 접하고는 바로 심상치 않음을 알아차렸다. 14년 전 청계천 평화시장에서 전태일이 분신한 것과 판박이 사건이었다. 김근태 의장, 김희택(한신대 69학번) 운영위원장, 권형택 사회부장 등 민청련 집행부는 박종만의 시신이 안치된 신촌 세브란스병원 영안실로 달려갔다. 민주통일국민회의의 장기표, 청계피복노조의 김영대, 노동자복지협의회 방용석 등도 달려왔다. 그들은 경찰이 시신을 탈취해갈 것을 막기 위해 영안실로 들어가려 했으나 전경들에 막혀 들어갈 수 없었다. 그러자 영안실 앞 공터에 50~60명이 자리 잡고 농성에 들어갔다.

결국 새벽에 전경의 시신 탈취 작전이 개시되고 민청련 집행부는 온몸을 던져 거기에 맞서 싸웠다. 전경은 민청련 집행부 등을 닭장차에 던져넣고 군홧발로 짓밟으며 구타한 뒤 최루탄을 터뜨리고 문을 닫아

버렸다. 많은 이들이 부상을 당했고, 김근태 의장, 김희택 운영위원장, 안희대 집행국장, 박우섭 사무국장, 권형택 사회부장이 경범죄로 구류를 선고받았다. 경찰은 민청련 회원들의 항의 방문을 피하기 위해 이들을 서울 시내 각 경찰서 유치장에 분산 수감했다.

결국 시신은 탈취당해 강제로 화장당한 뒤 묘지에 안장됐다. 하지만 민청련은 투쟁을 이어나갔다. '박종만 열사 추모위원회'를 범민주단체로 구성하고, 추모제를 열기 위해 노력했다. 12월 13일 홍제동 성당에서 추모제를 열기로 했으나 당일 경찰이 성당 출입을 원천봉쇄하는 바람에 무산됐다. 민청련 회원들은 성당 부근에서 주민들에게 '박종만 열사 살려내라', '폭력정권 물러가라'는 유인물을 나누어주고 전단을 배포하며 박종만 열사의 죽음을 알렸다. 밤에는 종로1가에서 학생들과 함께 야간시위를 감행했다.

이렇게 민청련은 자칫 사람들이 알지 못하는 사이에 묻힐 수도 있는 사건들을 사회문제화하고, 그것을 통해 정권의 반민주성과 폭력성을 드러내는 활동을 펼쳤다. 이는 민청련이 주장하는 기층 민중을 운동의 중심에 두는 민중노선에 충실한 활동이기도 했다.

기발한 유인물 배포 전술들

민청련 회원들은 집행부가 개최하는 집회에 참석하는 것이 주된 활동이었지만, 일상적인 홍보도 중요한 임무였다. 당시 언론은 철저하게 정부의 검열 아래에 있었기 때문에 운동 세력의 주장을 대중에 전달하기 위해서는 직접 유인물을 만들어 배포하는 것이 거의 유일한 방법이었다.

그래서 각 대학별로 조직된 민청련 계반원들은 집행부에서 만든 유인물을 전달받아 다양한 방법으로 자신들에게 할당된 지역에 배포했다.

이때 경찰에 검거되지 않아야 했기 때문에 기발한 방법들이 동원되었다. 가장 많이 한 활동은 유인물을 편지봉투에 넣어 야간에 주택가를 돌며 일일이 우편함에 넣는 것이었다. 칠흑같이 어두운 골목길에서 갑자기 사복형사나 정보기관원을 맞닥뜨리지 않을까 노심초사해야 했기 때문에 심장이 떨리는 작업이었다. 그런 만큼 무사히 일을 끝냈을 때는 뿌듯한 성취감을 맛볼 수 있었다. 낮에 거리에서 배포하는 방법으로는, 버스를 타고 가다가 버스가 정류장에 서면 천정 환기구를 열고 바깥에 유인물을 올려놓고 내리는 것이 있었다. 그러면 버스가 출발하면서 유인물이 바람에 날려 저절로 길가에 뿌려지는 효과가 있었다.

이러한 활동을 거듭하면서 신기술이 개발되기도 했다. 세로로 긴 플래카드를 유인물과 함께 두루마리처럼 말아 접은 다음 비닐 끈으로 묶고 그 매듭에 쑥담배(일반 담배 개비에서 담뱃잎을 빼내고 대신 한약방에서 구한, 솜같이 생긴 뜸쑥을 채워 넣은 것)를 묶어 놓는다. 이것을 시내의 빌딩에 가지고 올라가 5, 6층 정도 높이의 창문 밖을 향해 장치하고 쑥담배에 불을 붙인 뒤 내려와 건물 밖으로 나온다. 그 사이에 쑥담배는 천천히 타들어가서 비닐 끈을 끊게 되고 풀린 플래카드가 건물 벽면으로 펼쳐지면서 그 안에 있던 유인물이 공중에 흩뿌려진다. 이는 특히 큰 가두집회가 있을 경우 부근에서 사전에 실행하여 집회를 대중에 공지하는 방법으로 많이 사용되었다. 쑥담배 활용법은 원래 박정희 정권 시절의 비밀단체 '남민전'(남조선민족해방전선)에서 활용하던 유인물 살포 방법이었다. 남민전에 속해 있던 한의사의 제안으로 시작되었는데 민청련에 남민전 학생 조직 출신 김희상, 탁무권 등이 참여해 있어 자연스럽게 전파되었다.

6

연합운동을
주도하다

노동운동가들 '노협'을 창립하다

민청련의 창립은 각 부문운동 전선이 확대되는 결정적인 계기가 됐다. 민청련 창립 성공을 지켜본 노동자, 농민, 기자, 문화예술인, 지식인 등이 앞다퉈 공개적인 단체를 창립하고 나선 것이다. 민청련은 이러한 상황을 발판 삼아 각 부문운동의 연합체 건설에 개입하기 시작한다. 활동의 중심은 김근태 의장이 맡았다.

부문운동의 연합에서 가장 중요하게 생각한 부분은 기층이라고 불러온 계급의 운동, 즉 노동운동과 농민운동이었다. 그런데 당시의 노동운동은 개별 사업장에서 노동조합을 건설하는 것 자체만으로도 노동자들의 힘에 부치는 일이었다. 예컨대 1970년에 전태일의 분신자살 항거로 청계피복노조가 결성됐지만, 당시 청계천 일대의 봉제공장은 사업장 단위의 노조가 구성될 수 없을 정도로 규모가 극히 영세해서 일종의 지역노조 형태를 취하고 있었다.

청계피복노조와 달리 대규모 단일 사업장에서 민주노조를 건설하는데 성공했지만 이후 정권의 탄압을 받아 붕괴된 경우도 있었다. 원풍모방, 동일방직, 반도상사, 콘트롤데이타 등이 그들이었다. 이들 노조에서 성장한 노동운동가들이 1984년 3월 10일, 당시의 노동절에 단체를 결성했다. 한국노동자복지협의회(약칭 '노협')다. 1970년대 말에서 1980년대 초 단위 사업장 노조지부장으로서 노동운동을 주도한 이들이 주역이었다. 원풍모방의 방용석과 정선순, 한일도루코의 김문수, 동일방직의 이총각, YH의 최순영, 콘트롤데이타의 이영순 등이었다.

노협 사무실은 일반 빌딩이 아니라 서울 신길동의 연립주택 하나를 구입해 입주했다. 당시 연립주택은 일반 단독주택에 비해 고급스러운 건물이었다. 원풍모방 노조가 탄압으로 쫓겨나면서 남아 있던 조합비로 마련한 것이었다. 사무실에서 밥도 해먹고 잠도 잘 수 있었기 때문에 다른 단체의 많은 활동가들이 이곳을 애용했다고 한다. 물론 김근태 의장을 비롯해 민청련 활동가들도 그런 활동가들에 포함되어 있었다. 노협의 창립과 공개적인 활동은 당시 운동가들 사이에서 상당히 중요한 평가를 받았다. 기본 계급 혹은 기층 민중인 현장 노동자들의 조직이었기 때문이다. 김근태 의장은 이 노협이 중심이 되고 다른 부문들이 거기에 결합하는 방식의 연대 틀을 구상했다.

'민민협' 창립의 산파 역할을 하다

다른 부문 가운데 중요한 것은 농민이었다. 당시 운위되던 '1,000만 농민, 800만 노동자'는 농민의 중요성을 여실히 보여주는 말이었다. 농민운동은 기독교와 가톨릭의 보호 아래 진행되고 있었다. 기독교농민회 총연합회, 가톨릭농민회가 그것이었다.

지식인 단체로는 해직언론인들의 동아자유언론수호투쟁위원회(약칭 동아투위)와 조선투위가 있었고, 문화운동 단체로는 자유실천문인협의회와 출판계·연극계 등에서 활동하던 사람들이 결성한 민중문화운동협의회가 있었다. 그리고 늘 운동의 방패막이가 되어준 기독교와 천주교 불교 등 종교계의 성직자들이 있었다.

김근태 의장은 각 부문운동을 망라하는 연합체를 만들기 위해 동분서주했다. 여기에 가장 적극적으로 호응한 이는 동아투위의 이부영이었다. 이들은 단체의 이름을 '민중민주운동협의회'(약칭 민민협)로 정하고, 참가 자격은 개인이 아니라 각 부문운동을 대표하는 자로 하는 것을 원칙으로 삼기로 했다.

마침내 1984년 6월 29일 오전 9시, 서울 돈암동에 있는 베네딕도수도원 상지회관으로 사람들이 속속 모여들었다. 이전 해에 민청련이 창

민민협 대표위원이었던 김동완 목사, 김승훈 신부, 이부영 동아투위 위원장(왼쪽부터).

립총회를 가졌던 바로 그 장소였다. 임시의장으로 선출된 함세웅 신부의 사회로 창립총회가 진행되었다.

이부영은 발기인을 대표해 〈민중민주운동선언〉을 낭독하면서 민중민주운동협의회의 창립을 선포했다. "그동안 사회 각계에서 민주주의 회복과 인권 보장 그리고 사회정의 실현과 민중 생존권 확보를 위해 노력해온 우리들 민주, 민중 운동단체 대표"는 "새로운 형태의 연대활동이 필요함을 인식하여 민중민주운동협의회를 결성한다"고 선언한 것이다. 여기서 '새로운 형태의 연대활동'이란 이전과 같이 사회적 명망이 있는 개인들을 대표로 내세우는 단체가 아니라, 개인적 명성은 적더라도 각 부문운동을 대표하는 조직운동의 원칙으로 운영되는 단체를 만들었다는 의미였다.

민민협의 대표위원은 김승훈 신부, 김동완 목사, 이부영 동아투위 위원장 세 사람이 맡았는데, 김승훈과 김동완은 성직자였으므로 아무래도 대외활동에 소극적이어서 이부영이 사실상의 대표 역할을 수행했다. 결성 과정에 핵심적인 역할을 했던 김근태는 서기를 맡아 출범 후에도 각 부문 간 협력을 조율하는 역할을 맡았다.

창립한 민민협은 민청련과 가까운 서울 종로1가 서울빌딩 703호에 사무실을 개설하고, 8·15 민족해방 기념식을 민청련 등과 함께 치러냈다. 10월에는 독자적인 기관지 《민중의 소리》를 창간했다.

명망가들, '민주통일국민회의'로 모이다

민민협은 눈코 뜰 새 없이 바쁘게 활동했지만 그 활동이 사회 전반에 미치는 파급력은 한계가 있었다. 1970년대까지의 민주화운동은 조직을 기반으로 한 것이 아니라, 명망 있는 성직자나 재야 정치인이 주도하는 형태로 진행됐다. 명망이 있다는 것은 곧 사회적 파급력이 크다는 것을 뜻했다. 그런데 민민협과 같이 명망이 낮은 대표자들이 활동을 벌이다보니 이전의 운동에 비해 파급력이 약했던 것이다.

명망 있는 운동가들이 민민협에서 제외됨으로써 그들이 가진 운동력을 활용하지 못하는 것은 문제였다. 문익환 목사, 박형규 목사, 재야 정치인 계훈제, 백기완 등 명망가들은 운동에 기여할 기회를 갖기 원했다. 결국 이들은 각 개인이 참여하는 운동단체를 별도로 만들기로 했다. 1984년 10월 16일, 서울 장충동 분도회관에 발기인 50여 명이 모였다. '민주통일국민회의'(약칭 국민회의)를 발족시키는 자리였다.

조직의 성격을 보면, 국민회의는 민민협과 판이하게 달랐다. 조직의 대표자가 아닌 전국적 단위에서 국민적인 명망을 가진 성직자, 지식인,

민주통일국민회의 대표 계훈제, 문익환, 백기완(왼쪽부터).
사진은 1984년 11월 전태일 기념관 '평화의 집' 집들이 때 모습.

예술인 등이 개인 자격으로 참여해 구성된 중앙위원회가 기본 조직이었다. 그리고 집행위원회와 분과위원회를 두어 실행과 연구를 병행하는 구조를 취했다. 집행위원회가 사실상 대표기구가 됐는데, 의장 문익환, 부의장 계훈제·신현봉, 사무총장 이창복으로 구성됐다.

민청련은 국민회의의 창립을 표면적으로는 축하했지만, 내부에서는 우려의 시각이 많았다. 민청련이 청년운동론에서 '조직운동' 노선을 주장한 것은 1960~70년대 명망가 위주의 운동을 극복해야 한다는 의지의 표현이었다. 그런데 국민회의의 조직이 국민적 명망가 위주로 구성되자 국민회의가 과거와 같은 명망가 운동이 되고 결국 운동이 쟁취해 낸 정치적 성과가 오로지 그들 개인에게 귀속되는 상황이 올지도 모른다고 걱정했던 것이다.

민청련의 우려는 국민회의 창립 며칠 뒤 있었던 민청련 제3차 총회에서 채택한 〈민주통일국민회의 발족에 즈음하여〉라는 성명서에 그대로 담겼다. 성명서에서 "역사발전에 있어서 결국에는 민중의 의지는 실현될 수밖에 없다는 소박한 진리가 우리를 지탱하는 정신적 근원일 때, 우리는 민중의 의지를 어떻게 조직하며 어떻게 현실의 불합리를 투쟁 속에서 타개해 나갈 것인가 하는 문제에 대해서는 조직과 연대 속에서만 그 답을 찾을 수 있을 것이다"라고 은근히 국민회의의 한계를 지적했던 것이다.

조직이냐 명망가냐, 통합론 대두

국민회의 구성원들도 자신들에 대한 비판적 시각을 충분히 인식하고 있었다. 국민회의는 창립 3개월이 지난 1985년 2월 기관지 《민주·통일》을 창간했다. 《민주·통일》은 100쪽 가까운 두께에 표지는 컬러로 인쇄됐고, 제대로 제본이 된 책자의 형태로 발간됐다. 가격도 1,500원의 유료로 책정됐고, 책 뒤표지에는 사회과학 출판사들의 광고도 실렸다.

창간호 특집은 '민족통일을 위하여'로 잡았다. 당시 운동 세력이 주된 화두로 삼고 있지 않던 통일 문제를 본격적으로 제기한 것이다. 그런데 더욱 눈에 띄는 글은 〈민주통일국민회의 창립 취지와 운동방향〉이라는 기획기사였다. 자신들에게 가해지는 비판적 시각에 대한 해명과 극복 방안이 담긴 글이었다.

글에서 국민회의는 비록 현재는 명망 있는 지식인들로 구성되었지만 일반 국민에게 문호가 개방되어 있다는 점을 강조했다. 그리고 각 부문 운동은 국민 일반에게 조직 이기주의로 보일 수도 있다는 한계를 지적

민민협 기관지 《민중의 소리》 창간호와 민주통일국민회의 기관지 《민주·통일》 창간호.

하며, 국민회의야말로 일반 국민의 민주화와 통일에 대한 욕구를 대변할 수 있다고 주장했다. 아울러 국민회의는 현역 정치인의 참여를 금지하고 있으며, 집권을 겨냥하는 정당 차원의 활동은 하지 않는다고 못박았다. 국민회의가 기존 정치권에 진출하기 위해 활동하는 것이라는 세간의 '오해'를 불식시키기 위해서였다. 그러면서 국민회의는 '민중노선'을 견지할 것이며, 민중이 주체가 되는 운동을 위해 복무하겠다고 다짐했다. 민민협과 조직노선은 다르지만 운동의 대의를 위해 함께하겠다는 의지를 표명한 것이었다.

국민회의가 민민협과 협력하겠다는 운동노선을 밝힌 만큼 두 단체가 별개로 운영할 필요 없이 하나로 합쳐지는 것이 옳다는 주장이 제기되었다. 그러나 민청련 측에서는 조직운동 노선에 따라 건설된 민민협이 해소되는 것이 자칫 조직운동 노선을 포기하고 명망가 운동으로 흡수되는 것 아닌가 하는 우려가 깊었다. 당시 운동 세력에서 비교적 강한 발언권을 갖고 있던 민청련의 입장이 이러했기 때문에 두 단체의 통합은 쉽게 이루어질 수 없었다. 두 단체의 통합이 가능해지기 위해서는 외부로부터의 강한 충격이 필요했다. 결과적으로 그것은 1985년 2·12 총선이었다.

7

CNP논의와
2·12총선 대응 전술

양 김 씨, 민추협을 결성하다

1984년 여름엔 하늘도 전두환 편이 아니었다. 늦은 장마로 9월 초부터 서울 일대에 무자비한 물 폭탄이 떨어진 것이다. 1925년 을축년 대홍수 이래 최대 홍수가 나서 서울 망원동 일대는 아예 물속에 잠겨 버렸다.

189명의 목숨을 앗아간 대참사였지만, 차라리 전두환에게는 이것이 정권에 대한 국민의 반감을 하늘에 대한 반감으로 대체할 기회였는지도 모른다. 느닷없이 북한이 제의한 수해물자 제공 의사를 덥석 받아들인 것도 그런 배경은 아니었을까. 아무튼 서울 시민들은 휴전선을 넘어온 북한의 맛없는 쌀과 촌스러운 옷감을 받아들고 신기해했다.

홍수를 몰고 온 태풍보다 더 센 태풍이 정치권에 불어닥쳤다. 이는 전두환이 유화 국면의 연장선에서 정치활동을 금지시킨 야당 정치인들을 1983년과 1984년에 걸쳐 순차적으로 해제시키면서 시작되었다. 그러나 3김 씨로 불리는 김영삼, 김대중, 김종필은 풀어주지 않았다. 아마도 전두환은 정치 활동 금지가 해제된 야당 정치인들이 기존의 민한당과 국민당으로 들어갈 수밖에 없을 것이고, 자연스럽게 그들의 투쟁력을 거세시킬 작정이었을 것이다.

그러나 금지에서 풀린 정치인들은 아직 풀리지 않은 김영삼, 김대중을 중심으로 민주화추진협의회(약칭 민추협)라는 조직을 만들어 1985년 총선을 향해 맹렬하게 활동하기 시작한다. 전두환은 아마도 민추협이 정권에 길들여져 있던 기존 민한당의 기세를 능가할 수는 없다고 판단한 듯하다. 기껏해야 온건파와 과격파로 분열된 야당의 모습을 국민에게 선보임으로써 오히려 정권의 유지에 도움이 될 것이라 계산했을 것이다. 그러나 정세는 전두환의 의도대로 흘러가지 않았다.

제3차 총회, 공개 행사로 치르다

민민협과 국민회의라는 두 연합단체의 출범과 함께 운동 세력 안에서는 한국 변혁운동의 방향을 두고 서로 다른 의견들이 제출되기 시작했다. 특히 학생운동 출신들 사이에서 논쟁의 불이 활활 타올랐다. 민청련은 그 중심에 있었다.

민청련 제3차 총회는 1984년 10월 20일 열렸다. 서울 동숭동에 있는 흥사단 강당에서 공개 행사로 치렀다. 당시 민청련 내부의 조직은 어느 정도 안정되었고, 외부적으로는 여러 공개 운동단체들이 속속 건설되는 상황이었다. 정권이 조성한 유화 국면에 어느 정도 적응하여 탄압에 크게 신경 쓰지 않아도 되는 상황이라고 판단했던 것이다.

그러나 내부적으로는 조직 구조에 큰 변화가 있었다. 운동이 전반적으로 활성화되면서 논의가 다양해지자 의장단 지도체제로는 감당하기 어려워진 것이 변화의 주된 이유였다. 그 결과 중앙위원회가 신설되었다. 의장단을 포함해 5~15명으로 구성되는 중앙위원회는 총회가 열리지 않는 평상시의 최고 의결기구였다. 처음에는 공개된 집행부인 운영위원회에서 최민화 위원장 등 3~4인, 비공개인 상임위원회에서 장영달 위원장 등 1~2인으로 구성되었다. 나중에는 공개되지 않은 내부 계반 조직에서 선출된 사람도 참여했다. 창립 당시에 비해 정권의 탄압에 어느 정도 자신감을 갖게 된 결과였다.

CNP론을 정리하다

민청련의 임무 중 가장 중요한 것은 당면 정세를 분석하고 활동 방향을 정하는 일이었다. 특히 민민협과 국민회의의 통합과 같은 사안에 대해 밤을 지새우며 토론하는 일이 잦았다. 논의가 점차 복잡해지자 김근태 의장은 이을호 정책실장에게 논의의 가닥을 간명하게 정리해줄 것을 요청한다. 이에 이을호는 연륜이 깊은 운동가들을 접촉하여 상황을 파악한 뒤 정리했다. 이른바 'CNP론'이었다.

CNP란 CD 즉 Civil Democracy(시민민주의), ND 즉 National Democracy(민족민주주의), PD 즉 People Democracy(민중민주주의)의 머리글자 모음이었다. 이을호는 당시 각 운동단체 및 운동 세력의 성향과 노선을 분석하여 이 세 가지 그룹으로 분류했다. CNP론에 따르면 각 노선은 한국 사회를 바라보는 시각에서 차이가 있으며, 그에 따라 추구하는 변혁노선도 다르게 표출된다. 내용은 다음과 같았다.

CD는 한국 사회를 세계자본주의 체제 속에 편입된 주변부 자본주의로 본다. 주변부 자본주의라는 한국 사회의 모순구조 아래에서 핍박 받는 계층은 노동자, 농민, 빈민뿐만 아니라 영세 자영업자와 중소 자본가까지 포함된다. 따라서 당면 투쟁의 목표는 세계자본에 종속된 독재 권력을 타도하고 민주적인 민간정부를 수립하는 일이다. 1970년대 이래 정치운동을 이끌어온 이른바 재야세력이 그 중심이다.

PD는 한국의 사회구성체를 국가독점자본주의라고 본다. 단순히 외세에 부속된 체제가 아니라 스스로 상당 수준의 자본축적을 이루고 독자적인 경제구조를 운영하는 체제라는 것이다. 따라서 당면 과제는 자본주의 체제의 모순을 극복하는 것이며, 노동자 계급이 중심이 되어 이 과제를 이끌 수밖에 없다. 학생운동에서 말하는 '노동현장론'이 바로 이러한 논리에서 구축된 것이다.

ND는 겉으로 보면 CD와 PD의 중간에 위치하는 것으로 보일 수 있다. 그러나 민청련은 CD와 PD를 포용하며 연대한다는 지향에서 ND론을 정립시켰다. 정리된 ND론은 한국사회를 신식민주의적 독점자본 체제로 규정한다. 한국사회는 신식민주의로부터 발생하는 민족적 모순과 독점자본에서 발생하는 계급적 모순이 중첩되어 있다. 투쟁 방향은 노동자와 농민이 주축을 이루되 다양한 중간층을 아우르며 연합전선을 형성해 민주적이고 민족자주적인 정부를 세우는 방향으로 나아가야 한다는 것이다.

다가올 총선에 어떻게 대처할 것인가

CNP론은 회원 내부 교육 프로그램으로 만들어져 전 회원에게 교육이 실시되었다. 그러나 CNP론이 지나치게 도식적이라는 비판도 제기됐다. 대학생 출신들의 지나친 학구적 탐구심이 발동된 논의로 실제 현실을 제대로 반영한 것은 아니라는 지적이었다. 그래서인지 논쟁은 다가올 1985년 초로 예정되어 있던 정치일정, 즉 2·12총선에 운동 세력이 어떻게 대응할 것인가라는 현실적인 문제로 옮겨갔다.

운동권의 시각에서 보면 총선거는 제도권 정치 세력들이 판을 벌이는 마당이었다. 총선거에 대해 CD 경향성을 띤 측에서는 선거 국면을 적극 활용하자는 주장을 폈고, PD 경향성을 띤 측에서는 민중의 이해와 전혀 무관한 선거를 전면 거부해야 한다고 주장했다. 여기서 변수로 등장한 것이 양 김 씨가 이끄는 민추협이었다. 민추협은 "반민주적 법령이 민주적으로 개선되지 않는다면 선거는 오직 요식행위에 지나지 않을 뿐"이라며 선거를 보이콧할 기세를 보였다.

민추협의 움직임은 운동 세력에게 논쟁적인 화두로 떠올랐다. 민추협이 전두환 정권과 비타협적인 자세를 견지하면서 총선에 임한다면 그것을 어떻게 봐야 할 것인지, 그들을 아군으로 여겨야 하는지 결정해야 했던 것이다. 결국 선거에 대한 운동 세력의 대응 방향을 놓고 선거 거부론과 선거 활용론이라는 양 극단이 대립했다.

선거 거부론은 다가올 2·12총선은 민정당과 군부 세력의 장기 독재를 위한 포석에 불과하다고 보았다. 그리고 민추협이 민한당과는 다른 투쟁적인 신당을 만든다고 해도 결국 정권이 만들어 놓은 판에 들어가 그들과 야합할 가능성이 높다고 판단했다. 이러한 판에 개입해서 한국 사회

모순의 궁극적 해결을 도모할 가능성은 거의 없었다. 따라서 선거를 전면 거부하고, 기층 민중의 역량 강화에 주력해야 한다는 것이었다.

반면 선거 활용론은 선거 거부론의 논점을 비판하면서 논지를 펼쳤다. 선거는 전두환 독재정권이라는 '지배체제의 재생산과정'에 지나지 않는다는 시각은 올바르지만, 그러한 시각으로부터 곧바로 선거 거부라는 전술을 도출하는 것은 오류라는 주장이었다. 더구나 운동 세력의 역량이 열세에 있을 때는 선거라는 국면을 활용하는 전술을 채택할 수도 있다. 역량이 선거를 거부할 정도로 성숙해 있었을 때조차도 단순한 선거 거부가 아니라 대안적 정치 구조의 창출을 주장하고 실천하는 것이 올바른 방침이라는 관점이었다. 선거 활용론의 입장에서 2·12총선은 대중의 정치의식이 고양되는 시기이며, 그러한 정세 조건을 활용할 방안을 마련하는 것이 더 중요했다. '민주화'와 '민중 생존권' 문제를 부각시키는 실천 프로그램을 선거 국면에서 구사해야 한다는 것이다.

민정당사 점거농성 사건의 충격파

총선과 관련한 논쟁은 민청련 내부뿐만 아니라 운동권 전반에서 벌어졌다. 민청련은 공개 정치투쟁을 자처하고 있었기 때문에 고민의 내용이 더욱 구체적이었다.

민청련의 선전 역량과 동원력은 선거라는 국가적 차원의 정치행사를 감당하기에는 턱없이 빈약하다는 것을 인정하지 않을 수 없었다. 그렇다면 민민협, 국민회의 등과 연대하여 대열을 편성해야 했다. 문제는 거기서 더 나아가 대중 동원력이 큰 야당 정치 세력과도 제휴할 것인가였다.

결국 야당 정치 세력과의 '제휴 반대론'과 '제휴 찬성론'으로 의견이 갈렸다. 민청련 집행부 가운데 김병곤이 대체로 '제휴 반대론'에 기울어 있었고, 김근태 의장이 '제휴 찬성론'에 손을 들어주고 있었다. 회원들의 의견은 정확히 확인할 수는 없지만 대체로 제휴 찬성론이 약간 우세했다.

이렇게 다가올 총선에 대한 노선을 두고 논쟁하고 있던 중 예기치 않은 사건이 터졌다. 11월 14일, 연세대·고려대·성균관대 학생 260여 명이 서울 안국동 민정당사를 기습 점거하고 농성에 들어간 것이다. 1984년 당시의 학생운동은 주로 교내 시위의 형태를 취했고, 이따금 가두시위를 벌었다. 건물을 점거하고 농성을 벌이는 경우는 없었다. 이 때문에 민정당사 점거 농성은 정부와 국민은 물론 일반 학생들에게도 충격을 안긴 투쟁방식이었다. 이후 미국문화원, 민정당 연수원 등에 대한 점거 농성이 유행처럼 번져나갔다.

민정당사를 점거한 학생들은 11월 3일 학생의 날 기념식을 연세대에서 갖고 그 자리에서 '반독재민주화투쟁학생연합'을 결성한 것으로 알려졌다. 당시 각 학교에 만들어져 있던 '민주화투쟁위원회'가 연대하여 결성된 조직이었다. 이들은 '준비론'이나 '노동현장론'을 비판하면서 즉각적이고도 선도적인 정치투쟁을 주장했다.

민정당사를 점거한 학생들은 〈우리는 왜 민정당을 찾아왔는가〉라는 제목의 유인물을 뿌리고 당사에 "노동악법 개정하라", "전면해금 실시하라" 등의 플래카드를 내걸었다. 민중의 생존권을 위한 구호와 당면 정치정세에 대한 요구를 동시에 내걸면서 글자 그대로 선도적 투쟁을 벌인 것이다.

신속하게 대응한 민청련

대학생들의 민정당사 점거는 민청련에게도 충격이었다. 민청련은 우선 정권이 이 사건을 일본의 '적군파식 테러'로 몰고가는 것을 막기 위해 학생들의 주장을 널리 알려야 한다고 보았다. 그래서 〈민정당사 농성 사태에 대한 우리의 견해〉라는 성명서를 발표하여 학생운동의 정당성을 주장하고, 이어서 학생들의 주장을 담은 〈14개항, 당신은 그것을 알고 계십니까〉라는 유인물을 만들어 정치권은 물론 국민에게 배포했다.

민민협과 국민회의도 학생들을 옹호하기 위해 긴박하게 움직였다. 특히 눈에 띈 것은 민추협이 학생들을 적극 옹호하고 나선 것이었다. 기존 야당인 민한당과 국민당이 우물쭈물하고 있는 것과 선명하게 대비되는 풍경이었다.

학생운동의 민정당사 점거 농성투쟁은 운동 세력들에게 뚜렷한 영향을 주었다. 자칫 노선투쟁이 이념 논쟁에 빠져들 기미가 보이던 무렵에 터진 이 사건으로 각 운동은 다가올 총선을 실천과 투쟁의 관점에서 대하게 되었다. 민청련이 앞의 유인물에서 총선에 대해 "우리는 다가오는 선거에서 현 체제를 거부하여야 합니다"라 한 것도 민정당사 점거 농성의 영향을 받은 주장이었다.

어쨌든 1984년 말은 다가올 총선에 어떻게 대응할 것인가를 두고 집권 세력과 야당 세력은 물론 각 운동 세력이 각자의 프로그램을 구상하며 보내는 시기였다. 결전을 앞둔 각 진영이 참모회의로 분주했다고나 할까.

8

1985년 2·12총선과 민청련

긴박하게 다가온 1985년 새해

1985년 새해는 정치적 관심사 속에서 밝았다. 불과 40여 일 뒤에 치러질 제12대 총선 때문이었다. 12대 총선은 전두환 정권이 1988년에 7년 단임의 임기를 마칠 때까지 정국 구도를 결정하는 선거였다. 전두환은 연두 기자회견에서 현행 헌법에 따라 임기를 마치고 '평화적 정권교체'를 실행하겠다고 공언했다. 이에 대해 민한당과 국민당은 대통령을 간선제가 아닌 국민 직선제로 선출하는 개헌이 이루어져야 한다고 주장했다.

　여기에 예년과는 다르게 또 하나의 정당이 가세했다. 해금된 정치인, 구체적으로는 민추협 출신인 최형우, 김동영, 김상현 등이 주도하여 신한민주당(약칭 신민당)이 창당을 준비하는 등 발빠른 정치 행보를 보이고 있었던 것이다. 신민당은 여타 정당들과 마찬가지로 총선에 나설 후보들의 공천 작업을 진행하고 있었다. 신민당의 이민우 총재는 연두 기자

회견에서 '대통령 직선제 개헌'을 주장하며 집권 민정당에 대립각을 세웠다. 다른 야당들과 대통령 직선제 개헌을 주장한다는 점에서 같았지만, 국민은 그 진실성과 추진 의지에서 '민정당 2중대들'보다는 '탄압에 저항하는 정치인' 그리고 그 지도자인 김영삼, 김대중 양 김 씨에 대해 더 주목하는 분위기였다.

유세장이 미어터지다

정국은 곧바로 선거운동 국면에 진입했다. 선거의 초점은 야당 중 기존 정당인 민한당과 신당인 신민당 중 어느 쪽이 더 많은 표를 얻는가였다. 당시 선거제도는 전국 92개 지역구에서 1, 2위 득표자 184명을 뽑는 중선거구제였기 때문이다(비례대표 92명을 포함 전체 의원정수는 276석).

가장 관심을 끈 지역구는 정치 1번지로 불린 종로·중구였다. 이 지역구에 민정당은 이종찬, 민한당은 정대철, 신민당은 이민우를 공천했다. 이종찬은 독립운동가 이회영의 손자로 육군사관학교를 졸업하고 중앙정보부에서 재직했다. 이후 전두환 정권에 참여해서 민정당 사무총장을 맡았다. 이력으로만 보면 군사독재 정권의 하수인으로 보이지만, 젊은 데다 개혁적인 발언으로 '차세대' 지도자의 이미지를 갖고 있었다. 더구나 종로구 토박이여서 다른 후보들에 비해 강점이 있었다.

정대철은 대한민국 첫 야당인 한민당을 창당한 주역인 정일형의 아들이자 여성계의 원로 이태영 여사를 어머니로 둔 '뼈대 있는 가문' 출신이었다. 그 역시 중구에 오랫동안 살아온 토박이였다. 중량감에서 다른 후보들을 압도했다. 이에 맞서는 이민우는 평생 야당에 몸 담아온

나이 일흔의 노정치가였지만, 고향은 충청북도 청주로 서울과는 인연
이 없었다. 경력도 구 신민당에서 총재권한대행이나 부총재를 역임한
정도로 내세울 것이 별로 없었다. 단지 새로 창당한 신민당 총재라는
직함이 전부였다. 이런 점 때문에 언론에서는 대체로 이종찬과 정대철
의 당선을 점치고 있었다.

그런데 2월 1일 종로·중구 첫 합동유세장에서 예상치 못한 분위기가
연출되었다. 이전까지의 국회의원 선거유세장은 각 당이 동원한 청중
이 모여들어 자당 후보의 연설에 의례적인 박수와 환호를 보내는 풍경
이 일반적이었는데 그날 동대문 부근 창신초등학교 운동장은 동원되지
않은 일반 시민들이 운동장을 가득 메웠던 것이다. 대부분은 신민당 이
민우 후보의 연설에 열광적인 환호와 지지를 보냈다. 유세라기보다는
일종의 반정부 집회 같은 분위기였다. 이날 청중이 얼마나 넘쳐났는지
동대문과 종로5가 일대의 교통이 마비될 정도였다.

물 만난 물고기, 민청련

예상치 못한 유세장 청중의 열기는 운동권에도 충격을 주었다. 민청련
도 마찬가지였다. 제휴 투쟁론과 제휴 반대론을 두고 격론을 벌이던 민
청련 집행부는 논의를 접고 거리로 뛰쳐나가기로 했다.

당시 민청련이 기획하고 주도하는 가두집회는 동원된 인원 수백 명
에 거리의 동조자 수백 명해서 다 합쳐도 1,000명이 안 되는 경우가 보
통이었다. 더구나 그러한 집회를 한 번 하고 나면 구류자와 구속자가
발생하는 것을 감당해야 했다. 그런데 합법적인 유세장에 수천, 수만

명이 모여들고 있으니 이는 어항 속 물고기가 거대한 강물을 만난 것과 다름없는 일이었다.

민청련은 다음 종로·중구 유세장에 적극 참여하여 유인물을 청중에게 배포하며 선전전을 벌이기로 했다. 급히 선전물 제작팀을 구성해 '광주 학살'의 진상 규명을 요구하며 당시의 참상을 생생하게 보여주는 사진기록물을 수록한 자료집을 제작했고, 대중이 쉽게 접할 수 있도록 1장짜리 만화를 곁들여 구성한 선전지도 만들었다. 민정당 후보에게 투표하지 말자는 뜻을 담은 〈민정당식 지상낙원〉이라는 제목의 유인물이 그것인데, 말미에는 "조국의 민주화는 여러분의 손에 달려 있습니다. 군부 폭력정권의 실상을 이웃과 친지에게 널리 알리고 이번 선거를 통해 민정당 체제를 거부합시다"라고 적었다. 특히 대중에 대한 선전력을 높이기 위해 벽에 부착하는 스티커를 제작했다. 명함보다 약간 큰 크기의 노란색 스티커에는 검은 글씨로 "군사독재 물리치고 민주사회 이룩하자. 직선개헌 쟁취하여 대통령을 내손으로"라는 문구를 넣었다.

재미있는 것은 모든 유인물에 '민주화운동청년연합'이라는 단체명과 전화번호 '720-9452'를 명기했다는 점이다. 이는 대중에게 이 유인물이 정체불명의 조직에서 만든 것이 아니라는 점을 알림으로써 내용과 주장의 신뢰성을 높이기 위한 방편이었다. 실제로 이후 선거 국면 동안 민청련 사무실에는 적지 않은 격려 전화가 걸려오기도 했다.

1985년 2월 6일, 종로·중구의 마지막 합동유세장인 신문로의 현대인력개발원(현 서울역사박물관) 운동장에는 문자 그대로 구름 같은 군중이 몰려들었다. 운동장은 물론 신문로 도로에까지 청중이 넘쳐났다. 언론은 이를 "청중 폭발"이라고 대서특필했다. 언론이 추정한 이날 청중은 10만 명이었다.

※ 다음 노래가사를 「아 대한민국」의 곡에 맞춰 불러 봅시다! ☆ ☆
하늘엔 최루가스 날리고 거리엔 무장경찰 폭덕에
저마다 누려야 할 자유가 무참히 짓밟히는 곳
군인은 사람들을 죽이고 경찰은 여대생을 수색해
민정당원은 무엇이든 얻을 수 있고(백있으니)
군발이들은 무엇이든 할수가 있어(총있으니)
이렇게 우린 군부정권 폭덕속에
이렇게 우린 노예생활 강요당하네
아아 군부 독재정권 아아 향패집단
아아 이 땅에서 추방하리라

군사독재 물리치고 민주사회 이룩하자

친애하는 민주시민 여러분!
여러분의 수많은 형제들이 군부정권에 의해학
살 되었읍니다. 여러분의 아들들이 심한 고문
을 당하고 감옥 생활을 해야 됐으며 군대에 강
제로 끌려가 죽기까지 하였읍니다.
여러분의 사랑스런 딸들이 경찰서 안에서 치
욕스런 수청까지 당했읍니다.
여러분의 이웃 아주머니가 경찰의 폭력에 의
해 6개월된 태아를 사산하기도 하였읍니다.
여러분이 내핍생활을 강요당하는 동안 민정당
정권은 부정과 부패로서 초호화판 생활을 하고
있읍니다.
친애하는 민주시민 여러분!
군부폭력정권의 실상을 이웃과 친지에게 널
리 알리고 이번 선거를 통하여 민정당 체제를
거부합시다.
조국의 민주화는 여러분의 손에 달려있읍니다.

**이번 선거를 통하여
민정당체제를 거부하자**

민주화운동청년연합

주소 : 서울시 종로구 삼각동 31 - 3
합동빌딩 602호 TEL : 720 - 9452

민주화운동청년연합

서울 · 종로구 삼각동31 - 3 합동빌딩602호
TEL : 720 - 9452

민정당식 정의사회란?

-. 광주대학살로 정권을 장악한 군부독재가 침
묵을 강요하는 사회이다.
80년 국민의 민주화 열망을 군화발로 짓밟
고 광주시민을 유혈로 학살한 주모자 민정당
정권은 4년간의 통치동안에도 그들의 야만
적 폭력성을 때와 장소를 가리지 않고 자행할
수밖에 없었다.
-. 임산부를 사산하고 여대생을 수색한다.
군부독재집권의 하수인인 경찰은 임신 6개월
의 임산부를 폭행하여 사산시키고 여대생을
경찰서내에 감금하여 수청하는듯 아수적 행동
마저 서슴치 않고 있다.
-. 군인 · 경찰 · 정치깡패를 동원하여 국민을
공포분위기로 몰아 넣는다.
집단이 말한 군인들과 순경이 주민에게 만행
을 저지르는가 하면 골목마다 경찰, 정치깡패
들이 버티고 서서 위협하는 등 언제 어디서든
지 제2의 광주대학살과 같은 살인행위를 저지
를 수 있다는 공포감에 국민을 불안의 도가니
로 몰아넣고 있다.

잊지말자 광주항쟁 타도하자 학살정권
앞으로는 민주발전 길거리엔 장제정치
서민생계 대책없이 집권민정 부귀영화
풀어야야 공명선거 뭉쳐뭉쳐 장기독재
결단없이 민주없고 싸움없이 승리없다.

민정당식 복지사회란?

-. 서민의 임금을 동결시키고 권력층은 부정
축재하는 사회이다.
물가상승을 구실로 임금을 묶어둔채 부동산
투기, 살인적인 세금 · 물가인상 등으로 국민
은 굶주림에 허덕이고 있으나 권력층과 재벌
의 엄청난 부정축재로 터진 국대빌, 장영자사
건등 대형금융사고는 국민을 분노케 하고 있
다.
-. 국민의 경제적 빈곤을 '환상의 2000년대'로
달래려 한다.
'2000년 대에는 1인당 국민소득 5,000불, 마
이카, 마이홈 시대가 도래한다'라는 장미빛
청사진을 앞세워 당장에 쏟아지는 국민의
터져나올 국민의 불만을 무마시키려고 화려한
-. 국민의 자유로운 정치의의를 마비시키기 위
해 스포츠붐과 향락소비문화를 조장시키고 있
다.
86, 88올림픽에 대한 허영적 기대감을 조성
시켜 국민의 관심을 스포츠쪽으로 유인하고
권력과 재벌의 무기놀음에서 흘러나온 향락
문화로 국민의 정치의식을 마비시키고 있다.

민정당식 공명선거란?

-. 김대중, 김영삼씨등 자기들에게 위협이 될
만한 거물정치인들을 묶어놓는 등폭력적제도를
아래서 공공연하게 선거를 치르고 있다.
비상계엄하에서 폭력적으로 제정한 정치규제
법 등의 선거악법으로 김대중, 김영삼씨등민
주인사들을 묶어둔채 자기들이 유리할때 엉
뚱한 선거를 끝내려고 공명선거를 떠들어 대며
겨울 선거를 서두른다.
-. 언론을 통제하고 선거유세를 차단시켜 국
민들이 공정한 판단을 내리지 못하게 한다.
사회안정을 핑계로 언론을 통제하고 정당한
선거운동을 방해하여 국민의 공정한 판단을
봉쇄한 채 선거를 통해 고양되는 국민의 정치
의식을 문화, 약화시키고자 한다.
-. 따라 떨어진 국민의 지지를 기만적인 공약
과 돈과 권력으로 매수하려고 또 다시 정권을
장악하려한다.
4년동안의 악정에 대한 눈물만큼의 반성도
없이 우선 속이고 보자는 공약남발과 돈뿌냥
을 통한 금권혼백의 방식으로 국민을 노예화금하
면서 군사독재의 장기화를 꾀하고 있다.

민정당 체제를 거부하자!

총 6쪽으로 제작한 총선용 민청련 전단지 〈민정당식 지상낙원〉.

유세장에서 민청련 회원들은 신이 났다. 검거될 위험 없이 마음껏 유인물을 나누어주고, 대중을 향해 이른바 '아지'('선동'이라는 뜻을 가진 'agitation'의 약자)를 할 수 있었기 때문이다. 이는 그동안 내부에서 노선을 두고 벌이던 논쟁이 얼마나 관념적이었는가를 반성하게 했다. 선거가 끝난 뒤 기관지 《민주화의 길》에 실은 집행부가 쓴 〈논설〉에서 민청련은 이렇게 반성했다.

4·19혁명 때도, 1971년도 대통령선거 때도, 또한 1979년 부마사태 때도, 1980년 서울 봄 때도, 광주항쟁 때도 그러했던 것처럼 이번에도 과오를 저질렀다. 역동성에서 뒤떨어져 있는 것은 대중이 아니라 우리 자신들의 조직운동 수준, 활동가들의 수준이다.

국민의 관심을 끄는 또 하나의 정치적 사건이 있었다. 2월 8일, 그동안 미국에 머물고 있던 야당 지도자 김대중이 귀국한 것이다. 미국 정치인 및 기자들과 함께 귀국한 김대중은 공항에서 그 누구도 만나지 못한 채 삼엄한 경비에 둘러싸여 서울 동교동 자택으로 이송되었고 바로 자택에 연금되었다.

대중과의 접촉이 금지되었지만 김대중이 몰고 온 '민주화 바람'은 만만치 않았다. 당시 민추협은 양 김 씨가 이끌고 있었지만 김대중은 미국에 머물러 실질적인 지도력을 발휘할 수 없기 때문에 고문 직책이었고, 김영삼 공동의장과 김상현 공동의장대행으로 운영되고 있었다. 그러나 이제 김대중이 귀국함으로써 명실상부한 양 김 씨 공동의장 체제가 될 것이었다. 이는 많은 국민에게 민주화에 대한 희망을 불러일으키는 사건이었고, 그러한 희망은 며칠 뒤 있을 총선에서 신민당에 유리하게 작용할 것으로 예측되었다.

신민당 돌풍

당시 선거구 중 관심을 끄는 또 한 곳은 서울 성북구였다. 이곳에는 민정당 김정례, 민한당 조윤형에 신민당 이철이 출마했다. 김정례는 대표적인 여성계 인물로 장관을 겸하고 있었고, 조윤형은 해방정국과 자유당 정권 때의 정치 거물 조병옥의 아들로 민한당의 중진이었다. 이에 맞서는 이철은 1974년 서울대학교 재학 중 민청학련 사건의 주역으로 사형 선고를 받았던 학생운동 1세대였다.

이철은 지역구 유권자들에겐 낯선 인물이었다. 그는 자신의 이미지를 유권자들에게 어떻게 어필할 것인지 고심하던 중 선거 포스터 문구를 "돌아온 정치 사형수"로 했다. 마치 할리우드 서부영화 제목을 연상시키는 문구였다. 이 문구를 통해 이철은 신민당이라는 참신한 정당 소속에 정권으로부터 핍박당한 의로운 투사의 이미지를 유권자들에게 각인시킬 수 있었다. 그것은 전두환 폭압정치 아래에서 침묵을 강요당하던 유권자들의 마음 속 깊은 곳에 숨겨져 있던 저항의 불씨를 자극했다.

선거 결과는 한마디로 파격이었다. 이민우는 정대철을, 이철은 조윤형을 꺾었다. 이는 유권자들이 민한당을 버리고 신민당을 선택했음을 보여주는 상징적인 결과였다. 서울 전체를 보면, 14개 지역구에서 신민당은 전원 당선됐다. 반면 민한당은 강남구 단 1곳에서만 당선됐다. 강남구에서는 민정당이 낙선하고 신민당과 민한당이 동반 당선된 것이다. 신민당은 서울 득표율이 민정당보다 15퍼센트포인트 더 많았다.

불공정한 선거제도 덕분에 민정당이 제1 다수당을 유지하기는 했지만, 전국 득표율로 보면 민정당은 35.2퍼센트, 신민당은 29.3퍼센트, 민한당은 19.7퍼센트, 국민당은 9.2퍼센트였다. 정통 야당이라고 할 수 있는 신민·민한 두 야당의 득표율 합계가 집권 여당보다 14퍼센트포인트 앞섰다. 내용으로는 민정당의 완패였다. 이러한 선거 결과는 1980년대 중반 한국정치의 기반을 뒤흔드는 거대한 지각변동이었다. 지각변동의 첫 파도는 민한당에 몰아쳤다. 민한당 의원들이 줄줄이 탈당하여 신민당으로 당적을 옮긴 것이다. 민한당은 결국 단 3명이 남는 군소정당으로 전락했고, 그나마 다음 13대 총선에서는 단 1명의 당선자도 내지 못해 정당 등록이 취소되는 운명에 처하게 된다.

총선 '패배'의 충격 속에서 전두환은 1979년 12·12사태 때 수도방위사령관으로서 자신과 함께 쿠데타를 주도했으며 이후 자신의 후계자로 알려져 있던 노태우를 민정당 대표위원이라는 직책으로 전면에 내세웠다. 앞으로 신민당이 펼칠 정치 공세에 실세가 나서서 대응하겠다는 움직임이었다.

신민당의 실질적 운영 주체는 민추협이었다. 민추협은 재야 운동권과 비슷하게 정권에 강경한 태도를 취했다. 신민당이 제기하려 했던 첫 번째 정치 의제는 개헌이었다. 대통령을 체육관에 모인 대의원이 아닌 국민의 직접 투표로 선출하자는 직선제 개헌이었다. 이는 집권 세력에게는 자신의 토대 자체를 공격하는 엄중한 사태였다.

이제 민청련도 투쟁적인 야당의 등장에 대해, 그들과의 관계 설정에 대해 태도를 결정해야 했다. 내부에서는 또 한 차례 뜨거운 논쟁이 펼쳐졌다.

9

제4차 총회와
5월 투쟁

총선 승리에도 차분했던 제4차 총회

총선 직후인 3월 21일, 민청련 제4차 총회가 열렸다. 이 총회는 제3차 총회와 달리 비공개 행사로 치러졌다. 야당의 2·12총선 승리로 운동권은 전반적으로 고무됐지만, 민청련은 환호보다는 부담스러운 숙제를 안게 됐다는 분위기였다.

숙제의 하나는 전두환 독재체제가 건재한 가운데 노동운동과 학생운동에 대한 탄압의 강도는 오히려 더 강화되고 있는 현실을 타개하는 방편 마련이었다. 선거에서 승리한 야당은 언제든 정권과 타협할 수 있는 세력이었다. 따라서 자중하고 신중하게 처신할 필요가 있었다. 또 하나의 숙제는 민청련 자신에게 다가오고 있는 듯한 탄압의 칼날을 극복할 방안이었다. 김근태 의장을 비롯한 집행부는 그것을 직관적으로 감지하고 있었다.

제4차 총회에서의 조직체계상 변화는 이명준 부의장이 일신상의 이유로 사퇴하고 그 자리를 운영위원장인 최민화가 이어받는 정도였다. 운영위원장은 김희택이 맡았다.

총회에서 김근태 의장은 1985년도 사업보고를 하면서 다가올 시기가 민청련이 감당하기에 만만치 않다는 점을 강조했다. 분위기는 다소 무거웠다. 이는 총회 결의문의 다음과 같은 부분에서 극명하게 드러났다.

선거과정에서의 민중의 승리를 전면적인 것으로 평가하는 것을 우리는 반대하여야 한다. 따라서 민중, 민주 주체세력의 발전을 등한시하고 승리감에 젖어 치열성을 둔화시키는 운동 분위기가 있다면 그것은 옳지 않으며, 반대로 관념적 장기론에 빠져 준비론으로 몰락될 수도 있는 주장에도 동의할 수 없다. 무엇보다도 중요한 것은 민중의 삶의 고통의 가중과 민중생활투쟁의 치열화 앞에 우리는 모두 옷깃을 여미면서 운동과

1985년 3월 1일 집회에서 연행되는 김희택 신임 운영위원장.

정에서 제기되는 모든 어려움을 견디고 부문운동 상호간의 작은 차별성
을 해소시켜나가는 결단을 하여야 한다.

총회에서는 이러한 관점 아래 당시 목동 재개발 과정에서 발생한 철
거민 투쟁을 지원하기 위해 '목동문제연대투쟁위원회'를 발족시켰다.
그리고 다가올 5월 투쟁에 대비해서 최민화 부의장을 위원장으로 하는
'광주사태 진상규명위원회'를 출범시켰다. 그동안 광주항쟁에 대한 국
민의 관심을 상당한 정도로 이끌어낸 데서 한 걸음 더 나아가 광주에서
벌어진 학살의 구체적 진상을 규명하고 책임자를 밝혀내는 것이 목표
였다.

단일 대오 민통련의 탄생

총선 이후 제도권의 정치 공간이 활성화되자 운동권 내부에서도 스스로
를 정비하자는 의견이 대두되기 시작했다. 집권 세력이 정치적 타격을
받은 총선 결과는 반사적으로 반대 세력 활동공간을 넓혔다. 이에 대한
역작용으로 집권 측이 운동권에 대한 대 탄압 공세를 펼 가능성도 높아
졌다. 이 모든 사태에 대응하기 위한 첫걸음은 민민협과 국민회의를 통
합하자는 주장으로 나타났다.

민민협과 국민회의의 대표자 그리고 민청련의 김근태 의장이 참여한
가운데 통합 협상이 개시됐다. 주로 서울 장충동 분도빌딩에 있는 가톨
릭노동사목전국협의회 사무실에서 약 한 달 동안 진행됐다. 노동사목
의 간사를 맡고 있던 윤순녀 씨는 1960년대부터 가톨릭노동청년회에

서 시작해 평생 노동운동을 지원해왔고 재야운동에도 호의적이어서 많은 도움을 주었다.

그러나 협상은 잘 진전되지 않았다. 논점은 국민회의 측을 한 편으로 하고 민청련과 기독교 단체들을 다른 한 편으로 해서 형성됐다. 첫 쟁점은 연대운동의 수준을 협의체로 할 것인지 연합체로 할 것인지였다. 협의체로 하자는 것은 통합기구의 지도력보다는 개별 단체의 주체성을 존중하는 주장이었던 반면, 연합체로 하자는 것은 강력한 지도력을 갖는 기구를 만들자는 주장이었다. 즉 이는 운동 발전의 성과를 부문운동의 강화에 둘 것인지 연대기구에 둘 것인지의 문제였다. 연대기구의 지도력을 집단지도체제로 할 것인지 단일지도체제로 할 것인지도 같은 문제였다.

결국 논쟁의 핵심은 각 부문운동의 대표성을 통합기구에 어떻게 반영할 것인가였다. 민청련은 노동운동과 농민운동 등 기층 민중의 조직된 단체들이 통합기구에 대표를 내고 통합기구는 이러한 조직 대표성의 원칙 아래 운영되어야 한다는 입장이었다. 이에 반해 국민회의 측은 현실적으로 그러한 조직노선을 반영한 기존의 민민협 운동이 한계를 보였음을 인정하고 선언적 의미로 부문운동을 강조하되 현실적으로는 개인 명망가들을 앞세우는 방식으로 기구를 조직하자고 주장했다.

민청련은 자신의 주장을 끝내 굽히지 않았다. 그러나 협상회의를 마냥 끌 수는 없었다. 결국 조직운동 대표성을 주장하는 민청련과 기독교 단체들을 배제한 채 일단 통합단체를 출범시키기로 했다. 명칭은 '민주통일민중운동연합'(약칭 민통련)으로 했다.

1985년 3월 29일, 분도빌딩에서 통합 결성대회가 열렸다. 기존 민민협과 국민회의의 중앙위원 100여 명이 참석한 회의는 "2·12총선에서 나타난 국민의 민주화 열망을 반영하여 범민주세력의 전열을 정비하고 군사독재의 종식과 민족통일운동의 지속적 전개를 위해 두 단체가 조건 없이 통합할 것"을 결의했다. 이렇게 결성된 민통련은 "민주화와 통일을 바라는 모든 국민이 참여하고 운영하는 단체"로 특히 "기존의 정당이나 정치인과는 구별되는 순수 재야 양심세력의 결집체"라고 규정했다. 민통련은 "지도적 민주 민권 운동가를 포괄하면서 전국적 지부 형성을 통해 국민적 대표성을 획득해"나가겠다고 밝혔다. 의장으로 문익환 목사, 부의장으로 계훈제와 김승훈 신부를 선출했다. 이렇게 보면 민통련은 민민협과 국민회의 중 국민회의에 보다 가까운 조직 형태를 띠었다. 개별 명망가들이 갖는 여론 파급력을 더욱 중시했던 것이다.

그러나 민통련은 활동의 원칙을 민중노선이라고 명확하게 밝혔다. "민중의 구체적 삶의 문제에 관련하여 문제를 제기하고 민중을 조직화한다"는 것이었다. 실제로 민통련은 출범 후 분규가 발생한 노동 현장을 지원하는 활동에 주력했다. 당장 6월에는 인천에 있는 한일스텐레스 공장에서 쟁의가 발생하자 계훈제 부의장과 방용석 노동자복지협의회 대표 등이 회원들을 이끌고 현장을 방문했고, 그 과정에서 구사대로부터 집단폭행을 당하기도 했다.

민청련은 민통련에 참여하지 않았지만, 실제 활동에서 서로 배척하는 관계는 아니었다. 오히려 노동운동 지원활동 등은 함께하는 경우가 많았고, 구성원 개인 간 관계도 친밀했다. 당면 정세가 단체들 사이에 균열을 허용하지 않을 정도로 급박하게 돌아가기도 했다.

9월 20일 열린 민통련 제2차 통합대회에서는 민청련, 기독교계 단체들, 서울노동운동연합, 인천지역사회운동연합 등 11개 단체가 가입하여 민통련은 명실상부한 통합단체가 된다.

5월 투쟁에서 '야사'를 뜬 이범영

1985년 5월은 민청련이 창립 뒤 두 번째 맞는 '광주항쟁 기념의 달'이었다. 이번에는 총선 승리로 인한 자신감에서 보다 과감한 투쟁을 벌이기로 했다. 광주 학살의 진상을 알리는 자료집을 제작해 대중에게 배포했다. 아울러 단순히 그날을 기념하는 행사가 아니라 정권을 직접 공격하는 가투시위 투쟁을 학생운동과 연대하여 실행하기로 했다.

이 과정에서 누가 가두시위의 주동자로 나설 것인가를 두고 민청련 내부에서 적지 않은 고민이 있었다. 회원들 대다수가 학생운동 시절에는 '야사를 떴던' 경험이 있었다. '야사'란 야전사령관의 약자로 시위 초반 대중 앞에 주모자로 나서는 사람을 가리킨다. 구속을 각오해야 하는 일이었다. 하지만 회원들 대부분 직장인이던 민청련 형편에서 쉽사리 구속을 각오할 사람을 찾기란 쉬운 일이 아니었다.

책임은 집행부가 맡는 것이 원칙이라는 데 합의했지만 집행부 중에서 누가 나설 것인가를 두고 고민이 깊어졌다. 이 과정에서 결단을 내린 이는 집행국장 이범영이었다.

시위 장소는 5월 17일 동대문운동장 주변 청계고가도로 위였다. 시위는 이범영, 강구철, 이승환 세 사람이 주도했다. 시위 용품의 운반은 연성만 회원이 담당했다. 당시만 해도 운전면허증을 소지하고 차량 운전을 할 줄 아는 것은 희귀한 재능이었다. 연성만은 임대 차량을 운전하여 세 주동자와 앰프, 플래카드, 유인물을 싣고서 고가도로 위 시위 장소에 내려놓는 일을 도왔다. 세 사람은 고가도로 위에서 유인물을 뿌리며 '야사'를 떴다. 〈아! 80년 5월! 이 피맺힌 한을!〉이라는 제목의 유인물을 뿌리며 "광주학살 책임지고 전두환은 물러가라!"는 구호를 외쳤아! 80년 5월!
이 피맺힌 한을!

정의회
투쟁 2

하늘이여 / 이 원통하고 피맺힌 시민의 분노를 아는가 /
삼천만 애국동포여 / 이 억울한 죽음의 소리가 들리는가 /
처절한 공포의 도시 / 피범 물들은 아스팔트위에 무참히
죽어가는 시체더미위에 우리는 죽음으로써 함께 모였다.
이제 우리가 무엇을 두려워하랴 / 무엇을 무서워하랴 /
일어서라 / 일어서라 / 일어서라 / 우리에겐 분노와 원한과
민주구국 일념뿐이다.
시민이여 / 손에는 둘 몽둥이를 들고 일어서라 /
근로자여 / 손에는 닥치는대로 공구를 들고 일어서라 /
농민이여 / 손에는 삽과 괭이를 들고 일어서라 /
삼천만 애국동포여 / 모두 일어나라 / 그리하여 이땅위에
이제는 포기할 수 없는 이제는 다시 빼앗길 수 없는 찬란한
민주의 꽃을 피우자 /

(80년 5월 21일 : 민주수호전남도민총궐기문에서 발췌)

사진설명 : 계엄군에 의해 살해된 이들의
시신앞에서 통곡하는 어머니

민주화운동청년연합
광주사태진상규명위원회
서울·중구 삼각동31-3 합동빌딩602호. 전화 : 730-9452

이 피맺힌 한을 어떻게 풀어주랴 /

5월18일은 광주학살이 시작된 날입니다.
5월18일 오전 10시를 기하여
· 전국의 교회, 성당, 사찰은 5분간 타종합시다.
· 전 국민은 5분간 묵념을 합시다.
· 공장에서는 작업을 중단하고 5분간 묵념합시다.
· 농촌에서는 일손을 놓고 5분간 묵념합시다.
· 차량은 경적을 울립시다. · 경건한 마음으로 하루를 보냅시다.
· 검은 리본을 패용합시다.
5월 18~27일 사이에 광주의 망월동 묘지를 참배합시다.

광주학살 책임지고 전두환은 물러가라 /

*80년 5월 광주학살의 진상을 밝힌다

*80년 5월 광주민중항쟁은 이렇게 짓밟혔다

*광주시민을 학살한 자들은 지금 무엇을 하는가 ?

광주학살 책임지고 전두환은 물러가라 /

*광주학살에서 미국은 진정한 우방이었던가 ?

1985년 5월 17일 동대문운동장 시위에서 살포한 5월 투쟁용 전단지.
민청련 광주사태진상규명위원회가 제작했다.

다. 그런데 앰프가 작동을 안 했다. 할 수 없이 플래카드만 고가도로 아래로 내려뜨린 채 구호를 외치는 데 만족해야 했다. 그래도 효과는 있었다. 고가도로 밑에 꽤 많은 사람들이 모여 있었는데, 그 속에서 박수 치고 구호 외치는 소리가 터져 나왔다. 머지않아 세 사람 다 현장에서 연행됐다. 다행히 그들에게는 동대문경찰서 구류 10일 처분이 주어지는 데 그쳤다.

경찰 조사 중에 쟁점이 있었다. 도대체 어떻게 고가도로 위로 무거운 짐을 갖고서 접근할 수 있었느냐 하는 물음이었다. 경찰은 협력자가 있지 않은가 의심했다. 이범영은 택시를 이용했노라고 주장했다. 그 대신 택시기사 인상착의를 최대한 사실과 부합하게, 연성만의 얼굴 생김새를 디테일하게 묘사했다고 한다.

1985년 5월 17일, 5·18추모 현수막을 펼쳐들고
청계천 일대 도로를 행진하는 민청련 회원들.

미문화원 점거투쟁의 여파

민청련이 5월 투쟁을 정리할 무렵, 큰 사건이 터졌다. 5월 23일, 서울의 대학생들이 미국문화원을 점거한 것이다. 서울 5개 대학 삼민투 소속 대학생 70여 명이 서울 을지로1가에 있던 미국문화원을 기습적으로 점거했다. 삼민투는 1985년 4월 결성된 전국 대학을 포괄하는 학생운동 단체 '전국학생총연합'의 지휘 아래 각 대학에 결성된 투쟁조직 '민족통일 민주쟁취 민중해방 투쟁위원회'를 줄여서 부른 명칭이었다. 미문화원에 들어간 함운경 서울대 삼민투위원장은 자신들이 미국에 1980년 광주학살의 책임을 묻기 위해 왔다고 말했다.

이 사건은 1984년 연말의 민정당사 점거사건에 이은 또 하나의 충격이었다. 그동안 학생들은 1980년 광주로의 군대 이동에 대한 권한이 미군에게 있었으므로 미국이 광주항쟁에 책임이 있다고 주장해왔다. 미문화원 점거투쟁은 이러한 관점에서 1980년 광주로의 군대 이동을 승인한 미국에게 책임을 묻는 투쟁이었다.

민청련은 곧바로 대학생들의 투쟁 지원에 나섰다. 지지성명서를 발표하고, 대학생들이 왜 이러한 행동을 할 수밖에 없는지 대중에게 홍보했다. 아울러 구속된 대학생 부모들을 모아 부당한 구속과 고문 수사에 항의하는 집회를 주선했다.

나중에 밝혀졌지만, 민청련이 1985년 5월을 정신없이 바쁘게 움직이는 동안 정권의 내부 깊숙한 곳에서는 민청련을 그대로 둘 수 없다는 결정이 내려졌다고 한다. 민청련 전체에 대한 대대적인 탄압의 먹구름이 몰려오고 있었다.

4

민청련
탄압사건

1
대탄압의
먹구름

갑자기 연행된 세 사람

탄압의 먹구름이 몰려들기 시작했다. 1985년 7월 8일이었다. 민청련에 불길한 조짐이 드리우고 있음이 이날 처음 감지되었다. 그날 서울 하늘은 장마전선의 영향으로 찌푸려 있었고, 이따금 비가 왔다. 전국이 온통 흐리거나 비가 오는 날씨였다. 민청련 상임위원장 김병곤이 귀가 길에 자기 집 앞에서 정체 모를 괴한들에게 붙들려갔다. 밤 10시쯤이었다. 나중에 밝혀졌지만 그 괴한들은 치안본부 대공수사단 소속 사복 경찰들이었다.

남편의 귀가를 기다리던 아내 박문숙은 그날따라 왠지 이상한 느낌이 들었다. 남편의 늦은 귀가야 자주 있는 일이고, 밤샘 회의와 토론을 하느라 집에 안 들어오는 일도 흔했다. 하지만 그날만큼은 느낌이 이상했다. 아침부터 아내 몸이 좋지 않은 것을 보고 오늘은 일찍 들어오겠

노라고 말하고 나갔지 않았던가. 늦은 밤, 문 밖에 나가 기다리다가 집 안으로 들어왔다. 그러길 여러 차례 되풀이하던 중에, 새벽녘이 되어서야 아내는 무심코 문 옆에 낯익은 가방이 떨어져 있는 것을 발견했다. 남편 것이었다. '무슨 일이 생겼구나!' 박문숙은 날이 밝기를 기다려 온 사방에 연락을 하면서 김병곤을 찾아 다녔다.

김병곤은 민청련 출범 초창기에는 직장을 다니고 있었기 때문에 주로 비공개 기별대표 조직과 정책실에서 비상근으로 일했지만, 1985년 초에 결단을 내려 직장을 그만두고 상근 전업 활동가의 길에 들어서기로 결심했다. 그리하여 그해 3월 민청련 제4차 총회에서 상임위원장에 선임됐고, 비공개 영역에서 연구조사 업무와 민중운동 지원 업무를 지휘해오던 터였다.

경찰이 노리는 표적은 김병곤 한 명이 아니었다. 집행국장 이범영도 체포 대상자였다. 그는 다행히 체포망을 벗어날 수 있었고, 추적을 피해 몸을 숨겼다. 이미 몸에 익은 수배 생활의 터널에 진입했다. 집 근처에는 얼씬도 하지 말아야 했다. 가족과 친지들은 삼엄한 감시의 대상이 되기 때문이었다. 아내 김설이는 3교대 감시조 경찰에게 하루 종일 둘러싸여 꼼짝도 하기 어려운 상태에 놓였다. 거친 인상의 사복 경찰들이 살벌한 분위기를 조성하면서 가족을 위협했다.

그날 붙잡혀간 사람은 또 있었다. EYC 총무부장 황인하였다. 결국 표적은 셋이었다. 경찰 수뇌부는 그들이 학생운동의 배후에서 암약하고 있다는 혐의를 두고 있었다.

당시는 학생운동이 전두환 정권에 예기치 못한 타격을 가하고 있던 참이었다. 특히 그해 5월 투쟁이 큰 반향을 일으켰다. 대학생들의 미문화원 점거농성 투쟁이 그 정점을 찍었다. 정통성이 취약한 정권 핵심부에게는 미국의 지속적인 묵인과 지원이 긴요했는데, 미문화원 점거농성사건은 이를 위태롭게 하는 위험한 행동이었다. 정권 핵심부는 이 사건을 결코 묵과해서는 안 된다고 판단했음이 틀림없다. 학생운동을 약화시킬 수 있는 무언가를 만들어내고자 무리한 행동에 착수한 것을 보면 말이다.

삼민투 배후에 민청련이 있다?

김병곤과 황인하가 체포된 지 10일째 되던 7월 18일, 삼민투 수사결과 중간발표가 있었다. 신문들은 대검찰청 공안부장의 발표 내용을 약속이나 한 듯이 대서특필했다. '용공, 좌경, 급진, 이적' 등 자극적인 글귀로 구성된 기사들이 대문짝만하게 실렸다.

발표에 따르면 미문화원 점거농성사건의 배후는 삼민투였다. 삼민투는 단순한 반정부를 넘어선 급진 좌경화된 단체로 지목되었다. 그뿐 아니라 용공이적단체이기도 했다. 1948년에 일어난 여순반란을 민중봉기로 미화했고, 해방정국에서의 전평('조선노동조합전국평의회'의 약칭) 등 좌익을 해방 투쟁자로 보고 있으며, 자유민주체제를 뿌리부터 부정하고 있다는 것이다. 삼민투 관계자로 지목된 19개 대학 학생 56명이 구속되었다. 다수 구속자를 낸 대학은 고려대(10명), 성균관대(10명), 서울대(7명), 연세대(5명) 등이었다.

심상치 않은 점은 삼민투 뒤에 배후가 있다고 규정한 데 있었다. 〈삼민투위 수사결과 중간발표〉에는 민청련 간부들의 혐의 사실이 기재되어 있었다. '배후 관계'라는 소제목 아래에 "이번 수사 과정에서 삼민투위의 핵심 분자들이 학외의 불순단체 및 종교계 일부와 연계되어 있다는 혐의를 포착했다"고 쓰여 있었다.

저들이 문제 삼은 것은 6월 27일에 열린 '민민탄'(민중민주운동탄압공동대책위원회) 연석회의였다. 수사 발표에 따르면, 서울대 교정에서 열린 그 회의에 참석한 사람은 6인이었다. 삼민투 학생 간부 3인 외에 민청련 간부 김병곤과 이범영, 한국기독청년협의회 총무부장 황인하가 참석했다. 이들은 공동 성명서를 함께 작성했고 민민탄 공동 구성 문제도 협의했다고 한다. 다시 말해 삼민투 핵심 분자들의 범법행위를 부추긴 혐의가 농후하다는 것이었다.

왜 경찰이 세 사람을 표적으로 삼았는지가 분명해졌다. 미문화원 점거농성을 주도한 삼민투를 세 사람이 배후에서 조종하고 있다는 혐의였다. 수사의 초점은 체포된 두 사람, 김병곤과 황인하에게 집중되었다.

수사 초점을 민청련으로 변경

뒷날 김병곤은 자신이 겪은 경찰의 취조 상황을 법정에서 진술했다. 그에 따르면 처음 수사의 초점은 민민탄 연석회의에 맞춰져 있었다. 그 회의는 민청련이 학생운동을 조종해왔음을 보여주는 하나의 예로 지목되었다. 그러나 그것만으로는 학생운동을 약화시킬 수 있는 결정적인 타격을 가하기 어려웠다. 경찰은 정권 수뇌부의 입맛에 맞는 큰 그림을 그릴 수 없었다. 김병곤이 보기에도 대공수사단은 "고심하는 것 같았다"고 한다.

그러던 중 언제부턴가 수사 초점이 이동하고 있음을 감지했다. 수사를 담당하던 '백 전무'라는 자가 짐짓 걱정스러운 듯이 토로했다고 한다. 치안본부 대공수사단이 수사를 제대로 하지 못한다고 고위층으로부터 질책을 당했으며, 정 안 되면 다른 곳으로 이첩해서라도 수사하라고 했다는 것이었다. 이는 혹독한 고문을 가해서라도 저들의 계획대로 진술을 얻어내라는 뜻이었다. 김병곤은 이미 10년 전 민청학련 사건 때에 가혹한 고문을 겪은 적이 있었다. 그 경험이 떠올라 치가 떨렸다. 그래서 "아예 각본을 달라. 그대로 쓰겠다"고까지 제안했다.

결국 기존 수사팀은 뒤로 물러났다. 그 대신에 '김병곤의 신병을 옮겨가려 한 곳'에서 수사팀이 새로 파견되어 왔다. 그때부터 수사 방향은 달라졌다. 민청련 의장 김근태의 행방이 취조의 초점이 되었다. 새 수사팀은 김근태의 행적을 집요하게 캐물었다. "김근태에게 월북 가족이 있는 것을 아느냐", "그가 빨갱이라는 것을 아느냐"고 추궁했다(《민청련 탄압사건 백서》, 1986, 42쪽). 간첩 혐의를 덮어씌우려고 한 것이다.

새 수사팀이 구상하는 그림은 학생운동을 북한과 연결 짓는 것이었다. 북한과 연계된 간첩 조직이 학생운동의 배후에 잠복해 있으며, 민청련 의장 김근태가 매개 역할을 하고 있다는 그림이었다.

목숨 걸고 전한 쪽지, "피해야 합니다, 근태형!"

김병곤은 김근태와 민청련에게 위험이 닥쳤음을 직감했다. 어떻게든 이 긴박한 상황을 동료들에게 알려야 했다. 7월 15일 수사가 일단락되어 서울구치소로 옮겨졌다. 가족 면회가 허용된다면 그 기회를 이용하여 어떻게든 이 메시지를 밖으로 전하겠다고 다짐했다.

기회가 왔다. 아내 박문숙이 찾아온 것이다. 박문숙은 남편이 연행되자마자 소재를 수소문했다. 용산경찰서에 있다는 것이 밝혀지자 민청련 동료들 두셋과 동행해 그곳으로 달려갔다. 면회를 신청했으나 거절당했다. 그래도 포기하지 않았다. 가족과 시민사회가 체포된 사람을 줄곧 주시하고 있다는 사실 자체가 고문 수사관들에게는 부담스런 일이었기 때문이다. 남편에게 가해지는 폭압과 야만을 경감시킬 수 있다는 기대감을 갖고서 박문숙은 그날 이후 줄곧 용산경찰서를 찾아갔다. 번번이 거절당하면서도 면회 신청을 멈추지 않았다.

결국 짧으나마 면회가 성사됐다. 경찰서가 아니라 검찰청에서였다. 김병곤이 집회 및 시위에 관한 법률 위반과 국가모독죄로 구속되어 검찰청으로 이첩된 뒤였다. 7월 20일경이었다. 면회는 담당 검사 고영주의 검사실에서 이뤄졌다.

김병곤은 아직 범죄 혐의가 확정되지 않은 검찰 취조 과정임에도 불구

김병곤·박문숙 부부의 신혼여행 때 모습. 두 분 모두 고인이 됐다.

제4장 민청련 탄압사건　209

하고 포승줄에 묶여 있었다. 형사소송의 원칙과 규범이 지켜지지 않는 현장을 목도한 박문숙은 남편의 포승줄을 풀어달라고 검사 및 수사관들과 옥신각신하며 승강이를 벌였다. 그렇게 경황이 없는 와중에도 남편이 뭔가 신호를 보내고 있음을 알아챘다. 남편이 눈짓으로 신체 아래쪽을 가리키면서 고무신을 벗을 듯 말 듯하는 낌새를 보였다. 박문숙은 알아챘다. '신발 속에 뭔가 전하고 싶은 게 있나 보다.' 박문숙은 남편의 신발을 고쳐 신겨주는 척하면서 그 속에 감춰둔 쪽지를 손에 넣었다.

검찰청을 나와서 읽어본 쪽지 속에는 김병곤이 발각의 위험을 무릅쓰고 동료들에게 전하고 싶었던 말이 적혀 있었다. 공안 기관의 수사 방향에 관한 것이었다. 한두 사람의 간부가 아니라 민청련 전체에 대한 탄압으로 가는 것 같다는 내용이었다. 노출된 집행부는 모두 피신해야 하며, 특히 김근태 의장은 저들의 표적이 되어 있으므로 하루빨리 은신해야 한다고 조언했다. 심각한 내용이었다. 먹구름이 새까맣게 몰려오고 있었다.

2

폭풍 전야:
학원안정법 파동과
민청련 제5차 총회

총살을 해서라도 학생운동을 저지하라!

전두환 정권은 칼을 뽑아들었다. 학생운동을 뿌리 뽑을 기세로 극단적
인 강경책을 내밀었다. 삼민투 수사 결과를 발표한 이튿날인 1985년 7
월 19일, 노신영 국무총리는 공권력을 총동원해서 법질서를 확립하겠
다고 공언했다. 각 부 장관들도 나섰다. 내무부, 법무부, 문교부, 노동
부 등 학생운동을 관장하는 관련 부처들은 지금까지의 정책을 과감하
게 수정하여 더욱 강경하게 대처하겠다고 언명했다.

뭔가를 꾸미고 있음에 틀림없었다. 정권의 의도는 7월 25일에 드러
났다. '학원 소요'를 근절하기 위한 강경 대책을 마련하고 있다는 보도
가 신문 지면을 시커멓게 장식했다. 집권 여당인 민정당 고위당정회합
에서 발의하여 '학원안정법'이라는 특별법을 입안하고 있다는 내용이
었다.

학원안정법의 골자는 운동권 학생을 영장 없이 체포 및 구금하여 6개월 동안 집단적인 '선도 교육'을 이수하게 한다는 것이었다. 구체적으로, 인적이 드문 오지에 '감호소'를 설치한 후 그곳에 내무반별로 10~20명의 학생들을 수용하여 훈련시키겠다는 안이 제시됐다. 교육 중에 단식, 탈출, 집단행동 등의 방법으로 저항하는 자가 있다면, 그들에게는 가혹한 처벌을 가하겠다는 내용도 포함되어 있었다.

야만적인 강제수용소 정책이었다. 전두환 집권 초창기 6만여 명의 시민을 '불량배 소탕'이라는 이름 아래 영장 없이 연행하여 짐승보다 못한 고초를 겪게 했던 이른바 삼청교육대의 '순화교육'을 연상케 하는 조치였다. 1981~83년 강제로 징집된 운동권 대학생 출신 사병들 400여 명을 대상으로 가혹행위와 고문을 서슴지 않았던 이른바 '녹화사업'의 부활이나 다름없었다.

사회 저변에 긴장과 공포감이 흘렀다. 광주학살에 버금가는 무서운 탄압이 도래하고 있는 듯한 분위기가 감돌았다. 근거 없는 두려움이 아니었다. 정권 수뇌부는 광기마저 드러내고 있었다. 예를 들면 대학생들이 미문화원을 점거한 다음날 안전기획부 간부회의에서 장세동 부장은 격분하여 "주요 보안 목표에 대한 공격이 있을 때에는 총살을 해서라도 저지해야 한다"는 폭언을 내뱉었다고 한다. 무서운 말이었다. 정권의 안정을 위해서라면 제2의 학살도 불사한다는 의지의 표명이었다. 전두환 정권 수뇌부의 심리 상태를 대변하는 말이었다.

학원안정법은 그러한 분위기 속에서 입안되었다. 그들은 새 학기가 시작하기 전, 여름방학 중에 학생운동을 근절할 수 있는 시스템을 갖춰 놓겠다고 작정했다. 8월 15일경 임시국회를 열어 학원정상화 임시조치 법안을 단독 통과시키겠다는 것이 정권 수뇌부의 계획이었다.

들끓는 학원안정법 반대 운동

반대 여론이 들끓었다. 학생과 시민사회, 야당 측에서 격렬한 반대 운동을 전개했다. 민청련도 앞장섰다. 민청련은 8월 10일 자로 '학원안정법 반대투쟁위원회'를 조직하고, "장기집권을 획책하려는 학원안정법 제정 음모를 저지하기 위해 단호히 투쟁하겠다"는 결의를 표명했다.

8월 13일에는 학원안정법 저지를 목표로 하는 여러 단체의 공동행동 기구가 결성됐다. 민주화운동 39개 단체와 민추협이 공동으로 결성한 '학원안정법 반대투쟁 전국위원회'가 그것이다. 이는 민주화운동 세력과 야당의 연합기관이었다. 전국위원회의 송건호 위원장과 민추협의 김대중, 김영삼 공동 의장은 그날 공동회견을 갖고, 성명을 통해 "학원안정법 입법 추진은 마땅히 철회되어야 한다"고 선언했다. 천주교와 기독교 등의 종교 세력도 가세했다. 8월 17일 '한국천주교정의평화위원회'와 '한국기독교교회협의회NCC 산하 인권위원회'가 신구교 합동 성명서를 발표했다. 그들도 학원안정법 제정을 반대한다는 입장을 명백히 했다.

임박한 폭풍에 대비한 제5차 총회

민청련에게는 폭풍이 곧 몰아칠 기세였다. 구속과 탄압이 다가오고 있었다. 통상적인 수준을 뛰어넘는 대대적인 탄압이 되리라 예측되었다. 피신을 권유 받은 김근태 등 민청련의 공개 집행부 성원들은 대응책을 마련해야 했다. 탄압의 표적이 될 공개 간부들을 보호하고 비공개 활동을 강화하는 방안이 논의됐다. 특히 김근태 의장을 보호하기 위해서는 그가 맡고 있는 역할을 축소시킬 필요가 있었다. 먼저 민청련 의장 직책을 내려놓기로 했다. 그러려면 총회 개최를 서둘러야 했다.

민청련은 외부에 공개하지 않은 채 제5차 총회 준비 작업을 시작했다. 통상 총회를 6개월 주기로 연 것에 비하면, 두 달이나 이른 시점에 총회를 준비했던 것이다. 여느 총회 때와 마찬가지로 총회준비위원회(총준)가 조직됐다. 각급 기구와 비공개 기반 조직의 대표자들로 구성된 총준은 총회 개최에 요구되는 정치적·실무적 준비 업무를 추진했다. 준비 업무는 어느 때보다 긴장된 분위기 속에서 진행됐다.

그런데 총회 개최 날짜와 장소가 결정된 시점에 기밀이 유출됐다. 총회 개최지를 김승훈 신부가 있는 홍제동 성당으로 정했는데, 어떤 연유인지 그 정보가 경찰에게 누설된 것이다. 경찰은 성당 안팎을 통제하면서 출입자들을 감시했다. 속히 새 장소를 마련해야만 했는데, 다행히 기독교 측의 협력을 얻었다. 총회 개최지를 마포구에 위치한 신촌교회로 변경했다. 총회 당일 장소 변경을 알리는 은밀한 통지가 대의원들에게 전달됐다. 이렇게 해서 제5차 정기총회가 1985년 8월 10일 서울 마포구 신수동 신촌교회에서 열렸다.

총회 의사 진행은 김근태 의장이 아니라 김희택 운영위원장이 맡았다. 김근태는 체포당할 위험을 감안해서 이날 총회에 참석하지 않고 총회가 열리는 시간 동안 회의장 근처를 배회하며 소식을 전달받았다.

총회에서 임원 개선이 이뤄졌다. 새 중앙위원회 의장으로 한경남(전 부의장), 부의장으로 최민화(전 부의장), 김희택(전 운영위원장), 김병곤(구속 중, 전 상임위원장)을 선출했다. 신임 의장 한경남은 김근태 창립 의장에 뒤이어 두 번째로 막중한 사령탑을 맡게 됐다.

새 의장 선출 문제는 총준에서 가장 비중 있게 다뤄진 사안이었다. 처음에 신임 의장직 물망에 오른 이는 장준영이었다. 그는 제5차 총회 이전에 비공개 부의장직을 수행하면서 비공개 기별 대표 조직과 계반 관리에 발군의 실력을 보였다. 그래서 많은 간부 회원들의 신뢰를 얻고 있었다. 하지만 그는 극구 사양했다. 역량 있는 선배들이 두텁게 포진해 있으므로 자신이 의장에 취임하는 것은 적합하지 않다는 이유였다. 장영달 부의장을 새 의장에 선임하는 방안도 고려했지만 채택되지 않았다. 민청학련 사건으로 7년이나 교도소 생활을 한 그를 또 다시 교도소에 갈 위험한 자리에 앉히는 것은 가혹하다는 의견에 대부분 동의했기 때문이다.

결국 의장직 선임에 적극성을 보인 한경남이 유력한 후보로 떠올랐다. 총준 내부에서는 의장 후보들에 대해 다각적인 토의를 진행했다. 그 결과 타협과 절충을 통해 한경남을 새 의장직에 추천하기로 합의했다.

새 의장단은 곧바로 집행부를 조직했다. 운영위원장 박우섭, 상임위원장 천영초, 사무국장 윤여연, 집행국장 이범영·서원기, 교육선전부장 윤형기, 청년부장 김종복, 여성부장 조임숙 등 각 부서장을 임명했

제5차 총회에서 선임된 의장단.
① 한경남 의장, ② 최민화 부의장, ③ 김병곤 부의장, ④ 김희택 부의장.

다. 새 집행부 성원은 의장단 4인, 위원장 2인, 국장 및 부장 6인 등 도합 12인으로 이뤄졌다. 험난한 학원안정법 국면 속에서 민청련을 이끌어갈 공개 간부들이었다. 이렇게 공개 간부와 비공개 기반 조직들로 구성된 새로운 조직 시스템이 정비되었다. 예상되는 강력한 탄압에 대응하여 선제적으로 조직을 재편하는 데 성공한 셈이었다.

제5차 총회는 학원안정법 국면이라는 삼엄한 상황 속에서 개최됐으므로 험난한 투쟁을 각오하는 결기를 세웠다. 제5차 총회 결의문과 시국선언문 속에는 당시 정세를 보는 민청련의 시각과 결의가 잘 드러나 있다.

민청련은 "온갖 탄압에도 굴하지 않고 그 어떤, 설혹 죽음으로 헌신하더라도 우리의 민주화 투쟁은 결코 종식되지 않는다"고 다짐했다. 또 '학원안정법 반대투쟁위원회' 조직을 결의한 데 이어서, 그 투쟁의 전면화를 제창했다. "모든 민주화운동 세력은 이 땅을 강제수용소로 만들고 전 국민의 민주화 요구를 압살하여 장기집권을 획책하려는 학원안정법 제정 음모를 저지하기 위해 단호히 투쟁하자"고 호소했다.

갑작스런 학원안정법 철회

민청련 제5차 총회가 열린 지 1주일이 지난 8월 17일 정국이 또 한 번 요동쳤다. 전두환 대통령이 학원안정법 제정을 일단 보류한다고 발표한 것이다. 전혀 예기치 않은 조치였다. 사실상 철회한다는 의미였다. 언론 보도 중에는 "한 달 가까이 정국을 긴장으로 몰아넣었던 분위기를 생각하면, 이 조치는 드라마틱했다"는 표현도 있었다(《학원법 시말, 정치부

기자 긴급좌담〉,《동아일보》 1985. 8. 19).

살기등등하던 전두환 정권이 왜 학원안정법 추진을 포기했을까? 민청련 사람들은 두 가지 이유가 있다고 진단했다. 하나는 반대운동이 각계각층에 걸쳐서 광범하고 대대적으로 전개되었기 때문이었다. 법 제정을 막무가내로 추진하기에는 부담스러울 정도로 대규모였던 것이다. 민주화운동 세력에 더해 김대중과 김영삼이 이끄는 양대 야당 정치 세력까지 가담했기 때문에 민심이 온통 그쪽으로 쏠릴 우려가 있었다.

다른 하나는 미국 정부의 태도였다. 미 국무성, 국방부, 정보부 세 라인을 통해 전달되는 미국 정부의 영향력이 학원안정법 제정에 우호적이지 않았기 때문이라고 추정했다.

온 사회를 긴장 상태로 몰아넣었던 학원안정법 제정 시도가 불발로 끝났다. 앞을 내다볼 수 없는 상태가 조성됐다. 유화 국면이 앞으로도 지속될 것인지, 아니면 야수적인 폭압 국면으로 되돌아갈 것인지 쉬 판단할 수 없었다. 불안한 정적이 흘렀다.

김근태는 일단 몸을 피해 집에 들어가지 않으면서 사태의 추이를 살폈다. 깊은 생각 끝에 그는 학원안정법 철회 이후의 정세를 낙관적으로 진단하는 편에 섰다. 학원안정법 보류 조치로 인해 전두환 정권이 '대단히 유리한 정치적 입장'을 얻게 되었다고 분석했다. 이를테면 보류 조치가 국민에게 일종의 선물이나 은혜처럼 해석되고 있었다. 정치 군부가 이러한 유리한 분위기를 자신의 손으로 깨트리지는 않을 것이라고 보았다. 대규모 구속 선풍 같은 것은 일어나지 않을 가능성이 크다는 판단이었다.

결국 김근태는 피신을 중단하기로 결정했다. 일단 민청련 의장직을 내려놓았기 때문에 노골적인 탄압 대상에서 제외될 것이라는 희망 섞인 예측이 그러한 결심을 굳힌 이유 가운데 하나였다. 민주운동단체의 대표라는 자의식도 결정을 내리는 데 영향을 주었다. 그는 당당하지 못한 태도를 취해서는 안 된다고 생각했다. 설사 어려움이 닥친다 하더라도 심각하지는 않을 것이라고 기대했다. 앞서 구속된 김병곤이나 황인하의 경우와 동일하게 취급된다면, "최악의 경우 교도소에서 휴식을 취하면서 마음을 수련하는 시기로 삼자"는 계획까지 세웠다.

김근태는 자신의 판단에 대해 민청련의 가까운 동료들과 상의했다. 많은 간부들이 동의해주었다. 그러나 모두가 그랬던 것은 아니다. 지나치게 안이하게 생각한다는 충고를 들었다. 크게 다치게 될 것이라는 경고도 있었다. 그 경고가 현실이 되는 사태는 의외로 빨리 다가왔다.

3

집행부의 연이은
구속과 고문

갑작스런 김근태 체포

1985년 8월 24일, 김근태 전 의장이 전격적으로 체포됐다. 그날 도피를 중단하기로 하고 집에 들어갔는데 아무 일도 일어나지 않았다. 옷을 갈아입고 나와 민통련 사무실이 있는 서울 장충동 분도빌딩 부근의 한 커피숍에 들렀을 때 중부경찰서 정보과 소속 형사대가 덮쳤다. 집 근처에 잠복해 있던 사복 경찰들이 미행해서 따라붙었던 것이다.

연행된 김근태는 구속을 각오하고 있었는데 뜻밖에도 경범죄로 구류 10일을 선고받았다. 민청련 제5차 총회 결의문과 관련하여 유언비어를 유포했다는 죄목이었다. 민청련 활동 이후 6번째 겪는 구류 처분이었다. 서부경찰서 유치장에 구금된 그는 차라리 안도감을 느꼈다. 그까짓 구류 10일 정도야 참아낼 수 있었다.

그러나 조짐이 이상했다. 구류 중에 통상 허용되던 가족 면회가 이뤄

지지 않았다. 몇 차례의 항의에도 불구하고 바뀌지 않았다. 그뿐만이 아니었다. 김근태는 몰랐지만, 그의 구류 기간이 거의 종료되는 9월 2일, 민청련 상임위원회 부위원장 이을호가 자택에서 정체를 밝히지 않은 괴한들, 즉 수사관들에게 끌려갔다.

구류 마지막 날인 9월 4일 새벽, 석방된 김근태는 전혀 예기치 않게 서부경찰서 뒷마당에 대기하고 있던 자동차를 통해 눈을 가린 채 압송되었다. 행선지는 치안본부 남영동 분실이었다. 5층 15호실, 건물 왼쪽 맨 끝 방으로 끌려갔다. "사방을 둘러보니 짐작할 만했습니다. 이렇게 낯설고 어색할 수가 없었습니다. 뿌옇던 사방이 점차 빛바랜 황갈색으로 변해가더군요." 취조실에 들어가던 순간에 느꼈던 불안감을 김근태는 이렇게 기억했다(《남영동》, 중원문화, 2012, 53쪽).

밖에 있는 사람들이 보기에도 상황이 심상치 않았다. 간부들이 연이어 체포되고 있었다. 묵과할 수 없었다. 9월 5일 민청련 회원과 가족 30여 명이 민청련 사무실에 모였다. 〈불법 연행된 김근태, 이을호와 구속된 김병곤을 즉각 석방하라〉는 성명서를 발표하고 농성에 돌입했다. 이틀 뒤에 다시 성명서를 냈다. "거듭 전두환 군사독재정권의 강제 납치행위를 규탄하며-김근태, 이을호와 모든 구속된 민주인사의 즉각 석방을 강력히 요구한다"는 내용이었다.

그러나 아무런 반향이 없었다. 경찰은 도리어 더욱 거세게 나왔다.

9월 8일 경찰은 서울 중구 삼각동 31-3 합동빌딩 602호에 있던 민청련 사무실에 대해 강제로 압수수색을 단행했다.

고문으로 정신이 망가진 이을호

밖에서 민청련 회원들이 항의 농성을 하고 있는 동안, 체포된 사람들은 아무도 모르게 지옥 같은 고문에 시달리고 있었다.

이을호 부위원장은 연행되자마자 안전기획부 수사관들에게 심한 매질을 당했다. 질문도 취조도 없었다. 그는 나중에 공판정에서 자신이 겪었던 고통을 폭로했다. "무차별 구타를 당한 후 자신이 올빼미로 생각되고 밤새 옥돌을 갈고 있는 환상 속을 헤매었다"고 토로했다(《민청련 탄압사건 백서》, 1986, 49쪽). 고통과 공포감이 그의 정신에 큰 상처를 남겼다.

고문은 남영동 치안본부 대공수사단으로 옮겨 간 뒤에 더욱 혹독해졌다. "물고문과 폭행 등의 물리적 고문과 정신적 고문에 시달렸고", 그로 인해 급기야 "지렁이도 되고 뱀도 되며 닭 2마리, 돼지 3마리 등의 계속적인 동물 환각 속에 있었다"고 했다.

연거푸 겪은 물고문 탓에 몸도 망가졌다. "머리를 물에 처박아 숨을 쉬지 못하게 했다. 몇 번인지도 기억조차 할 수가 없다. 나중에는 변이

지금도 고문 후유증을 앓고 있는 이을호와 그의 부인 최정순.

안 나왔고 먹지도 못했다. 변을 한 번도 못 봤다"라고 증언했다.

연이은 물고문과 전기고문에 만신창이가 된 김근태

김근태는 더 말할 것도 없었다. 그는 전기고문, 물고문, 뭇매질 등의 참혹한 학대를 9월 4일부터 9월 20일까지 17일 동안이나 계속 받아야 했다.

가장 고통스러웠던 것은 전기고문이었다. 김근태의 증언에 따르면, 전기고문을 할 때에는 온몸을 발가벗기고 눈을 가렸다. 고문자들이 칠성판이라고 부르는 고문대에 담요를 깔고 눕히고서는 몸을 다섯 군데 묶었다. 발목, 무릎, 허벅지와 배, 가슴을 완전히 동여맸다. 신체에 고문의 흔적을 남기지 않으려는 사악한 의도였다. 머리와 가슴, 사타구니에는 전기가 잘 통하도록 물을 뿌렸고, 발가락에 전원을 연결시켰다. "처음엔 약하고 짧게, 점차 강하고 길게, 강약을 번갈아 하면서 전기고문이 진행"됐다.

전기고문은 한마디로 불고문이었다. 외상을 남기지 않으면서 치명적으로 내상을 입히고 극도의 고통과 공포를 수반하는 고문이었다. 핏줄을 뒤틀어놓고 신경을 팽팽하게 잡아 당겨 마침내 마디마디를 끊어버리는 것 같았다. 머리가 빠개질 듯한 통증이 오고, 죽음의 그림자가 독수리처럼 날아와 파고드는 것처럼 아른거리는 공포가 몰려왔다.

물고문은 전기고문과 한 세트로 진행됐다. 물과 불의 콜라보라고나 할까. 두 고문의 상승효과는 말로는 차마 표현할 수 없었다. 물고문이 밑바닥이 닿지 않는 수렁에 빠져 허우적거리며 질식해가는 것이라면, 전기고문은 불 인두로 지져서 바싹 말라 바스러뜨리고 돌돌 말려서 불에 튀기는 그런 것이었다.

김근태는 마음속으로 "무릎 꿇고 살기보다 서서 죽길 원한다"는 노랫말을 떠올렸지만, 그 노랫말을 실행하기 위한 인간적인 결단이 얼마나 어려운 것인가를 절감해야만 했다. 그는 인간성 자체에 대한 절망에 몸서리쳤다. 고통의 극한으로 모는 고문에 자신도 모르게 비명이 터져나왔다. 고문자들은 비명 소리가 바깥으로 새어나가지 않게 하기 위해 라디오를 크게 틀었다. 그리고 비명 때문에 목이 부어서 말을 못하게 되면 즉각 약을 투여하여 목이 트이게 했다.

조건 반사에 따른 심리적 공포도 겪어야 했다. 고문을 하는 날에는 으레 밥을 주지 않았다. 먹은 음식물을 토해내기 때문이었다. 어떤 날에는 고문을 하지 않을 때도 밥을 주지 않았다. 그런 때에는 고문이 다가오고 있다는 심리적인 압박과 두려움에 바들바들 떨었다.

고문자들은 협박과 능욕을 가하기를 예사로 했다. 사건을 지휘하던 '사장'이라는 자는 고문 현장에 나타나서, "콧구멍에 고춧가루를 넣어서 폐기종으로 죽게 만들어 버려라. 내가 직접 이것을 지휘하겠다"고 말하는가 하면, 또 '전무'라는 자는 "정치가 법보다, 다시 말하면 주먹이 법보다 가깝다"는 것을 받아들이라고 강요했다. 전기고문을 자행했던 건장한 사내는 "장의사 사업이 이제야 제 철을 만났다. 이재문(남민전 사건으로 고문 받고 교도소에서 병사했다)이가 어떻게 죽었는지 아느냐. 속으로 부서져서 병사했다. 너도 각오해라. 지금은 네가 당하고 민주화가 되면 내가 그 고문대 위에서 서줄 테니까 그때 네가 복수를 해라"고 조롱했다. 그들은 벌거벗은 채로 떨고 있는 그에게 성적인 모욕도 서슴지 않았다. 추위와 공포로 위축돼 있는 그의 생식기를 가리키면서 "이것도 좆이라고 달고 다녀? 민주화운동 하는 놈들은 다 이 따위야"라고 비웃었다.

김근태는 고문이 자행된 일시와 횟수를 낱낱이 기억하기 위해 노력했다. 극도의 고통과 공포를 겪는 와중에서도 그랬다. 그리하여 뒷날 1985년 12월 19일에 열린 제1차 공판정에서 자신이 겪은 고문에 대해 구체적으로 진술할 수 있었다.

연행된 당일인 9월 4일날 각 5시간씩 두 차례 물고문을 당했고, 9월 5일, 9월 6일 각 한 차례씩의 전기고문과 물고문을 골고루 당했습니다. 8일에는 두 차례 전기고문과 물고문을 당했고, 10일 한 차례, 13일, 13일 금요일입니다. 고문자들은 본인에게 "최후의 만찬이다, 예수가 죽었던 최후의 만찬이다, 너 장례 날이다" 이러한 협박을 가하면서 두 차례의 전기고문을 가했습니다. 그 다음에 20일날 전기고문과 물고문을 한 차례 받았습니다. 그리고 25일날 집단적인 폭행을 당했으며 그 후 여러 차례 구타를 당했습니다

-《민청련 탄압사건 백서》, 1986, 37쪽

"목덜미가 서늘하다"

체포된 사람들에게 야수적인 고문이 자행되고 있는 동안, 민청련 사람들은 점차 고조되는 위기감을 느끼고 있었다. 가장 마음을 졸이게 했던 것은 두 사람의 행방이 묘연하다는 점이었다.

이을호 부위원장은 집에서, 김근태 의장은 구류가 끝나는 시점에 소속을 알 수 없는 사람들에게 연행되어 간 것만 알 뿐, 어디서 어떤 조사

를 받는지 도무지 감감했다. 그저 안전기획부나 치안본부가 아닐까 짐작만 할 뿐이었다. 시간이 흘러갔다. 불길한 예감이 들었다. 당시 사회부장이었던 권형택은 이렇게 회고했다.

이런 상황이 2주를 넘어가면서 우리는 이제 본격적인 탄압에 대비해야 될 때라는 걸 깨닫기 시작했다. 언제 연행될지 몰라 사무실 출근도 위험했다. 그 당시 몇 사람이 북창동 술집에 모였을 때, 박우섭 운영위원장이 '목이 시큰하다'라는 말을 했었는데, 아마도 김근태 의장에 대한 혹독한 고문과 간첩조작공작을 예감했던 게 아닌가 생각한다.

– 권형택, 〈나의 민청련 이야기(원고)〉, 2014. 10. 15.

불행하게도 그 예감은 적중했다. 전두환 정권은 김근태와 이을호만이 아니라 민청련의 다른 회원들에 대한 대대적인 검거에 나섰다. 민청련을 추적하는 자들의 센서는 기민하고 유능했다. 9월 6일 고려대에서 열린 전국학생총연맹 주최 '범국민 시국 대토론회'에 참가하려 했던 김희택 부의장과 서원기 집행국장이 긴급 수배됐다. 이어서 10월 1일에는 청년부장 김종복과 대변인 김희상이 자택에서 연행됐다. 이튿날 10월 2일에는 최민화 부의장이 자택에서 체포됐고, 10월 7일에는 권형택 사회부장이, 10월 8일에는 연성수 전 상임위 부위원장이 강제로 연행됐다.

신혼여행지에서 체포된 사회부장 권형택

체포된 이들 중에는 기막힌 사연을 가진 이도 있었다. 권형택이었다.

그는 이제 막 결혼식을 올린 새신랑이었다. 신부와 함께 설악산으로 신혼여행에 나섰다가 험한 꼴을 당했다. 여행 4일째 되는 날 속초 시내의 한 다방에서 쉬고 있던 때였다. 신부 황인숙은 시댁과 친정 식구들에게 줄 선물을 사기 위해 잠시 자리를 비운 참이었다. 건장한 남자 6명이 들이닥쳐 그를 둘러쌌다. 치안본부 수사관 둘이 현지경찰서 형사 네 명을 대동하고 체포하러 온 것이었다. 선물 쇼핑을 마치고 즐거운 기분으로 되돌아온 신부 황인숙은 뜻밖에도 신랑이 여러 사람들에게 둘러싸여 있는 광경을 목격했다. 달콤했던 신혼여행을 끝마치지도 못한 채 생이별을 겪어야 했다.

이렇게 민청련 탄압사건의 막이 올랐다. 9명의 간부가 구속됐고, 7명이 수배됐다. 얼마나 더 많은 회원들이 추적을 받고 있을지 알 수 없었다. 당국의 탄압이 얼마만큼 언제까지 계속될지 짐작하기 어려웠다. 시계 제로의 캄캄한 밤에 접어들었다.

1991년 전민련 조국통일위원회에서 활동하다 옥고를 치르고 석방되는 권형택과 마중나온 부인 황인숙.

4

김근태 전 의장
고문 폭로와
공동대책위원회

기적 같은 해후로 드러난 고문

전두환 정권의 서슬 퍼런 위압과 폭력은 역전의 용사들인 민청련 사람들도 위축시켰다. 그러나 그에 눌리지 않고 앞으로 한 발을 내딛는 용기 있는 사람들이 있었다. 민청련 여성 회원이기도 한 수감자들의 부인들이었다. 앞서 연행된 김병곤의 부인 박문숙이 그랬던 것처럼, 김근태의 부인 인재근과 이을호의 부인 최정순은 남편들의 종적을 찾고자 동분서주했다.

도대체 어디서 무슨 고생을 하고 있는지 짐작조차 할 수 없었다. 급기야 두 사람은 지혜를 발휘했다. 변호사 김상철의 조언에 따라 수감자들이 언젠가는 검찰로 이관되리라 예측하고 검찰청 문 앞을 하염없이 지키기로 했다. 당시 검찰청사는 덕수궁 옆 서소문동에 있었다. 지하 2층, 지상 15층의 빌딩에 대검찰청, 서울고등검찰청, 서울지방검찰청이 입주해 있었다. 서울지검 공안부가 위치한 5층이 길목이었다.

예측이 들어맞았다. 1985년 9월 26일이었다. 김근태가 어딘가로 끌려간 지 20여 일이 지난 때였다. 인재근은 검찰청 5층 엘리베이터 문 앞에서 극적으로 김근태와 마주쳤다. 차마 눈뜨고는 볼 수 없는 초췌한 모습이었다. 김근태는 발에 힘을 줄 수 없는 듯 걸음을 제대로 걷지 못했다. 몸을 제대로 가누지 못해 옆에서 형사들이 부축해서야 간신히 한 발씩 내딛는 형편이었다.

5층에서 4층으로 계단을 내려가는 짧은 시간 동안 두 사람은 대화를 나눌 수 있었다. 인재근은 물었다. "다치지 않았느냐?"고. 김근태는 잠시 머뭇거렸다. 진실을 얘기하면 아내가 얼마나 큰 충격을 받을까, 얼마나 가슴이 아플까 걱정이 됐다.

하지만 아내의 거듭된 물음에 마침내 결심했다. 김근태는 "굉장히 당했어, 굉장히 당했어"라고 짧게 되풀이했다. 이어서 정신을 가다듬고 입을 뗐다. "9월 4일 날 2번, 5일 날 1번, 6일 날 1번, …… 20일 날 1번, 도합 10번이나 고문을 당했는데, 온몸을 꽁꽁 묶어 놓고 전기고문, 물고문, 고춧가루 먹이기, 소금물 먹이기를 하루 5~7시간씩 당했어. 20일 마지막 고문을 받은 뒤 오늘(26일)까지 계속 치료를 받았는데도 발뒤꿈치, 팔꿈치는 짓이겨졌고 온몸이 상처투성이"라고 탈진한 목소리지만 또렷이 얘기했다.

두 사람에게 주어진 시간은 고작 1분 남짓이었다. 하지만 엄청난 진술이었다. 그 짧은 시간에 김근태는 고문 행위가 있었음을 구체적으로 세세하게 증언했다. 가해자들이 결코 부인하거나 은폐할 수 없게끔, 고문 방법과 날짜를 특정했다. 얘기를 듣는 인재근은 숨이 막혔다. 고문받은 흔적이 뚜렷했다. 양말을 벗어서 아내에게 넘겨줄 때 드러난 남편의 발뒤꿈치는 완전히 짓이겨져 있었다.

"이 만남은 정말로 기적 같은 것이었습니다"라고 김근태는 뒷날 회고했다. 그는 검찰청으로 가는 호송 차량 속에서 창문을 통해 연행당한 뒤 처음으로 푸른 하늘을 보았다. 여전히 하늘이 푸르게 남아 있는 것이 신기했다. 호송 차량은 관례와는 다르게 늦은 오후에야 검찰청에 도착했다. 누군가를 만나리라고는 꿈에도 생각지 못했다. 그런데도 그 자리에서 전혀 예기치 않게 아내를 만날 수 있었다. 울음이 터져 나올 뻔한 것을 가까스로 참았다. 그뿐인가. 자신이 당한 고문을 낱낱이 진술할 기회를 얻었던 것이다. 기적이었다. 이 기적이 없었더라면 저들의 고문 은폐행위를 결코 막지 못했을 것이다.

김근태의 '비밀병기' 인재근

인재근은 가만히 있지 않았다. 종로5가에 있는 기독교회관으로 뛰어갔다. 기독교회관은 박정희 유신체제 때부터 정부에 비판적인 목소리를 낼 수 있는 거의 유일한 공간이었다. 때마침 목요일이라 목요기도회가 열리는 날이었다. 목요기도회는 진보적인 젊은 목사들이 호소할 데 없는 민중들이 억울한 사정을 토로할 수 있게 마련한 일종의 집회였다. 인재근은 기도회 연단으로 나가 마이크를 잡았다. 김근태에게 야수 같은 고문이 자행됐음을 사람들에게 생생하게 알렸다.

공교롭게도 그날 저녁에는 민청련 중앙위원회 회의가 예정되어 있었다. 인재근은 회의장이 어디인지 알고 있었다. 그곳으로 뛰어가서 회의 참석자들을 이끌고 자신의 집으로 향했다. 대응책을 마련하느라 밤을 새웠다. 밤새 성명서를 쓰고 머리띠와 플래카드를 만들며 항의 농성을 준비했다.

인재근은 초인적인 집중력을 발휘하여 남편에게서 들은 애기와 자신이 목도한 바를 기록하기 시작했다. 그리하여 〈치안본부에서 고문 당한 남편의 고통을 호소합니다〉라는 문서를 작성했다. "국민 여러분! 저는 민청련 전의장 김근태의 아내입니다"라는 말로 시작되는 이 유인물에 김근태에게 가해진 고문의 실상을 상세하게 기록했다.

이튿날부터 민청련 사무실(중구 삼각동)에서 회원들과 수감자 가족 30여 명이 김근태 전 의장에 대한 고문 수사와 구속을 규탄하는 농성을 시작했다. 민청련 회원들은 성명서와 전단도 살포했다. '김근태의 처 인재근' 명의로 작성된 전단을 필두로 하여, 민청련 명의의 〈치안본부

10월 15일에서 17일까지 있었던 고문 수사 규탄 항의 농성. 왼쪽 성명서를 읽는 임채정, 그 옆에 서 있는 이는 천영희(천영초의 동생), 아기를 안고 있는 김설이(이범영 부인), 오대영, 김해숙(한경남 부인), 이미영(박우섭 부인), 이경은(서원기 부인), 이기연(연성수 부인).

의 살인적 고문 수사를 규탄한다〉, 〈다시는 이땅에 민중민주화운동 탄압을 위한 살인적 고문이 되풀이되어서는 안 됩니다〉 등의 유인물을 연이어 발행했다. 이 농성은 민청련 회원과 가족들만으로 추진된 소규모 행동이었다. 하지만 그것은 군부독재의 야만적인 고문 수사에 항의하는 광범위한 시민들의 분노를 이끌어낸 첫 원동력이 되었다.

고문을 중단하라! 농성 또 농성

시민들의 분노는 민청련 농성 1주일 뒤에 터져나왔다. 종로5가에 위치한 한국기독교교회협의회 인권위원회 사무실에서 10월 4일부터 10일까지 1주일간 범시민 항의 농성이 전개됐다.

이번 농성에는 제1차 농성에 비해 참가자 층이 더욱 확대되었다. 제1차 농성의 참가자는 민청련 구속자 가족들 위주였는데, 이제 세 그룹의 구속자 가족으로 확대되었다. 다른 두 그룹은 삼민투 사건과 민추위 사건으로 체포된 대학생들의 가족들이었다. 규모는 30명 남짓이었다.

참가자들만 늘어난 게 아니었다. 농성투쟁에 대한 지지층도 확장되었다. 민통련과 민추협 등 각계 민주인사들이 농성 중인 가족들을 격려차 방문했다. 중요한 진전이었다. 민주화운동 세력과 야당 정치 세력이 고문 수사에 맞서는 민청련 희생자 가족들의 항변에 호응하고 나선 것이다. 지난 8월 학원안정법 반대투쟁 당시에 이뤄졌던 양자의 공동 행동이 두 달 만에 다시 현실화되었다. 두 세력의 공동 행동은 광범위한 군중을 결집시키는 잠재력을 갖고 있었다. 이미 학원안정법 제정 기도를 저지시킨 전과를 올리기도 했다. 이로써 고문 수사에 대한 항의운동은 큰 탄력을 얻었다.

종교계에서도 고문 수사 반대투쟁을 지지하고 나섰다. 한국기독교교회협의회는 10월 10일 목요기도회를 열고 민청련 구속자 가족을 초청해 고문 수사 및 민청련 탄압에 대한 증언을 청취했다. 10월 14일에는 한국기독교교회협의회 교단장회의에서 국무회의와 관계 장관 앞으로 고문 수사에 대한 항의 공문을 발송하기로 결의했다. 같은 날 천주교 정의구현전국사제단은 민청련 구속자 가족을 초청하여 증언을 청취하고, 민주화운동 탄압에 항의하는 '오늘의 현실을 보고 호소합니다'라는 메시지를 발표했다. 한국기독교교회협의회는 10월 21월부터 27일까지를 폭력 추방 기간으로 설정한 데 이어, 12월 8일부터 15일까지를 인권 주간으로 선포했다.

김근태 고문 사건 이후 1985년 결성된 민가협이 명동성당에서 시위하고 있는 모습. 왼쪽 앞에서 아이 손을 잡고 있는 이가 조명자(김희택 부인), 앞줄 가운데가 인재근, 오른쪽 뒤 세 번째가 박문숙(김병곤 부인)

반독재 연합전선, 공대위의 결성

제2차 농성이 끝난 지 5일 만에 다시 민청련 사무실에서 제3차 농성이 뒤를 이었다. 이번에는 농성 주체에 성격 변화가 있었다. 민주화운동의 상층 연대기구인 민통련이 전면에 나섰다. 10월 15일 12시부터 시작된 제3차 농성에는 민통련 문익환 의장, 계훈제 부의장, 김규동, 김병걸 등 간부 15명과 민청련 구속자 가족 5명이 참여했다. 야당 정치 세력인 민추협 간부들도 합류했다. 황명수 간사장, 한광옥 대변인, 김병오 부간사장 등 20여 명이었다.

농성 이튿날에는 야당 정치 세력의 두 지도자 김대중과 김영삼이 경찰 저지선을 뚫고 민청련 사무실을 격려차 방문했다. 민추협의 공동의장인 두 사람은 양순직, 최형우, 이중재 등 신민당 부총재단과 신기하, 유성환, 김봉욱 국회의원 등 40여 명을 대동하여 기세를 올렸다.

제3차 농성 중에 이뤄진 민청련 구속자 가족들의 새로운 폭로가 열기를 더욱 고조시켰다. 이을호의 부인 최정순이 알려온 바에 의하면, 이을호의 정신이상 증세는 더욱 악화되고 있었다. 검찰 취조를 받던 중 이상 증세를 일으켜 서울 시립정신병원에 8주간 감정 유치되었다는 것이다. 그녀는 "이을호 씨를 정신이상이 되게까지 한 현 정권의 고문 수사를 고발한다"는 내용의 문서를 작성해, 정신착란이 발발한 경위를 설명하고 고문 사실을 은폐하려는 정부 당국의 거듭되는 기만 조치를 폭로했다.

세 차례 농성 투쟁은 운동의 수준을 한 단계 끌어올렸다. 야만적인 고문 수사의 종식을 목표로 하는 상설 단체의 결성을 이끌어낸 것이다. 10월 17일에 '민주화운동에 대한 고문 수사 및 용공조작 공동대책위원회'(이하 공대위)가 기독교 회관에서 발족했다.

공대위는 반독재 연합전선의 성격을 지니고 있었다. 구속자 가족 대표들을 둘러싸고 3대 세력이 포진하고 있었다. 민통련으로 대표되는 민주화운동 세력, 기독교와 천주교 등 종교계, 민추협을 매개로 한 야당 정치 세력이 그것이다. 공대위의 고문으로 위촉된 9명의 면면은 이를 잘 보여준다. 민주화운동을 대표하는 문익환 민통련 의장과 홍남순 변호사, 종교단체의 원로인 김재준 목사, 함석헌, 윤반웅 목사, 지학순 주교, 야당 지도자인 김대중·김영삼 민추협 공동의장, 이민우 신민당 총재 등이었다.

전두환 정권의 국제적 고립

반독재 연합전선의 결성은 큰 위력을 발휘했다. 지난 8월 '학원안정법 반대투쟁'의 성과에 뒤이어 이번에는 전두환 정권을 국제적으로 고립시키는 효과를 가져왔다. 10월 18일 미국 국무성 대변인 버나드 캅 Bernard Kalb은 한국 정부의 인권 탄압을 우려하는 메시지를 발표했다. 그는 한국의 언론인들과 한 청년 활동가가 한국의 공안기관에 의해 고문을 당했다는 내용의 신뢰할 만한 보고서를 접했다고 언급한 뒤, 그 사건이 "개탄할 만한 것"이라고 논평했다.

그뿐만이 아니었다. 《뉴욕 타임즈》는 〈반체제 인사 고문 의혹에 싸인 한국〉이라는 10월 20일 자 기사를 통해 김근태 고문 소식을 자세히 보도했다. 한국 정부 관리들이 정치범을 고문하고 있으며, 그 목적은 간첩 행위와 반국가 행위를 했다는 거짓 자백을 얻기 위한 것인데, 한국

법률에 따르면 그것은 피고인을 사형에 처할 수 있는 중범죄라는 내용이었다.

《뉴욕 타임즈》가 밝힌 뉴스의 출처는 '재야단체 민청련 회원 심기섭'이 한국에서 반출한 녹음 테이프였다. 심기섭은 일련의 사건 직후 미국에 입국했는데, 인재근의 증언이 담긴 테이프를 갖고 왔다. 신문 기사는 그 녹취 기록에 의거하여 김근태에 대한 고문 사실을 구체적으로 기사화할 수 있었다.

엄밀히 말하자면 심기섭은 민청련 내부 사정을 잘 알고 있었지만 회원은 아니었다. 그는 전두환 정권에 의해 미국으로 추방된 김대중이 운영하던 워싱턴 인권문제연구소의 핵심 실무자였다. 그는 민청련과 김대중 사이의 메신저 역할을 맡고 있었다. 그 덕에 고문 수사 및 용공조작 사건을 국제적인 문제로 비화시키는 데 크게 기여할 수 있었다.

이제 전두환 군사정권은 국내에서뿐만 아니라 국제적으로 곤경에 처하게 됐다. 민청련이 상징으로 내세운 두꺼비의 역할, 제 몸이 뱀에 잡아먹히게 함으로서 뱀을 죽이고 수많은 두꺼비가 탄생하게 하는 일이 실제로 일어나기 시작한 것이다.

5

고문 폭로에서
인권운동으로, 민청련
여성들의 활약

"김근태는 빨갱이다!"

1985년 10월 29일, 서울지검 공안부가 '김근태 사건' 수사 결과를 발표했다. 공안부장 최환이 마이크를 잡고 김원치, 최연희, 고영주 등 공안부 검사 8명이 배석했다.

발표에 따르면 최근의 모든 극렬 학생 시위를 배후에서 조종해온 용공 지하조직이 있다고 했다. '민주화추진위원회'(약칭 민추위)였다. 이 비밀 조직은 위원장 문용식을 비롯하여 46명의 서울대 졸업생과 재학생들로 이뤄져 있었다. 검찰은 그중 26명을 구속했고, 3명을 입건했으며, 17명을 수배했다고 했다. 그게 전부가 아니었다. 검찰은 비밀 단체 민추위 배후에 또 비밀스런 배후 조종자가 있다고 주장했다. 바로 김근태였다. 민청련 전 의장 김근태는 1985년 2월 이래 민추위 위원장 문용식과 만나 활동을 고무, 격려, 조종해왔다는 것이다.

검찰 발표에 따르면, 김근태는 '운동권의 대부'이고, '극렬 좌경 사회주의자'이며, 폭력 시위 때마다 장외에서 조종하는 자였다. 그뿐 아니라 그의 가족은 온통 시뻘건 '빨갱이' 집안이라고 매도됐다. 큰형, 둘째형, 셋째형이 죄다 해방 후에 좌익에 가담한 끝에 월북했고, 숙부도 마찬가지였다. 외가도 마찬가지라고 했다. 외사촌형 두 사람이 한국전쟁당시 부역 끝에 월북했고, 외숙모는 여성동맹 활동 탓에 처형당했다. 처가인 인재근의 집안도 뒤졌다. 장인은 6·25 때 인민위원장으로 부역했고, 처이모부도 부역 끝에 월북했다는 것이었다. 요컨대 친가, 외가, 처가 삼족이 모두 북한과 연루되어 있고, 김근태에게도 그런 혐의가 있다는 주장을, 국가권력이 언론매체를 통해 널리 유포했던 것이다.

독재정권의 의도는 명백했다. 고조되는 학생운동의 모든 책임을 민

1985년 10월 29일 서울대 민추위 사건에 대한 검찰의 수사결과를 보도한 《경향신문》. 이 사건의 배후가 민청련과 김근태 의장이라는 검찰 발표를 그대로 베껴 쓰고 있다. 사건을 담당한 최환 공안검사의 인터뷰도 실려 있다. 2017년 개봉된 영화 〈1987〉에서 그는 박종철 고문사를 밝힌 의로운 영웅으로 묘사됐지만, 1985년의 그는 권력에 복종하는 다른 공안 검사와 다를 바 없는 인물이었다.

청련 김근태에게 지우겠다는 것이었다. 하지만 북한과 연루되었다는 구체적인 '범죄 사실'은 특정된 것이 하나도 없었다. 구체적인 범죄사실에 대해서는 앞으로도 철저한 수사를 계속하겠다고 으름장을 놓았을 뿐이었다. 어떻게든 좌경·용공 이미지를 뒤집어씌우겠다는 의지를 드러낸 것이었다.

온몸을 던져 고문을 고발하다

검찰 발표에 대한 항의운동이 불붙었다. 민청련은 검찰 발표 이튿날인 10월 30일, 〈소위 민추위 사건과 김근태 전 의장에 대한 배후조작 발표에 대하여〉라는 성명서를 발표해, 검찰의 주장이 얼마나 근거 없는 것인지를 낱낱이 밝혔다.

우선 김근태 전 의장에 대한 고문 사실은 이미 본인에 의해 만천하에 공개되었듯이 이 사건은 고문에 의한 강압수사이므로 수사 결과는 원천적으로 무효임을 선언했다. 특히 김근태 전 의장과 이을호 전 상임위 부위원장이 민족·민주주의(N·D)를 주장해온 것과 관련, 경찰은 전기고문, 물고문, 잠 안 재우기, 굶기기 등의 악랄한 고문을 통해 민족·민주·혁명(N·D·R)을 주장했다고 조작해서 반국가단체 혐의를 덮어씌우고 있다고 반박했다. 무엇보다도 김근태 씨 가족의 월북 사실은 가족조차 확인하지 못한 채 6·25 당시 사망한 것으로 알고 있는데, 이번 사건과는 전혀 관련이 없는 가족관계를 과대 선전하여 사건을 왜곡, 선전하는 것은 민족사의 아픔을 정권 유지를 위해 악용하는 파렴치한 행위라고 규탄했다.

민청련 구속자 가족들은 독자적으로 〈현 정권의 정치적 기만술을 폭로한다〉라는 성명서를 냈다. 배후 조작과 김근태 가족에 대한 모략 선전에 항의하고, 민청련 간부의 석방, 이을호에 대한 전문의 치료, 고문 담당자의 처단, 용공조작의 중지 등을 요구했다.

거기에서 멈추지 않았다. 민청련 회원과 구속자 가족 30여 명은 10월 31일부터 11월 4일까지 기독교회관에서 다시 농성 투쟁에 돌입했다. 민청련 구속자 가족들이 주도하는 네 번째 농성이었다. 농성 참가자들은 새로운 항의 방법을 개발했다. 기독교회관이 큰길가에 있는 점을 활용하여 건물 난간에 '고문경찰 처단하라', '민청련 탄압 중지하라'는 플래카드를 내걸었고, 창문을 열어 매일 한두 차례씩 가두방송을 감행했다.

소설가 김국태도 나섰다. 현대문학상(1979)과 월탄문학상(1981)을 수상한 중견 작가인 그는 김근태의 친형이었다. 그는 검찰 발표에 항의하는 글을 썼다. "나의 가계에 대하여 악의적으로 왜곡, 조작한 사실에 분개한다"고 집필 동기를 밝힌 그는 "다행인 것은 나의 동생 김근태가 검찰 발표대로 나의 가계의 불행한 어느 친지와 접선한 사실이 없다"는 점이라고 썼다. 그럼에도 불구하고 검찰과 언론이 "나의 가계를 왜곡, 조작하는 이유가 무엇인가?"라고 묻고 다음과 같이 답했다. "일반 대중에게 관습화되어 있는 고정 관념을 건드려 검찰 당국 자신의 비논리성을 은폐하고 동정받자는 저의에서 그랬을 것"이라고.

민청련 여성들의 항의 운동은 외롭지 않았다. 공대위와 그에 합류한 여러 세력이 동참했다. 제4차 농성 마지막 날인 11월 4일 공대위는 농성장에서 기자회견을 가졌다. 문익환 목사를 비롯한 공동대표 인사들과 민청련 농성자 10여 명이 참석한 가운데 〈국민에게 보내는 호소문〉, 〈세계 인권단체에 보내는 메시지〉 등을 발표했다. 그뿐만이 아니었다.

4일 뒤인 11월 8일에 혜화동성당에서 '고문 및 용공 조작 저지를 위한 보고대회'를 개최하기로 결정했다. 농성에 그치는 것이 아니라 대규모 시민대회와 시위운동을 벌이겠다는 선언이었다.

'고문 반대' 농성에서 거리 시위로 확산

뭇사람들의 관심과 긴장 속에서 보고대회 날이 밝았다. 이른 아침부터 경찰은 수천 명의 사복 및 전투 경찰을 동원하여 혜화동성당 주위를 포위했다. 보고대회에 참석하려고 모여드는 시민들을 차단하기 위해서였다. 김대중 민추협 공동의장과 문익환 민통련 의장을 비롯한 재야 민주 인사들은 자택에 연금당했다. 시내 중심가 곳곳에도 기습 시위에 대비하기 위해 수많은 경찰관들을 배치했다. 마치 '전투지역을 방불케 하는 분위기'가 조성됐으며 시민들은 공포감을 느꼈다.

결국 보고대회는 경찰의 통제로 개최되지 못했다. 성당 안으로 들어가지 못한 공대위 임원들과 민청련 여성들 70여 명은 혜화동 로터리에

1985년 11월 8일 고문공대위 보고대회가 봉쇄되자 혜화동 성당에서 열린 약식 보고대회와 미사 전경.

서 약식으로 보고대회를 열고 30분가량 노래 부르며 항의의 뜻을 표출했다.

시민대회 개최가 봉쇄되자 공대위는 실행 가능한 다른 방법을 택했다. 11월 11일부터 3일 동안 민추협 사무실에서 연합 농성에 돌입한 것이다. 고문 수사와 용공 조작에 대한 항의로는 제5차 농성인 셈이었다.

이 농성에는 구속자 가족들을 비롯하여 민청련, 민통련, 충남민주운동협의회, 가톨릭농민회, 민중불교운동연합, 인천사회운동연합, 목민선교회, 민주헌정연구회, 신민당, 사민당, 민추협 등에서 100여 명이 참석했다. 참가 단체도 많아졌고 참가자 숫자도 훌쩍 늘었다. 농성자들은 이미 개발된 행동 전술을 되풀이 활용했다. 건물 앞뒤로 '살인적 고문 및 용공 조작을 즉각 중단하라'고 쓴 플래카드를 내걸었고, 핸드 마이크로 거리의 시민을 향해 구호와 노래를 전했다.

이처럼 규모가 커진 까닭은 시국관련 구속자들이 가파르게 증가하고, 고문 수사에 대한 시민의 공분이 고조됐기 때문이었다. 그즈음 민청련 탄압 사건 외에도 여러 시국 사건의 구속자들이 고문 수사와 용공 조작으로 고통을 겪고 있었다. 삼민투 사건, 깃발 사건, 민추위 사건 등으로 체포된 사람들이 그러했다. 삼민투 부위원장 허인회는 전기고문과 물고문을 당했고, 깃발 사건 연루자들은 "뜨거운 물에 거꾸로 처박혀 매를 맞으면서 한 번도 읽어보지 못한 책을 읽은 것으로 자백하라"고 강요당했다.

학생들만 대상이 아니었다. 9월에는 《동아일보》 편집국장, 정치부장 등 언론인 3명이 신문 보도와 관련하여 안전기획부에 끌려가 가혹한 구타를 당했고, 대구교도소에서는 정진관 등 양심수 10여 명이 교도관들에게 무차별 구타를 당했다.

급기야 목숨을 잃는 희생자가 나왔다. 민추위 사건으로 도피 중이던 서울대 학생 우종원(81학번)은 1985년 10월 11일, 경부선 영동역과 황간역 사이 철로 변에서 변사체로 발견됐다. 도대체 우종원에게 어떤 일이 일어났던 것일까? 시신 상태로 발견된 우종원은 하루 만에 경찰의 강압에 몰려 서둘러 화장되고 말았다. 가족들은 우종원이 평소에 쾌활한 성격이었으며 자살할 이유가 없다고 주장했다. 오히려 시신으로 발견되기 며칠 전인 10월 7일 가족들과의 전화 통화를 통해 자수할 의사를 밝혔다고 했다. 그렇다면 자수한 이후 수사 과정에서 고문에 의해 죽음에 이른 것은 아닐까? 수사기관이 가족들을 감시하고 서둘러 화장을 하도록 강요한 것은 그러한 의혹을 불러일으키기에 충분했다.

광주학살을 통해 집권한 정권이 권력을 장악한 뒤에도 끊임없이 고문과 폭행을 자행하고 있었다. 도처에 만연한 폭력에 대해 피해자들과 시민들이 이제 더는 참을 수 없다고 말하기 시작했다.

민가협 탄생의 산모, 민청련 여성들

고문 수사와 용공 조작에 반대하는 항의 열기를 고조시킨 또 하나의 요인은 탄압에 맞서서 줄기차게 운동을 전개해온 민청련 여성들이었다. 민청련 여성 회원 혹은 구속 및 수배된 민청련 회원의 부인들이 그들이었다.

인재근(김근태 부인), 박문숙(김병곤), 최정순(이을호), 김설이(이범영), 이기연(연성수), 조명자(김희택), 이경은(서원기), 박혜숙(최민화), 김충희(김희상), 김해숙(한경남), 이미영(박우섭). 이들은 구속자와 수배자의 가족이지만,

민주주의자이자 사회운동 참가자이기도 했다. 이들 중에는 학생운동과 노동운동, 민족문화운동 참가자들이 많았고, 군사독재에 저항하는 비밀결사의 구성원들도 포함돼 있었다. 이러한 경험과 식견이 고문 사건에 대한 민첩한 대응과 강력한 전투력을 발휘하게 하는 내적 원동력이 됐다.

민청련 여성들은 갑자기 사라져버린 남편들을 찾아 나섰다. 관할 경찰서를 항의 방문하고 숨겨져 있는 비밀 수사 건물들을 찾아냈다. 국제해양연구소로 위장한 남영동 대공분실, 경동산업으로 위장한 서울시경 장안동 대공분실, 신길상사로 위장한 신길동 대공분실을 비롯해 옥인동 서울시경 대공분실, 서빙고 보안사, 남산과 이문동의 안기부 등 비밀 수사기관들을 다 찾아냈다. 그뿐인가. 막아서는 경찰관들과 싸우고, 갖은 어려움을 뚫고서 수감자와 면회하고, 국가기관의 폭력에 항의하는 성명서를 만들고, 플래카드를 내걸고 농성했다. 외로울 때마다 서로 손잡고 격려하면서 그렇게 했다. 구속자 가족의 능동적인 대응은 구속자들에 대한 국가폭력을 저지하고 완화시키는 데 큰 힘이 됐다. 또 가족의 그러한 노력은 구속자들에게 심리적 안정감을 주어 고문을 버티는 힘이 돼 주었다.

민청련 여성들의 대응 행동은 다른 구속자 가족들에게 영향을 미쳤다. 그즈음 대학생과 노동자 구속자들이 급증하고 있었다. 시국 사건으로 인한 구속자 수가 800여 명에 이르렀다. "유신 말기의 최대 구속자 수 430명의 2배에 달하는 구속자를 양산했다"는 통계도 나왔다(《성명서, 민주화실천가족운동협의회 발족에 즈음하여》 1985. 12. 12). 구속자 가족들은 처음에는 어떻게 대응해야 하는지 잘 알 수 없었을 뿐더러 사건별로 제각기 따로따로 행동하는 경향이 있었다. 민청련 사건 관련자 부인들의 행

1985년 12월 18일 민가협 현판식을 막아서는 경찰(위)과 사무실이 있는 거리 앞에서 농성중인 민가협 회원들(아래).

동이 그러한 경향을 변화시켰다. 가족들은 수사 당국의 부당한 조치에 항의하기 시작했고, 서로 연대를 모색했다. 모든 시국사건의 구속자 가족을 규합하여 마침내 1985년 12월 12일 민주화실천가족운동협의회(민가협)를 발족시켰다.

집안의 태양이 거리의 전사로

민가협은 서로 다른 사건에 따로따로 엮인 많은 가족들이 공동으로 연대하는 방식으로 조직을 구성했다. 각 부문별 구속자 가족 모임을 대표해서 공동의장으로 9명을 선출했다.

공동의장 중 5명은 양심수 가운데 가장 많은 수를 차지하는 '구속학생학부모협의회' 소속으로 강길호의 부친 강영목, 김민석의 모친 김춘옥, 이춘의 모친 이청자, 함운경의 부친 함정석, 박능출의 부친 박순격 등이었다. 다른 2명은 '구속노동자 가족모임' 소속의 전태일 모친 이소선, 전국민주노동자연맹사건 이태복의 모친 이정숙이었다. 또 다른 2명은 '장기수 가족모임'을 대표한 남민전 사건 안재구의 아내 장수향, 재일동포 간첩단 사건 이철의 장모 조만조였다.

민가협 창립에는 민청련 여성들의 역할이 절대적이었다. 단체 명칭은 창립선언문을 함께 집필한 최정순과 이기연이 협의해 고안했다. 처음에는 '민주화운동가족협의회'라고 명명했으나 민청련과 이름이 너무 비슷하다는 평이 있어서, 민주화를 실천하는 가족운동이라는 의미로 '민주화실천가족운동협의회'로 정했다. 상징은 민중미술 작가이기도 한 이기연이 만들었다. 태양 속에 집이 들어 있는 형상이었다. 아내라는 말의 고어가 '안해'라는 점에 착안해, 여성들이 집안에 있는 태양과 같은 존재임을 중첩적으로 표현한 디자인이었다.

기관지로 《민주가족》을 발간했는데, 제호 글씨는 민가협 고문으로 위촉한 백기완이 썼다. 편집은 홍보위원회에서 담당했다. 구속학생학부모 측에서 유시춘(유시민의 누나), 장기수가족 측에서 박광숙(김남주의 아내), 민청련 여성 중에서 이경은이 맡았다. 창간호는 1986년 2월 10일, 28페이지 분량으로 발행됐다.

민가협 창립의 결정적 산파 역할을 한 이는 인재근이었다. 장기수 가족모임을 포함시키는 것에 대해 구속학생학부모 측에서 반대의견을 내는 이들이 있었다. 장기수는 대부분 간첩으로 조작돼 반공법 및 국가보

민가협 기관지 《민주가족》 창간호와 제2호 표지.

안법 위반으로 수감된 이들이었다. 구속된 자기 아들이 좌익사범과 연루되어서는 안 된다고 생각했던 것이다. 인재근은 발 벗고 나서서 당사자들을 일일이 만나 설득에 설득을 거듭했다. 그리하여 마침내 구성원들의 동의를 이끌어냈다. 거기서 그치지 않고 민가협 창립 이후 첫 사업으로 '장기수 석방운동'을 벌이기까지 했다.

인재근은 민가협이 출범하자 초대 총무를 맡았다. 민가협의 총무는 다른 단체의 총무와는 그 비중이 크게 달랐다. 민가협의 모든 활동의 중심에는 총무가 있었고, 총무가 처음부터 끝까지 모든 일을 기획하고 운영해야 했다. 초대 총무 인재근에 뒤이어 2대 총무 조무하(장기표의 아내), 3대 총무 박광숙도 막중한 민가협 총무로서의 역할을 완벽하게 해냈다는 평가를 받았다.

인권운동의 중심이 된 민가협

민가협은 출범하자마자 인권운동의 근거지가 됐다. 과거에는 양심수 지원 활동이 기독교와 천주교 인권단체를 중심으로 이뤄졌는데, 순식간에 민가협으로 옮겨졌다.

민가협은 구속자 가족들을 위한 실질적인 지원체계를 짰다. 맨 먼저 민가협 회원수첩과 홍보 명함을 만들었다. 홍보 명함에는 민가협이 하는 일과 전화번호, 사무실 약도가 그려져 있었다. 가족이 구속되었다는 소식을 듣고 당황하여 갈피를 못 잡고 황망할 구속자 가족들에게 걱정하지 말고 찾아오라는 뜻으로 만들었다. 또 민가협 수첩에는 수감자들에게 필요한 것이 무엇인지, 어떻게 대처해야 하는지 등 옥바라지의 행동 매뉴얼이 적혀 있었다.

민가협문고도 운영했다. 하루 종일 독방에 갇혀 있는 양심수에게 가장 필요한 것은 읽을거리였다. 단기간에 열 몇 권씩 읽어대는 이들에게 책을 차입해주는 일만 해도 경제적으로 버거운 일이었다. 그래서 민가협문고는 양심수들에게 필요한 책을 구비해서 회원들에게 대여했다. 구치소와 교도소에서는 책 차입을 거부하는 일이 다반사였는데, 회원들의 경험을 토대로 차입이 가능한 도서 목록도 작성했다. 이후 책의 차입을 거부당하는 비율을 낮출 수 있었다.

민가협은 '구속자 가족이여, 당신은 외롭지 않다, 당신을 보호하는 단체가 있다'는 따스한 위로와 연대의식을 심어주었다. 놀라운 일이었다. 고리키의 소설 《어머니》에서 형상화됐던 현상, 옥에 갇힌 투사의 가족이 우여곡절 끝에 수감자의 신념에 공감하고 동지로 거듭나는 현상이 이 땅에서 현실화되었던 것이다.

6

비상체제의
민청련

대탄압에 내몰리는 민청련

대탄압 탓에 민청련은 위기에 몰렸다. 고문 수사에 반대하는 맹렬한 대응운동에 나섰지만, 휘청거리지 않을 수 없었다. 지도력을 제공하던 공개 간부를 한꺼번에 빼앗겼기 때문이었다. 김근태 전 의장을 비롯해 최민화 부의장과 김병곤 상임위원장, 이을호 상임위 부위원장, 연성수 상임위 부위원장, 김종복 청년부장, 권형택 사회부장, 김희상 대변인 등 상층 간부들이 모두 구속됐다.

이범영 집행국장 등 체포되지 않은 간부들도 행동이 자유롭지 않았다. 그들에게는 수배령이 내려졌다. 각급 수사기관의 체포조들이 앞다투어 수배자들의 행적을 뒤쫓고 있었다. 그뿐인가. 지도력의 공백을 메우기 위해 새로 선출한 신임 간부진도 부자유스럽긴 마찬가지였다. 한경남 신임 의장을 비롯해 김희택 부의장, 천영초 상임위원장과 윤여연 사무국장, 서원기 집행국장 등 새 집행부 성원들 10여 명도 지명수배자가 됐다. 선출된 지 얼마 되지도 않았는데 도망자 신세가 된 것이다. 안팎으로 민청련을 대표하고, 다른 부문운동과의 연대를 담당하던 공개 간부들이 한꺼번에 활동의 자유를 속박당했다.

쫓기는 수배자들

수배자를 뒤쫓는 경찰의 추적은 철저했다. 우선 수배자 가족이 표적이 됐다. 첫 아이를 출산한 지 얼마 안 되는 젊은 새댁도 예외는 아니었다. 이범영 집행국장의 부인 김설이가 젖먹이를 홀로 양육하고 있는 집에 정체도 밝히지 않은 남자들이 쳐들어와 수색영장도 없이 집을 뒤지는

1986년 4월 민청련·민가협에서 발간한 《민청련 탄압사건 백서—무릎 꿇고 살기보다 서서 싸우길 원한다》에 실린 당시 민청련 사건 관련자 사진과 명단.

게 예사였다. 사복형사 3인이 1개조로 시장에 장보러 가는 것까지 미행할 정도로 일거수일투족까지 감시당했다. 감시조는 3교대로 24시간 작동했다. 수배자로서는 가족과 연락을 시도하는 행위는 자살 행위나 다름없었다.

공개 활동의 상징이라고 할 수 있는 사무실 운영도 난관에 부딪쳤다. 사무실을 지킬 활동가가 없어진 데다가 경찰의 감시 및 폐쇄 조치가 강화된 탓이었다. 중부경찰서 형사대는 1985년 9월 8일, 민청련 사무실을 압수수색했다. 잠긴 자물쇠를 쇠톱으로 자르고 강제로 진입해 사무실에 보관된 책자와 문서들을 가져갔다. 뒤이어 10월 6일에는 민청련 사무실이 치안본부, 국가안전기획부, 중부경찰서 형사들에 의해 폐쇄됐다. 간부들에 대한 수배령과 함께 출입 차단 조치를 내렸던 것이다.

이제 사무실에 출입하는 행위는 경찰의 강화된 감시·통제 조치로 인해 위험한 일이 됐다. 사무실 출입은 신분 노출 가능성이 높았고, 느닷

민청련 탄압을 규탄하는 농성을 하면서 동료 아이들을 함께
돌보고 있는 이범영 집행국장의 부인 김설이.

없이 들이닥칠지 모르는 형사대에게 붙잡힐 우려가 있었다. 사무실은 텅 빈 상태가 됐다. 입구는 자물쇠로 굳게 잠긴 채 아무도 드나드는 사람이 없었다.

삼각동 사무실 탈환

이때 경찰의 부당한 폐쇄 조치를 무력화하고 민청련 사무실을 다시 활성화시킨 사람들이 있었다. 바로 민청련 여성들이었다. 이들은 민통련 원로들과 함께 사무실을 탈환하기로 결의했다. 체포되거나 수배된 민청련 간부들의 아내들은 고문 수사와 용공 조작에 맞서는 제3차 농성 장소를 민청련 사무실로 잡았다.

폐쇄 명령이 내려진 지 불과 9일 만인 10월 15일, 민청련 여성들은 아침 9시에 종로5가 기독교회관에 집결했다. 문익환 목사, 이부영, 인재근, 진영효, 천영희, 김설이 등 외에 몇 사람이 더 있었다. 여성과 노인으로 이뤄진 연합부대였다. 그들은 삼각동 사무실로 향했다. 마음이 격동했다. 모두 다 적진을 향해 진격하는 비장한 심정이었다고 한다.

그런데 웬걸! 아무도 지키는 자들이 없었다. 사무실이 위치한 6층으로 올라가 보니, 각목으로 출입문을 가로질러 못질을 해놨을 뿐이었다. 일행은 장도리로 못을 빼고 사무실에 들어갔다. 경찰의 연이은 압수수색 탓에 난장판이 된 사무실 공간을 말끔히 청소하고 항의 농성에 돌입했다. 이 농성은 반독재 연합전선을 구성하는 데 큰 지렛대가 됐다. 농성 이틀째에는 야당 정치 세력의 두 지도자인 김대중과 김영삼이 40여 명의 동료들과 함께 경찰 저지를 뚫고 농성장인 민청련 사무실을 격려

방문하기도 했다.

이 때문에 경찰의 사무실 폐쇄 조치는 사실상 무력화됐다. 삼각동 사무실은 탄압하의 민청련이 여전히 건재하다는 사실을 웅변해주는 하나의 상징이 됐다. 하지만 예기치 못한 복병이 있었다. 밀린 임대료와 관리비였다. 전기요금 청구서도 수북히 쌓여 있었다. 이 순간만은 군사독재 정권의 폭압보다 더 무서운 게 돈이었다. 너나할 것 없이 가난할 때였다. 그럼에도 십시일반으로 조금씩 모금을 했다. 나머지 부족한 금액은 어떻게 변통했는지 인재근이 처리했다.

사무실을 상시적으로 지킬 필요가 있었다. 민청련 여성들은 구속자를 면회하랴, 식구들을 돌보랴 정신없이 동분서주해야 했으므로 상근자가 있어야 했다. 천영초 상임위원장의 동생인 천영희가 그 일을 맡아주었다. 아주 적은 금액의 '월급'도 주기로 했다. 사무실 운영을 위해 인재근은 돈을 마련해야 했고, 이기연은 바쁜 와중에도 판매 수익을 위한 그림을 그렸다. 병풍식 연하장 〈옛이야기 3종 세트〉 작품이 완성됐다. 민청련 회원들은 연말연시를 맞이하여 그 연하장을 판매하기 위해 동분서주했다. 그 덕분에 민청련 사무실은 활성화됐다. 민청련 여성들은 매일 민청련 사무실로 출근했고 사무실은 점차 제 기능을 하기 시작했다. 김근태, 이을호 고문 수사 탄압에 항의하는 농성장 역할도 했고, 구속자와 수배자 가족들의 위안처도 됐다.

그해 12월 28일 민가협이 현판식을 거행한 장소도 삼각동 민청련 사무실이었다. 민가협 현판식을 거행할 때 경찰은 현장을 봉쇄했다. 이미 사무실에 들어간 사람들과 뒤늦게 도착한 회원들은 격리되고 말았다. 어떻게든 저지선을 뚫어야 했다. 해산 예정일이 얼마 남지 않은 민청련 회원이자 구속자 이을호의 부인 최정순이 앞장섰다. 남산처럼 불어 오른 배를 부여잡고 맨 앞에 섰다. 무자비한 폭력을 일삼던 경찰들도 차마 그런 최정순을 제지하지는 못했다.

그러나 사무실 봉쇄는 여전히 풀리지 않았다. 사무실 진입이 가로막힌 구속자 가족들은 삼각동 민청련 사무실 앞 길거리에 앉아서 농성을 시작했다. 군중들이 모여들고 교통 혼잡이 일어났다. 경찰은 군중을 해산시키려 했다. 거리에 주저앉아 있는 농성 대열을 향해 트럭을 밀고 들어왔다. 놀란 가족들이 순간적으로 일어나서 피하려 한 탓에 대오가 흩어졌다. 이때 끝까지 대오를 지킨 이들이 있었다. 민청련 여성들이었다. 연성수 상임위 부위원장의 아내 이기연이 끝까지 버티자, 트럭 범퍼가 등에 닿으려는 위급한 상황이 조성됐다. 김희택 부의장의 아내 조명자가 그 옆으로 뛰어 들어왔다. 둘이 함께 트럭의 진입을 막았다. 일본에서 만든 민가협 회보 번역판 뒷표지에 당시의 극적인 장면을 찍은 사진이 실려서 민청련 여성들의 투쟁을 국제적으로 홍보했다.

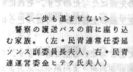

1985년 12월 18일 삼각동 민청련 사무실에서 개최한 민가협 현판식 날, 도로에 난입한 트럭을 막고 있는 이기연(왼쪽)과 조명자(오른쪽). 민가협 회보 《민주가족》 일본판에 실린 사진이다.

공개 포스트를 맡은 진영효

그렇지만 민청련은 활동의 중심을 옮겨야 했다. 공개 영역의 활동을 부득이 축소해야만 했다. 구속자 가족들과 민가협 회원들이 활용하고 있는 삼각동 사무실에는 민청련 대표로는 한 사람만 출입하게 했다. 진영효 회원이었다.

서울대 사대 78학번이었던 그는 비공개 계반 조직 4개 단위 가운데 하나를 관리하는 팀장으로 일하고 있었는데, 이 시기에 공개 영역과 비공개 영역을 연결하는 유일한 대표자로 선임된 것이다. 그는 공개 영역에 연결된 유일한 존재였기 때문에 수배 중인 간부진과 접촉하는 것은 금기시됐다. 비공개 집행부와의 연결은 장준영 부의장이 맡았다. 진영효와 장준영 두 사람은 밀접한 관계를 유지하면서, 공개 영역 전반에 걸친 여러 현안과 의제를 협의했다.

민청련 탄압 시기에 유일하게 공개 활동 역할을 맡은 진영효(오른쪽에서 두 번째)와 《민중신문》 제작을 담당한 연성만(오른쪽에서 세 번째)이 당시 민통련 사무처장인 이부영(오른쪽 첫 번째)과 1985년 11월 8일 고문공대위 보고대회가 열린 혜화동 성당에서 구두회의를 하는 모습.

진영효는 민청련의 유일한 공개 활동가로서 동분서주했다. 민청련 대표 자격으로 '고문 수사 및 용공조작 공동대책위원회'에 참석했고, 공대위가 상설화된 이후에는 그 실무를 맡았다. 민가협이 결성될 때에는 행정적인 일처리를 도맡았다. 대외 연대 업무도 그의 일이었다. 종교계와 민통련 관계자들을 만나 현안에 관한 대책을 논의하고, 구속된 민청련 간부들의 담당 변호사들과 만나 협의하는 것도 그의 일이었다.

만화가게로 위장한 비공개 단위들

민청련 활동이 비공개 영역 위주로 재편되면서 비공개 상임위원회와 기반 조직인 계반이 활동의 중심이 됐다. 상임위원회를 중심으로 주요 비공개 활동 단위들이 재배치됐다. 《민중신문》과 전단지를 제작하는 선전국, 《민주화의 길》을 발간하고 정책을 입안하는 정책실, 회원을 관리하는 조직국, 교육을 담당하는 교육국이 그것이다. 이 기구들은 합정동, 영동시장, 아현동, 냉천동 등지에서 비공개 사무실을 독자적으로 운영했다.

비공개 사무실들은 겉으로는 가게나 사업체인 것처럼 꾸몄다. 이를테면 1985년 하반기에 집행국 교육선전부의 비공개 사무실로 사용된 공간은 마포구 공덕동 고갯길에 있는 만화가게였다. 교선부장 윤형기가 그곳에 상주했고, 부엌과 방이 있어 부원들이 일주일에 며칠씩 교대로 숙직을 했다. 그 만화가게는 집행국장 서원기의 아내이자 민청련 회원 이경은이 내놓은 400만 원을 보증금 삼아 얻은 것이었다. 고갯길에 위치해 있었기 때문에 예기치 않게 형사들이 이용하기도 했다. 언젠가는 마포경찰서 소속 형사들이 수배 중인 서강대 학생들을 잡으려고 만화가게에 잠복하면서 바깥 동향을 주시하던 때도 있었다. 같은 시간에 가게 안쪽 골방 속에는 이범영, 서원기, 김석영, 윤형기 등 민청련 간부들이 숨죽이고 앉아 있었는데 말이다.

만화가게 방은 쓰임새가 많았다. 그곳에서 전단지를 비롯한 각종 유인물 초안을 작성했고 인쇄소에서 찾아온 유인물을 일시적으로 보관하기도 했다. 그곳에 보관된 선전용 인쇄물들은 각 계반으로 분배됐고, 민청련 회원들의 손을 거쳐 서울 시내 곳곳에 은밀히 살포됐다. 원고 제작, 배포에 이르는 모든 업무를 윤형기 부장과 김석영, 이영애, 곽해곤, 최성웅 등이 나눠 맡았다.

1985년 말부터 1986년 봄까지《민중신문》팀의 비공개 사무실은 아현동에 있었다. 아현시장을 지나 북아현동 언덕배기 오르막길에 위치한 이 사무실은 들고나는 사람이 많아서 그랬는지 경찰의 주목 대상이 됐다.

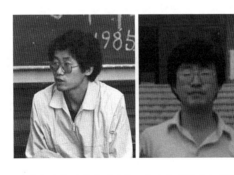

민청련 탄압 시기에 신분이 노출되어 경찰의 수배를 받은
《민중신문》팀의 유기홍(왼쪽)과 유재상(오른쪽).

결국 1986년 4월 17일 오후에 경찰이 불시 기습을 했다. 그때 불운하게도 사무실에서 4·19 26주년 메시지 작성에 여념이 없던 연성만 회원이 연행되고 말았다. 머지않아 들이닥친 10여 명의 정사복 경찰은 2대의 차량을 동원해 사무실에 보관해 두었던 민청련 발행 소책자와 간행물을 닥치는 대로 압수해갔다. 이날 《민중신문》 제12호 6,000부, 《민청련 탄압 사건 백서》 소책자 400여 권을 빼앗겼다. 《민중신문》 팀 활동가들의 신원도 노출됐다. 유기홍과 유재상 회원이 경찰의 지명수배를 받았다.

여성부 조직도 탄압 국면에 적응했다. 민청련 조직은 공개 영역의 운영위원회와 비공개 상임위원회로 나뉘어 있었다. 여성운동의 경우, 운영위원회 내에서 여성부장 1인이 연대 사업을 담당했고, 상임위원회에는 여성분과를 설치해 정책 입안과 교육·연구 부문을 담당했다. 그러나 탄압 국면에서는 조직 체계를 단일화했다. 여성부와 여성분과 조직을 상임위원회 산하 여성국으로 재편했다. 이 체제에서 밖으로는 다른 여성단체들과의 연대투쟁을 이끌어내고, 안으로는 여성 회원들을 비공개 가두 선전전에 지속적으로 동원해나갔다.

이리하여 탄압에 대응하는 새로운 조직 체계가 짜였다. 이전 집행부는 공개와 비공개의 2중 체제였다. 공개된 의장단과 운영위원회는 제1진이고, 비공개 상임위원회는 제2진이었다. 하지만 탄압으로 인해 체제가 바뀌었다. 제1진이 구속되거나 잠복 상태에 들어가고 공개 영역이 위축되면서 집행부는 비공개 단일체제로 재편됐다.

민청련은 조직 체계를 정비함과 동시에 투쟁 대오를 가다듬었다. 가장 역점을 둔 것은 탄압 국면에 맞서는 고문 수사 반대투쟁이었다. 민청련은 '고문 및 용공조작 저지 투쟁위원회'(이하 고문투위)를 설립하여,

탄압 국면에 맞서는 항의 운동을 전개해나갔다. 고문투위의 활약상은 두드러졌다. 민청련 구속자 가족들과 결합하여 과감한 농성 투쟁을 연이어 벌였다. 9월 27일 NCC 인권위원회 사무실 제1차 농성, 10월 4일 ~10일 NCC 인권위원회 사무실 제2차 농성, 10월 15일~17일 민청련 사무실 제3차 농성, 11월 11일~13일 민추위 사무실 제4차 농성이 그것이었다. 활발한 연대 활동도 전개하여 야당 정치 세력까지 포함한 광범한 반독재연합전선을 조직했고, 민가협 설립마저 이끌어냈다.

탄압 돌파는 투쟁으로

1985년 10월에는 세계은행IBRD·국제통화기금IMF 서울총회가 예정돼 있어 이에 대한 반대투쟁에 힘을 쏟았다. 이 총회는 10월 8일부터 11일까지 서울 힐튼호텔에서 개최됐는데 가맹국 148개국의 재무장관을 비롯한 대표 3,200여 명이 참석했고, 리셉션만 370여 회에 달하는 대규모 행사였다. 취재기자들의 솔직한 토로에 의하면, 총회 개최국이 누리는 실익은 별로 없고 예산 낭비에 불과한 국제회의였다(〈IMF·IBRD 서울총회 이모저모〉,《동아일보》1985. 10. 11).

민청련은 이 국제회의의 본질을 폭로하는 자료집 〈IMF·IBRD 서울총회와 민중민주화운동〉을 발행하고, 전단과 스티커 등의 선전물을 살포했다. 10월 4일에는 민통련 등 28개 민주화운동 단체와 함께 공동 성명서를 발표했으며, 10월 8일에는 가두시위를 감행했다. 경찰의 삼엄한 경계 속에서 이뤄진 이 시위는 민통련 가맹단체와 EYC 등 청년단체들이 공동으로 개최한 것이었다. 300명 정도의 소규모 시위대가 청량리 미주상가 앞길에서 "외채정권 물러가라"는 구호와 함께 전단을 뿌리며 15분간 가두시위를 벌였다.

이 시기에 민청련이 역점을 둔 또 하나의 투쟁이 있었다. 개헌투쟁이 그것이다. 애초에 야당인 신민당이 주도해 개헌을 이슈로 제기했었다. 민청련 또한 고문투위와 함께 '민주제개헌투쟁위원회'(개헌투위)를 내부에 조직할 정도로 개헌투쟁을 중시했다. 그러나 개헌투위의 활동은 기대 수준에 현저히 못 미쳤다.

그 원인 가운데 하나는 개헌투쟁의 전술 논쟁이 결말을 보지 못한 채

1985년 9월 19일 영등포 성문밖교회에서 '군사독재정권퇴진과 민주제개헌쟁취를 위한 공개대토론회'를 열었다(위). 아래 사진은 윤여연 신임 사무국장이 교회 옥상에서 거리를 향해 토론회에 대한 홍보 및 선전전을 벌이고 있는 모습.

오래 계속된 점을 들 수 있다. 민청련 회원들 사이에는 개헌 문제를 둘러싸고, 현행 대통령 간선제를 폐기하고 대통령을 국민이 직접 뽑자는 '직선제 개헌론'에서부터 독재정권의 헌법 자체를 폐기하고 헌법을 새로 만들자는 '제헌의회 소집론'에 이르기까지 다양한 입장이 혼재되어 있었다. 이러한 이견은 전체 민주화운동 내부의 불일치가 반영된 것이었다. 민청련 안과 밖의 논쟁 당사자들은 끝내 이견을 좁히지 못했다.

또 하나의 원인은 민청련의 위상이 상대적으로 축소된 데 있었다. 탄압으로 인해 활동력이 손상된 데다가 1985년 6월 말 서울 구로공단에서 일어난 구로 동맹파업 이후 노동운동권의 정치적 발언력이 증대되고 있었다. 게다가 민통련의 확대통합 과정에 민청련이 참여(9월 20일)하게 된 점도 관련이 있었다. 뒤늦게 확대통합이 이뤄졌음에도 불구하고 연합운동의 방향과 정책 수립을 둘러싸고 여전히 체제 정비가 이뤄지지 못했던 것이다.

이런 이유로 민청련은 개헌투쟁에 임하는 전체 민주화운동 대열의 통일적 대응을 모색했으나 성공할 수 없었다. 지난 8월 학원안정법 반대투쟁과 10월 고문 수사 반대운동에서 실현했던 광범위한 반독재연합전선을 개헌 문제에 관해서는 재현할 수 없었다. 이에 따라 민통련, 개신교, 청년, 학생운동은 제각각 개헌투쟁을 수행할 수밖에 없었다.

어쨌든 1985년 12월 6일, 민청련은 개헌 문제를 내세운 가두시위를 조직했다. 가능한 범위 내에서 이뤄진 연대투쟁이었다. 민청련, 민중불교운동연합, 기독청년협의회, 기독학생회총연맹, 가톨릭학생총연맹 등 5개 청년 학생단체가 주동한 시위였다. 경찰의 원천봉쇄로 인해 시위운동 개최지는 서울시 외곽의 화양동 로터리로 변경됐다. 300명 수준의 소규모 시위 대열이 형성될 수 있었고, '군사독재헌법 철폐 및 민주헌법 쟁취대회' 개최를 알리는 전단과 유인물이 길거리에 살포됐다.

그러나 시위 시간은 경찰 병력의 신속한 출동으로 10분을 넘지 못했다. 민주화운동 전반에 위기감이 전염병처럼 퍼지기 시작했다.

민청련이 성문밖교회에서 개최한 '군사독재정권퇴진과 민주제개헌쟁취를 위한 공개대토론회' 장면.

5

시련을 이겨내고
6월항쟁으로

1

제6차 총회와
AB논쟁

전면적 탄압이 몰고 온 치열한 내부 논쟁

민청련의 최고 의결기구는 규약에 따라 6개월마다 정기적으로 열리는
'총회'였다. 이 규정은 충실히 지켜졌다. 독재정권의 탄압에 쫓기면서
도 어김없이 총회를 열었다. 제6차 총회는 1986년 3월 1일에 열렸다.

제6차 총회를 앞둔 민청련에는 중요한 현안 두 가지가 있었다. 하나
는 조직 문제이고, 다른 하나는 당면투쟁의 전술 문제였다. 둘 다 논쟁적
인 주제였다. 조직 문제는 제6차 총회의 가장 큰 이슈였다. 탄압으로 야
기된 조직의 위축 양상을 떨쳐버리고 정세에 맞게 조직 체계를 전환해야
한다는 공감대가 회원들 사이에 널리 공유됐다. 그러나 대응책은 각양
각색이었다. 네 가지 주장이 제기됐고, 각 주장들 사이에 치열한 논쟁이
전개됐다. 각 입장은 익명으로 불렸다. 크게는 A와 B로, 다시 세분되어
A1, A2, B1, B2로 나뉘었다. 내부에서는 이를 'AB논쟁'이라고 불렀다.

AB 논쟁

A안은 창립 이래의 조직 위상을 그대로 발전시키려는 입장이었다. 학생운동 출신자들을 기반으로 하여 반외세 반독재 정치투쟁을 선도적으로 수행하는 것을 자기 임무로 삼는다는 관점이었다. 그에 반해 B안은 민청련의 조직적 혁신을 주장했다. 조직 기반을 노동자와 농민 대중 속으로 옮기자는 주장이었다. 학생운동 출신자를 규합하는 데 머물지 말고, 활동 폭을 넓혀 기층 민중을 조직해야 한다는 관점이었다. A2와 B2는 각각 A안과 B안의 약점을 보완하려는 의도에서 도출된 수정안이었다.

논쟁은 총회준비위원회(총준)에서 시작됐다. 총준위원은 각급 부서와 기구에서 선출된 10명 내외의 열성 회원들로 구성됐다. 위원장은 김희택이었고, 최성웅(연세대 80학번)이 위원들 가운데 가장 연소했다. 최성웅의 회고에 따르면, 민청련 내부 사정을 잘 아는 총준위원 진재학이 그동안 진행된 논쟁에 대해 위원들에게 브리핑을 했는데, 민청련을 바라보는 시각들이 어떤 것이 있는지 줄줄 꿰며 설명하는 것을 관심 있게

6차 총회 총준위원과 이후 11인 체제 상임집행위원이었던 진재학(왼쪽)과 총준위원으로 활동한 최성웅(오른쪽).

들었다. 그 얘기를 듣고 자기가 네 개의 초안으로 분류했다고 한다.

이 논쟁은 쉽사리 종결되지 않았다. 각 주장이 팽팽하게 평행선을 그었다. 부득이 총준의 범위를 넘어 대의원총회의 힘을 빌어야만 했다. 대의원총회란 정기 총회에 앞서서 비공개적으로 열리는 실질적인 최고 의사결정 기구였다.

각급 기구와 계반에서 선출된 대의원 수십 명이 모였다. 이 자리에서 조직 문제 이견을 해소하기 위한 최고 심급의 최종적인 논의가 이뤄졌다. 회원들의 이목을 끌었던 네 가지 제안이 발표됐고 이를 둘러싼 찬반 논의가 시작됐다. 뜨거운 공방전이 밤새 계속됐다. 논쟁은 끊임없이 이어질 것만 같았다.

긴 논란을 종결지을 필요가 있다는 데 참석자들의 의견이 모였다. 대의원들은 네 개의 제안을 A안과 B안 두 가지로 정리해 표결에 부치기로 합의했다. 긴장 속에서 표결이 이뤄졌다. 그 결과 A안이 근소한 차이로 가결됐다.

한국 사회의 변혁운동이 노동자와 농민 등 기층 민중을 조직하여 기반으로 삼아야 한다는 데는 A안과 B안 모두 동의하는 바였다. 다만 그 과업을 민청련이 직접 담당하느냐, 다른 부문운동과의 역할 분담 속에서 바라보느냐의 차이가 있을 뿐이었다. 그리고 민청련의 독자 영역에 충실하자는 주장에 좀 더 무게추가 기울었다.

조직 논쟁은 다수결로 종결됐지만 후유증이 남았다. 양측 지지자들의 숫자 차이는 아주 작았다. 그래서일까. B안을 지지했던 간부와 회원들 사이에 실망감과 함께 불복종의 기운이 돌았다. 자칫하면 결별마저 불사할지도 모른다는 불길한 분위기가 조성됐다. 따라서 새 집행부 구성이 지혜롭게 이뤄질 필요가 있었다. A안 지지자들을 중심으로 구성하는 것이 옳겠지만, 그렇다고 해서 B안 지지자들의 심리를 도외시할 수 없었다. 절충이 이뤄졌다. 새 집행부의 면면은 주로 A안 지지자들로 구성하되, B안 지지자들에게도 일정한 몫을 할애했다.

총회 결정에 따르지 않은 사람들

그러나 집행부 안배만으로는 내부 이견을 봉합할 수 없었다. B안을 지지했던 회원들 가운데 많은 수가 대의원총회 결정에 불복했다. 그들은 민청련 탈퇴를 선택했다. 탈퇴한 사람들 중에는 임원들도 있었다. 한경남 의장, 천영초 상임위원회 위원장 등이 그 속에 있었다.

탈퇴하는 회원이 많았던 데에는 학생운동 출신자들이 공통으로 갖고 있던 마음 속 규범이 영향을 미쳤다. 학생운동을 평생 할 수는 없는 일이었다. 학생운동을 하고 학교를 떠난 이후에는 마땅히 노동 현장에 투신하여 기층 민중운동을 강화하는 데 헌신해야 한다는 신념이 있었다. 연세대 4학년에 재학 중이던 1983년 6월 8일 반정부 학내 시위를 주동

AB논쟁 이후 민청련을 탈퇴한
한경남 의장(왼쪽)과
천영초 상임위원회 위원장(오른쪽).

했던 최성웅의 증언에서 당시 학생운동 참가자들 사이에 공유되던 강렬한 윤리적 규범을 확인할 수 있다.

1970년대 명망가 중심의 재야 운동은 한계가 있으며 철저히 노동자, 농민 등 기층 민중에 조직적 기반을 둔 운동이어야 한다. 그래서 학생운동을 마친 운동가는 노동 현장에 투신하여 거기서 조직적 기반을 다져야 한다. 그런데 노동 현장에 들어간다는 명분 하에 신분이 노출되는 것을 꺼려 학생운동에서의 당면 투쟁을 회피하는 것 또한 그릇된 것이다. 학생운동가들은 변혁운동에서 학생운동이 담당해야 할 선도적 투쟁의 역할을 충실히 수행해야 한다. 따라서 이런 논리에 따라 정해지는 가장 바람직한 삶의 그림은 학생운동가는 학생운동을 마무리하는 4학년 때에 시위를 조직하여 투쟁을 한 후 구속되어 감옥살이를 하고 감옥에서 나와서는 은밀히 노동 현장에 들어가서 노동자 조직을 구성하는 것이다.
– 최성웅, 〈민청련 활동에 대한 기억(원고)〉, 2014

당시 정세도 영향을 끼쳤다. 1985년 구로 동맹파업 이후에 노동운동 내에서 정치투쟁 그룹이 활성화되고 있었다. 그 결실로서 출현한 서울노동운동연합(서노련)은 전체 민중운동에 커다란 영향력을 행사했다. 서울대 출신의 김문수, 심상정 그리고 노동자 시인 박노해 등이 주도한 서노련은 특히 학생운동 출신자들에게 거대한 흡인력을 발휘했다. 이 때문에 노동운동에 뜻을 두고 있던 민청련 회원들은 서둘러 노동 현장으로 이전하는 길을 걸었다.

민청련의 조직 기반은 큰 타격을 받았다. AB논쟁으로 회원이 급감한 것이다. 제6차 총회 이전에는 계반과 각급 기구에 망라된 회원 숫자가

400~500명 정도였는데 논쟁이 끝난 이후 50퍼센트 정도로 줄어들었다고 평가된다. 자기 뜻이 관철되지 않았다고 해서 탈퇴를 결행하는 것은 공동체의 논의 규범을 따르지 않는 행위였다. 조직에 남아 있는 사람들에게 커다란 마음의 상처를 주었다.

논쟁이 왜 이처럼 부정적인 결과를 낳았는가? AB논쟁이 조직의 분열과 약화로 귀결된 원인에 대해 민청련은 뒷날 자체 분석 결과를 내놓았다(《80년대 민족민주운동의 평가와 반성―민청련 활동을 중심으로》, 《민주화의 길》15, 1986). 그것은 두 가지 이유 때문이었다. 첫째, 대학 바깥 사회에 존재하는 민청련이 자기 조직 기반을 대학 안에서 이루어지는 학생운동에 의존했기 때문이다. 학생운동 출신자들은 억압과 불의에 맞서는 비판 의식과 동지적 유대감을 갖고 있었다. 그러나 그들은 민청련에 의해 훈련되고 조련된 조직원이 아니었다. 즉 민청련에 대한 소속감은 약했다. 민청련은 그러한 학생운동 출신자의 규합에만 힘썼을 뿐, 독자적인 회원 재생산을 꾀하지 않았다. 둘째, 학생운동 출신자였기에 학연에 민감했다. 출신 학교와 써클 등의 차이가 구성원들 내부에 균열을 가져왔음을 부인할 수 없었다. 게다가 학생 출신이기에 이론적 승부욕을 갖기 쉬웠다. 내부 토론 과정에서 상대방에게 밀리거나 지기 싫어했다. 다수결에 승복하지 않고 분파적으로 활동할 가능성이 높았던 것이다.

회원 감소와 함께 민청련의 위상과 영향력도 축소됐다. 민청련은 출범 초기부터 민주화운동 단체들 간의 연대에 힘을 기울였고, 노동운동 세력과의 연대 활동에도 관여해왔다. 이 두 갈래 연대 활동은 총체적인 조망과 방향 설정에 큰 도움을 주었다. 하지만 민청련의 위상이 축소됨에 따라 상황이 변했다. 민청련을 향한 구심력보다 외부 운동을 향한 원심력이 상대적으로 강해졌다. 어느 쪽과의 연대를 중시하느냐에 따라 조직 구성원들 사이에 틈이 생겼다. 그 틈이 넘을 수 없을 정도로 벌어졌다고 생각하는 이들이 민청련을 떠났던 것이다.

김희택 집행부의 출범

새 집행부가 출범했다. 6인으로 구성된 중앙위원회가 선출됐다. 김희택 의장을 비롯하여 최민화, 김병곤, 박우섭, 이범영, 윤여연 등이 중앙위원이 됐다. 이미 구속됐거나 수배 중인 인물들이 대부분이었다. 최민화, 김병곤은 구속 중이었고, 박우섭은 6차 총회가 끝난 이튿날 체포됐

제6차 총회에서 선출된 중앙위원들. ① 김희택 의장, ② 박우섭(수배 후 구속), ③ 최민화(구속 중), ④ 김병곤(구속 중), ⑤ 이범영(수배), ⑥ 윤여연 운영위원장.

다. 다른 3인은 지명 수배 중이었다. 도망자의 처지에 처해 있으면서도 이들은 지도력을 발휘했다. 윤여연이 운영위원장을 겸했다. 김근태 초대 의장에 뒤이어, 짧았던 한경남 의장 체제를 이어받아 세 번째 의장 리더십이 형성됐다.

제6차 총회에서 선출된 11인의 비공개 상임집행위원회. ① 장준영, ② 이병호, ③ 이승환, ④ 오세중, ⑤ 유기홍, ⑥ 임태숙, ⑦ 진재학, ⑧ 이난현, ⑨ 진영효, ⑩ 최경환, ⑪ 박선숙.

탄압 국면이었으므로 실질적인 집행부는 비공개 상태로 두어야 했다. 그래서 종전의 비공개 상임위원회 체제를 확대 개편하여 상임 집행위원회를 설치했다. 상임 집행위원으로는 장준영, 이병호, 이승환, 유기홍, 오세중, 임태숙, 최경환, 진재학, 이난현, 박선숙, 진영효 등 11인이 선임됐다. 대학교 입학년도를 기준으로 볼 때 73학번에서 79학번에 이르는 세대였다. 이들은 상임위 내부 부서를 하나씩 책임지고 이끌었다.

타오르는 개헌 요구 투쟁

AB논쟁 못지않은 또 하나의 논쟁이 있었다. 개헌 문제였다. 이것이 당면 전술 논쟁의 초점이 된 데에는 까닭이 있었다. 전두환 정권이 개헌 논의 불가 방침을 선언했기 때문이다. 1986년 1월 16일, 전두환은 헌법상 대통령 임기가 보장된 1988년까지 개헌 논의를 허용하지 않을 것이며, 헌법 논의를 빙자한 범법 행위를 처벌하겠다고 발표했다. 민주주의를 정면으로 부정한 처사였다. 이에 따라 개헌 요구는 반독재 민주화 운동의 최대 현안이 됐다.

타는 불에 기름을 부은 듯 개헌 요구 투쟁이 불타올랐다. 대학생들이 가장 먼저 항의 행동에 나섰다. 학생운동 세력은 헌법을 개정하는 정도의 개량주의적인 노선이 아니라 근본적인 변혁을 수행할 수 있도록 헌법을 새로 만들어야 한다는 노선에 입각해서 개헌 문제에 대응해야 한다는 입장을 취했다. 전국학생총연합(전학련)은 2월 4일, 헌법제정국민의회 구성을 요구하는 범국민서명운동을 전개할 것을 결의했다.

군사독재와의 타협 여부를 저울질하고 있던 야당 정치 세력도 개헌 요구를 촉구하고 나섰다. 신민당은 2·12총선 1주년 기념식에서 직선제 개헌 서명운동을 시작한다고 선언했다. 뒤이어 '대통령 직선제 등 민주개헌촉진 1천만인 서명운동' 명단을 3월 6일 자로 공개했다.

민주화운동 단체들의 연합기구인 민통련과 기독교계 민주인사들도 민주제 개헌을 요구하고 나섰다. 박형규 목사를 비롯한 민주화운동 지지 교역자들은 2월 17일 '기독교 민주헌법개정 서명추진본부' 결성 준비회의를 열었다. 민통련은 3월 5일, 〈군사독재 퇴진 촉구와 민주헌법 쟁취를 위한 범국민서명운동 선언〉을 발표하고, 서명자 303인의 명단을 공개했다.

구로 동맹파업 이후 강력한 정치투쟁 드라이브를 걸고 있던 노동운동 세력도 개헌 요구투쟁에 나섰다. 서노련은 "우리가 진정 획득해야 할 헌법은 오직 삼민 통일헌법 뿐"이라고 주장하고, "일천만 노동자가 그 누구보다도 앞장서 개헌투쟁을 전개하자"고 호소했다(《서노련신문》 11호, 1986. 2. 23).

이와 같이 개헌 문제를 둘러싸고 전체 민주화운동 진영 내에서 다양한 의견과 주장이 제기됐다. 직선제 개헌, 민주헌법 쟁취, 헌법제정회의 구성, 삼민 통일헌법 제정, 개헌 투쟁 무용론 등이 어지럽게 교차됐다. 민청련 회원들 내부에는 이 모든 입장이 혼재되어 있었다. 그중에서 가장 영향이 큰 것은 민주헌법 쟁취론과 헌법제정회의 소집론이었다. 이 두 가지 견해를 지지하는 회원들이 민청련 내에서 다수를 점했다.

내부의 이견이 있었음에도 불구하고 제6차 총회는 개헌 투쟁의 전술에 관한 민청련의 통일된 견해를 도출하는 데 성공했다. 그것은 두 개의 골자로 이뤄져 있었다. 하나는 대통령 직선제 슬로건을 폐기한 점이다. 종전에는 직선제 개헌 슬로건을 다른 주요한 슬로건들과 함께 병용해왔지만, 그것이 지나치게 부각되어 다른 슬로건들을 압도하는 경향이 있었다. 따라서 의도와는 달리 개량주의적 색채를 전면에 내세우는 착오를 범하게 됐다고 인식했다. 그 결과 제6차 총회 논의 과정에서 직선제 슬로건은 개량주의적 성격을 갖는다는 이유로 공식적으로 폐기됐다.

다른 하나는 헌법제정회의 소집론이 승인된 점이다. '군사독재헌법 철폐하고 헌법제정회의 소집하자'는 슬로건이 기본 슬로건으로 채택됐다. "군사독재의 즉각적인 종식→군사독재의 잔재를 일체 배제하고 민중들이 주체적으로 참여하는 헌법제정회의의 소집→민주헌법의 제정"이라는 정치 일정을 실현해야만 반독재 투쟁의 근본적 승리를 이룰 수 있다는 주장이었다.

2

5월 투쟁에
헌신한 청년들

동창회, 영업부, 산악부라고 부른 세 가지 조직

AB논쟁의 결과 조직의 약 절반이 이탈했다. 문제가 심각했다. 단지 구성원 숫자가 절반으로 줄어들었기 때문만은 아니었다. 남은 회원들이 커다란 마음의 상처를 입었다. 사기가 땅에 떨어졌다. 획기적인 대책이 필요했다. 1986년 3월, 제6차 총회를 통해 등장한 김희택 새 집행부가 그 일을 단행했다.

먼저 조직체계에 손을 대 근본적인 변화를 도모했다. 규율과 헌신을 전제로 하는 회원의 '정예화'가 목표였다. 그 결과 기존의 비공개 계반 조직은 세 종류의 새로운 조직 형태로 재편됐다. '동창회', '영업부', '산악부'가 그것이다. 탄압 국면이어서 가명을 사용했지만, 이 세 가지 조직은 민청련 조직의 근간이었고 그런 의미에서 '기간 조직'이라고 불렸다.

동창회는 기존의 계반과 동일한 조직이었다. 학생운동 출신자로서 회사원 등으로 생계를 위해 일상생활을 하는 이들이 조직원이 되었다. 이들은 1주일에 1회 이상 정기적으로 회합하여, 회비를 걷고, 정세와 전술에 관해서 토론하고, 거리와 주택 밀집 지역에 유인물을 살포하고, 시위 현장에 참여하는 등 기존의 계반에서 수행하던 활동을 그대로 계승했다.

영업부는 제6차 총회에서 처음 출현한 조직형태였다. 기존에 해오던 계반 활동에 더해 노동 현장에 대한 지원 역할을 함께 수행하는 조직이었다. 당시에는 노동자 대중운동을 지원하는 역할을 '민지투'라고 불렀는데, '민중운동지원투쟁'의 줄임말이었다. 이 조직은 민지투를 통해 민청련의 기간 조직을 확장하고 다양화하려는 의도에서 고안된 것이었다. 성패 여부가 민청련의 미래를 좌우하는, 중요한 의의를 지니고 있었다. 이 조직의 총책임은 고려대 76학번 이승환이 맡았다.

산악부는 민중운동 현장으로의 이전을 준비하는 조직이었다. 공장이나 빈민운동 현장에 들어가기로 결심한 회원들을 묶었다. 현장으로 이전하려는 학생운동 출신자들의 민청련 이탈을 막을 뿐만 아니라, 더 나아가 민청련이 직접 적극적으로 그 과정을 조직하고자 했던 것이다. 회원들 내부에 팽배해 있는 노동 현장 지향 열기를 조직 내부에 담아내려는 시도였다.

기간 조직과 함께 '스탭 조직'이 편성됐다. 종래 상임위원회 산하에 분과 형태로 존재하던 비공개 기구들을 이 개념으로 새로이 재편했다. 기간 조직이 민청련의 뼈대를 구성하는 종적 조직이라면, 스탭 조직은 집행부의 각 기능을 확장하는 횡적 조직이었다. 정책실, 민중신문팀, 유인물을 제작하는 홍보위원회 등이 이 범주에 속했다.

말을 잘해서 '노(가리) 선생'이라 불린 이범영

정책실은 장기 수배 중이던 이범영 부의장이 맡았다. 그는 경찰의 집요한 수배망에 쫓기면서도 쉼 없이 민청련 운동에 헌신했다. 수배 중이었기 때문에 내부 구성원들 사이에서 실명이 아닌 '노 선생'이라는 가명으로 불렸다.

여러 성씨 중에서 '노' 선생이라고 불린 데에는 이유가 있었다. '노가리'가 훌륭했기 때문이다. 노가리란 '말을 막힘없이 조리 있게 풀어놓는 사람'을 가리키는 속어인데, 그는 조성된 정세의 성격과 당면 투쟁

정책실 제1분과에서 《민주화의 길》을 만든 ① 노동진, ② 박일환, ③ 윤석인, ④ 임경석과 정책실 제2분과에서 《민중신문》과 각종 자료를 만든 ⑤ 김영현, ⑥ 한홍구.

의 전략전술에 관해 토론하기를 즐겼으며, 논리적으로 설득력 있게 발언하는 능력을 갖고 있었다.

정책실은 둘로 나뉘어 있었다. 제1분과는 민청련 기관지《민주화의 길》을 간행하는 팀이었다. 진재학 상임 집행위원이 관장했다. 노동진, 윤석인, 박일환, 임경석, 김용민, 정남기 등이 구성원이었다. 이들은 객관 정세 분석팀과 주체 정세 분석팀으로 나뉘어서 정례적으로 모임을 가졌다. 모임은 통상 1주일에 한 번씩 개최했으며, 회합 장소로는 신촌 일대의 경양식 집이나 카페를 선호했다. 당시 경양식 레스토랑은 값이 비싸지 않은데다 테이블별로 칸막이가 되어 있는 경우가 많았다. 대여섯 사람이 돈가스 하나씩 주문하고서 두세 시간씩 은밀한 얘기를 나누는 데 안성맞춤이었다.

정책실 제2분과는 유기홍 상임 집행위원이 이끌었다. 김영현, 윤형기, 한홍구 등이 주요 멤버였으며, 번잡한 재래시장 허름한 건물의 한 귀퉁이에 사무실을 임대해 사용했다. 시장통에 위치해 있었기 때문에 다수의 낯선 사람들이 출입하기에 적당했다. 이 팀은 정책 관련 자료를 생산하여 교육 및 홍보에 활용하는 것이 임무였다. 이따금 제1, 2분과의 합동 모임도 갖곤 했다.

상층연대보다 하층연대를 중시하다

새 집행부의 또 다른 역점 사업은 대외 연대를 강화하는 것이었다. 김희택 집행부는 특히 기층 민중과의 연대 사업에 중점을 두었다. 즉 민주화운동 단체들의 연합기관인 민통련이나 야당 정치 세력과의 상층 연대보다는, 노동운동과 학생운동과의 연대를 중시했다. 상층 연대를 사실상 폐기하고 하층 연대를 강화한다는 민청련의 이 입장은 1986년 상반기 투쟁 노선에 반영됐다.

당시는 개헌 투쟁이 고조되고 있던 시기였다. 제1야당인 신민당이 국회 밖으로 나와 장외 대중운동으로 진출한 것이 기폭제가 됐다. 3월 11일 개헌추진위원회 서울지부 결성대회를 개최한 데 이어, 5월 말까지 부산, 광주, 대구, 대전, 인천, 마산, 전주 등의 순서로 지부 현판식 집회를 주최했다. 야당 정치 세력의 직선제 개헌 서명운동은 대규모 대중 동원력을 과시했다. 현판식에는 수많은 사람들이 몰려들어 그동안 억눌려온 정권 교체에 대한 열망을 모처럼 생긴 합법적인 공간을 통해 뜨겁게 분출했다.

특히 3월 30일 신민당 개헌추진 광주지부 결성대회가 큰 역할을 했다. 대회가 끝난 뒤 광주 시내에서는 30만 명에 달하는 거대한 군중이 격렬한 가두시위를 벌였다. 1980년 5월 항쟁 이후 처음 보는 가장 큰 규모의 시위운동이었다. 이날 시위에서 민통련은 '3·30선언'을 발표했다. 군사독재를 물리친 다음에 반외세 문제를 해결하며, 당면 투쟁의 슬로건은 군사독재 퇴진을 촉구하는 방향으로 통일시키고, 이를 위해 신민당과의 적극적 제휴를 추구한다는 내용이었다.

민청련은 기관지 《민주화의 길》 제13호 논설을 통해 세 가지 점을 들어 민통련의 입장을 비판했다. 첫째, 반독재 단독 구호를 반대한다고 천명했다. 반독재 민주화의 과제와 반외세 자주화의 과제는 분리될 수 없는 하나의 목표이므로 반독재 슬로건만을 내세우는 것은 옳지 않다는 입장이었다. 둘째, 야당 정치 세력과의 제휴를 비판했다. 신민당은 독재자 개인이나 일부 그룹과는 이익이 상반되지만, 외세와 군부 전체와는 결국 유착될 세력이라고 평가했다. 따라서 신민당과는 거리를 두어야 한다고 주장했다. 셋째, 개헌 집회의 목표는 전략적 공세기가 아니라 수세기를 전제로 하는 관점에서 설정되어야 한다고 보았다. 독재 타도를 직접 목표로 할 것이 아니라 대중에게 올바른 정치적 방향을 제시하는 훈련의 기회로 활용해야 한다고 말했다.

노학청 연대의 이상과 현실

민청련은 민통련을 비판하면서 그 대신에 민주 혁명의 핵심 역량으로 간주되고 있는 노동운동 및 강력한 대중 동원력을 갖고 있는 학생운동과의 연대를 추구했다. 민청련은 이것을 '노학청 연대'라고 불렀다. 광범한 대중을 결집시킬 수 있는 하층 연대였다. 민청련은 이 연대를 중시했고, 책임 있게 참여하고자 노력했다.

그러나 민청련의 의도와는 달리 노학청 연대는 순조롭게 진전되지 않았다. 그 원인은 운동 진영이 분열되어 있는 사정과 연관되어 있었다. 당시 노동운동 진영은 《노동자신문》과 《선봉》 그룹으로 나뉘어 있었다. 《노동자신문》은 서노련에서 발행하던 《서노련신문》이 확대 개편된 매체로서 서노련의 노선을 이어받고 있었다. 이들은 투쟁성과 강고한 규율을 갖고 있음에도 불구하고, 전체 운동의 방향을 선도하는 정치노선의 제시에 소홀했으며 운동 진영의 동료 단체들에 대해 폐쇄적이고 패권주의적 태도를 보이고 있었다.

《선봉》 그룹은 서노련의 과격한 투쟁노선을 비판하며 보다 대중적인 구호를 내걸고 노동자 대중에게 다가가려 했던 이들이 발행한 매체였다. 이들은 이후 서울남부지역노동자동맹(남노련)을 결성했다. 《선봉》 그룹은 운동 진영의 연대에 대해서는 훨씬 유연했다. 이들은 '반제반파쇼노동자투쟁위원회'(반반노투)라는 공개 투쟁기구를 내세웠으나 투쟁성과 규율의 측면에서는 실력을 의심받고 있었다.

학생운동 진영도 나뉘어 있었다. 1986년 4월 28일, 서울대 학생들이 전방입소 훈련을 반대하며 신림 사거리에서 시위하던 중 건물 옥상에서 시위를 이끌던 김세진, 이재호 두 학생이 몸에 신나를 뿌린 뒤 "반전 반핵 양키 고 홈"을 외치며 분신하는 일이 발생했다. 이를 계기로 학생운동 안에 반외세 문제를 전면적으로 제기하는 흐름이 형성됐다. 이들이 주장하는 반외세직접투쟁론은 외세 문제에 대한 일대 비판과 자성을 불러일으킨 점에서는 큰 역할을 했지만, 개헌 투쟁에 대해서는 아무런 대책도 내놓지 않고 있었다. 연대가 가능한 파트너는 헌법제정회의 소집 슬로건을 표방한다는 점에서 민청련과 동일한 입장을 취하고 있는 '전국반제반파쇼민족민주학생연맹'(민민학련)이었다.

민청련은 개헌 투쟁의 슬로건이 일치하고 연대가 실제로 가능한 파트너들과의 협력에 나서기로 결심했다. 그 결과 노동운동의 반반노투와 학생운동의 민민학련, 그리고 민청련 세 행위 주체가 연대해 5월 투쟁을 실행하기로 결정했다. 여기에 몇몇 청년단체들을 더해 5월 15일, 6개 단체 연합으로 '반외세반독재 민족민주헌법제정민중회의 쟁취투쟁본부'를 결성하고, 성명서와 메시지를 발표했다.

5월 투쟁의 꽃은 5월 17일 서울 시내 중심가에서 벌인 시위였다. 이 시위를 성사시키기 위해 노학청 연대에 참여한 세력은 공동의 논의 테이블을 조직했다. 시위를 준비하는 테이블에서 중시된 것은 특히 '초동의 강고함'이었다. 시위 최초 주동자들이 확실히 자기 역할을 수행해야

만 시위 대열이 경찰의 진압작전을 이겨내고 세력을 형성할 수 있다고
보았다.

민청련 회원들은 무언가 주장을 하려면 실천을 담보해야 한다는 의
식이 강했다. 노학청 연대로 시위를 조직하려면 민청련에서도 대학생
들처럼 시위를 주동하는 책임 있는 모습을 보여야 한다고 생각했다. 탄
압 국면이 도래하기 전에는 시위를 주동해도 구류 처분을 감수하는 정
도만 각오하면 됐으나 이제는 달랐다.

앞서 5월 3일 신민당이 주최하는 '개헌 현판식' 인천대회에 학생운
동 세력이 대거 참여하면서 최루탄과 화염병이 난무하는 격돌이 벌어

시간이 각각 7시 30분과 4시로 다르게 표기되어 있는 '반외세반독재 민족민주헌법제정
민중회의 쟁취투쟁본부' 이름의 민중대회 안내 전단지 앞면(왼쪽)과 민청련에서 제작한
민중대회 안내 전단지(오른쪽).

졌다. '5·3인천사태'로 불리는 이 사건으로 300명이 넘게 구속됐고 정부의 시위에 대한 대응은 초강경으로 돌아섰다. 이제는 구속될 게 뻔했다. 민청련 집행부와 회원들은 이 문제로 깊이 고민했다. 결국 비공개 집행부에 속한 상임 집행위원 두 사람이 희생을 무릅쓰겠다는 결단을 내렸다. 진재학과 최경환이었다.

대회 명칭은 '광주학살 원흉 처단과 민족민주헌법 제정 민중회의 쟁취를 위한 민중대회'로 정해졌고, 시위 현장에 뿌려질 전단에는 "5월 17일 오후 4시 파고다공원에서 개최한다"고 되어 있었다. 그러나 실제로 시위 개최지로 선정된 곳은 종로2가 길거리였고, 시간은 오후 7시 30분이었다. 경찰의 주의를 분산시키려는 의도였다.

민민학련 측을 대표하여 남녀 대학생 2인이 신혼부부를 가장하여 종로2가 YMCA호텔에 투숙했다. 둘 다 성균관대 재학생들이었다. 그들은 약속된 시간에 호텔 창문을 통해 플래카드를 내려뜨렸고, 유인물을 살포했다. 여기에 호응하여 가두에 배치된 민청련의 두 '야사'(야전사령관)가 행동에 나섰다.

5월 투쟁의 두 야전사령관, 진재학과 최경환

진재학은 YMCA호텔 앞에서 10여 미터 뛰어나가며 유인물을 살포하고 구호를 외쳤다. "광주학살 원흉을 처단하라! 헌법 제정 민중회의 쟁취하자!" 고함 소리가 거리에 울렸다. 최경환은 지하철역 출입구 덮개 위에 올라가서 경찰에 잡힐 때까지 현장 시위를 지휘하기로 계획되어 있었다. 그래서 신문 가판대를 딛고 출입구 덮개에 몸을 걸쳤으나 한번에 올라서지 못하고 버둥댔다. 그 사이에 사복 경찰들이 달려들어 끌어 내렸다. 최경환은 구호를 외치면서 끌려갔다.

이날 시위는 사복 경찰이 쫙 깔려 있는 시내 중심가에서 감행한 과감한 행동이었다. 경찰은 이미 파고다 공원과 종각 지하철역 등에 정사복 경찰 22개 중대 3,000여 명을 배치한 상태였다. 시위 현장에서 364명이 연행됐고, 그중 10명이 구속됐다.

5월 투쟁을 끝낸 뒤 민청련은 엄정한 자체 평가에 들어갔다. 그 결과 노학청 연대와 공동투쟁에 심각한 문제가 내재해 있음을 인정했다. 공

《경향신문》 1986년 5월 19일 자 사회면 톱기사에 실린 1986년 5월 17일 시위 기사. 10명의 구속자 명단 중 검은 테두리 안에 최경환, 진재학 회원의 이름이 있다. 왼편 위에 있는 사진은 진재학(왼쪽)과 최경환(오른쪽). 아래는 당시 종로2가 YMCA 일대 사진.

동 투쟁에 임한 세 주체가 '헌법제정회의 소집' 슬로건을 표방한 점에서는 동일했다. 그러나 그 슬로건의 의미에 대해서는 서로 다른 생각을 품고 있음이 분명히 드러났다.

민민학련과 반반노투의 생각은 민청련과 달랐다. 그들은 개헌투쟁의 성격을 곧바로 헌법제정회의를 소집하여 민중 권력을 수립하는 투쟁으로 보고 있었다. 이에 비해 민청련은 현재는 그런 시기가 아니며 개헌투쟁을 전술적 투쟁으로 규정하고 있었다. 이는 심각한 차이였다. 슬로건의 외형적인 합치만을 기준으로 삼아 연대를 이뤘던 점에 대해 자기반성을 한다고 고백했다.

연대 파트너 선정에도 문제가 있었다. 연대 대상이 됐던 노동운동 세력은 실제로는 학생운동 출신자들이 노동 현장에 들어가 만든 비공개 정치투쟁 단체에 지나지 않았다. 그동안 추구해왔던 노학청 연대가 학생운동과 학생운동 출신자들을 덧붙인 데 지나지 않았던 것이다. 거창한 관념적 의미 부여에 비해 내용적 실체는 국지적인 범위에 한정되고 말았던 셈이다.

3

1986년 헌법특위
반대 운동

군사독재와 타협 없다!

격렬했던 1986년 5월 투쟁 이후에 갑자기 정치 정세가 바뀌었다. 전두환 정권과 야당 정치 세력 사이에 타협 정국이 조성된 것이다. 이른바 '헌법특위 국면'의 도래였다. 발단은 미국이었다. 1986년 5월 8일 미 국무장관 슐츠가 방한하여 여야 3당 대표들과 담화하는 자리에서 타협을 통한 시국 수습을 희망한다고 발언했다. 전두환 정권은 이에 호응해서 국회에서 여야가 합의하면 조기 개헌을 고려하겠다는 의사를 밝혔다. 야당 정치 세력도 이를 받아들여 장외에서 추진해오던 직선제개헌 서명운동을 중단하고 원내 협의에 임했다. 그 결과 7월 30일에 국회 안에 헌법개정특별위원회(헌법특위)가 발족했다.

타협 정국의 도래는 민주화운동 탄압을 수반했다. 전두환 정권은 5·3인천시위를 빌미로 또 한 번 가혹한 탄압의 칼을 뽑아들었다. 대검찰청은 1986년 5월 19일, '5·3인천사태'에 대한 중간 수사 결과를 발표했다. 그에 따르면 시위 주동세력은 학생단체 민민투와 재야단체 민통련, 노동단체 서노련과 인천지역민주노동자연맹(인노련) 등이었다. 대검찰청은 이들이 조직적으로 인원을 동원하여 소요를 선동했다고 규정하고 149명을 구속, 55명을 수배했다. 민통련 의장 문익환을 비롯한 간부들은 체포, 수배, 연금을 당했다. 특히 시위 주동단체로 지목된 서노련 사람들은 군대 내 수사기관인 보안사령부로 끌려가 살인적인 탄압을 받았다. 체포된 서노련 관련자 20여 명은 무차별 구타와 전기고문, 물고문을 겪어야 했다.

'군사독재정권과 타협해서는 안 된다!' 이것이 민청련의 입장이었다. 민청련은 당면 투쟁의 방향을 헌법특위 반대운동으로 전환했다. 민청련은 6개 청년단체들을 묶어서 '청년운동 연대 테이블'을 구성하여 6월 13일 헌법특위 음모를 폭로하는 가두시위를 벌였다. 봉천동에서 이뤄진 이 시위는 소규모였지만 의미 있는 행동이었다.

이튿날에는 종로5가 기독교회관 내 한국기독학생회총연맹KSCF 사무실에서 기자회견을 열었다. 이 자리에서 군사독재와 타협해서는 안 되는 이유를 제시했다. "헌법특위는 미국의 배후 조종에 의한 보수 대타협 음모의 소산"이며, "군사독재 정권은 그를 통하여 이원집정부제라는 기만적인 헌법 개정을 꾀하고 있다"고 진단했다. 이는 '군사독재의 변형된 형태'일 뿐이었다. 민청련은 신민당 이민우 총재를 비롯한 일부 야당 정치 세력이 거기에 장단을 맞추고 있음을 비판했다. 헌법특위 구성은 '예방 혁명적 기만책의 일환'일 뿐이라는 진단이었다.

그렇다면 어떻게 해야 할까? 헌법 문제는 민중이 결정해야 한다. "헌법은 군사독재와 매판세력을 철저히 배제하고 이 땅의 진정한 주인인 민중에 의해 새로이 제정되어야 한다"고 천명했다(민청련 등 6개 단체, 〈현 상황에 대한 우리의 입장—기만적인 헌법특위 음모에 반대한다〉, 1986. 6. 14).

6개 청년단체는 민주화운동 탄압을 규탄하는 것도 잊지 않았다. 민 통련 파괴 공작을 즉각 중단하고 서노련을 비롯한 노동·학생·청년운 동에 대한 탄압을 멈추라고 요구했다. 나아가 살인적인 고문 수사를 자 행하는 보안사령부 등을 해체하라고 주장했다.

또 다시 남영동 대공분실로

탄압의 불똥은 민청련에도 튀었다. 거의 1년 동안 장기간 지명수배 중 이던 김희택 의장이 경찰에 체포되고 만 것이다. 6월 17일 아침 시흥 인근 길거리에서 안양경찰서 소속 형사들에게 강제 연행된 그는 악명 높은 남영동 대공분실로 이첩됐다. 고문 수사가 또 다시 자행되지 않을 까 하는 우려와 긴장감이 돌았다. 민청련 집행부는 긴급 모임을 갖고 대책을 협의했다. "남영동 대공분실에서 조사하고 있다는 것은 현 정권 이 아직도 민청련을 수단과 방법을 가리지 않고 탄압하겠다는 저의를 끝내 버리지 않고 있음을 보여주는 것"이라고 진단했다(민주화운동청년연 합, 〈'민주화운동 탄압'이 현정권이 말하는 '민주화'인가?—민청련 김희택 의장을 즉각 석방하라〉, 1986. 6. 19).

가만히 있을 수 없었다. 6월 19일부터 민청련 사무실에서 항의 농성 에 들어갔다. 농성에는 민청련 회원들 외에 계훈제, 김승균, 성유보, 김 종철 등 영향력 있는 재야인사들도 민청련 지도위원 자격으로 합류했 다. 이날 배포된 성명서에서 민청련은 김희택 의장을 비롯한 민청련 구속자 8명의 즉각 석방과 민주화운동에 대한 탄압 중단을 요구했다.

사무실은 활기를 띠었다. 출입구 봉쇄, 음식물 공급 차단 등 경찰의 방해 공작에도 불구하고 농성 투쟁의 현장으로서 제 기능을 다했다. 항의 농성과 함께 가족들의 면회 요구 투쟁도 세차게 진행됐다. 김희택 의장의 부인으로 노동운동가 출신인 조명자가 김병곤의 부인 박문숙과 함께 남영동 대공분실을 항의 방문했다. 조명자는 당시 상황을 이렇게 회상했다.

남편이 남영동으로 연행됐다는 소식을 듣고 문숙이와 함께 갔어요. 그 살벌한 대공분실 문을 두드리고 흔들며 바닥에 누워 몸부림을 치다 잠깐 기절을 했던 것 같아요. 요원들이 나와선 병원으로 끌고 갔어요. 이동 중에 의식은 돌아왔지만 문숙이가 계속 기절한 척하라고 하더군요. 전 결국 병원에서 처방한 독한 신경안정제를 맞고 정말 기절을 했어요. 좀

민청련 사무실에서 항의농성 중인 재야 원로들.
상황을 설명 중인 박우섭 민청련 중앙위원과 백기완, 문익환, 계훈제, 임채정(왼쪽부터).

있다 깨자마자 다시 남영동으로 갔죠. 가서 난리를 치니까 그 사람들도 기가 막혔던지 문을 열고 면회를 시켜주대요. 대공분실 안에 들어가서 누구를 면회한 건 그게 아마 전무후무한 일일 거예요.
– 〈헌신이 무엇인가 알고 싶다면 이 사람을 보라, 전업운동가 김병곤의 아내 박문숙〉, 《한국일보》 2014. 5. 19.

조명자는 이 일로 농성장에서 민가협 어머니들에게 많은 인사를 받았다. 한 구속자 어머니가 걱정을 가득 담아서 물었다고 한다. 조명자가 진짜 간질 환자인 줄 알고 "치료는 받았느냐, 괜찮냐"고. 주위 사람들이 박장대소를 했다.

가족들의 면회 요구 투쟁은 이처럼 치열했다. 그러한 행동에는 실질적인 동기가 있었다. 구속자에게 가해질 우려가 있는 고문 수사와 가혹 행위를 조금이라도 경감시킬 수 있기를 간절하게 바랐던 것이다.

조명자(왼쪽)와 박문숙(오른쪽).

탄압 정국에서 계속된 시위, 또 시위

탄압 정국하에서도 민청련의 투쟁은 계속됐다. 그해 7월에는 성고문 규탄운동이 이슈의 초점이 됐다. 여성 노동운동가 권인숙을 연행한 부천경찰서 문귀동 형사가 밀실에서 이틀에 걸쳐 추악한 성고문을 자행한 사실이 폭로됐고, 그를 규탄하는 항의 행동이 고조됐다. 민청련은 청년, 학생, 종교, 여성 등 10개 단체와 연대하여 부천서 성고문 규탄운동에 참여했다.

이 투쟁 중에서도 군사독재와 타협하는 야당 정치 세력을 비판하는 것을 잊지 않았다. "살인과 고문을 저질러놓고도 조금의 반성의 빛도 없이 딱 잡아떼는 놈들과 무슨 협상을 벌인단 말인가?"라고 되물었다(민청련 등, 〈강간, 살인고문 자행하는 군부독재 끝장내자!〉, 1986. 7). 군사독재와 타협하는 것은 민중을 배신하는 일임을 분명히 했다.

7월은 제헌절이 있는 달이었다. 민청련은 7개 청년단체와 연대하여 '민주헌법 쟁취는 민중의 손으로 이뤄져야 한다'는 성명서를 발표했다. 이어서 8월 15일에는 광복절에 즈음하여 청년·학생 연대에 기반한 시위운동에 참가했다. '헌법특위 분쇄 및 조국통일 촉진을 위한 범국민 실천대회'라는 긴 명칭의 가두시위였다. 삼엄한 경찰의 경계망 속에서도 시내 두 곳에서 시위를 벌이는 데 성공했다. 오후 5시경 시청 앞에서 500여 명 시위대가 가두 집회를 열고 화염병과 각목으로 경찰과 대치하기까지 했다. 이어서 오후 7시 30분에는 신당동 전철 입구에서 400여 명의 시위대가 제2차 가두집회를 열었다. 화염병으로 방어망을 치고 가두에 진출한 후 한양대 방면으로 전진했으나 경찰에 의해 해산됐다. 둘 다 10분 혹은 5분밖에 지속되지 않은 시위였지만 수천 명의 정사복 경찰이 배치된 상황이었음을 감안하면, 시위 대열이 일시적이나마 형성됐다는 것은 진정 놀라운 일이었다. 시위 참가자들의 헌신성이 뒷받침되지 않고서는 불가능한 일이었다. 시위 대열의 주축은 시내 각 대학의 학생들이었다.

'헌법특위 국면'에서 시위운동을 조직하는 데에는 어려움이 컸다. 민주화운동 전체의 힘이 약화되어 있었기 때문이다. 군사독재의 탄압이 격렬했고, 운동 진영 내부는 이중 삼중의 분열이 진행 중이었다. 이 때문에 전반적으로 동원력이 현저히 떨어져 있었다. 어떤 시위운동도 큰 규모로 전개되기에는 무리가 있었다. 민청련은 어려운 국면을 힘겹게 버텨나가고 있었다.

4

제7차 총회와
새 집행부

"운동을 하려면 3차원의 헌신을!"

민청련은 1986년 9월에 제7차 총회를 열었다. 조직 문제가 주요 이슈였다. 그 결과 대폭적 구조 개편이 단행됐다. 총회를 준비하는 과정에서 두 가지 문제가 관심을 모았다.

하나는 정회원 제도를 도입하는 문제였다. 정회원이란 탄압 상황에서 적으로부터 조직을 보위하고 조직을 재건하기 위해 활동하는 기간활동가를 가리키는 말이었다. 3차원의 헌신성을 결심하고 이를 실행에 옮기는 사람들이었다. 3차원의 헌신성이란 신체, 정신, 경제 능력 세 방면에서 운동에 기여하는 것을 뜻했다.

제7차 총회에 앞서 충북 매포수양관에서 열린 비공개 대의원총회에서 이 문제를 집중적으로 토의했다. 회의에 참석했던 김성환의 증언에 따르면, 집행부를 대표하여 중앙위원 이범영이 이 사안을 역설했다.

2박3일 동안 꼬박 회의와 논쟁만 한 대단한 총회였는데, 그때 이범영 선배가 그 유명한 '3차원 헌신론'을 주장했다. 운동의 대의에 찬성한다면 그냥 설렁설렁해서는 안 되며 '육체적, 정신적, 물질적'으로 3차원에 걸쳐 운동에 모든 것을 바쳐야 한다는 것이었다. 그걸 역설할 때 참 분위기가 숙연해졌었다.

－《고난의 꽃봉오리가 되다, 서울대학교 농촌법학회 50년사》, 2012, 228쪽

이 안건은 대의원총회에서 의결됐다. 정회원 제도가 도입된 것이다. 정회원은 '기간 활동가', 줄여서 '기활가'라고 불렸다. 민청련 활동에 참여하는 전업 회원으로서 민청련 조직에 뼈를 묻겠다고 선서한 사람들이었다. 정회원 체계는 민청련의 일반적 조직 체계 내부에 존재하는 별도의 결사체였다.

정회원 제도가 민청련 대의원총회의 의결을 거쳐 도입된 배경에는 회원들의 의식에 내재하는 심리적 공통성이 자리 잡고 있었다. 회원들은 그해 봄에 있었던 AB논쟁의 뜻밖의 귀결을 잊을 수 없었던 것이다. 정권의 탄압으로 조직적 위기를 겪고 있을 때 이 논쟁으로 많은 사람들이 조직을 떠나갔다. 엊그제까지 이마를 맞대고 정세와 전술을 논의하던 사람들이었다. 떠나간 사람들은 온갖 화려한 논리를 내세웠지만, 뒤에 남은 사람들은 마음의 상처를 입었다. 마음뿐이랴. 다수 회원들의 이탈로 인해 민청련 각 조직은 인력 결손에 따른 활동 부진에 시달려야 했다. 와해의 위기에 처했을 때 조직을 사수하겠다고 결연한 태도를 보이는 동료가 그리웠다. 강한 민청련 소속의식을 가진 전업 활동가의 굳은 유대가 필요했다. 정회원 제도는 민청련 활동 경험에서 우러나온 역사적 소산이었다.

공개 영역을 복원한 네 상근자: 김성환, 남근우, 이난현, 최성웅

정회원 제도의 도입과 더불어 조직 문제의 또 다른 이슈는 공개 활동 영역 회복이었다. 민청련은 1985년 9월 탄압 이후 근 1년간 비공개 활동에 주력해왔다. 공개 활동 영역은 매우 한정된 범위에서만 활용되었다. 민청련 사무실은 민가협 상근자들이 이용하고 있었고, 공개 영역은 간판만 유지하는 형편이었다.

이에 대해 비공개 대의원총회에서 문제가 제기됐다. 과거 집행부처럼 공개 활동의 여지가 넓지는 못하겠지만, 민청련 사무실을 근거로 하여 상근체계를 운영할 필요성이 있다는 제언이었다. 대중에 대한 영향력을 확장하고 활동에 대한 책임감을 담보하기 위해 일정한 범위의 공개 활동이 요청됐던 것이다.

이 문제는 주로 복역 후 출소한 구 간부 측에서 제기했다. 민청련 탄압으로 구속되어 재판을 받던 구 집행부 성원들 가운데 일부가 운동 일

민청련 제7차 총회의 결의에 따라 공개 사무실을 복원한 네 사람.
① 남근우, ② 김성환, ③ 이난현, ④ 최성웅.

선으로 속속 복귀하고 있었다. 권형택 전 사회부장, 김종복 전 청년부장이 돌아왔다. 두 사람은 1986년 4월 3일 민청련 사건 제6차 공판에서 징역 1년 6개월에 집행유예 2년형을 선고받고 석방됐던 것이다.

공개 사무실의 회복 필요성에 관해 폭넓은 공감과 합의가 이뤄졌다. 총준은 물론이고 대의원총회에서도 이 제안은 통과됐다. 인선 문제가 남았다. 민청련의 논의 체계에는 일종의 관습이 있었다. 어떤 정책이 채택되면 결정 과정에 능동적으로 참여한 사람이 그 사안을 실행에 옮기는 데에도 책임을 지는 것이 불문율이었다. 총준이 그러한 역할을 맡았다. 공개 사무실을 중심으로 활동할 네 사람의 상근자가 선정되었다. 총준위원이던 김성환, 남근우, 이난현, 최성웅이 그들이었다.

개헌투쟁의 대중화를 표방하다

제7차 총회에서 조직 문제만 중시되었던 것은 아니다. 개헌투쟁의 전술과 슬로건 문제에 관해서도 주목할 만한 방향 전환이 이뤄졌다. 먼저 '제헌의회 소집' 슬로건에 반대한다는 뜻을 분명히 했다. 제헌의회의 영어 약자는 CA(Constitutional Assembly)여서 이 주장을 펴는 정파를 CA 그룹으로 불렀다. 그해 5월 투쟁 때까지만 해도 민청련은 헌법제정회의, 헌법제정민중회의 등의 개헌투쟁 슬로건을 표방했다. 그런데 왜 이제 와서 그와 유사한 의미의 '제헌의회 소집' 슬로건을 반대한다고 명시했을까.

《민주화의 길》 14호 논설이 이에 대해 해명했다. 논설에 따르면, 민청련이 표방한 '헌법제정회의 소집론'은 선전적 슬로건이었다. 헌법 문제에 대한 민중적 입장을 명백히 하고 군부독재를 타도하기 위한 비타협적 투쟁의 정당성을 대중에게 널리 알리는 의의를 담았다. 즉 현 시기에 실제로 새 헌법을 제정하기 위한 기구를 설립하자는 것이 아니라, 앞으로 헌법을 새로 만들 수 있는 시기가 왔을 때의 원칙을 미리 밝혀두자는 의미였다.

그에 반해서 '제헌의회 소집론'은 당장 실현 가능한 목표로서의 전술적 슬로건으로 제기되어왔다. 현 시기에 즉각 군사독재정권을 타도하고 실제로 제헌의회를 소집하자는 것이었다. 이는 민청련의 입장과는 달랐다. 두 가지 점에서 그러했다. 첫째, 제헌의회 소집론은 현재의 시기를 혁명적 시기 혹은 그에 임박한 시기로 설정하고 있는데 이는 주관주의적 오류였다. 현 시기는 혁명적 시기가 아니라는 게 민청련의 입장이었다.

둘째, 야당은 물론이고 민주제 개헌을 주장하는 모든 세력을 기회주의로 매도하고 있는 게 문제였다. 오직 슬로건에 대한 동의 여부를 기준으로 공동전선을 구축하려고 하는데, 이는 대중의 이반과 고립을 자초하는 행위라고 비판했다.

민청련은 그해 상반기의 개헌투쟁을 반성한다고 고백했다. 선전적 슬로건인 헌법제정회의 소집론과 당장 실현 가능한 목표로서의 전술적 슬로건으로 제안된 제헌의회 소집론을 구별하지 않음으로써 투쟁 방침에 일정한 혼선을 일으켰다는 것이다. 슬로건의 표면적 일치에 집착했고, 거기에 의거해서만 연대를 추구한 점에 대한 반성이었다. 앞으로는 피상적인 차이점보다 기본 목표의 동일성을 중시하는 방향으로 나아가겠다고 천명했다(〈논설, 작은 차이를 극복하고 하나가 되어 투쟁하자〉, 《민주화의 길》 14, 1986. 9. 5).

이러한 언급은 제6차 총회에서 채택한 '헌법제정회의 소집' 슬로건을 사실상 폐기하는 것을 의미했다. 또 제6차 총회 이후 추구해오던 상층 연대 경시론도 더 이상 고집하지 않겠다는 것을 뜻했다. 민통련을 매개로 하는 상층 연대의 중요성을 다시 인정하고, 당면한 개헌 투쟁을 대중노선에 입각해서 전개하겠다는 의지를 드러냈다.

73학번 공동의장을 비롯한 새 집행부 면면

제7차 총회에서 선출된 새 집행부는 세대교체를 이루었다. 정권의 탄압에 맞서 조직을 보위하기 위해 의장단 대신 3인으로 구성된 비공개의 중앙상임위원을 두었다. 모두 73학번인 이범영, 장준영, 연성수가 그들이다. 이들은 제7차 총회의 변화를 이끌어낸 주역이었다. 정회원 체계와 개헌 투쟁 전술 전환은 바로 이들의 주도하에 이뤄졌다.

뒤이어 비공개 각 부문과 기구를 관장하는 비공개 중앙집행위원회가 구성되었다. 권형택, 진영효, 박선숙, 유기홍, 김성환이 위원이 되었

제7차 총회에서 선출된 중앙상임위원들. 왼쪽부터 장준영, 이범영, 연성수.

다. 공개 영역 활동을 책임지는 운영위원회 직제도 신설되었다. 권형택 위원장을 필두로 그 아래에 남근우 집행국장, 이난현 총무국장, 김성환 사업부장, 이선희 여성부장, 최성웅 홍보부장 등이 취임했다.

제7차 총회를 통해 새 진용을 갖춘 민청련은 공개 영역을 회복하고 사무실 중심 체제를 다시 확립했다. 사무실 상근자 가운데 한 사람인 최성웅의 증언에 따르면, 그는 제7차 총회가 끝난 뒤 민청련 사무실에 매일 출근했다. 공개 활동을 하면서도 신원이 경찰에게 쉽사리 파악되지 않게끔 가명을 사용했다. 그의 가명은 차영일이었다. 월 급여로 10만 원가량을 받았다. 급여가 적었지만 미혼이었기 때문에 경제적인 궁핍함을 느끼지는 않았다고 한다.

비공개 부서들의 활동력 복원

공개 영역의 활성화와 더불어 각 비공개 부서의 활동도 강화되었다. 여성부 조직은 이원화되었다. 공개 부문인 운영위원회에는 여성부장 1인이 취임하여 연대 사업을 담당했다. 여성부장은 민청련을 대표하여 여성단체 상층 연대 활동과 여성단체연합의 창립을 지원하는 역할을 맡았다. 한편 비공개 부문인 중앙집행위에는 여성국이 설치되었다. 여성국은 교육과 선전을 담당했는데, 이를 수행하기 위해 각 3인으로 구성된 교육사업 팀과 선전사업 팀을 조직했다.

교육사업 팀은 신입 회원 교육을 담당했다. 신입 회원에게 두 차례에 걸쳐서 여성 문제의 본질과 여성운동론에 관한 프로그램을 운용했다. 여성운동론 교육을 위해 교안도 작성했는데, 이는 기관지《민주화의 길》16호에 〈여성운동론의 과학적 정립을 위하여〉라는 제목으로 발표되었다.

기성 회원을 대상으로 내부 정치학습도 수행했다. 그즈음 외신보도를 달구던 니카라과 혁명론, 필리핀 혁명론 등이 논의되었다. 선전사업팀은 전단을 작성하고 여성운동의 이슈를 개발하는 일을 담당했다. 아시안게임 반대 전단을 제작하고, 《또 하나의 성》이라는 제목으로 성고문 자료집을 발간했다.

중단됐던 《민중신문》도 다시 발간했다. 《민중신문》은 1986년 4월 17

《민중신문》 22호와 23호 1면. 보름에 한 호씩 발행되던 《민중신문》이 5개월 만에 23호로 복간됐다.

일 사무실 침탈 사건 이후 5개월간 휴간 중이었다. 지령 22호가 4월 30일에 나온 뒤에 후속 신문을 내지 못했다. 침탈 사건으로 인해 사무실 공간과 유력한 간부 역량을 상실했기 때문이기도 했지만, 편집부 내부 사정도 있었다. 정체성의 위기 때문이었다. "이미 아는 사실을 나열하는 신문, 방향 없이 표류하는 신문" 등 안팎에서 쏟아지는 비판이 편집부를 혼란스럽게 했다. 편집부는 이 문제를 놓고 치열한 내부 토론을 거듭했다. 그 결과 제7차 총회를 계기로 편집부는 정체성을 회복하는 데 성공했다.

9월 30일에 《민중신문》은 제23호로 복간됐다. 《민중신문》의 성격은 제호에 표시된 것처럼 "민중의 해방투쟁을 위한 길잡이"라고 규정했다. 민중이란 "노동자, 농민, 근로지식인 등 모든 근로대중"을 가리키는데, 《민중신문》은 그들의 정치적 시야 확대를 임무로 삼겠다고 했다.

아울러 편집부는 두 가지 경향을 극복하겠다고 다짐했다. 하나는 "노동자 계급의 독자성에 몰두하여 협소한 계급 이기주의에 빠지는 것이오, 다른 하나는 민중의 무원칙한 통일을 주장하는 것"이라고 천명했다.

사진 지면이 늘어난 《민청련 구속자 소식》 7호 앞면(왼쪽)에서는 구속된 김병곤 부의장의 가족 편지를 전했다. 오른쪽은 민청련 회원들에게 제공하던 〈주간소식〉으로, 당시 신문들이 보도하지 않은 학생 시위를 비롯하여 민주화운동 단체들의 여러 소식들을 일주일에 한 번씩 회원들에게 제공했다.

각 부서의 활동성도 강화됐다. 《주간일지》라는 이름의 각 분야 민주화운동 소식지는 매주 빠짐없이 발간됐다. 마치 군대 참모부의 주간 상황판 같은 역할을 담당했다. 탄압 이후 나오기 시작한 《민청련 구속자 소식》이라는 제목의 간행물은 그해 11월에 지령 13호가 나오기까지 매월 1~2회씩 꼬박꼬박 얼굴을 내밀었다. 7호부터는 지면이 16면으로 늘었고, 〈논설〉란이 신설되는 등 옥중투쟁 기관지의 성격을 강화했다.

민청련 기관지인 《민주화의 길》도 꾸준히 발간했다. 발간 초창기에 비하면 발행의 정기성과 대외 영향력의 하락을 부인하기 어려웠지만, 탄압을 겪은 뒤인 1986년에도 여전히 연간 4회 발행을 지속했다. 매호에 실린 〈논설〉은 뭇 민주화운동권 사람들에게 필독의 대상이었다.

5

탄압에 희생된 박종철,
일어서는 민청련

1986년 아시안게임을 왜 반대했는가

민청련 제7차 총회가 끝난 뒤 1986년 9~10월의 가장 큰 이슈는 아시안게임 반대운동이었다. 아시안게임은 9월 20일부터 10월 5일까지 서울에서 개최됐다. 민청련의 입장은 아시안게임 저지 투쟁이 아니라 반대 투쟁이었다. 경기 진행 자체를 방해하는 것이 아니라 아시안게임이 수반하는 부정적 본질을 폭로하는 데 힘을 쏟았다.

민청련에서 발간한 전단지에는 아시안게임이 군사독재정권의 장기 집권 획책에 이용되고 있는 점, 국민의 세금 부담을 가중시키는 빚더미 행사라는 점, '기생관광'을 조장하는 부도덕한 성격을 갖는다는 점 등이 강조되었다.

그러나 아시안게임 반대운동은 폭넓게 전개되지 못했다. 정부의 떠들썩한 선전이 국민의 시선을 사로잡았기 때문이다. '86은 디딤돌, 88

은 도약대"라는 표어에서도 보듯이 정권은 한국경제와 국위가 아시안 게임과 올림픽으로 인해 선양될 것이라고 선전했다. 또 야당 세력이 반대운동에 호응하지 않았기 때문이었다. 김대중 민추협공동의장은 "아시안게임 기간 중에는 정쟁을 멈추자"고 제안했고, 신민당 이민우 총재와 김영삼 고문은 아시안게임 반대투쟁이 옳지 않다는 발언도 했다.

민청련은 나중에 아시안게임 반대투쟁에 대해 반성했다. 아시안게임 이 끝난 지 2주일 뒤에 발표된 창립 3주년 기념대회 결의문에서 "의미 있는 공동투쟁을 성사시키는 데 실패했고, 그나마 각 개별 운동체들의 호응도 대체로 소극적이었다는 점에서 역사와 대중 앞에 깊이 반성해야 할 것이다"라고 평했다.

잔치가 끝난 뒤 탈을 벗은 군사독재정권

아시안게임이 끝난 뒤 전두환 정권은 폭압적 본성을 숨김없이 드러내기 시작했다. 탄압의 광풍이 불었다. 10월 10일, 서울대 대자보 사건이 터졌다. 서울대 인문대 담벽에 북한의 내각 기관지 《민주조선》 기사 내용을 옮긴 대자보가 부착되자, 치안본부는 국가보안법 위반 혐의로 수사에 착수했다.

10월 16일에는 유성환 의원 사건이 벌어졌다. 신민당 국회의원 유성환이 회기 중에 "우리나라 국시는 반공이 아닌 통일이어야 한다"고 한 발언을 문제 삼아 정부여당이 국회에서 체포동의안을 가결시킨 것이다. 국가보안법 위반 혐의로 구속된 그는 결국 징역 1년형을 선고받았다.

10월 말에는 건국대 사건이 터졌다. 10월 28일부터 4일간 전국 26개

대학생 2,000여 명이 건국대에서 '전국 반외세반독재 애국학생투쟁연합' 결성식을 가졌다. 그런데 도중에 경찰이 대거 교내에 진입했고, 건물 안으로 밀려간 학생들은 예정에 없던 농성에 들어갔다. 농성 4일째 되던 10월 31일에 2대의 헬리콥터까지 동원한 대대적인 진압작전이 펼쳐졌다. 결국 농성을 벌이던 대학생 1,289명이 구속됐다.

그뿐인가. 10월 30일에는 금강산댐 사건이 일어났다. 건설부장관이 성명서를 내, 북한이 착공한 금강산댐은 군사전략적 저의에서 건설되는 것이라고 주장했다. 국방부장관은 "상류로부터 떠밀려올 200억 톤에 달하는 물이 초당 230여 만 톤의 엄청난 폭류로 돌변해 핵무기에 버금가는 위력으로 한강 유역을 휩쓸 것"이라고 주장했다. 금강산댐에서 내려온 물이 12시간 만에 서울을 물바다로 만들 수 있다는 것이었다.

이를 빌미로 11월 한 달 동안 전국에서 금강산댐 건설에 반대하는 관제 규탄대회가 열렸다. 정권은 방어용 댐으로서 이른바 '평화의 댐'을 건설하자고 제안했고, 대대적인 모금 캠페인을 전개했다. 뒷날 이 캠페인은 거짓말에 기반한 부도덕한 사기극이었음이 드러났다. 1993년 감사원은 이 문제를 감사한 결과 북한의 수공 위협이 완전히 거짓이었다고 밝혔다.

전두환 정권의 탄압 공세는 그치지 않았다. 11월 11일에는 민통련 해산 명령을 내린 후 이를 집행하기 위해 경찰이 사무실에 난입했다. 민청련 회원들은 민통련 사무실 강제 폐쇄 조치를 예상했었다. 그래서 장충동 분도회관 4층에 있던 사무실 사수를 위한 철야 농성에 합류했다. 하지만 쇠망치와 산소용접기를 앞세워 난입하는 경찰 폭력을 이길 수는 없었다. 11월 12일 새벽 5시 30분부터 7시 30분까지 2시간 동안 바리케이드를 치고 저항하던 20여 명의 민통련과 민청련 회원들은 역부족을 느껴야 했다.

비밀결사 사건이 꼬리를 물고 등장하기도 했다. 그해 10월 17일부터
이듬해 2월 24일까지 구국학련 사건, 전국노동자연맹추진위 사건, 엠
엘당 결성 기도 사건, 반제동맹당 사건, 제헌의회 그룹 사건, 민족해방
노동자당 사건 등을 적발했다는 경찰의 수사 결과 발표가 잇달아 신문
지면을 장식했다.

5·3 인천사태를 계기로 삼아 시작된 민주화운동 세력에 대한 대대적인 탄압은 11월 민
통련 폐쇄를 정점으로 극에 달했다.

민청련은 군사독재의 격렬한 탄압 공세에 결연하게 맞섰다. 민통련 해산 명령을 규탄하는 성명을 발표하고 그 부당성을 조목조목 지적했다. 이른바 '해산 명령'이란 것은 당시의 악법들에서조차 근거가 없었다. 경찰이 들먹이는 '경찰관 직무집행법'에는 사회단체 해산에 관한 규정은 전혀 존재하지 않는다고 폭로했다.

민청련은 각오를 굳건히 했다. "민주화운동청년연합은 우리에게 가해지는 어떠한 탄압에도 굴하지 않고 끝까지 싸울 것"임을 다짐했다. "우리는 때릴수록 강해지는 강철이 될 것"이라고 선포했다(《민통련 본부 사무실 폐쇄 만행을 규탄한다!》, 1986. 11. 12).

위축된 민주화운동

거센 탄압은 운동을 위축시켰다. 탄압의 강도가 점점 높아짐에 따라 민주화운동의 활력은 점차 낮아졌다. 민주화운동은 아직 선전력과 대중 동원력이 정권을 위협하기에는 미약했는데, 강화되는 탄압은 그러한 민주화운동을 더욱 약화시켰다.

민청련만이 아니었다. 민주화운동 전체가 위축되는 양상을 보였다. 1987년 1월 《민중신문》을 만들던 민청련 선전국은 고민에 휩싸였다. 통상 1면에는 각종 투쟁이나 집회 기사를 배치했었다. 그런데 집회든 시위든 100명만 모여도 1면에 실어줄 텐데 그런 일이 없었던 것이다. 그만큼 민주화운동 진영은 위축되어 있었다.

가뜩이나 위축된 터에 악재가 겹쳤다. 11월 1일 수배 중이던 윤여연 전 사무국장이 체포되고 만 것이다. 그는 은신지이던 방배동에서 체포되어 남영동 치안본부로 이송됐다. 부인 최경자와 민청련 가족들은 윤여연 구속을 규탄하는 성명서를 발표하고, 면회 요구 투쟁에 나섰다. 작년에 김근태 의장에게 저질렀던 고문 수사를 또 다시 되풀이할까 우려했기 때문이다.

다행히 윤여연은 김근태에게 가해졌던 것과 같은 심한 고문은 없이 기소되어 서울구치소로 이감됐다. 하지만 구치소에서 무자비한 폭력을 당했다. 교관들이 구속 수감되어 있던 대학생 재소자들에게 폭언과 폭행을 퍼부었고 이에 윤여연이 항의하자 교도관들이 그를 집단 폭행하는 만행을 저지른 것이다. 폭행에 그치지 않고 수갑을 채워 '먹방'이라고 불리는 지하의 캄캄한 독방에 17일 동안이나 가두었다. 이 과정에서 윤여연이 정신이상 증세를 보이기 시작하자 재판부는 집행유예로 석방했다. 석방 즉시 병원에 입원하여 진찰을 받은 결과 '외상후스트레스 증후군'으로 3개월의 입원과 3개월의 통원치료를 요한다는 진단서가 나왔다.

민청련은 이 사건을 중시하여 구치소의 폭행을 규탄하는 성명서를 1987년 2월 23일 자로 발표하고, 구치소장과 보안계장 그리고 폭행에 가담한 교도관 3명을 검찰에 고발했다. 검찰이 수사를 기피할 것은 뻔한 일이었지만, 정권의 폭력성을 널리 알리기 위한 행동이었다. 민청련은 성명에서 "군사독재 끝장 없이, 고문폭력 끝이 없다!"고 외쳤다.

아! 박종철

힘들었던 1986년이 가고 새해가 밝았지만 정권의 강경한 탄압 드라이

브는 변함이 없었고, 결국 파탄을 불렀다. 폭압으로 일관하던 철권통치가 무고한 희생자를 낳았던 것이다.

1987년 1월 14일 남영동 치안본부 대공분실에 연행되어 조사받던 서울대 3학년 박종철이 고문 수사 끝에 사망했다. 독재정권은 진실을 은폐하려고 했다. 박종철의 죽음을 32시간이나 숨기고 있던 치안본부는 16일에서야 뒤늦게 "심문 도중에 일어난 단순 쇼크사"라고 발표했다. 수사관의 큰 소리 몇 마디에 놀라 쇼크사했다는 주장이었다.

사람들은 앞길이 창창한 한 청년의 억울한 죽음에 깊은 연민을 느꼈다. 진실을 은폐하려는 정권의 거짓말과 파렴치에 분노를 느꼈다. 2월 7일에 개최된 '고 박종철 군 국민추도회'에 사람들이 모여들기 시작했다.

추도회 개최 장소로 예정된 명동성당 일대 시가지에는 전투경찰과 사복형사들이 촘촘히 배치되어 있었다. 그럼에도 가슴에 리본을 단 추모 군중이 모여들었다. "종철이를 살려내라", "고문살인 자행하는 군사독재 타도하자"라는 슬로건이 길거리에 나붙었다. 특히 아버지 박정기 씨가 한 말, "종철아 잘 가거레이. 아부지는 아무 할 말 없데이"가 적힌 플래카드를 보는 사람들의 표정은 분노에 가득찼다.

그날 오후 내내 명동, 종로, 을지로, 광교, 남대문 일대에서 시위대와 전투경찰대가 밀고 밀리는 공방전을 벌였다. 오후 2시에 명동성당에서 박종철의 나이를 상징하는 21번의 추모 타종을 울리자, 시내 곳곳에서 자동차들이 추도 경적을 울렸다. 무차별 최루탄 난사에도 불구하고 경찰이 시위대에게 밀리는 일마저 나타났다. 종로3가에서는 시위대에게 파출소가 점거당하고 무전기를 빼앗기는 일까지 벌어졌고, 세운상가 근처에서는 전경이 시위대에 포위되기도 했다. 서울만이 아니었다. 광주에서는 1만여 명의 군중이 추도회 저지 규탄대회를 열었고, 부산에서는

5,000여 명의 군중이 남포동과 광복동 등지에서 시위를 벌였다.

항의 시위는 3월 3일에도 다시 재연됐다. 박종철 군 49재를 맞아 '고문 추방 민주화 국민평화 대행진'이 개최됐다. 2·7투쟁보다는 덜했지만 경찰의 삼엄한 그물을 뚫고 시위 대열이 형성되었다. 종로3가와 4가의 길거리, 세운상가 근처, 국도극장 앞 길거리 등지에서 시위대와 경찰 사이에 밀고 밀리는 접전이 벌어졌다.

민청련은 두 차례 대중시위운동이 "민통련, 가톨릭, 개신교, 노동자, 청년, 학생, 기타 지방의 운동 세력들이 주축이 되어 신민당, 민추협까지 포함시킨 광범위한 공동투쟁전선을 형성했기 때문에 가능했다"고 보았다. 이 기조는 1년 전, 5·3인천시위 때와는 다른 것이었다. 5·3인천시위 때에는 대중이 폭발적인 민주화 열망을 보여줬음에도 불구하고 민주화운동 세력이 그것을 수용하는 데 실패했었다. 선도 투쟁 일변도의 좌편향적 노선 탓이었다. 분파의 난립도 원인 중 하나였다.

그 같은 잘못을 되풀이해서는 안 된다는 것이 민청련의 입장이었다. 2·7추도회와 3·3대행진은 '대중 속에서 대중과 함께' 투쟁한다는 대중투쟁의 원칙이 옳다는 것을 증명해주었다. 민청련은 다시 힘을 내기 시작했다.

6

항쟁 전야,
어둠 속에서
횃불을 든 민청련

이범영 집행부의 성립

수많은 사람들의 행동을 불러일으키는 구호가 있다. 혁명적 시기에 특히 그렇다. 3·1운동 때에는 "조선독립 만세!"가 그랬고, 광주민중항쟁 때에는 "전두환은 물러가라!"가 그랬다. 1987년 6월항쟁 때에도 수백만 군중이 소리 높여 외치던 구호가 있었다. 바로 '호헌 철폐, 독재 타도!' 였다. 그러나 이 구호가 대중의 합창이 되어 울려 퍼지기까지는 많은 이들의 피와 땀이 필요했다.

그해 1987년 3월이었다. 폭풍전야라고나 할까. 민청련은 다가올 격변을 앞두고 신발끈을 고쳐 맸다. 제8차 총회가 열렸다. 합정동 마리스타 수도원에서 비공개로 개최된 이 총회에서는 6개월 전에 있었던 제7차 총회의 정책과 기구를 별다른 변모없이 승계하기로 결정했다. 지난 총회가 대대적인 구조 개편을 수행한 데 비하면, 이 총회는 기존 체계와 정책을 그대로 이으면서 미비점을 보완했다.

전혀 변화가 없었던 것은 아니다. 주목할 만한 집행부의 변화가 있었다. 최상층 집행기구인 중앙집행위원회는 그대로 존속하고 약간의 인원만 교체됐지만, 3인의 상임 중앙위원 가운데 두 사람이 직무를 담당할 수 없는 상황에 처했다.

장준영은 개인 사정으로 부득이 자리를 비워야 했다. 그의 고향 집이 댐 공사로 인해 수몰될 지경에 이른 것이다. 이를 해결할 시간이 필요했다. 연성수는 문화운동 쪽으로 활동 방향을 바꿨다. 한국문화운동연구소와 신명문화연구소 설립이 그의 기여로 이뤄졌다. 생활문화운동연구소를 토대로 생활문화운동단체 '질경이'를 만들고, 이를 바탕으로 전

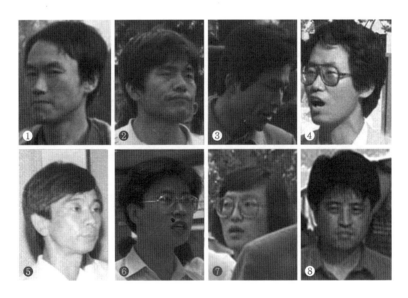

제8차 총회에서 구성된 중앙상임위원들. ① 이범영, ② 권형택, ③ 김종복, ④ 유기홍, ⑤ 남근우, ⑥ 김성환, ⑦ 임태숙, ⑧ 이승환.

국 규모의 단체 노동자문화운동연합을 결성했다. 그 때문에 제8차 총회에서 상임중앙위원체제는 사실상 이범영 단독 체제와 다름없었다.

중앙집행위원에는 권형택, 남근우, 김종복, 이승환, 임태숙, 윤형기, 유기홍, 김성환이 선출됐다. 운영위원회는 위원장 권형택, 사무국장 겸 사업부장 김성환, 총무부장 이난현, 홍보부장 최성웅, 여성부장 이선희, 빈민부장 남근우로 짜여졌다.

안으로 다지고, 밖으로 뻗어나가고

정책노선은 큰 차이가 없었지만, 이전에 비해 두드러진 강조점이 있었다. 제8차 총회의 기치는 '대중노선의 관철과 그를 통한 조직운동의 발전'이었다. 제7차 총회에 뒤이어 대중노선을 좀 더 강조했다.

이의 실현을 위해 몇 가지 활동 목표가 설정됐다. 지역위원회와 직장인 조직을 확장하고, 대중투쟁을 이끌 수 있는 전술을 개발하는 데 힘을 쓰기로 했다. 그러면서도 안으로는 정회원 제도를 강화하고, 민주집중제를 시행하며, 정책 노선을 더욱 명백히 하기로 했다.

이 중에서 주목되는 것은 첫 번째 항목이었다. 민청련은 조직 기반을 지역과 직장으로 확장하려는 노력을 가장 중요한 사업으로 설정했다. 종래와 같이 학생운동 출신자들만으로 충원하는 것을 피하고, 독자적인 재생산 시스템을 갖추려는 시도였다.

이범영 집행부는 독재정권을 패퇴시킬 수 있는 유일한 무기는 대중투쟁이라고 생각했다. 광범한 대중을 반독재 투쟁으로 이끄는 것이 중요했다. 이를 위해 상층 연대와 하층 연대, 두 가지 코스의 연대 활동을 병행하기로 했다. 상층 연대란 재야 민주화운동과 종교권과 야당 정치 세력을 결속하는 사업이고, 하층 연대란 노동자, 학생, 청년 운동을 결속하는 사업을 가리켰다.

민청련은 상층, 하층 연대를 동시에 추진하기 위해 각각에 대표자를 파견했다. 민통련 등을 파트너로 하는 상층 연대 테이블에는 주로 권형택 운영위원장이 나갔다. 그는 민청련을 대표하여 민통련과 종교권을 묶고 더 나아가 야당 정치 세력과 연결하는 일에 종사했다.

노학청 연대 테이블은 최성웅 홍보부장이 담당했다. 노동운동과 학생운동과의 연계는 물론이고, 기독교, 불교, 가톨릭 청년단체 등과의 청년 연대 테이블에도 나갔다. 이렇게 민청련은 연대 운동을 현실화하는 데 중요한 매개 역할을 했다.

민청련 집행부가 중시한 또 하나의 당면 사업은 '전국적 청년 조직을 위한 기초 마련'이었다. 민청련을 전국 단체로 발전시킨 전국적 범위의 청년 대중단체 결성을 전망하고 있었던 것이다. 이는 나중에 전국청년단체대표자협의회, 한국청년단체협의회 등과 같은 전국 규모의 청년단체를 발족시키는 디딤돌이 됐다.

전두환 정권의 강경책, 4·13 호헌 선언

제8차 총회가 끝난 뒤였다. 정치 정세에 심각한 변동이 일어났다. 4월 13일, 전두환은 특별담화를 발표하여 "개헌 논의를 지양"하겠으며, "현행 헌법에 따라 임기 만료와 더불어 내년(1988년) 2월 25일 후임자에게 정부를 이양하겠다"고 선언했다. 이른바 '호헌 선언'이었다.

'호헌 선언'은 군사독재정권이 야당 정치 세력과 더 이상 타협을 모색하지 않겠다는 선언이었다. 또 지난 2년간 우여곡절을 거치면서 추구되어 온 개헌운동을 완전히 무시하는 것을 의미했다. 개헌 요구에 대해 여태껏 저질러온 것보다도 훨씬 더 혹독한 탄압을 가하겠다는 선언과 다름없었다. 이는 대통령을 직접 선출하고 싶은 국민 대중에게 심각한 위기의식을 불러일으켰다. 민심이 움직이기 시작했다.

민청련은 4·19혁명 기념일에서 5·18광주항쟁 기념일로 이어지는 기간에 '호헌 철폐'를 요구하는 시위에 나섰다. 4월 19일 수유리 묘지에서 민통련 주최로 개최된 4·19혁명 27주년 기념식에는 이전에는 볼 수 없었던 4,000여 명의 군중이 참가했다. 여기에 참여한 민청련은 〈4월 혁명 메시지〉를 발표했다.

민청련은 〈4월 혁명 메시지〉를 통해 호헌 철폐 투쟁에 임하는 민청련의 태도를 표명했다. 민청련은 "호헌에 반대하는 모든 세력과 힘을 합쳐 광범위한 대중투쟁을 조직해내면서 군부독재의 장기집권 음모를 분쇄"할 것이라고 다짐했다. 야당 정치 세력에 대해서는 그들의 타협성을 비판하면서 "보수야당 세력까지 포함하는 광범위한 연합전선을 형성하여 군부독재에 맞서 싸우자"고 제안했다.

4월 투쟁에 이어 5월 광주항쟁 계승투쟁으로 이어졌다. 민청련의 투쟁에 각계각층에서 호응하며 저항의 움직임을 자아냈다. 함석헌을 비롯한 민주인사 28명은 성명서를 발표하여, '개헌 관철을 위한 국민운동협의체' 구성을 제안했다. 천주교에서는 각 교구별로 수십 명의 신부들이 '호헌 철폐와 민주 개헌'을 요구하며 단식에 나섰다. 각 대학 교수들도 호헌 철폐와 민주화를 요구하는 성명서에 서명했다. 고려대, 광주가톨릭대, 서강대, 성균관대, 서울대 교수들이 행동에 나섰다. 소설가와 시인 등 문인 206명의 서명과 선언도 나왔다. 민심이 부글부글 끓어오르기 시작했다.

굳건해지는 반독재 연합전선

다시 5월 18일이 왔다. 두 가지 주목할 만한 사건이 발생했다. 하나는 그날 새벽에 서울 향린교회에서 비공개적으로 진행됐다. '민주헌법 쟁취 국민운동본부'를 결성하는 발기모임이 열린 것이다. 전두환 군사독재 정권에 맞서는 민주세력의 광범한 공동 행동기구를 결성하려는 시도였다. 1985년 민청련 탄압에 맞서 형성된 고문공대위, 1986년 부천 경찰서 성고문대책위원회에 뒤이어 다시 한 번 반독재 연합전선이 세상에 모습을 드러내는 순간이었다.

이날 발기모임에 은밀히 참가한 민청련 여성들의 맏이이자 민가협 총무인 인재근은 이렇게 회고했다.

릴레이 성명과 농성이 이어져서, 5월 18일 새벽에 향린교회에서 국민운동본부가 탄생됐다. 그 준비모임을 수유리 개나리산장에서 자주 했었다. 그런데 이전과는 달리 비밀이 전혀 안 새어나갔다. 그날 새벽에 을지로 지하도를 걸어 향린교회로 가는데, 목숨이 '왔다갔다' 하는 느낌이었다. 내가 꼭 레지스탕스가 된 기분이었다. 그날을 잊을 수가 없다.
– 〈민청련 여성 동지회 좌담회 ① 민가협 창립과정과 그 활동〉, 2003. 8. 23.

몇 차례 준비 모임이 있었는데도 비밀이 새나가지 않았다는 것은 천만다행이었다. 만약 정권의 정보요원이 추적했다면, 이 발기모임에 참석한 사람들은 대단히 위험한 상황에 처할 수 있었다. 인재근은 신새벽에 인적 드문 을지로 지하도를 걸으면서 고조된 긴장감 때문에 뒷골이 서늘했다.

또 하나 주목할 만한 사건이 있었다. 박종철 고문사 진상이 조작됐음이 이날 폭로된 것이다. 천주교 정의구현사제단은 박종철 고문치사 사건 진상이 축소, 조작됐다는 충격적인 내용의 성명을 발표했다. 독재정권이 고문치사 사건의 진상을 가리기 위해 어떻게 거짓을 자행했는지 생생히 드러났다.

이 폭로는 5월 투쟁에 기름을 부었다. 이 발표가 나온 후 폭넓은 대책위원회가 구성됐다. 민추협을 비롯한 야당 세력에서부터 범종교계 그

민주헌법쟁취국민운동본부가 종로5가
기독교회관에서 현판식을 하는 모습.

리고 사회운동 단체까지 광범하게 참가한 공동행동기구였다. 반독재 연합전선의 맥락을 잇는 또 하나의 사건이었다.

5월 23일, 서울 시내에서 민통련 주최로 광주항쟁 추모제가 열릴 예정이었다. 전두환 정권이 그것을 허용할 리 없었다. '광주민중항쟁 7주년 범국민 민주영령추모제'는 경찰의 저지로 봉쇄됐다. 하지만 종로3가를 중심으로 쫓고 쫓기는 끈질긴 가두시위가 계속됐다. 거리에 대량의 유인물을 살포하면서 2,000여 명의 시위대가 형성됐고, 그들은 '호헌 철폐', '독재 타도'를 소리 높여 외쳤다.

삼엄한 경찰의 봉쇄망을 뚫고 상당한 규모의 군중시위가 진행됐다는 점은 주목할 만한 현상이었다. 독재정권의 호헌 조치에 대해 국민적 반감이 폭넓게 형성되고 있음을 보여주는 징표였다. 민청련 회원들은 이 시위에 직접 참여했고, 시민들에게 박종철 고문살인 은폐와 조작을 폭로하는 전단을 살포했다.

민청련의 역할은 또 다른 데서도 발휘됐다. 그동안 역점을 두고 추진해온 상하층 연대사업의 성과가 그것이었다. 당시 대중적 시위운동을 조직할 수 있는 전투적 역량은 오직 학생운동만이 갖고 있었다. 그 때문에 연대 테이블에 참가하는 사회운동과 종교단체 대표자들은 시위에 앞장 설 학생운동을 누가 동원할 것인가 하는 문제에 봉착할 경우 민청련 대표자만 쳐다보았다. 알아서 맡아달라는 요청이었다.

노학청 연대 테이블에 파견된 민청련 대표 최성웅이 수행한 역할은 바로 그런 것이었다. 그는 민청련의 공식 입장을 최대한 설득력 있게 이야기하려고 노력했다. 잘 먹혀들지 않을 때도 많았다. 연대 테이블에 나오는 대표자는 실무자이지 정책결정자가 아니었기 때문이다. 그래서 최성웅은 정보의 소통에 역점을 두었다. 그것이 상층 연대와 노학청 연대

압제에서 **17** 해방으로   1987. 5. 1.

광주학살·호헌책동 군부 독재 타도하자 /

어언 7년이 / 80년 5월의 그 참연한 학살과 이에 맞선 민중의 처절한 투쟁을 어찌 잊을 수 있으랴 / 학살범들은 억천번귀 혈을 취누르고 있으며, 이에는 4·13호헌책동을 통해 노골적으로 장기집권 음모를 꾸미고 있다. 우리는 더 이상 전두환군부독재의 비곡에 술수에 속지 않는다. 오직 꿋꿋한 투쟁만이 민주주의를 가져다 줄 수 있는 것이다.

민주화운동청년연합   (전화 : 269-2653)

항쟁은 결코 멈추지 않는다

민통련·민주화운동청년연합

민청련은 1987년 5월, 광주항쟁 7주년을 맞
아 책자 발간, 집회, 시위 등 다양한 활동을
벌였다. 민청련에서 1987년에 제작한 5월
광주항쟁 전단지(위 왼쪽). 1987년 5월에 광
주항쟁을 기록한 101쪽 분량의 《항쟁은 결
코 멈추지 않는다》 표지(위 오른쪽). 광주민중
항쟁 7주년 범국민 민주영령추모제 안내 전
단지(아래 오른쪽).

광주민중항쟁 7주년
범국민 민주영령 추모대회

일시 : 1987. 5. 23(토) 오후 3시
장소 : 탑골공원 (종로3가 파고다공원)
민주·통일민중운동연합

서울민주·통일민중운동연합	한국노동자복지협의회
강원민주·통일민중운동연합	한국기독교농민회총연합회
경북민주·통일민중운동연합	한국가톨릭농민회
경남민주·통일민중운동연합	한국기독교노동선교협의회
충북민주운동협의회	민중불교운동연합
충남민주운동협의회	한국기독교청년협의회재단
전북민주화운동협의회	서울민주운동협의회
전남민주민주청년연합	민 중 문 화 운 동 협 의 회
부산민주시민협의회	가톨릭여성농민회
인천지역사회운동연합	가톨릭노동사목전국협의회
민주화운동청년연합	자유실천문인협의회
민중문화운동협의회	민주언론운동협의회
대한가톨릭학생총연맹	

를 결합시키는 최선의 방법이었다. 이를테면 재야 쪽에서 국민대회를 어떻게 개최할 예정이라는 정보를 학생들에게 주고, 학생운동 쪽에서는 어떻게 대응하는 것이 바람직한가를 의논했다. 시위와 집회를 성공적으로 치를 수 있는 전술적 계획에 관한 정보를 서로 교환했고, 사후에는 공동으로 평가하는 논의를 가졌다.

박종철 고문치사 사건 항의 집회부터 6월항쟁에 이르는 시기에 있었던 크고 작은 대부분의 연합 집회가 이런 과정을 거쳐 이루어졌다.

조직된 시위가 착착 진행되는 가운데 국민의 분노가 고조되고 있었다. 특히 5월 24일 광주에서 10만여 명의 시민이 참여하는 대규모 시위가 터졌다. 시위 군중은 광주 도심인 금남로 1, 2가를 가득 메웠다. 숫자상으로 열세에 놓인 경찰은 밀리게 됐고, 3시 30분경에는 시위대 저지를 포기하고 도청 방어를 위해 퇴각했다. 시위 군중이 8차선 도로를 완전히 장악했다. "호헌 철폐, 독재 타도" 함성이 치솟았다. "그야말로 7년 전 해방 광주 그대로였다"는 평이 나돌았다. 이렇게 1987년 6월항쟁의 막이 서서히 오르기 시작했다.

7

6월항쟁과
민청련

"국민운동본부로 집결하라"

전두환 정권의 '호헌 선언'은 국민 대중에게 좌절감과 분노를 가져다주
었다. 민심이 소용돌이쳤다. 그 소용돌이를 박종철 고문치사 사건이 더
한층 격화시켰다. 일촉즉발의 긴장감이 돌았다.

속으로 끓고 있던 긴장감을 민주헌법쟁취국민운동본부(이하 국본)가
밖으로 터트렸다. 국본은 5월 27일 정식으로 결성됐다. 민주주의를 위
해 헌신해온 운동권·종교계·야당 정치 세력의 3자가 군사독재 정권의
'호헌'을 철폐시키기 위해 단결한 반독재 연합전선 기관이었다.

국본 임원진은 이 3대 세력의 대표자들로 구성됐다. 공동대표 65인
은 민통련 8인, 민가협 5인, 정치인 8인, 개신교 6인, 언론출판 5인 대
표 등으로 이뤄졌다. 민청련은 민통련 가입단체 자격으로 국본에 참여
했다. 공동대표 중에는 청년대표로 구속 중인 김근태가 선임됐고, 상임

집행위원 30명 가운데에는 4월에 석방된 김희택 전 의장이 청년 몫으로 참여했다.

국본은 각 단체에 상근자를 파견해줄 것을 요청했는데, 민청련에서는 최성웅 홍보부장을 보냈다. 최성웅은 6월항쟁 내내 종로5가 기독교회관에 있는 국민운동본부 상황실에서 전국 상황을 집계하는 등 실무를 담당했다. 필요하다면 지방에 내려가 지방 상황을 체크하기도 하고 본부 상황도 알려주곤 했다.

민청련은 6월 민주항쟁 내내 투쟁의 중심은 국본이어야 한다고 주장했다. 민청련의 기관지 가운데 하나인 《민중신문》 논설을 통해 "군사독재에 반대하는 모든 민주세력이 하나로 뭉친 '본부'의 결성은 그 자체가 역사적 의미를 가지는 것"이라고 평가했다. 동시에 경계심도 표명했

민주헌법쟁취국민운동본부 창립선언문과 함께 만든 결의문(왼쪽). 이 결의문 내용은 이후 6월항쟁 당시 행동지침의 기초가 되었다. 3쪽에 달하는 민주헌법쟁취국민운동본부 명단(가운데) 중 집행위원 청년 부문에(밑줄 그은 곳) 민청련 집행부가 포함되어 있다. 이른바 6·10대회를 알리는 전단지 앞면(오른쪽).

다. "언제 타협할지 모르는 민주당 등 여러 세력이 모여 있으므로 아직은 투쟁의 강력한 중심을 이루고 있지 못하다"는 것을 인정했다. 하지만 독재타도를 위해 하나의 세력으로 강철같이 결집하여 싸울 필요가 있으며, 그를 위한 구심점이 바로 '국본'이라고 천명했다.

국본, 6월항쟁의 횃불을 들다

국본은 요구 조건으로 '대통령 직선제 개헌'을 내걸었다. 국본은 5월 27일 창립 선언문에서 "직선제 개헌은 단순히 헌법상의 조문 개정을 뛰어넘어 유신독재 이래 빼앗겨온 정치·경제·사회·문화 등 모든 생활 영역에서 기본 권리를 확보하기 위한 것이며, 무엇보다도 '정부 선택권'을 국민이 되찾음으로써 정통성 있는 민주정부의 수립을 도모하려는 것"이라고 표명했다.

국본은 대중시위를 주도했다. 6월 10일 박종철 군 고문치사 조작 사건을 규탄하는 시위를 개최하겠다고 선포했다. 우연하게도 6월 10일은 집권당인 민정당이 전당대회를 열어 차기 대통령 후보를 뽑는 날이었다. 그날, 잠실체육관에서는 민정당 제4차 전당대회 및 대통령후보 지명대회가 열려 노태우가 후보자로 선출됐다. 잠실에서 전두환과 노태우가 두 손을 맞잡고 환히 웃던 그날 오후에 국본이 주도한 '고문살인 은폐 규탄 및 호헌 철폐 국민대회'가 서울을 비롯한 전국에서 개최됐다.

국민대회는 상상을 뛰어넘는 거대한 규모로 전개됐다. 서울에서만 수십만 군중이 규탄대회에 호응하고 나섰다. 분노의 민심이 분출했다. 서울뿐만 아니라 부산, 마산, 대구, 울산, 경주, 안동, 광주, 전주, 군산,

대전, 인천 등 전국 22개 도시에서 100만이 넘는 군중이 거리로 몰려나왔다. 대한민국 전체에서 독재 타도를 향한 거대한 물결이 일어났다.

전두환 정권은 당황했다. 탄압의 고삐를 조이기로 결정했다. 먼저 6·10대회를 이끈 국본을 겨냥했다. 시위를 주도한 국본 핵심 간부 13명(박형규, 양순직, 김명윤, 계훈제, 지선 스님, 제정구, 오충일, 박용오, 김병오, 이규택, 유시춘, 배영균, 송석찬) 전원을 구속했다. 시위 현장에서 연행한 141명에게도 구속영장을 청구했다.

그래도 민중의 열기는 식지 않았다. 전국 6만 명의 경찰 병력으로는 수백만의 분노한 시위 군중을 막아낼 수 없었다. 시위군중은 한밤중까지도 흩어질 줄을 몰랐다. 결국 시위 군중은 농성 투쟁으로 들어갔다. 6월 11일부터 16일까지 서울 시내 한가운데에 위치한 명동성당에서 600여 시민들의 농성 투쟁이 전개됐다. 명동성당 농성 투쟁은 6월 민주항쟁의 횃불을 보존하고 확산하는 획기적인 역할을 했다. 명동을 둘러싼 도심 곳곳에서 경찰의 삼엄한 경비를 무릅쓰고 농성을 지지하는 시위가 시도됐다.

가두 군중시위가 계속될 것인가, 아니면 소강 상태로 접어들 것인가. 명동성당 농성은 국면의 귀추를 결정하는 정국의 초점이 됐다. 온 국민의 시선이 명동에 몰렸다. 그곳엔 민청련 사무국장 김성환이 민청련을 대표해 참가하고 있었다. 그는 농성자들에게 국본의 논의 상황 등을 전달하고, 민청련 집행부에 농성 현장의 분위기를 알려주었다.

명동에서 버텨준 덕분에 전국에서 시위가 그치지 않고 계속됐다. 경찰의 집계에 따르면, "6월 10일부터 26일까지 17일 동안 전국에서 2,145회의 시위에 83만 명 참가, 최루탄 발사 35만 1,200여 발에 연행자 1만 7,244명, 경찰관서 262개소와 공공기관·민정당사 35개소 피습"

이 있었다. 하지만 경찰의 통계치는 의도적으로 축소한 것이었다. "실제 시위 참가자 수는 경찰 집계보다 최소한 5~10배에 달했다"는 게 중평이었다(《현시기의 전술적 임무에 대하여—6월투쟁 이후를 반성하고》, 《민주화의 길》 17, 1987. 10. 30).

대중의 참여 열기는 혁명적 시기를 방불케 했다. 민청련 내부에서는 "대중의 진출은 신식민지 지배체제 전체를 위협하는 '위험수위'에 육박했다"는 평가까지 나왔다. 이처럼 국민의 대중투쟁이 분출한 데에는 그 분노를 결집 계기를 제공한 국본의 기여가 컸다. 국본은 명동성당 농성의 열기를 이어받아 6월 18일 '최루탄 추방의 날' 시위, 6월 26일 '민주헌법 쟁취 국민평화대행진' 등을 연이어 주관했다.

후퇴론과 전진론의 갈등

그러나 국본 구성원들이 일사불란하게 행동했던 것은 아니다. 국민대회의 지속적인 주최 여부를 둘러싸고 후퇴론과 전진론이 갈등을 겪었다.

시위가 한창이던 때 한남동 꼰벤뚜알 프란치스코 수도회에서 은밀하게 개최된 국본 상임집행위원회 회의에서 갈등이 표면화됐다. 먼저 야당 정치 세력이 철수하려는 태도를 보였다. 기독교 측에서도 거기에 동조하는 양상을 보였다. 그러자 운동권 대표자들이 적극 나섰다. 민가협을 대표하여 국본 상임집행위원회에 참여한 인재근은 이렇게 회고했다.

6월 26일 집회에 대해 논의하는데, 기독교하고 정치권이 빠지려고 슬슬 빼는 거예요. 그래서 내가 독기를 품고 난리를 쳤어요. 황인성 씨가 기독교 대표로 나왔는데, 자기 개인은 계속하고 싶은데 자기네 편 눈치를 보면서 의견 표명을 안 하고 기권을 하는 거예요. 내가 나서서 목숨을 걸 각오로 악을 썼어요. 그래서 겨우 26일 집회가 성사됐어요.

– 〈민청련 여성 동지회 좌담회 ① 민가협 창립과정과 그 활동〉 2003. 8. 23.

후퇴론이 나온 데에는 두 가지 이유가 있었다. 하나는 전두환 정권 측에서 야당 정치 세력과 타협하려는 움직임을 보였기 때문이다. 당시 가택연금 중이던 김대중의 연금을 해제해줄 수도 있다는 유화책이 제시됐고, 김영삼에게도 정치활동의 여지를 확장할 수 있는 타협안을 내세웠다는 소문이 돌았다. 김영삼 계열과 김대중 계열에서 파견되어 나온 대표자들이 더 이상의 국민대회 개최를 망설인 배경에는 이러한 곡절이 자리 잡고 있었다.

다른 이유는 군사독재 정권의 내부 동향을 감안해야 한다는 현실론 때문이었다. 4·13호헌조치 이후 정권 내부에서는 강경파와 온건파로 나뉘어 논쟁이 계속되고 있었는데, 장세동 안전기획부장을 필두로 하는 강경파가 수세에 몰렸다는 것이다(〈정세분석, 미국과 군사독재의 마지막 카드〉, 《민중신문》 39, 1987. 7. 4).

4·13조치가 국민적 반대에 부딪친 데다 박종철 고문살인 은폐 조작 사건이 폭로됨에 따라 강경파의 입지는 불리해졌고, 그 대신에 노태우를 필두로 하는 온건파가 미세하나마 우위를 점하게 됐다는 관측이 돌았다. 시위 진압을 위해 전두환이 소집한 전군지휘관회의가 성원 미달로 무산됐다가 간신히 재소집됐다는 소문도 있었다. 임기 말의 통치권 누수 현상이 진행되고 있는 것 같았다. 이러한 정세 판단이 국본 내부에서 전면적인 공세를 망설이게 하는 요인으로 작용했다.

이 같은 망설임을 저지하고 '6·26 민주헌법 쟁취 국민평화대행진'
을 관철한 것은 민주화운동권 대표자들의 분투 덕분이었다. 이날 전국
의 34개 도시와 4개 군에서 100만 명이 거리로 쏟아져 나왔다. 특히 광
주에서는 약 30만의 시민이 거리를 가득 메웠다. 서울에서만 67곳에서
연인원 25만여 명이 시위에 참가했다.

전두환 정권은 서울에만 2만 5,000명의 경찰 병력을 배치했고, 전국
에 5만 6,000여 명의 경찰을 동원해 원천봉쇄에 들어갔다. 도심지는 최
루탄 연기로 뒤덮였고, 화염병이 아스팔트에 날아들었다. 거리를 가득
메운 인파는 "호헌 철폐! 독재 타도" 구호를 목이 터져라 외쳤다.

막다른 골목에 몰린 전두환 정권의 선택

전두환 정권 앞에는 두 가지 길이 놓여 있었다. 하나는 군 병력을 투입
하여 정권의 안정을 도모하는 길이고, 다른 하나는 대통령 직선제 요구
를 수용하여 선거전을 통해 정권을 재창출하는 길이었다.

전자는 강경파의 구미에 맞는 방안이었지만 대규모 사상자를 낼 수
밖에 없는 유혈의 길이었다. 미국 정부의 동의를 얻어야 한다는 점도
만만치 않은 장애물이었다. 후자는 온건파가 선호하는 방안이었다. 민
중의 요구를 일부 수용함으로써 첨예한 투쟁을 희석시키고, 야당 정치
세력과 종교계를 투쟁 대열에서 이탈시킴으로써 반독재 연합전선을 와
해할 수 있는 방안이었다.

과연 어느 길을 택하게 될까? 사람들은 정국의 동향을 초조한 심정
으로 지켜보았다. 되돌아보면 한국의 지배집단은 기득권 체제가 위태

로울 때마다 강경 진압을 선택해왔다. 1960년 4월 혁명과 1980년 '서울의 봄'은 그 전형이었다. 저들은 무지막지한 군사적 대응책을 선택했었다. 이번에도 그럴까? 사람들은 정권의 움직임을 숨죽여 주시했다.

두껍아 가자
무등산장 앞세우고
통일된들 둥에없고
두껍아 가자
가자
가자

6

대통령선거
국면의 민청련

1
6·29선언과
민청련의 대응

6·29선언

1987년 6월 29일 아침 일찍 중대 발표가 있다는 예고가 있었다. 전두환의 후계자 노태우가 나와 이른바 '6·29선언'을 발표했다. 집권당의 대통령 후보 노태우는 직선제 수용 카드를 제시했다. 대통령 직선제를 시행하고, 김대중의 사면 복권을 단행하며, 양심수를 석방하고, 언론 자유를 보장한다는 등의 내용이었다. 정권의 유화 조치가 있을 것이라 예측한 사람들도 있었지만 6·29선언은 기대 이상이었다.

6월항쟁에 참여한 국민에게는 전두환 정권의 항복 선언으로 받아들여졌다. 국민은 환호하고 감격했다. 각 신문사들이 일제히 호외를 뿌려 이 사실을 시민에게 알렸다. 호외를 받아든 시민과 학생들의 표정에는 '이제는 끝났구나!' 하는 안도의 한숨과 함께 '이제 어떻게 되지?' 하는 막연한 불안감도 함께 보였다.

정치권에서도 일제히 6·29선언을 환영하는 발표가 나왔다. 양 김 씨는 6·29선언이 나오자 즉각 환영 성명을 냈다. 김영삼 총재는 "국민의 뜻을 받아들인 중요한 결심으로 진심으로 환영한다"고 했고, 김대중 민추협 의장도 "이 나라 정치가 새로운 장을 실현해나갈 조짐을 보게 됐다"는 소감을 피력했다.

6·29선언에 대한 민주화 운동권의 반응

반면 재야의 반응은 많이 달랐다. 민통련에서는 6·29선언은 "군사독재의 부분적 후퇴"로서 "당초 약속과는 달리 많은 민주인사들을 여전히 교도소에 가두고 있다. 따라서 정권의 유화술책이 갖는 기만성을 폭로하는 즉각적인 투쟁을 재개할 것"을 주장했다. 그리고 야당을 향해 "민중이 배제되고 양심수 전원 석방 수배 해제가 전제되지 않는 정치 일정은 단호히 거부해야 한다"고 주장했다.

민청련도 《민중신문》을 통해 입장을 밝혔다. 전두환·노태우 일파의 직선제 개헌 수용은 "군사독재와 민중 사이에 형성된 비타협적 대치선을 변질시키고자 하는 …… 고도의 기만술책이며 따라서 군사독재의 완전한 종식을 이룰 때까지 비타협적 투쟁을 계속해야 한다"고 주장했다. 실제로 정권은 김대중의 사면과 복권을 발표하면서도 민통련, 민청련의 핵심 활동가인 김근태, 이부영, 장기표 등 민주화 운동가들의 석방에 대해서는 언급조차 하지 않았다. 6·29선언의 기만성을 단적으로 보여주는 대목이었다.

한편 대통령 직선제 수용은 노태우의 구상이 아니라 6월 중순부터

6·29선언 이후 민청련은 밤낮을 가리지 않고 양심수 전원석방에 대한 선전전에 나섰다.

전두환에 의해 검토되기 시작했다는 것이 나중에 학자들에 의해 밝혀졌다. 전두환이 오히려 여러 차례 노태우 대표를 설득했고, 노태우는 처음에는 주저했으나 결국 수용하는 과정을 밟았다는 것이다. 그러면서 국민 앞에는 노태우가 전두환을 압박하여 직선제를 수용하게 한 것처럼 '정치 쇼'를 한 것이다. 전두환이 이렇게 한 것은 대통령 직선제를 수용하더라도 김영삼과 김대중이 분열하면 대통령선거에서 승리할 수 있을 것이라 전망했기 때문이다. 그래서 양 김 씨 동시 출마를 유도하기 위해 김대중을 사면, 복권시켰던 것이다.

6·29선언은 이중적 성격을 띠고 있다. 한편으로 그것은 6월 민주항쟁이 승리를 거뒀다는 표시였다. 이른바 '호헌'을 통해 군사독재정권을 연장하려고 했던 저들의 기도를 파탄시켰다. 그러나 그와 동시에 6·29선언은 군사독재정권을 뒷받침해온 지배 체제의 유지를 뜻하는 것이기도 했다. 독재자와 그 지지자들이 대통령선거를 통해 기득권을 연장할 수 있는 가능성을 획득했던 것이다.

야권 정치 세력의 개헌협상과 국본의 태도

6·29선언의 후속작업으로 7월부터 민정당과 민주당이 개헌을 위한 정치협상을 시작했다. 개헌 협상이 진행되면서부터 정국은 급속도로 대선 국면으로 바뀌었다. 국민의 투쟁 열기는 식어갔고, 국민의 기대와 관심이 급속히 연말 대선으로 옮겨갔다.

개헌 협상은 여야 8인의 정치협상을 거쳐 빠른 속도로 진행됐다. 8월 말까지 거의 중요한 쟁점에 합의했고, 9월 2일 열린 노태우·김영삼 회담에서는 10월 말까지 국회 통과와 국민투표를 마무리하고 12월 20일 전에 대통령선거를 실시하기로 최종 합의했다.

이러한 개헌 협상은 민정당과 민주당이 주도했다. 6월항쟁의 주도세력이었던 재야는 개헌 문제에 거의 관여하지 않았다. 국민운동본부에서 헌법개정특위를 설치하고 〈헌법개정 요강〉이라는 자료를 발간하고 8월 24일 '개헌안 쟁점 토론회'를 개최하는 등 일부 움직임을 보이긴 했다. 그러나 그 정도에 그쳤고, 주요 관심사는 연말에 있을 대통령선거 쪽으로 기울었다.

이렇듯 향후 정국에 엄청나게 영향을 미칠 중차대한 개헌 협상에서 재야가 소외된 이유는 무엇일까? 정해구 교수는 우선 제도정치권이 협상의 주도권을 선점하고 있었던 것도 이유였겠으나 재야 세력 자체에서도 "개헌 협상에 참여해야 한다는 의식이 거의 없었고 스스로 개헌 협상은 제도정치권의 몫으로 생각하고 있었다"고 분석하고 있다(《한국민주화운동사 3》, 돌베개, 2010, 380쪽). 민주주의를 위해 투쟁해온 민통련과 민청련이 개헌 협상을 소홀히 했던 것은 아이러니한 일이 아닐 수 없다. 당시 7~8월에 발행된 민통련의 《민중의 소리》나 민청련의 《민중신문》에도 여야 개헌 협상에 대한 비판이나 구체적 개헌 내용에 관한 제언은 찾아볼 수 없다.

이는 종교인들을 중심으로 한 국본 집행부가 스스로를 독자적 정치 세력으로 인식하지 않았던 것이 근본 원인이었다. 그래서 개헌 협상 과정에서 자기 목소리를 내려고 하지 않았다. 이로 인해 국민도 재야를 독자적인 정치 세력으로 인식하지 않게 되었다. 이러한 한계는 바로 이어진 양 김의 대선 후보 단일화 과정에서도 그대로 나타났다.

6·29선언에 대한 민청련의 입장과 대응

6·29선언 다음날 오전, 민청련 중앙집행위원회가 서울 서대문구 영천 시장 맞은편 골목길 안에 있는 조직위 사무실에서 소집됐다. 6·29선언 의 의미와 향후 정국 변화를 분석하고 활동 방향을 논의하기 위한 모임 이었다.

민청련 집행부의 인식도 민통련과 크게 다르지 않았다. 따로 성명서 를 발표하거나 하지는 않았지만 이때 논의된 내용들이 당시 지하에서 선전부가 발행한 《민중신문》에 반영되어 있다. 6·29선언 직후 7월 4일 발행된 《민중신문》 39호에서는 6·29선언의 기만적 본질을 지적하고, "군사독재의 완전한 종식과 민주헌법과 민주정부의 완전한 실현을 위 해 비타협적 투쟁을 계속해 나가야 한다"고 주장했다. 그러면서도 "기 만적·형식적인 민주화 조치에 의해서나마 어느 정도의 정치적 공간이 열릴 것이며, 이를 이용해 각 부분, 부문, 지역별로 대중조직과 대중투 쟁을 활발히 전개해 나가야 한다"고 제안했다. 나아가 이러한 대중투쟁 은 기층 민중의 생존권 요구에 기반해야 하고, 이 대중투쟁을 통한 기 층 민중의 조직화가 시급하다고 주장했다.

실제로 정국이 여야 개헌 협상 국면으로 전환하면서 공개 활동 영역 이 어느 정도 회복되었음을 감지할 수 있었다. 지하에서 활동하던 민청 련도 변화된 정세에 맞춰 활동 패턴을 바꿀 필요가 있었다. 무엇보다 공개 집행부가 새로 구성되어야 했다.

1985년 7월 김병곤 상임위원장 구속으로 시작된 민청련에 대한 탄압 은 김근태 전 의장 등 주요 집행 간부 전체의 구속과 수배로 이어져 민 청련의 공개 활동을 완전히 마비시켰다. 민청련은 지하로 들어가 김희

흥사단에서 개최한 석방청년학생 환영 및 양심수 전원 석방·수배자 전원해제 쟁취 결의대회에서 사회를 보고 있는 남근우 민청련 중앙상임위원(위). 명동성당에서 개최한 '구속청년학생협의회 창립대회 및 양심수 전원·즉각 석방 결의대회'에서 사회를 보는 김병곤 민청련 부의장(아래).

택, 장준영, 이범영 등 수배 간부들을 중심으로 조직을 유지하고《민중신문》과 선전물을 통한 선전 활동을 꾸준히 지속했다. 그러나 공개 활동이 중단된 상태에서 활동력은 저하됐고, 대외적 영향력은 미미했다. 공개 정치투쟁 단체로 출범한 민청련으로서는 비정상적 상황이었고, 하루 빨리 정상 상태로 돌아갈 필요가 있었다.

1986년 가을 제7차 총회 이후 권형택, 김종복 등 석방된 간부 중심으로 공개 활동을 일부 복원했으나 창립 초기와 같은 대외적인 정치력을 발휘하기에는 역부족일 수밖에 없었다. 주로 민통련 중심의 재야 상층 연대와 비공개 노학청 연대를 유지하는 정도였다.

6·29선언 당시에는 구속된 간부들 중에서 김근태 전 의장과 김병곤 전 상임위원장을 제외하면 대체로 석방되어 자유의 몸이 되어 있었다. 1985년 9월 말 구속되었던 최민화 전 상임위원장은 1년 반 형기를 만기를 채우고 1987년 4월에 석방됐다. 그러나 부인 박혜숙의 위암 발병으로 집안을 돌보느라 운동으로의 복귀는 어려운 형편이었다. 6월항쟁 당시에는 을지로 인쇄골목에서 인쇄업을 막 시작한 참이었다. 같은 시기에 구속되었던 전 대변인 김희상도 최민화와 비슷한 시기에 대구교도소에서 석방됐다. 그러나 석방 후 건강이 좋지 않아 집에서 요양 중이었다.

수배된 간부들 중에는 박우섭이 가장 먼저 체포되어 징역을 살고 나왔다. 1986년 3월에 체포되어 1심에서 집행유예를 받고, 8월에 석방됐다. 석방 후 활동 반경을 민청련보다는 민통련 쪽으로 두고 1987년 2·7, 3·3투쟁과 6월항쟁 초기에 민통련 간부로 역할을 했다.

김희택은 민청련 비공개 지도체제에서 여러 요직을 맡아 쭉 활동하다가 1987년 초 체포됐지만 4개월 만인 4월 3일 집행유예로 석방됐다.

고향에서 당분간 몸을 추스르고 요양하며 지내고 있었다. 《민중신문》 팀에서 활동하다가 1986년 체포됐던 연성만도 4월 22일 1년 옥고를 다 채우고 출소했다. 장준영은 체포되지는 않았지만 집안 사정으로 1987 년 초부터 민청련 활동을 잠시 접고 고향에 내려가 있었다.

1987년 7월 1일 정부가 6·29선언의 후속 조치로 대규모 사면 복권과 구속인사 석방을 단행했다. 그 결과 7월 10일 김대중을 비롯한 2,355명에 대한 사면 복권이 이루어졌고, 357명의 시국사범이 석방됐으며, 270명의 수배가 해제됐다. 민청련 출신으로는 최민화, 홍성엽, 강구철 등이 복권됐고, 장영달, 김병곤 등이 석방됐다.

2년 형기의 만기가 얼마 남지 않았던 김병곤은 춘천교도소에서 출감했다. 그는 거듭되는 교도소살이로 건강에 이상이 생긴 것을 느끼기 시작했지만 석방되자마자 운동 일선에 뛰어들었다. 석방된 청년학생 중심으로 서울지역 출옥자동지회(약칭 서출동)가 결성됐는데, 김병곤은 여기에서도 리더격인 역할을 맡았다. 김병곤은 출옥한 다음날부터 지속적인 민주화 추진과 구속자 석방을 요구하는 집회를 조직하고 성명서를 발표하는 등 동분서주했다. 건강 상태를 염려한 가족과 친구들이 얼마간이라도 요양할 것을 권했지만 그의 강한 투지를 꺾을 수 없었다.

김병곤과 같은 날 석방되어 서출동에서 활동한 학생운동가들이 훗날 민청련에 대거 가입했다. 물론 김병곤의 영향이 컸다. 신기동, 김민석, 고진화, 김봉태, 최만영, 김택수, 이종주, 김종민, 홍용기, 고훈, 박희승, 남상기, 공병훈, 임병진, 공영운, 최영림, 이남주 등이 그들이다. 이들은 민청련이 대중운동조직으로 바뀌는 데에 일조하여 훗날 민청련 본부 소속 사무국이나 정책실에서 중추적인 일꾼으로 헌신적으로 활동했다.

이한열 추도대회

7월 9일, 6월 9일 연세대 교내 시위 도중 경찰의 최루탄 직격탄에 맞아
사망한 '이한열 열사 민주국민장 및 추도대회'가 열렸다. 모교인 연세

① 7월 9일 이한열 장례식 상여 행렬이 연세대학교에서 시청으로 출발하고 있다. ② 장
례식에 참석한 문익한 목사가 길이 기억될 추도사를 하고 있다. ③ 석방된 민주인사와
학생들이 7월 17일 명동성당에서 구속청년학생협의회 창립대회를 열고 있다. 왼쪽부터
김병곤 민청련 부의장, 지선·진관·목우 스님. ④ 6월항쟁에서 가두시위에 참가한 양경
숙 민청련 회원.

대를 떠나 서울시청 앞 광장에 이른 장례 행렬에 그의 죽음을 슬퍼하는 백만 군중이 함께했다.

이날 장례식장에는 6·29조치를 계기로 석방된 민주인사들이 대거 참여했다. 민통련의 문익환 목사, 민청련의 김병곤을 비롯한 투옥 인사들이 석방되자마자 이한열의 장례식장에 찾아온 것이었다. 장례식에서는 그렇게 이제 막 출소한 사람들을 교도소별로 소개했다. 시청 앞 광장에 우레와 같은 박수가 쏟아졌다. 그것은 새로운 조건 속에서 민주주의를 진전시킬 새로운 사명이 이들에게 부과되었음을 뜻하는 상징의 소리였다.

김근태 석방 투쟁

사면 복권과 구속인사 석방 조치는 폭넓게 이뤄졌다는 평가를 받았다. 그러나 자세히 들여다보면 기만적인 책동이 숨어 있음을 쉽게 알 수 있었다. 김근태, 이부영, 장기표 등 재야의 핵심 인물로 꼽히던 3인은 여기에서 제외됐다. 수배자 중에서도 민통련·민청련 출신 상당수의 수배는 여전히 해제되지 않고 있었다. 민청련 출신으로는 이범영, 박계동, 송병춘, 유기홍, 양재원 등이 수배 상태였다.

선별이 아닌 무조건 전원 석방과 전원 수배 해제는 6·29선언 직후 가장 당면하고 긴급한 과제였다. 그래서 민청련은 7월 16일 〈민주화에 선별은 있을 수 없다〉라는 제목의 성명서를 발표했고, 7월 22일 흥사단에서 민청련 등 6개 청년단체 공동 주최로 열린 석방자 환영회를 열었다. 환영회 제목으로 '석방청년학생 환영 및 양심수 전원 석방·수배자 전원

해제 쟁취 결의대회'라는 긴 명칭을 사용했다. 당시 민청련의 문제의식
을 보여준 명칭이었다.

2

제9차 총회와
공개 지도역량의 회복

6월항쟁을 어떻게 계승할 것인가

민청련은 6·29선언 이후 변화된 정세에 적극적이고 능동적으로 대응할 필요가 있었다. 그래서 그해 8월 8일에서 9일까지 서대문에 있던 기독교 선교교육원에서 1박2일로 정회원 대의원총회를 열었다. 이 대의원총회를 위해 준비특위가 구성됐고, 제안될 안건에 대해 미리 집중적으로 논의를 진행했다.

대의원총회에서 민청련은 1987년 상반기 활동을 평가하면서 성과로 "제7차 총회 이후 운영위 중심으로 공개 영역이 회복되어 상하층 연대선이 안정적으로 정착된 점, 《민중신문》의 정기적인 발행, 6월항쟁 과정의 가투에서 소정의 인원 동원과 가두 선전활동을 수행한 점" 등을 들었다. 그리고 이런 성과를 낼 수 있었던 것은 중앙집행위가 좌우 편향 없이 회원 지도를 잘했기 때문이라고 평가했다.

이어서 반성해야 할 내용으로 "조직 내 사상적 중심을 형성하기 위한 노력이 부족했다. 대중노선의 구체적 관철과 대중과의 결합 방법 제시가 미흡했다, 정회원 체제가 부실하게 운영됐다, 중간 지도력이 부재했다, 재정구조가 취약해졌다"는 점을 지적했다. 성과 측면보다 반성 측면을 더 강조했는데, 특히 집행부의 사상적 지도 부족에 대한 비판은 당시 운동 세력에 불어닥치기 시작한 이른바 '민족해방NL' 계열에 대한 대응을 지적한 것이었다.

정회원 체제가 부실화된 점에 대해서도 많은 논의가 있었다. 정회원은 제7차 총회 이후 도입된 제도로 조직에 대한 높은 헌신성과 활동력

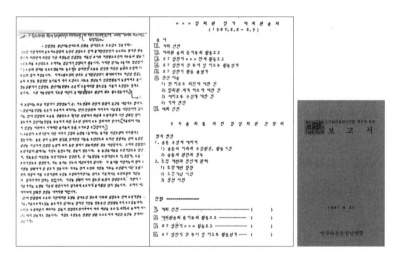

이범영이 작성한 것으로 알려진 6쪽짜리 청년운동론 〈민청련은 청년 대중단체로의 전환을 절대적으로 요구받고 있습니다〉 문건 첫 페이지(왼쪽). 대의원총회 준비특위에서 제작한 5쪽짜리 '대의원총회 준비 보고서' 첫 페이지(가운데). 제9차 총회 보고서 표지(오른쪽).

이 검증된 기간활동가로 구성되는 조직 내의 비공개 조직이었다. 전두환 정권의 탄압으로 비합법 활동 시대를 맞은 민청련이 조직 보위를 위해 마련한 자구책이었다.

일반 회원들에게는 누가 정회원인지뿐만 아니라 정회원제 존재 자체조차 일체 알 수 없도록 엄격한 보안을 유지했다. 정회원제는 민청련이 투철한 기간활동가를 양성하여 조직의 질적 수준을 높이기 위해 만든 제도이자, 언젠가 도래할 변혁의 시기에 민청련이 지도적 역할을 수행할 수 있도록 준비하는 제도이기도 했다.

하지만 어느 때부터인지 이 정회원 제도는 일반 회원들에게도 공공연한 사실이 되었다. 정회원들에게 요구되는 높은 규율이나 책임성이 확보되지도 못한 채 평범한 대중적 체계로 전락하고 말았다. 오히려 일반 회원들에게 위화감을 조성하고 자발적 참여를 막는 질곡이라는 비판까지 받았다. 대의원총회 준비특위는 이 점을 신랄하게 지적하면서 정회원 체제는 해소되어야 한다고 주장했다. 준비특위에서 제출한 이 안건은 대의원총회에서 통과되어 정회원제는 해소됐다.

이어서 대의원총회 결의로 중앙집행위원장 겸 운영위원장이었던 권형택을 중심으로 제9차 총회를 준비하기 위한 총회준비위원회가 구성됐다. 공개 집행부 쪽에서는 사업부장 김성환과 청년부장이면서 국민운동본부에 실무 간사로 파견됐던 최성웅이 참여했고, 비공개 집행부 쪽에서는 선전부장 유기홍, 조직부장 진영효, 그리고 여성 대표로 임태숙 등이 참여했다. 총회준비위원들은 대의원총회 보고서를 기초로 여러 차례 모임을 갖고 제8차 총회 이후의 사업 평가, 향후 활동 방향, 집행부 인선, 총회 실무준비 등의 작업을 진행했다.

김병곤이냐, 김희택이냐

제9차 총회의 가장 큰 주제는 공개 지도력의 회복과 청년 대중운동으로의 전환 모색이었다. 그중에서도 공개 지도력 회복 문제가 가장 시급한 과제였다. 구체적으로는 의장단 구성을 어떻게 할 것인가, 의장을 누가 맡을 것인가 하는 문제였다.

김근태 전 의장은 아직 교도소에 있었으나 그 외에 초창기 민청련을 이끌었던 지도부 인물들은 대부분 활동에 복귀할 수 있었다. 일찌감치 민통련에 참여한 장영달, 이해찬을 논외로 하면 의장 후보로는 최민화, 김희택, 김병곤, 박우섭, 장준영, 이범영 등을 꼽을 수 있었다. 그중 최민화가 가장 연장이고 선배 격이어서 의장후보 1순위였지만 부인 박혜숙의 투병 때문에 가정과 사업을 떠날 수 없었다. 박우섭은 석방 이후 활동무대를 민통련으로 정해 거기에서 활동하고 있었다. 이범영은 아직 수배가 풀리지 않아 도피생활을 계속하고 있었고, 장준영은 수배 상태인지 아닌지가 좀 애매했지만 그래도 조심하는 상태였다.

결국 의장 후보는 김희택과 김병곤으로 압축됐다. 김희택은 김병곤을 의장으로 강력히 추천했다. 후배지만 김병곤의 탁월한 리더십과 추진력을 높이 평가한 것이다. 공개운동과 노동현장을 두루 망라하는 폭넓은 인맥과 동료 선후배들의 높은 신뢰도 그가 의장을 맡아야 하는 이유로 언급되었다. 김희택이 내심 생각한 또 하나의 이유는 김병곤이 서울대 출신이라는 것이었다. 그는 의장의 대외교섭력에서 서울대 출신은 매우 중요한 요소라고 생각했다.

김희택과 김병곤은 몇 년간 철산동 아파트 위아래 동에 거주하면서 가족끼리도 자주 왕래하는 등 선후배 이상으로 가깝게 지내온 터라 서로를 너무나 잘 알았다. 덕분에 김병곤은 김희택의 추천이 겸양의 말이 아니라 진심임을 잘 알고 있었다. 그러나 김병곤은 그 추천을 수락할 수 없었다. 김희택의 추천을 정중하지만 완강하게 고사하고 오히려 적극적으로 김희택을 의장으로 밀었다. 도리상 선배를 제치고 의장을 맡을 수 없다는 것도 이유였지만 김희택의 친화력과 인품을 민청련 의장에 꼭 필요한 덕목으로 생각했다. 다른 이유도 있었다. 당시 김병곤은 6월항쟁으로 열린 공간에서 민통련을 민중운동연합으로 발전시키고 강화하는 것이 급선무라고 생각했다. 자신은 그것을 위해 민통련에서 일해야 한다고 계획하고 있었다.

제9차 총회에서 선출된 의장단. ① 김희택 의장, ② 김병곤 부의장,
③ 박우섭 부의장, ④ 장준영 부의장(비공개), ⑤ 권형택 부의장.

어느 날 저녁, 총준위원장을 맡아 인선 작업을 진행하던 권형택이 두 사람을 동숭동 마로니에공원에서 만나게 했다. 두 사람은 누가 의장을 맡을 것인가의 문제로 밤이 깊도록 토론했다. 몇 시간을 서로 밀고 당기는 입씨름 끝에 결국 김희택이 물러섰다. 김병곤의 간곡한 권고를 더이상 거부할 수 없었던 것이다. 이렇게 가장 관건이었던 의장은 사실상 김희택으로 결정됐다. 이후 총준위원회는 김희택과 의논하여 부의장으로 김병곤, 박우섭, 장준영, 그리고 총준위원장을 맡았던 권형택 등 4인을 내정했다. 이들 가운데 장준영은 수배 문제가 아직 애매한 상태여서 일단 비공개로 하기로 했다.

청년 대중운동으로 전환하는 문제

제9차 총회에서 다뤄야 할 또 하나의 중요한 문제는 민청련의 청년 대중운동으로의 전환 문제였다. 6월항쟁에서 봇물처럼 터져나오던 국민의 민주화 열기와 거리를 누비는 수백만 대중의 모습은 앞으로의 시대가 민중의 시대, 대중의 시대가 될 것임을 예고하고 있었다. 6월항쟁 직후 7월부터 전국 노동현장에서 벌어진 노동자대투쟁 역시 이제 민주화운동이 소수의 선진적 활동가 중심이 아닌 광범한 대중을 기반으로 한 운동이 되어야 함을 웅변하고 있었다. 청년운동도 이러한 시대적 흐름에 발맞추어 운동의 방향을 설정해야 할 필요가 있었다.

이 문제에 대해 선전부와 정책실을 중심으로 하나의 문건을 작성하여 총준위에 제출했다. 이 문건은 총준위 검토 과정에서 최성웅이 내용을 일부 수정, 보완했고 그것을 민청련 각 부서 회원들이 회람했다. 〈민청련은 청년 대중단체로의 전환을 절대적으로 요구받고 있습니다〉라는 제목의 16절 6페이지짜리 대외비 회람용 문건이었다.

이 문건은 6월항쟁의 성과로 민청련이 "청년 대중 역량을 튼튼히 구축해야 할 필요성을 시급히 요청받고 있다"고 말하며 청년 대중 역량을 구축하기 위해 무엇을 해야 하는가를 물었다. 우선 문건은 민청련이 그동안 대중노선과 조직운동을 표방하면서도 학생운동 출신의 선진 활동가 조직에 머물러 있던 한계를 지적했다. 이런 활동가 조직 형태가 탄압 시기에 조직을 보위하는 데는 기여한 바 있지만, 대중 투쟁이 폭발적으로 고양되는 시기에 대중조직 기반을 확대하고 대중 투쟁을 이끌어 나가는 데는 오히려 장애가 됐다고 지적했다.

구체적으로 "(6월항쟁에서) 대중 속에서 훈련되고 단련되지 않은 활동가는 지극히 무능하다는 사실을 보여주었고, 대중 조직의 힘을 갖지 못하는 조직은 결코 투쟁을 이끌 수 없음을 여실히 증명해주었다"고 지적했다. 6월항쟁 과정에서 민청련이 꾸준히 선전물을 내고 가두에서 열심히 싸우긴 했으나 명동 농성투쟁 같은 핵심 현장에서 일부 회원의 참여 외에 조직적으로 주도적인 역할은 하지 못한 것에 대한 통렬한 자기비판이었다.

이 문건은 그러므로 "민청련은 선진 활동가 조직에서 각 계급 청년을 조직 기반으로 하는 청년단체로 개조되어야 하며 계급운동과의 통일적 발전을 위해 기층 청년을 주요한 조직 기반으로 삼아야 한다"고 제안했다. 그러나 민청련은 한편으로 "민주주의와 민족통일의 실현을 위해 헌신하는 것을 목적으로 하는 정치적 대중단체"임을 분명히 했다. 이런 목적을 달성하기 위해 "공개 영역의 확보가 필수"이며, "노동 청년 대중을 조직하기 위해 생산 지역에 공개 지부를 형성할 필요가 있다"고 했다. 이런 주장은 제9차 총회 이후 지역 지부 창립의 근거가 되었다.

이 문건은 당시 수배 중이던 이범영이 작성한 것으로 나중에 알려졌다. 이범영은 이 문건을 기초로 하여 청년운동론을 작성했는데, 《민주화의 길》 17호에 익명으로 게재했다가 이범영 사후 1주기 추모문집 《이 강산의 키 큰 나무여》(나눔기획, 1995)에 〈청년운동론 시론〉이라는 제목으로 실렸다. 이 문건은 회람 과정에서 문구나 용어 사용과 관련하여 일부 문제 제기가 있었으나 중심 논지에 대해서는 모두가 동의했고, 총회 준비위에서는 이 문건의 주장을 회원 결의사항으로 채택했다.

가장 자유롭고 성대했던 제9차 총회

1987년 8월 25일, 영등포 성문밖교회에서 200여 명의 청년들과 내빈들이 참석한 가운데 제9차 총회가 열렸다. 6·29선언 이후 세태를 반영하여 민청련 창립 이후 가장 많은 사람이 참석했고, 가장 자유로운 분위기에서 진행됐다.

계훈제 민통련 부의장, 이재오 서울민통련 부의장, 목우 스님, 한경남전 의장, 김지용 구속청년협의회 회장 등이 축사를 했다. 총회에서는 김희택을 의장으로 하는 집행부를 선출하고, 청년 대중운동의 기치하에 지역위원회를 신설할 것을 선언했다. 향후 이 지역위원회 산하에 북서울, 동서울, 남서울 3개 지역지부를 건설할 것도 아울러 공표되었다.

청년 대중운동의 새로운 출발을 다짐하는 결의문을 채택했는데 그 내용 중 일부는 다음과 같았다.

이제 우리는 4년여 투쟁 경험을 겸허하게 되새기고, 솔직한 자기비판을 통해 앞날을 설계할 시점에 와 있다. 특히 우리는 대중과 굳게 결합하지 못한 채 대중의 옆에 서서 투쟁해 온 과거를 청산하려 한다. 우리는 이제 각계각층 대중 속에 파고들어 대중조직화 사업에 열을 올려야 한다.

대중조직화 사업이 6월항쟁 이후 민청련의 새로운 활동 목표로 떠오른 것이다. 제9차 총회를 기점으로 새롭게 구성된 집행부 명단은 다음과 같다. 지역위원회 산하의 3개 지부 조직책임자에 새로 떠오르는 열성회원 3인이 임명된 것이 눈에 띄었다.

의장단/ 의장: 김희택, 부의장: 김병곤, 박우섭, 장준영(비공개), 권형택
사무국/ 사무국장 겸 사회부장: 김종복, 총무부장: 김두일, 홍보부장: 윤형기, 조직부장: 최성웅, 여성부장: 임태숙, 사업부장: 전준현
지역위원회/ 동민청 위원장: 김성환, 남민청 위원장: 남근우, 북민청 위원장: 김재승

제9차 총회에서 새로 구성된 집행부 중 지역위원회.
① 김성환 동민청 위원장, ② 남근우 남민청 위원장, ③ 김재승 북민청 위원장.

3

민청련의 조직 정비와
야권 후보 단일화운동

노동자 대투쟁과 민청련의 조직 정비

1987년 6·29선언 이후 민청련 총회가 있던 8월 말까지의 7, 8월 두 달
은 온 나라가 독재에서 민주화로 이행하는 진통을 겪으면서 요동치던
시기였다. 정치권에서 민정당과 민주당의 개헌 협상이 치열하게 이루
어지고 있을 즈음 울산, 마산, 창원 공업지대에서는 노동자대투쟁이 시
작되어 전국으로 퍼져나갔다. 7월 울산의 현대자동차, 현대중공업, 현
대조선 등 대규모 공장에서 시작된 노동자대투쟁은 엄청난 속도로 경
기·인천·수도권 등을 포함한 전국으로 확산되어 생산 현장을 투쟁의
도가니로 몰아넣었다.

전국 노동자의 3분의 1 이상이 이 투쟁에 동참했다. 전례 없는 폭발
적인 투쟁이었다. 군사독재에 눌려 기본적인 생존권과 노동권을 박탈
당하고 살아온 노동자들이 6월항쟁으로 열린 공간 속에서 기지개를 켜

고 일어나 자신들의 문제를 스스로 해결하기 위해 나선 것이다. 이는 6 월항쟁으로 쟁취한 절차적·정치적 민주주의를 넘어서 실질적·사회적 민주주의를 쟁취하기 위한 대장정의 출발이기도 했다.

민청련이 제9차 총회에서 기층 대중 청년들을 조직하기 위한 지역지부 건설을 결의한 것은 이런 배경 속에서 이루어졌다. 제9차 총회로 조직을 정비한 민청련은 대내외 사업에 열정적으로 뛰어들었다. 대외적으로는 민주헌법쟁취국민운동본부(국본)와 민통련을 통해 6·29선언 이후 역동하는 정치 정세 속에서 민청련의 대외정책을 실현하는 사업이었다. 대내적으로는 지역지부 건설을 통해 청년 대중을 조직하는 사업이었다.

민청련 의장단은 총회 직후 서울 중구 쌍림동 사무실에서 첫 회의를 열었다. 김희택 의장의 주재하에 향후 조직의 운영 방향을 논의하고, 의장단 개개인의 역할을 조정했다. 민통련 정책실을 희망했던 김병곤 부의장은 민통련에 파견하기로 했다. 국본에서 총무국장을 맡아 일하고 있던 박우섭 부의장은 본부로 돌아와 앞으로 중요해질 정치 현안들에 대처하기로 했다. 아직은 국본의 역할이 중요한 시점이었으므로 박우섭의 자리에는 권형택을 파견하기로 했다. 장준영에게는 기존 활동의 연장선상에서 민청련 내부 조직 관리를 전담하는 역할을 맡겼다. 김희택 의장은 대내외 사업을 총괄하면서 국본·민통련의 연대 사업에 대표로 참가하기로 했다.

국내정세와 양 김 단일화 문제

8월 말로 국회의 개헌특위 활동이 마무리되고, 9월 초에 여야가 12월 대통령선거 일정까지 합의하자 정국은 완전히 대선 국면으로 전환됐다. 6·29선언이 전두환 정권의 치밀한 계산과 연출 속에서 이루어진 것임은 나중에 모두 사실로 입증되었지만, 당시 민주화 진영 내부에서도 그들의 속셈은 어느 정도 짐작할 수 있었다. 그들은 정권을 절대로 포기하지 않았고, 치밀한 계산에 따라 대선을 통한 정권 연장을 준비하고 있었다.

6·29선언 이후 집권 세력이 가장 먼저 발 빠르게 움직였다. 6·29선언의 핵심인 직선제 개헌을 노태우의 결단에 의한 것으로 포장함으로써 노태우가 민주화를 가져온 사람이라는 이미지를 국민에게 심어주려 했다. 작전은 어느 정도 성공했다. 노태우는 8월 5일 민정당 총재에 취임하고, 9월에 미국과 일본을 방문하여 양국 정상들을 면담했다. 가장 가까운 우방으로부터 대통령 후보로서 인정받고 있다는 이미지를 연출하기 위한 것이었다.

그러나 6월항쟁으로 열린 정치 공간에서 민주화운동 진영이 하나로 단결만 한다면 충분히 승리할 수 있다고 믿을 만한 충분한 근거가 있었다. 국민이 압도적으로 민주화운동 진영에 지지를 보내고 있었기 때문이다. 그러면 어떻게 단결할 것인가?

선거 국면에서 민주 진영의 단결은 김영삼·김대중 씨의 협력, 곧 양 김의 후보 단일화 문제로 압축됐다. 후보 단일화 대상에 진보 진영의 후보까지 포함할 수 있었겠으나 사실상 진보 진영에는 양 김에 필적할 만큼 국민에게 알려진 인물이 없었기 때문에 관심의 대상이 되지 못했다.

양 김은 6월항쟁 이후 7월 들어서 몇 차례 회동하여 국민에게 단일화를 약속했다. 1980년과 같은 우를 범하지 않겠노라고 다짐했다. 그러나 개헌 협상이 진행되는 7, 8월 두 달 동안 두 사람은 주도권을 잡기 위해 물밑에서 치열하게 경쟁했다.

단일화 문제는 민주당 총재인 김영삼이 김대중보다 유리한 입장에 있었다. 1986년 말 김대중이 대통령 불출마를 선언한 적이 있었고, 당내 세력 분포에 있어서도 김영삼이 유리한 상황이었다. 따라서 김영삼은 후보 단일화 문제를 민주당 내부 문제로 묶어두고 양 김 협상을 통해 해결하려고 했다. 반면 상대적으로 진보적이고 선명한 이미지를 가졌고 대중 연설에 능한 김대중은 이 문제를 당 밖으로 끌고 나가 국민 여론에 의해 결정짓고자 했다.

김대중은 9월 초, 광주와 목포를 방문했다. 여기에서 50만 이상의 인파를 모아 지지세를 과시했다. 경쟁은 더욱 가열됐다. 두 사람이 약속한 단일화가 위태롭게 되지 않나 하는 우려의 목소리가 점차 커지기 시작했다. 후보 단일화 문제를 양 김 두 사람에게 맡겨둬도 좋은가 하는 의문이 들기 시작했다. 국민운동본부나 민통련 등 재야가 나서야 할 필요성이 높아졌다.

민청련과 김대중의 만남

먼저 민청련의 새 집행부가 발 빠르게 움직였다. 의장단은 회의를 열고 9월 30일 창립 4주년 기념대회에 양 김을 초청하기로 했다. 양 김 단일화에 앞서 두 사람을 대중 앞에 세워 그들의 경륜과 능력을 검증하는 자리를 마련하자는 것이었다.

대회 장소는 안암동에 있는 개운사로 정했다. 명진 스님이 주지로 있는 개운사는 아주 큰 절은 아니지만 승가대학이 있는 유서 깊은 조계종 본찰 중의 하나였다. 서울 시내에 있는 절 치고는 마당이 제법 넓어 1,000명 정도의 집회를 하기에 충분했다.

양 김 참여 교섭은 김병곤과 박우섭, 두 부의장이 맡았다. 김병곤은 부산 출신이어서 김도현 등 김영삼 측근들 대부분과 잘 알고 지냈기 때문에 자연스럽게 김영삼 쪽 연락을 맡았다. 박우섭은 김대중 쪽과 민청협 시절부터 긴밀하게 연락하고 지내던 터여서 김대중 쪽 참가 교섭을 했다. 민청련 창립 때 참여했던 고대 출신 설훈이 김대중 비서로 있어 중간 다리 역할을 해주었다.

김대중 쪽에서는 기다렸다는 듯이 즉시 참석하겠다는 연락이 왔다. 그러나 김영삼 쪽에서는 김대중과 장외에서 연단에 함께 서는 것에 부정적이었다. 일정을 이유로 정중하게 불참을 통보해왔다. 거기에는 나름의 이유가 있었다. 이전 날인 29일, 양 김 사이의 후보단일화 담판이 있었으나 결렬됐다. 그리고 당일인 30일 오전에는 김영삼이 "민주화를 향한 이제까지의 투쟁을 평화적·정치적으로 완결해보고 싶은 것이 나의 포부"라고 밝히며 사실상의 출마 선언을 했고, 김대중에게는 후보를 양보하는 대신 당 총재를 맡아줄 것을 제안했다.

이러한 상황에서 김영삼이 새삼 대중 앞에 김대중과 나란히 서서 후보 경쟁을 할 상황은 아니라고 보았던 것이다. 반면 김대중은 대중 집회를 통해 상황을 역전시키고자 하는 욕구가 있었다. 그날 낮 민가협 전국회장단 13명이 김대중을 면담하고 "무슨 일이 있더라도 후보 단일화를 꼭 이룩하여 군사독재를 종식시키고 민주화를 성취해달라"고 당부했지만, 단일화의 앞날은 더욱 불투명해져만 갔다.

김영삼의 불참으로 후보 단일화를 위한 집회라는 정치적 의미는 퇴색됐지만, 민청련은 예정대로 집회를 진행하기로 했다. 9월 30일 저녁 7시 1,000여 명의 청중이 개운사 법당 앞마당을 가득 메운 가운데 '민주화운동청년연합 창립 4주년 기념강연회'가 열렸다. 주제는 '새로운 민주정부, 무엇을 할 것인가'였다. 초청 연사로 김대중 외에 오순부 인

개운사에서 9월 30일에 열린 민청련 창립 4주년 기념강연회 모습. 김희택 의장이 강연대에 올라서 연설하고 있다(위). 박우섭 부의장이 사회를 보고 있다(아래).

천지역 해고노동자협의회 위원장이 참석했고, 민청련 대표로는 김희택 의장이 연사로 나섰다.

청중은 민청련 회원 일부를 제외하면 김대중 지지자들이 많았다. 강연 순서는 오순부, 김희택, 김대중의 순이었다. 오순부 위원장의 노동현장 고발과 김희택 의장의 차분한 연설은 좋은 반응을 받았다. 그러나 역시 김대중의 연설이 압권이었다.

청중의 열렬한 박수 속에 등단한 김대중은 원고도 없이 때로 차분하게, 때로 힘차게 약 1시간의 연설을 이어나갔다. 자신이 걸어온 험난한 길, 광주항쟁의 아픔과 6월항쟁의 승리, 그리고 자신이 집권해야 하는 이유와 집권 이후 펼쳐나갈 정책에 대해 열변을 토했다. 그의 연설은 청중을 완전히 사로잡았다. 청중은 환호했다. 마치 대통령선거유세를 방불케 하는 연설이었다.

민청련의 이날 집회는 많은 청중이 모인 가운데 성황리에 끝났지만 민청련 집행부의 의도와는 달리 결국 김대중이 대통령 후보로 나서는 길을 닦아준 집회가 되었다. 이것이 앞으로 닥칠 엄청난 비극의 전조가 되리라는 것을 민청련 집행부는 미처 알아채지 못하고 있었다.

4
지역 민청련
조직 활동

동서울민청련(동민청)

1987년 8월의 제9차 총회 이후 청년 대중운동을 모색하는 민청련의 활동 중에서 가장 중요한 것은 지역지부 건설 사업이었다. 기층 청년 대중을 조직하기 위해서는 청년들이 일하는 지역 현장으로 내려갈 필요가 있었다. 민청련이 주목한 지역은 서울에서 공장지대라고 할 수 있는 구로·영등포공단과 성수공단이었다. 서울의 특성상 서울 중심부의 사무전문직 노동청년도 조직 대상으로 삼았다.

민청련은 지역 청년 조직 사업을 위해 의장단 밑에 지역위원회를 신설한 후 그 안에 남서울(구로, 영등포), 동서울(성수), 북서울(사무·전문직) 3개 지부를 두고 조직 사업에 착수했다. 각 지부 조직책으로 남서울에는 남근우, 동서울에는 김성환, 북서울에는 김재승을 임명했다.

김성환이 조직책으로 임명된 동부가 가장 먼저 움직였다. 김성환은

6·29선언 이전 탄압 시기에 사업부장으로 민청련의 살림을 꾸리는 데
남다른 수완을 보였다. 6·29선언 이후에는 총준위에 참여하여 민청련
의 변신에도 적극적으로 임했다. 논의 과정에서 청년 대중운동을 앞장
서서 주장하지는 않았지만 지부조직 사업이 실천 과제로 제시되자 자
원하여 동민청 조직책을 맡았다.

동민청을 지원한 건 당시 김성환이 성수공단에서 가까운 남양주 신
장리(현 하남시)에 살고 있었기 때문이다. 이렇게 동서울 쪽 출신을 중심
으로 이런저런 사정을 감안하여 동민청을 자원한 10여 명의 민청련 회
원들이 동부지역 조직 사업에 참여했다. 김성환 위원장과 김병태 사무
국장을 비롯해 윤영헌, 변종만, 홍승창, 원응호, 엄지선, 이금봉, 연희
원, 한영수, 최정호 등이었다. 내부 살림은 김병태 사무국장이 총괄하
고 한영수 회원이 적극적으로 도왔다. 한영수는 동서울 지역 거주자는
아니었지만, 북민청에 사람이 몰리는 바람에 조직의 결정으로 동민청
으로 옮겨야 했다. 그럼에도 열성적으로 활동했다.

김성환과 동민청 회원들은 제9차 총회가 끝나자마자 9월 초 성수동
에 사무실을 얻고 바로 활동에 들어갔다. 사무실은 화양리 동부세무서
맞은편에 있는 허름한 2층 건물의 2층에 얻었다.

처음으로 지역에서 활동하는 것이라 조심스러울 수밖에 없었다. 우
선 지역 상황을 파악해나가면서 기존에 활동해온 지역 단체들과도 만
나서 이야기를 나누고 협조관계를 맺어나갔다. 성수 지역에는 동부노
동상담소를 중심으로 노동운동 활동가들이 모이고 있었고, 성수교회도
지역운동의 중요한 모임 공간이 되고 있었다. 당시 국민운동본부에서
도 활발하게 지역조직 건설을 하고 있었는데, 서울본부 성동구지부가
이 지역에서 막 조직사업을 시작하고 있었다. 건대, 세종대 등 지역에

있는 대학의 총학생회도 연대 대상이었다.

이 지역에 새롭게 활동을 시작한 민청련을 바라보는 기존 지역 활동가들의 반응은 그다지 신통치 않았다. '서울 시내 사무실에서 놀던 당신들이 이런 일을 할 수 있겠어?' 하고 반신반의하는 표정이었다. 때마침 동민청 회원들이 지역에 뿌리내리는 계기가 되는 사건이 일어났다. 9월 초에 성수 지역 택시회사 조흥운수의 운수노동자 이석구 씨가 회사의 부당한 처우에 항의하여 분신하는 사건이 발생한 것이다.

동민청은 즉시 지역 운동단체·총학생회들과 함께 대책위를 꾸리고 회사를 상대로 한 농성에 돌입했다. 김성환 위원장 이하 민청련 회원들은 이 농성에 적극적으로 참여했다. 본부에 연락하여 언론 홍보에도 노력하고 자체적으로 유인물을 만들어 지역 주민에 대한 홍보에도 적극

김성환 동민청 위원장(왼쪽)과 김병태 동민청 사무국장(오른쪽).

적으로 임했다. 그러는 사이에 기존 지역단체들과 신뢰도 차츰 쌓여갔고, 지역 청년들 사이에 민청련 이름을 알려나갈 수 있었다.

이후에도 아남전자 쟁의에 대한 지원 투쟁, 한양대 병원노조 지원 투쟁 등 동부민청련의 활동은 계속되었다. 그 과정에서 이길수, 이중원, 조예진, 정두민, 김지나, 원혜미, 김기석, 김의도, 이병선, 오명윤, 구광숙, 서중권, 신성식이 새로 가입하는 등 회원 수도 꾸준히 늘어났다. 한편 신덕자 여성부장을 비롯한 이정심 등 사무국 여성부가 실제 현장에서 청년대중운동을 실천하기 위해 동부민청련으로 이전해왔다.

남서울민청련(남민청)

남민청은 수도권에서 가장 큰 공단 중 하나인 구로공단이 있는 지역이어서 가장 관심을 모았던 지부였다. 1960년대 산업화 초기부터 영등포·구로 지역은 많은 공장들이 들어서서 공장지대를 이루고 있었고, 공장에 다니는 노동자들이 밀집해서 사는 지역이었다.

1970년대부터 원풍모방, 콘트롤데이터, YH상사 등 선구적으로 노동조합을 일궈온 노동운동가들이 이 지역에서 배출되었다. 그들은 1984년 방용석 원풍노조 전 지부장을 중심으로 모여 한국노동자복지협의회를 조직했다. 이들은 신길동에 사무실을 내고 노동운동을 전개하고 있었다. 또한 이 지역에는 노동운동을 꿈꾸며 노동 현장에 조직적으로 투신한 학생 출신 노동자들도 많이 활동하고 있었다. 청계천 판자촌 철거 이후 서울 도심에서 밀려난 사람들이 거대한 빈민지대를 형성하고 있던 목동 지역은 재개발 문제로 빈민운동이 활발하게 전개되고 있었다.

이러한 환경 속에서 민청련이 청년 대중운동을 기치로 내걸고 새롭게 어떤 활동을 펼칠 수 있을지가 초미의 관심사였다. 민청련 내에서도 이 지역의 조직사업을 해보겠다는 지원자가 상대적으로 많았다.

남민청 위원장에는 두 사람이 지원했다. 한 사람은 본부 선전부에서 일했던 서울대 출신 77학번 윤형기였고, 다른 한 사람은 민청련 상임위에서 오랫동안 빈민분과장으로 일했던 숭실대 출신 75학번 남근우였다. 집행부가 조정에 나섰으나 여의치 않아 결국 경선을 했다. 치열한 경합 끝에 윤형기가 2표 차이로 당선 됐다. 그러나 경선이 끝난 뒤 윤형기가 양보해 남근우가 위원장으로 확정됐다.

남근우는 자신을 지지한 양경숙, 이상강 등 숭실대 계반원들과 빈민분과원들을 중심으로 팀을 구성하고 본격적인 지역 활동을 시작했다. 사무실도 마련했다. 영등포 로터리에서 당산동으로 빠지는 버드나무길로 조금 올라가다 보면 명화극장이 나오는데 사무실은 그 명화극장 맞은편 진흥빌딩 3층에 있었다. 탄압 시기에 이름 없는 비밀 사무실을 전전하다가 이제 버젓이 간판을 내걸고 공개 사무실을 열게 되니 감개무량한 일이었다.

남민청 결성대회는 영등포 성문밖교회에서 열렸다. 김희택 의장 등 민청련 간부들과 문익환 민통련 의장, 장영달 등 100여 명의 축하객들이 모여 발 디딜 틈 없이 교회를 가득 메운 가운데 결성식이 거행됐다. 김희택 의장이 의장단을 대표해 인사하고, 남근우 위원장이 결성 경과보고와 임원 소개를 했다. 김복연이 새로 사무국장에 임명됐다. 참석 인사들의 축사와 격려사가 이어졌다. 문익환 목사가 격려사와 기념 시국강연을 했다. 마지막으로 〈청년 대중운동의 깃발을 높이 들며〉라는 제목의 결성선언문을 낭독했다. 결성대회를 마치고 사무실 입주식과 흥겨운 뒤풀이가 이어졌다.

결성대회를 성황리에 마친 후 남근우 위원장은 김복연 사무국장과 함께 사무실을 중심으로 활동을 시작했다. 남 위원장의 성격이 활달하고 사교성이 좋아 사무실은 항상 열 명 내지 스무 명의 청년들로 북적였다. 마침 서울 국본 영등포 구로지부를 민청련 출신 김희상이 맡고 있어서 서로 의논하고 협조하면서 활동을 진행해갔다.

회원 수도 꾸준히 늘어 100여 명을 헤아릴 때도 있었다. 공개 대중운동단체를 표방한 만큼 누구나 참여할 수 있도록 문호를 최대한 개방했다. 영등포시장에서 장사를 하던 변태희도 입회해서 이후 민청련 모임마다 빠지지 않고 참석하는 열성 회원이 됐다. 그는 지금도 집회 때면 민청련 두꺼비 깃발을 들고 나서는 민청련 맨으로 살고 있다. 이 당시 남민청 회원으로 박인도, 권명숙, 정규향, 김학규, 이병진, 박영진, 정권연, 정권열, 오용수, 곽영희, 노현숙, 박행자, 이승남, 박해님, 신근아 등이 있었다.

북서울민청련(북민청)

북민청은 발동이 다소 늦게 걸렸다. 애초 북민청은 민청련 회원의 대다수를 이루고 있는 중간층 사무전문직 청년을 대상으로 했다. 사실상 기존의 민청련 회원들을 대상으로 한 조직이라고 할 수 있었다. 사무실도 중구 쌍림동에 있던 민청련 본부 사무실을 함께 사용했다.

북민청의 조직화가 늦어진 것은 조직책으로 적합한 새 위원장 후보가 선뜻 나서지 않았기 때문이다. 의장단에서는 김재승을 점찍고 있었지만 본인이 고사했다. 오랫동안 집안을 돌보지 않고 줄기차게 투쟁 일선에 서왔던 김재승은 얼마간 2선으로 물러나 있기를 원했다.

총회가 코앞에 다가오자 장준영 부의장과 유기홍 선전국장이 김재승을 설득하기 위해 발 벗고 나섰다. 김재승의 사정은 이해하지만 대안이 없었던 것이다. 총회 전날 장준영과 유기홍의 집요한 설득에 결국 김재승이 백기를 들었다. 대의를 따르기로 한 것이다.

김재승은 청년 대중운동에서 사무전문직 청년들의 조직이 매우 중요함을 알고 있었기 때문에 '이왕 할 바엔 한번 제대로 해보자!'고 단단히 마음을 먹었다. 김재승은 총회가 끝나자 바로 선전국에서 함께 일하던 이외숙, 이덕희 등과 함께 연구전문직 그룹과 사무전문직 그룹을 조직해나가기 시작했다.

범양화재노조, 현대건설노조, 동의발전노조 등에 대해 신규 노조 건설을 지원하거나 노동쟁의를 지원하는 활동을 했다. 민청련 회원들이 많이

왼쪽부터 김재승 북민청 위원장, 남정현 북민청 총무, 김복연 남민청 총무,
남근우 남민청 위원장.

근무하던 곳이 출판사였는데, 그동안 불모지였던 출판사 노조를 만드는 일도 거들었다. 당시 한국사 소장 연구자들로 이루어진 망원연구소가 있었는데, 이들을 중심으로 연구원노조 조직에도 관여했다.

사무국장은 남정현이 맡았다. 회원들은 기존 민청련 회원들이 주축이었으나 나중에 훨씬 아래 학번인 83, 84학번들이 대거 들어왔다. 정동회, 우상수, 설문원 등이 이때 들어왔으며, 기존 계반 조직부터 꾸준히 활동해오던 성균관대 출신 김재훈, 연세대 출신 김응교 등은 학술연구직 그룹으로 배치됐다.

결성대회는 10월 20일 7시 종로3가 종로성당에서 열렸다. 이날 결성대회에서 김병곤 부의장이 '현 단계 청년운동의 방향'이라는 주제로 강연했다. 하지만 상황은 그다지 좋지 않았다. 대통령선거 열기가 치열해지고 양 김 단일화가 난항을 겪으면서 민족민주운동 진영도 균열 조짐을 보이기 시작한 것이다.

종로성당에서 개최한 북민청 결성식. 강연하는 사람은 김병곤 민청련 부의장.

5

대통령선거
전술 논쟁과
김근태 옥중 메시지

정국의 핵, 양 김 후보 단일화

1987년 10월 12일, 대통령 직선제를 골간으로 하는 개헌안이 여야 합의로 국회를 통과함으로써 12월 대선이 공식화되었다. 10월 27일 국민투표를 남겨 놓고 있었지만 여야 대권후보들의 대선 행보는 10월 들어서면서 이미 연일 주요 일간신문의 1면을 장식하기 시작했다.

그중에서도 김영삼과 김대중, 양 김의 단일화 문제는 국민의 가장 큰 관심거리였다. 양 김은 국민에게 잘 알려진 정치인일 뿐 아니라 이번 선거가 6월항쟁으로 열린 직선제 대통령선거였기 때문에 당연히 6월 항쟁의 주역이었던 이 두 사람 중 한 사람의 당선이 유력해 보였다.

그러나 결선투표 없이 한 번의 선거로 다수 득표 후보를 뽑는 선거제도에서는 야권의 두 후보가 동시 출마할 경우 승리를 예측할 수 없는 상황이었다. 6·29선언의 배경에 이런 상황에 대한 예측이 있었다는 분석이 나오는 근거이기도 했다. 여권에서는 이미 일찍이 노태우 후보로 단일화해 다가올 대선에 대한 만반의 준비태세를 갖추고 있었다.

국민운동본부(국본)를 비롯한 민주 진영의 관심도 당연히 이 문제에 집중됐다. 9월 7일 열린 국본의 정책협의회에서는 회의 결과로 "가급적 빨리 두 사람의 합의에 의해 단일화가 이루어져야 한다"는 입장을 천명했다. 이어 열린 9월 21일 상임 공동대표·상임 집행위원 연석회의에서도 양 김이 후보 단일화를 해야 한다는 입장을 결의하고, 10월 5일까지 단일화를 이루어줄 것을 두 사람에게 공식적으로 요구했다.

그러나 6·29선언 직후부터 이미 치열한 경쟁 상태에 돌입한 두 사람 간의 단일화는 쉽사리 이루어지지 않았다. 국본에서도 원칙적 입장 천명 이상으로 단일화를 성사시킬 수 있는 구체적인 방법을 만들어내지 못했다. 국본에서는 상임집행위원회가 이 문제로 여러 차례 회의를 열고 격론을 벌였으나 아무런 생산적 결론을 내놓지 못했다. 양 김 진영이 비등비등하게 팽팽히 맞서고 있을 뿐 아니라 국본에 참여한 재야단체들과 인사들 간에도 후보 문제를 둘러싼 분열이 뚜렷해지고 있었기 때문이다.

민통련의 '비판적 지지' 결정

국본 안에서 종교계를 제외한 재야의 대표라고 할 수 있는 민통련에서는 좀 더 적극적인 단일화 방법을 추진했다. 민통련은 9월 28일 '양 김 씨 초청 세미나'라는 이름으로 양 김을 초청해 산하 단체 대표들과 간부들이 참석한 가운데 정책 검증 토론회를 열었다. 김대중 씨와 김영삼

씨는 이날 각각 약간의 시차를 두고 토론회에 참석하여 자신의 정견을 발표하고 민통련 대표들과 토론을 벌였다.

민통련은 토론회 결과를 가지고 산하 단체들의 의견을 수렴하는 최종 절차로서 10월 12일 중앙집행위원회를 열었다. 여기에서 격론을 벌인 끝에 결국 표결까지 가는 진통 속에서 김대중 지지를 결정했다. 다음날인 13일 "범국민적 대통령 후보로 김대중 고문을 추천한다"는 성명을 발표했다. 민통련은 이 성명서에서 김대중에 대한 비판적 지지의 근거를 다음과 같이 밝혔다.

민통련은 김대중 고문이 민주화를 실현하기 위한 구상, 군사독재 종식의 결의, 민생문제 해결책, 평화적 민족통일 정책, 5월 광주민중항쟁의 계승과 그 상처의 치유책 등에 있어서 상대적으로 적극적인 자세를 보이고 있다는 판단을 근거로, 김 고문을 범국민적 후보로 추천하는 것이 현 단계에서 택할 수 있는 바람직한 방책이라는 데 합의했다.

민청련에서는 민통련의 이 중앙집행위 회의에 김희택 의장이 참석했다. 그에 앞서 김희택 의장은 민청련 의장단회의를 열어 김대중 비판적 지지 입장을 정하고 민통련 중앙집행위에서 김대중 지지에 한 표를 던졌다. 민통련의 이 결정을 기점으로 재야 세력은 급속히 '비판적 지지'(비지), '후보 단일화'(후단), '독자 후보론'(독후) 세 진영으로 분열됐다.

'비지' 진영은 일단 민주화운동권이 내부적 통일성이나 대중적 영향력 면에서 독자 세력으로서 대통령 후보를 낼 수 있는 역량이 아직 없다고 판단했다. 그런 전제하에서 민주화운동 과정에서 상대적으로 진보성을 보인 김대중을 지지하고, 김대중에 대한 압도적 지지로 김대중을 단일 후보로 만들어 대선에서 승리한다는 전략이었다.

반면 '후단' 진영은 민주화운동권이 독자 세력으로서 대통령 후보를 낼 수 있는 역량이 아직 없다는 판단은 비판적 지지 진영과 같았으나, 김대중과 김영삼이 민주화운동을 함께해온 민주 진영의 일원이라 할 때 대선 국면에서 두 사람의 진보성의 차이보다는 대선 승리를 위해 단일화를 이루는 것이 선결해야 할 중요한 과제라고 보았다. 그래서 민주화운동권은 어느 한 후보에 대한 지지 입장을 밝히지 말고, 최대한 두 사람이 단일화하도록 압박을 가하는 역할을 해야 한다는 입장이었다.

'독후'는 김대중 김영삼 두 후보는 민주화운동권과는 정치노선에서 차별성이 있는 보수 후보이고, 따라서 선거 승패 여부를 떠나 민주화운동권은 자신의 정치적 입장을 관철할 수 있는 독자 후보를 내세워야 한다는 입장이었다. 선거는 어차피 보수 정치인들의 판이니 진보 세력은 이 선거 국면을 활용해 민중의 요구를 전면화하고, 민중운동 세력의 정치적 성장에 초점을 맞춰 활동해야 한다는 생각이 바탕에 깔려 있었다.

'독후'는 상대적으로 소수였고, 다수였던 '비지'와 '후단'은 엇비슷한 형세였다. 6월항쟁으로 얻어낸 직선제 대통령선거 국면에서 선거 승리를 위해 양 김의 후보 단일화가 필요하다는 것은 '비지'와 '후단' 양 진영 모두 공유하는 명분이었다. 그래서 민통련의 '비지' 결정 이후에도 단일화를 위한 재야의 노력이 중단된 것은 아니었고 여러 형태로 단일화를 위한 시도는 계속됐다.

그러나 민통련 결정 이후 재야의 분열은 더욱 깊어져갔고, 후보 단일화는 돌아올 수 없는 다리를 건넌 형국이 됐다. 재야를 대표하는 문익환, 계훈제, 박형규, 백기완 4인 원로들도 이 세 진영으로 갈라졌다. 문익환 목사는 '비지' 진영에, 계훈제와 박형규는 '후단' 진영에, 백기완은

'독후' 진영에 속했다. 다음 세대의 지도자라고 할 수 있는 김근태, 이부영, 장기표는 아직 교도소에 있었다. 이들도 교도소 안에서 서로 다른 입장의 목소리를 전해오고 있었다.

김근태가 보내온 옥중메시지

후보 단일화 문제는 민청련에게도 가장 큰 현안이었다. 이 문제를 둘러싸고 의장단 회의에서 여러 차례 논란이 거듭됐다. 김희택 의장과 박우섭, 장준영, 권형택 부의장은 대체로 김대중 씨에 대한 '비지' 입장이었지만 김병곤 부의장은 '후단' 입장에 가까웠다.

민청련 의장단은 9월 말경에는 조직 전체가 완전 합의에 이르지 않았지만 대체로 김대중 지지 쪽으로 대통령후보 문제에 대한 입장을 정리했다. 김병곤 부의장도 자신의 입장을 철회하지는 않았지만 일단 다수 의견에 따르기로 했다. 이렇게 된 배경에는 교도소에서 보내온 김근태 전 의장의 편지가 큰 역할을 했다.

6·29선언 직후 당시 경주교도소에 수감 중이던 김근태 전 의장에게 아내 인재근이 면회를 가서 긴박하게 돌아가는 바깥 상황을 전했다. 그러면서 바깥에서 이제 고민이 시작되고 있는데 대선에 대해 어떻게 생각하느냐고 물었다. 앞으로 대선, 특히 대통령후보 문제를 둘러싸고 운동 세력 내에 엄청난 소용돌이가 일어날 것을 직감한 김근태 전 의장은 논의를 정리하기 위해 자신의 입장을 밝힐 필요가 있다고 생각했다.

김근태 전 의장의 의중을 눈치 챈 인재근이 다음 면회 때 녹음기를 가지고 갔다. 면회 때 녹음하는 것은 교도소 측에서 엄격하게 금지하는 사항이었지만 김근태만은 예외였다. 당시 김근태는 남영동에서 혹독한 고문을 견딘 것으로도 유명했지만 경주교도소로 와서도 소내 투쟁에 항상 앞장서서 금치(소내 규칙을 어긴 재소자를 독방에 가두는 징벌)를 서너 번 씩 받았던 터라 경주교도소가 어지간한 일에는 간섭하지 않았다. 녹음 은 한 번의 면회 시간에 다 마칠 수 없어서 일, 이주일 간격으로 세 차 례에 나누어 진행했다.

후에 김근태 전 의장은 한 구술 인터뷰에서 당시 자신이 가졌던 생각 을 이렇게 회고했다.

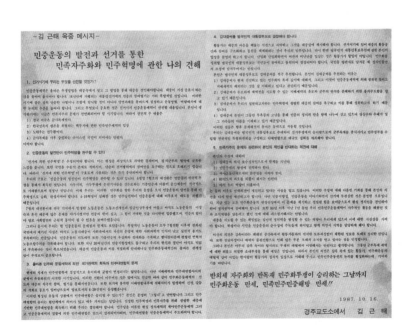

민청련이 발표한 김근태 옥중 메시지.

이론적으로 생각하면 우리 후보를 내고 우리 후보가 양 김 씨와 연합하는 게 제일 좋다고 생각했지만, 우리가 정당을 만들지 못했기 때문에 국민에게 한참 설명을 해야 하는 난점이 있었지요. 그래서 우리가 독자 후보를 내서 후보연합 전술을 하는 것은 급박한 조건 속에서 맞지 않다고 생각했고요. 그렇다면 이미 71년도에 대통령 후보에 나와서 정권 교체의 가능성을 보였던 김대중 후보가 어떠냐는 생각을 했어요. 그 이후에도 군사독재에 굴복하지 않는 길을 걸어왔고, 상대적으로 YS에 비해서 진보성이 있고, 지역 패권주의를 극복하는 방향에서도 DJ를 후보로 우리가 밀면, 정권 교체의 가능성이 충분히 있는 거 아닌가 생각했습니다. 지나놓고 보니까, YS의 반발에 대해 과소평가한 것 같은데 당시 생각에는 민주화운동 진영이 도덕적인 이니셔티브를 갖고 있기 때문에 재야 민주화운동권 중에서도 민통련, 민청련, 민가협이 가능하면 만장일치로 의견을 통합하면 그게 가능하지 않을까, 그런 희망과 기대를 가지고 있었습니다.

김근태의 녹음은 박우섭 부의장을 통해 민청련 의장단에게 전해졌다. 민청련 의장단은 녹음을 풀어 녹취록을 만든 후 민청련 간부들이 돌려보도록 하고, 민통련의 문익환 의장과 이창복 사무처장에게도 전달했다. 이 녹취록은 그해 11월에 〈민중운동 발전과 선거를 통한 민족 자주화와 민주화의 실현—김근태 옥중메시지〉라는 제목의 문건으로 발행했다.

이 옥중메시지는 김근태의 생각대로 대통령후보 문제에 대한 재야 내부의 논의를 촉발시키는 촉매제가 됐다. 민청련과 민통련이 김대중에 대한 '비판적 지지'로 입장을 정리하는 데에도 기여했다. 그러나 운동권의 의견을 통합하는 데까지는 이르지 못했다. 오히려 운동 내부의 분열은 가속화됐다. 이런 상황에 대해 김근태 의장은 다음과 같이 회고했다.

아마도 제가 고문받았는데 굴복하지 않았다고 해서 발언력이 좀 있었던 것 같습니다. 더구나 교도소 안에서 주장한 것이 바깥에 있는 사람들한테 자극을 줬던 거 같습니다. 그러나 (제 발언이) 민주화운동권 전체를 통합해내지는 못했기 때문에, 그 이후에 민주화운동 세력 내부에 참으로 어렵고 복잡한 양상이 발생하고, 정권 교체도 못하고, 참으로 암울했습니다.

6

민청련,
'4자 필승론'에
빠져들다

 근거 없는 낙관론, '4자 필승론'

1987년 10월 12일 민통련의 김대중에 대한 비판적 지지(약칭 '비지') 결정
이후 양 김의 경쟁은 열기를 더해갔다. 김대중이 광주와 목포를 방문해
50만 이상의 인파를 결집시키자 이에 맞서 김영삼은 부산을 방문해 수
영만에서 100만이 넘는 대규모 군중집회를 개최했다. 서로 기선을 제
압하기 위한 세 과시가 이어졌다. 단일화의 가능성은 거의 물 건너 간
것처럼 보였다.

　애초 김대중 후보에 대한 '비지'는 민중운동에 중심을 두고 민중 역
량 강화를 위해 채택된 전술적 방침이었다. 즉 민중 역량 강화가 전략
적 목표고, '대통령선거 승리'와 '김대중 지지'는 전술적 방침이었다.
'대통령선거 승리'는 6월항쟁과 마찬가지로 '민중 역량 강화'에 결정적
으로 중요했기 때문에 양 김 후보 단일화는 '비지' 진영에서도 포기할

수 없는 것이었다. 이 때문에 혹자는 "비지는 '김대중 단일화론'이다"라고 말하기도 했다.

그러나 비지 진영은 점차 승리만을 목적으로 하는 선거 논리에 빠져들어갔다. 대통령선거가 가까워오면서 '4자 필승론'이 김대중 지지자들 사이에 광범하게 유포됐다. '4자 필승론'이란 김대중, 김영삼, 노태우, 김종필 4자가 모두 함께 나와 경쟁하는 구도가 김대중 후보가 승리할 수 있는 가장 유리한 구도라는 것이었다. 지역지지 기반이 서로 다른 후보들이기 때문에 호남에서 압도적인 지지를 받고 있고 수도권에서 우세한 김대중 후보가 4자 대결에서 유리하다는 순전히 선거공학적인 계산이었다. 그러나 이 '4자 필승론'은 선거 결과에서 드러났듯이 아전인수 격인 논리였고, 6월항쟁이라는 거대한 시대 조류를 도외시하고 지역감정만을 토대로 한 계산법이었다. 더 중요한 것은 이 논리대로라면 양김 단일화는 필요 없고, 오히려 분열되어 있는 게 좋다는 결론에이르게 된다는 점이었다.

어떻게 보면 이 '4자 필승론'은 운동론이라기보다는 김대중 후보 선거운동본부에서 김대중 지지자들을 고무하고 단결시키기 위해 만든 선거용 구호였다. 선거 막판이 되자 김대중 선거운동 진영뿐만 아니라 재야의 비지 그룹 역시 점차 이 '4자 필승론'에 빠져들어가는 모습을 보였다.

민청련도 예외가 아니었다. 김대중 후보가 네 후보 중 지지율에서 가장 앞서 있다는 김대중 선거운동본부의 정보를 믿었고, 선거 감시만 잘하면 김대중 후보가 무난히 승리할 수 있다는 근거 없는 낙관론에 빠져들었다.

후보 단일화를 위한 김병곤의 고육지계

이런 상황을 타개하기 위해 김병곤이 나섰다. 민통련 중집회의 직후 열린 민청련 의장단회의에서 김병곤 부의장은 양 김을 공동투쟁 전선에 세우고 그 과정에서 대중 속에서 단일화를 성취하자고 제안했다.

즉 재야가 주도하는 대규모 반독재 군중집회를 전국 주요 도시를 돌며 개최하고, 이 집회에 양 김을 앞세우자는 계획이었다. 그러면 그 과정에서 국민의 대중의 지지를 더 받는 후보가 가려지지 않겠느냐는 것이었다. 단일화가 위태로운 상황에서 내놓은 고육지계였다. 의장단회의는 이 제안을 전폭적으로 지지했다.

김병곤은 1985년 김근태 '고문공대위' 때부터 꾸준히 이어온 노학청 연대 테이블에 이 문제를 올려 청년학생 주도의 대규모 군중집회를 기획했다. 전두환 퇴진과 거국 중립내각 수립을 촉구하는 집회였다. 당시 9총 이후 노학청 연대를 담당했던 최성웅 청년부장이 노학청 연대회의에서 이러한 집회의 공동 개최에 관한 합의를 이끌어냈다. 집회는 당시 진행 중이던 전국적 청년학생단체 결성 날짜와 맞추기로 했다.

한편 권형택 부의장은 국본 실무자로 근무하면서 전국의 청년단체들과 전대협 산하 학생회들을 결집시켜 전국적인 단일 청년연대단체를 국본 산하에 결성하는 작업을 진행하고 있었다. 상당기간의 치밀한 조직 작업 끝에 드디어 9월 18일 대전 가톨릭 농민회관에서 민주쟁취청년학생공동위원회(이하 청학공위) 결성 총회와 대표자회의를 열 수 있었다. 여기에서 이인영 전대협 의장과 권형택 민청련 부의장이 청학공위 공동위원장으로 선출됐다. 아울러 이 회의에서는 청학공위 공식 창립대회를 10월 중에 대중 집회로 개최하기로 결의했다. 이것이 바로 김병곤이 기획한 집회와 시간상 딱 맞아떨어진 것이다.

그리하여 청학공위에서는 10월 25일 청학공위 주최로 고려대 대운동장에서 '민주쟁취 청년학생공동위원회 창립대회 및 공정선거 보장을 위한 거국 중립내각 쟁취 실천대회'라는 긴 이름의 집회를 열기로 결정한다. 그리고 여기에 양 김을 연사로 초청하기로 했다.

당시 선거운동 출발이 늦어 상대적으로 약간 열세였던 김대중 측은 기꺼이 초청에 응했고, 즉시 참석하겠다고 통보해왔다. 문제는 김영삼 쪽이었다. 평소 김대중의 탁월한 대중연설 실력을 잘 알고 있는 김영삼은 대중 앞에 김대중과 함께 나서는 걸 꺼려했다. 김덕룡 비서실장 등 김영삼의 핵심 참모들도 대체로 이번 집회 참가가 별로 득이 없고 오히려 이용당할 가능성만 크다는 이유로 김영삼을 만류했다.

이때 김병곤이 나섰다. 같은 부산 출신으로 김영삼 캠프의 분위기를 잘 아는 김병곤은 상도동 사저로 찾아가 김영삼을 독대했다. 김병곤의 열렬하고 진심어린 설득에 결국 김영삼이 화끈하게 참석하겠다고 응낙했다. 집회가 성사된 것이다. 김영삼이 집회 참석을 수락한 것은 성격 탓도 있었겠지만 바로 직전 10월 17일 부산 수영만 집회가 엄청난 성공을 거두었던 것도 원인으로 작용한 듯하다. 수영만 집회에는 100만이 넘는 인파가 몰려 김대중의 보라매집회 전까지는 최대 집회로 평가받고 있었다. 이렇게 어렵게 성사된 고려대 집회는 1987년 대통령선거 기간 중 유일하게 양 김이 함께 선 집회가 됐다.

고려대 집회의 명암

1987년 10월 25일 약 10만 군중이 고려대 대운동장에 모였다. 권형택 청학공위 공동위원장의 사회로 열린 이 집회에서 양 김에 앞서 김희택 민청련 의장과 전대협 이인영 의장이 연사로 나섰다. 이들은 한 목소리로 전두환 군사정권은 즉시 퇴진할 것이며 양 김은 군사독재 종식을 위해 공동 투쟁에 나서라고 강력히 촉구했다.

마지막으로 이 집회의 하이라이트인 양 김 연설 순서가 됐다. 김영삼, 김대중 순으로 등단했다. 이들은 청년학생들의 촉구에 화답해 공동 투쟁을 다짐하는 연설을 해서 10만 청중의 열렬한 호응을 받았다.

그러나 환호의 열기는 김대중 측이 압도적으로 높았다. 김대중의 연설 실력이 돋보이기도 했지만 집회 참석자 중 다수가 김대중을 지지하는 사람들이었다. 마지막 연사였던 김대중은 자신의 연설이 끝나자마자 여세를 몰아 '전두환에게 심판을, 노태우에게 패배를!'이라는 플래

1987년 10월 25일 청학공위 주최로 열린 '공정선거 보장을 위한 거국 중립내각 실천대회'에서 연설하는 김희택 민청련 의장(왼쪽)과 이인영 전대협 의장(오른쪽).

카드를 앞세우고 종로5가 국민운동본부까지 '군부독재 종식과 민주정부 수립을 위한 평화대행진'을 벌였다.

외견상으로는 양 김을 반군사독재 투쟁전선에 함께 세우려 한 민청련의 1차 목적이 달성된 듯 보였다. 민청련 의장단은 후속 집회를 구상하고 있었다. 애초 민청련 의장단의 생각은 서울집회가 성공하면 이어서 부산, 광주, 대구, 대전 등 지역에서 대규모 군중집회를 열어 투쟁 열기를 전국으로 확산하고, 그 속에서 자연스럽게 양 김 단일화를 이루어낸다는 것이었다.

그러나 이런 민청련의 계획은 다음날 김대중 측의 전격적인 분당 발표로 좌절됐다. 10월 26일 김대중 캠프는 "고대 집회에서 압도적 지지를 확인했고, 분당을 고려하고 있다"는 요지의 기자회견을 했다. 이틀 후 10월 28일 김대중은 자신의 대통령 출마와 이를 위한 신당 창당을 공식 선언했다. 나중에 드러난 사실이지만, 김대중 측은 이미 오래 전에 분당이 불가피하다는 생각을 가지고 평민당 창당을 준비해왔다. 고려대 집회를 분당을 공식화할 명분으로 활용했던 것이다. 양 김의 단결을 촉구하기 위한 집회가 본의 아니게 김대중의 분당을 도운 셈이 됐다.

집회 주최자로서 뭔가 입장표명이 필요한 상황이었다. 그러나 당시 고려대 집회를 주도했던 민청련은 아무 논평 없이 넘어갔다. 아마도 그 이전에 민통련과 전대협이 비지 입장을 밝혔고, 또 민청련 의장단 다수가 비지 입장이었다는 점이 작용했을 것이다.

김근태·인재근의 로버트 케네디 인권상 수상

대선 활동으로 여념이 없던 10월 중순경 민청련 사무실에 희소식이 하나 날아들었다. 미국의 로버트 케네디 인권상 심사위원회가 민청련 초대 의장 김근태와 그의 부인이며 민가협 초대 총무인 인재근에게 한국의 인권운동에 헌신한 점을 높이 평가하여 로버트 케네디 인권상을 수여한다고 발표했던 것이다. 그리고 11월 20일에 열리는 시상식에 참석을 요청하는 초청장을 보내왔다.

민청련은 세계 언론에 보도될 이 인권상 수상을 아직도 교도소에 있는 김근태 전 의장을 비롯한 양심수들의 석방을 촉구하는 기회로 활용하기로 했다. 마침 김근태 전 의장의 재판기록과 옥중편지 등을 모은 문집이 《이제 다시 일어나》라는 제목으로 중원문화사에서 출판된 참이었다. 민청련 사무처에서는 서둘러 준비하여 10월 22일 홍제동성당에

1987년 미국 로버트 케네디 인권센터는 김근태와 인재근을 인권상 수상자로 결정했지만, 한국 정부가 인재근의 출국을 불허했다. 로버트 케네디 인권센터는 다음 해인 5월 직접 한국을 방문해 명동성당에서 상을 수여했다. 당시 축사를 하는 김수환 추기경 모습.

서 책 출판기념회를 겸한 '김근태 문집 출판과 로버트 케네디 인권상 수상 기념 구속자 석방 촉구대회'를 개최했다.

민청련은 이 대회 결의문에서 "6월 민중항쟁의 위대한 경험과 소중한 체험을 되살려 투쟁의 대오를 가다듬어 구속된 활동가들을 저 간악한 전두환·노태우 정권의 탄압의 사슬에서 풀어낼 것"을 결의했다.

전두환 정권은 김근태·인재근의 인권상 수상을 순순히 허락하지 않았다. 그들은 인재근이 수상을 위해 신청한 출국여권을 발급해주지 않음으로써 시상식 참석을 저지했다. 이에 민청련은 11월 20일 민가협과 공동으로 성명서를 발표해 전두환 노태우 정권을 규탄하고 정권퇴진을 위해

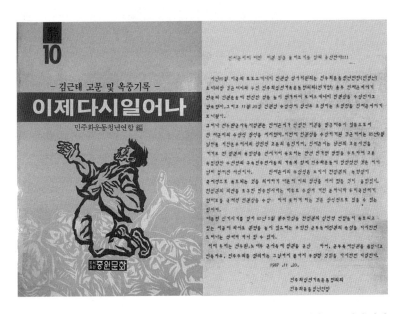

김근태가 자신이 당한 고문을 폭로한 내용을 책으로 엮어 1987년에 펴낸 《이제 다시 일어나》(왼쪽)와 인재근 여권 발급 거부에 대한 규탄 성명서(오른쪽).

끝까지 투쟁할 것을 결의했다. 하지만 민주화운동 진영이 대통령선거를 두고 사분오열된 상황에서 이 사건은 특별한 주목을 받지 못했다.

1987년 10월 22일 '김근태 문집 출판과 로버트 케네디 인권상 수상 기념 구속자 석방 촉구대회'가 열린 홍제동성당 앞 전경(위)과 대회 진행 모습(아래). 왼쪽 끝에 서 있는 사람은 사회를 본 김종복 민청련 사무국장, 맨 앞줄에 앉아 있는 사람은 김병곤 민청련 부의장.

7

민청련은 왜
김대중을 지지했나

민청련 총회에서 '비지' 결정

1987년 10월 고려대 집회 이후 민청련은 회원총회를 열어 대통령후보 문제에 관한 입장을 정리하기로 했다. 11월 2일 저녁 영등포 성문밖교회 회의실에 60여 명의 회원들이 모였다.

김대중의 평민당 창당 선언으로 양 김 단일화가 거의 물 건너간 분위기 속에서도 비판적 지지, 후보 단일화, 독자 후보 3파의 논전이 밤늦게까지 뜨겁게 전개됐다. 결국 합의에 이르지 못하자 표결에 붙였다. 독자 후보론을 지지하는 회원은 상대적으로 적었고, 비판적 지지와 후보 단일화가 비슷했으나 비판적 지지를 지지하는 회원 수가 약간 앞섰다. 비판적 지지와 후보 단일화, 독자 후보론의 비율이 대략 5대 4대 1 정도였다. 결국 민청련의 대통령선거 시기 투쟁 방침은 근소한 차이로 비판적 지지 입장으로 결정됐다.

당시 결정의 요지는 다음과 같았다. 첫째, 당면한 반전두환·반노태우 투쟁을 중심축으로 하여 반군사독재 민주연합전선을 강화한다. 둘째, 후보 문제와 관련하여 민청련은 보수자유주의 세력과의 제휴 투쟁을 원칙으로 하되 통일정책의 진보성, 광주학살 원흉 처단에 대한 의지, 기층 민중의 지지 정도 등을 기준으로 양 김 중 김대중을 비판적으로 지지한다. 셋째, 김대중에 대한 비판적 지지를 통해 분출하는 대중의 역동성에 조응하고 민족민주세력의 힘을 결집시켜 후보 단일화를 성취해내 선거 투쟁에서 승리한다. 넷째, 선거 시기의 공동 투쟁을 바탕으로 민중운동연합 건설의 토대를 구축한다는 것이었다.

결정의 핵심은 김대중에 대한 '비판적 지지'를 밝힌 두 번째 항이었다. 하지만 셋째 항에서 후보 단일화가 승리의 요건임을 밝히며 단일화 노력을 계속할 것을 천명했고, 넷째 항에서는 김대중 지지가 민중운동연합 건설의 토대 구축을 위한 전술적 선택임을 밝히고 있다.

진통 끝에 이러한 입장을 정리한 민청련은 이후 비상체제를 가동하여 선거 시기 동안 의장단을 포함한 중앙집행위에서 당면 행동지침을 결정 집행하고, 그 산하에 별도로 선전기획팀과 이동선전반을 설치하여 운용하는 한편 기동성과 집중력을 높이기 위한 비상동원 체제를 확립하기로 했다.

민청련의 '비판적 지지' 결정은 조직 내부의 민주적 토론 절차를 밟아 내린 결정이지만 후유증이 적지 않았다. 극소수지만 후보 단일화와 독자 후보론 입장에 섰던 회원 중 조직의 결정을 어기고 개인적으로 후보 단일화운동 진영이나 백기완 독자 후보 진영에 참여한 사람도 있었다. 다행스러운 것은 그 숫자가 아주 적었고, 집단적으로 조직 결정에 반발하는 움직임은 없었다는 점이다. 민통련이 비판적 지지 결정 이후 서울민통련이나 민중불교운동연합 등 산하 단체에서 조직적인 반발과 탈퇴가 있었던 것에 비하면 조직적 규율이 잘 지켜진 셈이었다.

김병곤과 이범영의 '위대한 승복'

이런 배경에는 자신의 주장과 다른 결정이 내려졌음에도 불구하고 조직의 결정에 충실히 따라준 김병곤, 이범영 등 간부들이 있었다. 김병곤은 처음에는 후보 단일화 입장에 섰으나 자신이 속한 민청련과 민통련이 많은 토론과 내부 진통 끝에 '비판적 지지'를 결정하자 그 결정을 끝까지 지지·옹호하고 관철하려고 했다. 그의 건강에 결정적 타격이 된 구로구청 투쟁과 6번째 투옥도 그 연장선상에서 이루어진 활동이라 봐야 할 것이다.

이러한 김병곤의 조직인으로서의 자세에 대해 김근태는 다음과 같이 말했다.

나는 이렇게 생각합니다. 그리고 주장합니다. 오늘 우리가 (김병곤에 대해) 정말로 신화로 만들어야 하는 것은 법정에서 '사형을 주어서 영광입니다'라고 말한 용기가 아니고, 자신의 의견과 달리 내려진 결정임에도 그것이 공적인 결정인 경우에는 조금도 흔들림 없이 단호히 그것을 보위하는 것, 바로 이것이라고 말하고자 하는 바입니다. 이것이야말로 병곤이의 위대한 승리입니다. 신비인 것입니다. 그리고 그것은 또한 우리 모두의 미래가 되어야 할 것입니다.

– 고 김병곤 회고문집 《영광입니다》에 수록된 김근태의 글. 〈지혜 있는 용

기〉, 도서출판 거름, 1992

6·29선언 이후에도 수배가 풀리지 않아 도피생활을 하면서 주로 유기홍 등 정책실 팀과 활동을 이어갔던 이범영도 회원총회 때까지는 자신의 지론대로 후보 단일화 입장을 관철하기 위해 노력했다. 그러나 조직의 결정이 내려지자 주저하지 않고 거기에 승복한다. 이에 대해 당시 정책실에서 함께 활동했던 유기홍은 이렇게 증언하고 있다.

비판적 지지론에 반발하여 각 조직에서 떨어져 나온 사람들이 후보 단일화운동을 위한 조직을 만들어 활동했고, 당연한 일이지만 이범영에게도 함께하자는 제안이 있었다. 그러나 그는 이 제안을 물리쳤다. 자신의 의견이 옳다는 확신이 있더라도 조직의 다수 의견에 승복하는 자세야말로 조직운동의 가장 기초적인 덕목이면서도 가장 어려운 일이기도 하다. 그의 이런 태도가 민청련을 분열시키지 않고 발전시킨 힘이 되었다.
－《이 강산의 키 큰 나무여》, 나눔기획, 1995, 141쪽

김병곤(왼쪽)과 이범영(오른쪽).

민청련의 선거투쟁

민통련과 민청련은 이후 대선 기간 동안 '비판적 지지' 입장에서 김대중 씨의 당선을 위해 최선을 다했다. 그러나 선거전에 익숙하지 않은 재야단체가 선거캠프에 들어가지 않고 독자적으로 펼치는 선거운동에는 한계가 있었다. 주로 성명서 등을 통해 김대중 지지 입장을 표명하고, 전단이나 유인물로 가두선전을 하는 정도였다. 문익환 민통련 의장만이 김대중 대선캠프의 전국 유세에 합류하여 김대중 지지를 호소하는 적극적 선거운동을 벌였다.

민청련은 주로 반노태우 운동에 집중했다. 그런 배경에는 김대중에 대한 적극적 지지와 당선운동이 같은 반군사독재 전선에 있는 김영삼을 비난해야 하는 위험성을 내포하고 있다는 점도 작용했던 것으로 보인다. 당시 민청련은 《민중신문》과 여러 종의 전단을 만들어 시민들에게 배포했는데 그 제목만 훑어봐도 당시 민청련의 활동 내용을 짐작할 수 있다.

용서 못할 학살원흉 전·노 일당 처단하자!
노태우는 절대 대통령이 될 수 없습니다.
전두환=노태우식 안정이란 살인, 고문, 최루탄공화국!!

민청련은 민통련과 함께 '일하는 청년 1, 2, 3' 시리즈를 발행하기도 했다. 주로 구로·성수 지역의 노동자들을 대상으로 한 선전물이었는데 민중신문팀에서 기획하고 홍보부가 인쇄를 맡겨 수백 부씩 발행했다. 〈아빠, 나는 알아요. 아빠를 죽인 놈이 누군지를〉이라는 제목으로 광주

학살의 생생한 사진과 함께 광주항쟁의 원인과 경과, 의미를 대화 형식으로 쉽게 풀어쓴 자료집이었다. 자료집 발행자도 민통련, 민청련과 함께 동서울민청련, 남서울민청련, 북서울민청련을 병기하고 각 전화번호까지 적어 지역지부 회원들의 선전활동에 활용했다.

선거 막바지에 가면서 김대중 후보 이름을 직접 거명하며 지지를 호소하는 유인물을 만들었다. 선거일 1주일 전부터는 민통련·민청련·지역지부 이름으로 '독재 타도·민주 쟁취 1, 2, 3호' 시리즈로 전단을 만

1987년 12월 대선 여의도 유세장에서 민청련에서 제작한 책자 《광주는 지금도 계속되고 있다》를 판매하는 이명식 민청련 회원(위). 1987년 12월 대선 여의도 유세장에서 민통련 신문 《민중의 소리》를 나눠주는 김지나 민청련 회원(아래).

들었는데, 이 역시 민중신문팀이 기획하고 홍보부에서 인쇄를 맡겨 수천부씩 발행했다. 그중 마지막 3호의 제목은 〈민주 승리의 축제를 김대중과 함께!! 우리 모두 김대중, 압도적 승리를!〉(1987년 12월 14일 자)이다.

이 전단 뒷면을 보면 12월 12~18일을 '민주민권 승리 쟁취기간'으로 설정하고, 12월 16일 선거일을 부정선거를 막아내고 승리를 쟁취하는 '민주혁명의 날', 12월 18일을 승리를 확인하고 축제를 벌이는 '민주 승리의 날'로 정했다. 18일에는 정오에 시청광장에서 축제를 벌이자는 구체적인 시간 장소까지 명기했다.

선거 승리가 목전에 온 듯한 이런 선전물들을 기획했던 민청련 사람들은 정말 승리를 확신했을까? 사실 그들에게는 단지 선거용 구호만은 아니었다. 당시 선거운동 일선에서 뛰었던 사람들, 그중에서도 특히 김대중 캠프 사람들은 부정선거만 없다면 반드시 승리한다는 확신에 차 있었다.

'4자 필승론'과 공정선거감시단 활동

선거가 막바지에 접어들면서 재야인사와 청년활동가들도 선거의 블랙홀 같은 마력에 빠져들었다. 애초 선거로 사회를 변혁할 수 있다는 선거혁명론을 거부하고, 선거 결과보다는 선거 시기의 대중투쟁에 더 역점을 둬야 한다고 했던 청년활동가들 역시 대통령선거의 엄청난 열기에 압도당했다.

처음에는 양 김 단일화를 전제로 했던 비판적 지지 입장의 활동가들도 점차 단일화 없이도 선거에서 승리할 수 있다는 환상에 빠져들어갔다. 11월 29일, 여의도광장에서 열린 김대중 후보의 100만 선거유세, 그리고 12월 13일 보라매공원에서 열린 150만 선거유세에 참석한 김대중 지지자들은 엄청난 인파와 열기에 열광했다. 그들은 "김대중"을 함께 연호하고 함께 행진하며 감격해했다.

이런 경험은 김대중 지지자들로 하여금 김대중이 반드시 당선될 것이라는 확신을 갖게 했다. 당시 평민당에서는 '4자 필승론'과 여론조사에서 김대중 후보가 압도적으로 1위를 달리고 있다는 정보를 퍼트렸다. 이런 것들이 김대중 승리의 확신을 더욱더 굳혔다. 이런 확신은 일반 대중뿐만 아니라 재야인사들에게도 광범하게 퍼져나갔다. 선거 막바지에 국민운동본부에서 상집위의 결정으로 채택한 공정선거 감시단 활동이 단적인 예다. 4당 경쟁구도에서도 국민은 압도적으로 양 김을 지지하고 있고, 야권 후보의 승리가 결정적이기 때문에 선거 감시만 잘하면 선거에서 야권의 승리는 무난하다고 생각한 것이다.

이런 이유로 국본은 공정선거감시단을 전국적으로 결성하고 12·16 대선에서 부정선거를 방지하는 것을 가장 중요한 사업으로 채택했다. 그리고 국본 사무국에서는 독재정권의 영향하에 있다고 생각한 공중파 TV방송과 별도로 개표 결과를 집계하기 위해 당시로는 귀했던 20여 대의 컴퓨터까지 도입하여 독자 집계를 준비했다. 후보 단일화가 물 건너간 상황에서도 부정선거만 막으면 이긴다는 생각이 바닥에 깔려 있었던 것이다.

특히 비판적 지지 입장에 서 있던 인사들에게 이런 생각이 널리 퍼졌고, 그래서 그들은 공정선거감시운동에도 더 열성적으로 참여했다. 공정선거감시단에서는 선거 당일에 투개표 과정을 감시하기 위해 투표소와 개표소에 감시단을 조직하여 파견했고, 국본 사무실에 상황실을 두고 비상상황에 대비했다. 구로구청 부정투표함사건은 이런 과정에서 발생했다.

🐾 양 김 선거캠프의 판단은?

그러나 정작 양 김 선거캠프에서는 상황을 낙관하지 않았던 것으로 보인다. 신문사 여론조사와 자체 여론조사를 통해 판세를 계속 추적하고 있었고, 그 결과는 대체로 양 김이 노태우 후보에 뒤지는 것으로 나왔다는 것이 나중에 밝혀졌다. 그래서 투표일 며칠 전에 김대중 캠프에서는 양 김 중 한 사람이 사퇴해 후보를 단일화하는 시나리오가 마련된 것으로 알려졌다. 이런 사실은 이희호 여사의 자서전 《동행》에서 확인할 수 있다.

투표 이틀 전 후보 단일화 결단을 내릴 수 있는 마지막 기회가 있었지만 '4자 필승론', '승리는 필연'이라고 끝까지 주장한 사람들이 있었다. 전날 보라매공원의 흥분이 독이 되었던 것이다. …… 나 역시 국민 앞에 큰 죄를 지은 느낌이었다.

그러나 1987년 12월 16일 대선 투표일까지 '비지' 운동가들은 자신이 죄를 짓고 있음을 느끼지 못하고 있었다.

8
아, 김병곤!

재야의 막판 단일화 노력

1987년 12월 대선 전야, 양 김의 단일화가 무산되어가는 순간, 재야 상층부에서도 위기의식을 강하게 느끼고 있었다. 재야의 양 거목이라고 할 수 있는 문익환 목사와 박형규 목사도 이대로 가면 진다고 생각했다. 서로 의논한 것은 아니지만, 이심전심으로 자신과 가까운 후보를 사퇴시켜서라도 단일화를 이루어야 한다는 생각을 가졌다.

김영삼과 가까운 박형규 목사가 먼저 나섰다. 박 목사는 어느 날 재야 정치인 한 사람으로부터 김대중이 양보하지 않을 것이 확실해졌다는 얘기를 전달받았다. 그래서 박 목사는 곧 김영삼을 만나 "두 사람이다 나오면 반드시 패배한다. 민주화를 염원해온 국민을 생각해서 나이가 젊은 김 총재가 양보하라. 다음번엔 김 총재에게 기회가 올 것이다"라고 설득하며 사퇴를 권고했다. 그러나 김영삼은 김대중으로는 절대로 이길 수 없다면서 시간을 좀 주면 주변 사람들과 상의한 다음 결정하겠다고 말하며 즉답을 피했다.

문익환 목사도 대통령선거 열기가 뜨겁게 달아오르던 어느 날 절친한 후배이면서 김대중의 열렬한 지지자인 고영근 목사로부터 충격적인 말을 들었다. "형님, 김대중 씨를 사퇴시킵시다. 이대로 가면 노태우가 당선됩니다"라며 자신이 들은 유력한 정보를 전했다. 문익환 목사는 밤새 기도하며 어떻게 해야 할지 고민했다. 그러나 김대중을 열렬히 지지하는 호남 민중들의 모습이 떠올라 결론을 내리지 못했다.

선거 막판에 김대중에게 의사를 전달할 기회가 왔다. 선거 이틀 전에 김대중을 지지하는 재야 원로들과 선거운동본부 핵심 참모들이 동교동에서 회동했다. 자체 여론조사 결과를 놓고 대책을 협의하는 자리였다. 이때 문익환 목사는 김대중을 직접 대면하지는 않았지만, 김대중이 사퇴해서라도 선거에서 승리해야 한다는 의사를 전달했다. 그러나 이 노력도 김대중 필승을 주장하는 일부 인사의 반대 때문에 수포로 돌아갔다.

대통령선거 투표일에 임박해 후보 단일화를 위한 마지막 노력이 시도됐다. 후보 단일화를 요구하는 13개 단체와 백기완 선거본부의 제안으로 12월 9일 후보 단일화를 위한 비상 정치협상이 제안됐다. 이에 따라 백기완이 10일에 김영삼과, 11일에 김대중과 회동을 가졌다. 그러나 김대중은 백기완의 노력을 후보 사퇴 압력으로 인식하고 공식적으로 거부했다. 곧 백기완은 12월 12일 자신의 민주연립정부 제안의 실패를 자인하면서 후보사퇴 의사를 밝혔다. 이로써 재야세력의 막판 단일화 노력은 모두 물거품이 됐고, 오직 선거 결과만을 기다릴 수밖에 없게 됐다.

대통령선거 패배

선거운동이 막바지로 치닫던 11월 29일, 이라크 바그다드를 출발해 서울로 향하던 대한항공 858 여객기가 인도양 상공에서 폭파되는 대사건이 일어났다. 선거 전날인 12월 15일, 폭파 사건의 범인으로 지목된 김현희가 압송되어 김포공항에 나타났다. 안보심리를 자극하는 의도적인 일정이었다.

6월항쟁 이후 오로지 민주정부 수립으로 민주화를 달성하기 위해 달려왔고 선거 승리를 확신했던 민주화운동 세력들은 가슴이 서늘해지면서 왠지 모를 불안을 느꼈다. 결과적으로 이것은 나름 선거 승리를 예측하고 있던 노태우 후보 측이 승리에 쐐기를 박기 위해 벌인 마지막 정치쇼였다.

민청련 회원들은 선거운동 기간 동안 조직의 결정에 따라 김대중 후보의 대통령 당선을 위해 나름대로 최선의 노력을 다했다. 그리고 12월 16일 역사적인 제13대 대통령선거 날을 맞았다. 김희택 의장을 비롯한 민청련 간부들은 일찌감치 투표를 마치고 사무실에 나와 언론에서 전하는 투표 상황을 지켜보았다.

종로5가 기독교회관 국민운동본부 사무실에는 선거대책 상황실이 마련되어 투표소 상황을 시시각각 체크했다. 바로 옆에는 공정선거감시단 사무실을 마련하여 20여 대의 컴퓨터를 설치하고 전국의 개표 상황을 별도로 집계하기 위해 20여 명의 실무자들이 대기하고 있었다. 국본에 파견되어 총무국장으로 근무하고 있던 권형택 부의장도 국본 사무실에서 부지런히 상황을 확인했다.

민청련 지역지부 회원들은 국본 공정선거감시단 지역지부에 소속되어 자기 지역 투개표 감시활동에 참가했다. 그런데 16일 오후 서울시 구로구청 투표소에서 긴급 상황이 발생했다. 부정투표함으로 의심되는 투표함이 발견되어 시민들이 투표함을 확보하고 집단 항의하는 사태가 벌어진 것이다.

민청련과 민통련에서 즉시 실무자를 보내 상황 파악에 나섰고, 국본 상황실에서도 구로구청 항의 시민들을 지원하기 위해 각 투표소에 나가 있는 공정선거감시단원들을 구로구청으로 보냈다.

오후 6시 어수선한 속에서 투표가 종료되고, 8시쯤부터 전국적으로 개표가 진행됐다. 밤새워 개표가 진행된 결과 12월 17일 새벽에 민정당 노태우 후보가 36.6퍼센트를 얻어 대통령으로 당선이 확정됐다. 민주당의 김영삼 후보가 28.0퍼센트를 얻어 2위, 평민당 김대중 후보가 27.1퍼센트를 얻어 3위에 그쳤다.

6월항쟁에서 국민이 치열하게 싸워 얻어낸 대통령 직선제로 치러진 선거에서 어이없게도 민주세력이 패배한 것이다. 전두환 정권의 광범한 관권 개입이 있었고 일부 투표소에서 부정투개표 사례들이 발견되긴 했으나, 선거 결과를 놓고 보면 역시 양 김의 단일화 실패가 결정적 패인이었다. 6월항쟁으로 타올랐던 국민의 민주화 열기는 급격히 싸늘하게 식어갔다. 정권교체를 열망했던 시민들은 깊이를 알 수 없는 절망과 체념의 나락으로 빠져들었다.

구로구청 사건과 김병곤의 결단

모두가 패배감에 젖어 좌절하던 그 순간, 꺼져가는 투쟁의 불씨를 살려보려고 안간힘을 쓴 이가 있었다. 김병곤이었다.

12월 17일 아침 종로5가 기독교회관, 침통한 분위기의 국본 사무실에 김대중 후보가 밤샘 때문인지 핼쑥한 얼굴로 참모들과 방문해 기자 회견을 했다. 그는 전두환 정권의 광범한 관권·금권 선거를 규탄하면서 이번 선거를 부정선거로 규정하고 선거 결과에 승복할 수 없음을 선언했다.

이때 구로구청 사건이 큰 사건으로 떠올랐다. 당시 구로구청에는 시민 수백 명이 부정투표함으로 의심되는 투표함을 점거하고 진실 규명을 요구하며 농성 중이었다. 오후 들어서면서부터 구로구청에는 선거 결과에 승복할 수 없는 청년학생들과 시민들이 속속 모여들었다. 1,000여 명의 시민과 학생들은 구청 앞마당에서 부정선거 규탄대회를 열었다.

민청련과 민통련 회원들도 현장으로 향했다. 민청련에서는 김병곤 부의장을 현장 책임자로 파견했고, 해당 지역의 남근우 남민청 위원장과 남민청 회원들이 농성대열에 합류했다. 사실 김병곤은 대통령선거가 후보 단일화를 이루지 못한 채 치러졌기 때문에 선거 결과에 대해서는 비관적으로 생각하고 있었다. 그럼에도 대선에서 민통련 상황실장을 맡았던 그는 선거 막판까지 자신의 임무에 충실했다.

선거 당일에도 공정선거감시단 활동을 돕기 위해 차량을 여러 대 구해 부정선거 고발 현장을 쫓아다니는 활동에 전력을 다했다. 그 과정에서 국민운동본부 공정선거감시단 서울본부의 김희선 본부장으로부터 구로구청 사건 연락을 받은 그는 즉각 구로구청으로 가서 농성 시민들과 합류했다. 재야단체의 간부로서, 농성자 중 가장 연배가 높은 선배로서, 그는 마다하지 않고 구로구청 투쟁의 지도자로 나섰다.

진압 경찰의 진입이 예상되던 17일 저녁, 민통련에서는 문익환 의장과 임채정 사무처장이 구로구청을 찾아 김병곤에게 현장에서 나올 것을 권유했다. 김병곤인들 왜 나가고 싶지 않았겠는가. 민청련 사건으로 2년여 교도소 생활을 한 후 출소한 지 겨우 5개월 만에 다시 교도소에 갈 게 뻔한 상황이었다. 그러나 당시 구로구청 상황은 그가 없으면 싸움을 지휘하기 어려웠고, 그 사실을 김병곤 자신이 너무 잘 알고 있었다. 김병곤은 그곳을 나올 것을 권하는 임채정에게 빙긋이 웃는 것으로 대답을 대신했다.

12월 17일 밤, 경찰 진압이 예상되자 다시 민청련 김희택 의장과 권형택 부의장이 구로구청 농성장을 찾았다. 김 의장은 김병곤에게 본인의 역할은 충분히 다했으니 농성장에서 철수할 것을 간곡히 권했다. 그러나 이미 농성 중인 시민·학생들과 운명을 같이하기로 한 김병곤의 결심을 꺾을 수는 없었다. 한편으로 김병곤은 민청련에서 더 이상 희생자가 발생해서는 안 된다고 생각했다. 그래서 남근우 남민청위원장을 불러 회원들과 함께 철수할 것을 종용하여 구청을 나가게 했다.

2박3일의 구로구청 부정선거규탄 투쟁은 12월 18일 새벽 쇠파이프와 각목과 최루탄으로 무장한 경찰에 의해 무참하게 진압당했다. 김병곤 등 집행부들은 엄청난 구타 속에서 1,000여 명의 시민들과 함께 체포됐고 김병곤, 김희선 등 184명이 구속됐다. 진압 과정에서 서울대 학생 양원태가 구청 옥상에서 추락해 척추 골절상을 입고 하반신 불구가 되는 부상을 입는 일까지 벌어졌다.

선거 무효투쟁과 김병곤의 희생

민청련은 12월 22일 자《민중신문》47호를 발행해 구로구청 투쟁을 상세히 보도함과 동시에 〈민주를 짓밟은 상상 못할 부정·조작, 부정선거는 이렇게 자행되었다〉라는 제목으로 부정선거 사례를 유형별로 분석, 보도했다. 그러면서 '선거 무효투쟁은 정당하다'고 주장하고, 이후 '학살범을 권좌에서 끌어내리는' 선거 무효투쟁을 전개할 것을 결의했다. 18일 밤부터는 명동성당에서 시작된 시민들의 부정선거 규탄 농성투쟁에 지지를 보냈다.

또한 민청련은 서울지역대학생대표자협의회, 대학생불교연합회, KSCF, EYC 등과 연대해 23일 오후 4시 명동성당에서 '부정선거 규탄·선거 무효화 및 군사독재 즉각 퇴진 결의대회'를 열기로 했다.

구로구청 사건으로 구속된 김병곤이 1988년 4월 28일 항소심 재판정에 들어가는 모습.

그러나 구로구청 부정선거 문제는 국민의 관심을 크게 끌지 못했고, 선거 무효투쟁도 지속되지 못했다. 많은 국민이 양 김 분열로 민주화운동 진영이 패배했다고 보는 상황에서 구로구청 부정선거 문제는 국민적 관심사가 되기 어려웠다.

구로구청 사건은 법정에서 부정투표함 여부를 놓고 진실 공방은 있었지만 가려지지 않았고, 결국 김병곤은 폭력 및 집시법 위반으로 징역 1년을 선고받고 6번째 징역을 영등포 교도소에서 살게 된다.

김병곤은 수감 중 1988년 2월부터 극심한 복통에 시달리면서 스스로 중병을 감지했다. 그로부터 넉 달 후인 6월에 2차례 정밀 진단을 받아 위암 3기로 판정받은 후 가석방으로 풀려났다. 김병곤은 자신의 위암에 대해서 두 가지 원인을 짚었다. 첫째는 1987년 대선에서의 분열이 준 충격, 둘째는 1987년 여름 출옥 이후 몸을 돌보지 않은 채 감행했던 무리한 활동이었다. 아무래도 대선 과정에서 운동 세력의 분열이 가져온 정신적 충격이 가장 컸을 것이다.

180센티미터가 넘는 키에 기골이 장대한 투사 김병곤도 혼자 진 시대의 짐을 감당할 수는 없었던가. 끝내 위암을 이겨내지 못하고 1990년 12월 6일, 마흔을 못 넘긴 37세 한창 나이에 김병곤은 세상을 떠났다.

9

대통령선거 패배와
민청련의 좌절

마지막 불씨, 구로구청 투쟁과 명동성당 농성

1987년 12월 16일, 6월항쟁의 뜨거운 열기가 채 식기 전에 치러진 제
13대 대통령선거는 민정당 노태우 후보의 당선으로 끝났다. 이로써 1
월 박종철 열사의 죽음에서 시작해 6월항쟁과 7·8·9월 노동자대투쟁
에 이르기까지 달아올랐던 운동의 열기는 된서리를 맞았다. 국민 대다
수가 원했던 민주화와 민주정부 수립은 좌절됐다.

6월항쟁의 불씨를 살려보고자 했던 구로구청 부정투표함 항의 농성
도 경찰의 무자비한 진압으로 수십 명의 부상자와 구속자를 내고 종결
됐다. 선거 개표 결과가 발표되자 17일부터 전국 주요 도시에서 대학생
을 비롯한 시민들이 거리로 몰려나와 시위를 벌였다. 시위대는 한결같
이 "부정선거 무효!"를 외쳤다. 국본 공정선거감시단은 전국의 개표소
에 파견된 감시단으로부터 부정투개표 사례를 집계해 발표했고, 이는

곧바로 유인물로 만들어져 시위대가 시민들에게 배포했다. 선거운동 때보다는 못했지만 전국 대도시에서의 시위 열기는 상당히 뜨거웠다.

이런 분위기에서 여러 단체들이 자연스럽게 공동시위를 기획했다. 민청련도 거기에 참여했다. 그들은 12월 18일 낮 12시 시청 앞 광장에서 '부정선거 규탄 및 군부독재 퇴진대회'를 개최하기로 했다. 그러나 당일 시청 앞은 엄청난 수의 전투경찰과 백골단(사복을 입은 체포조 경찰을 이렇게 불렀다)에 의해 점령당했고, 오가는 시민들의 동정은 모호했다. 선거 결과에 대해 잔뜩 불만인 듯한 표정도 있었고, 체념한 듯 애써 외면하는 이들도 있었다. 결국 대회는 열리지 못했고, 민청련 회원들은 누군가 나서주길 기대하며 시청 주위를 배회했다.

마침내 오후 2시경, 사람들이 많이 오가는 시청 앞 지하도 입구에서 자연발생적으로 시위가 시작됐다. 시위대열은 200~300명 정도로 6월 항쟁 때에 비하면 아주 적은 규모였다. 경찰의 최루탄 발사와 백골단의 습격으로 시위대는 금방 흩어지고 말았다. 그러나 흩어진 시위대는 청계천과 명동 한국은행 앞으로 이동하면서 도로를 점거해 반짝 시위를 하고 흩어지는 것을 반복하면서 계속 시위를 이어나갔다. 어느덧 시위대에 동참하는 시민들도 늘어갔다.

시위대 사이에서는 누가 시작했는지 알 수 없지만 "저녁에 명동성당으로 집결하자!"는 구호가 번져나갔다. 6월항쟁 때 명동성당 농성이 전국적 시위를 이끌어가는 구심점이 됐듯이 이번에도 명동성당을 거점으로 투쟁을 이어나가자는 것이었다.

해 질 무렵인 저녁 7시, 명동성당 앞에는 3,000여 명의 시위대가 집결했다. 그들은 즉석에서 '부정선거 규탄대회'를 열고 '선거 무효 국민총궐기 명동투쟁위원회'를 구성했다. 집행부는 중앙대 총학생회 간부들을 비롯한 대학생들과 각 시민단체 대표들이 맡았다. 민청련에서는 동민청 위원장 김성환이 민청련을 대표해 참여했다.

문익환 목사 단식과 민통련 의장단 사퇴

대선 패배의 충격과 상처가 누구보다도 컸던 측은 재야 민주운동 진영이 었다. 재야를 대표하는 문익환 목사는 무엇이라도 해야겠다고 생각했다. 12월 23일, 그는 민통련 의장으로서 부정선거에 항의하는 무기한 단식에 들어갔다. 단식 자체가 문익환에게는 하나의 속죄의식이기도 했다.

문 목사는 단식을 시작하면서 성명서를 발표했다. 부정선거에 의해 당선된 노태우를 향한 항의와 함께 야권이 단결하지 못해 패배한 데 대한 통절한 자기비판이 담겨 있었다.

우리는 후보 단일화를 관철하지 못했습니다. 민통련 의장으로서 또한 국민의 한 사람으로서 이 책임을 어찌 면할 수 있겠습니까? 전대미문의 부정선거가 노태우 씨에게 안겨준 승리가 영광이 아니라 치욕이지만 그것으로 저의 죄책감이 조금도 경감되는 것은 아닙니다. 군정의 연장으로 얼마나 많은 희생이 앞으로 더 바쳐져야 할 것이냐는 것을 생각하면 몸 둘 바를 모르겠습니다. 당장에 몸에 휘발유를 끼얹고 죽어도 시원치 않을 몸이지만 "죽는 게 아닙니다. 살아서 싸우는 것입니다"라고 외쳐오던 터라 그럴 수도 없어 저는 오늘부로 무기한 단식하며 기도하기로 했습니다. 이것으로 속죄되는 것이 아님을 저는 잘 압니다. 오로지 몸과 마음을 묶어 민족의 제단에 바치는 것뿐입니다.

민청련의 반성과 의장단 사퇴

명동성당 투쟁은 시민들의 자발적 참여에 의해 계속 이어졌다. 규찰대를 세워 입구를 지키며 농성을 이어나갔다. 민청련 대표 김성환은 규찰대가 무고한 시민들을 프락치로 오인해 과격하게 대하는 것을 말리기도 했다. 그만큼 농성단과 시민 대중은 일정한 괴리를 보이고 있었다.

농성 중 100여 명의 고등학생들이 찾아와 자신들이 '서울지역 고등학생연합'이라는 단체라며 집회를 갖기도 했다. 흥미롭게도 그들의 외침 중엔 "노태우를 당선시킨 기성세대 각성하라!"는 구호가 있었다. 그러나 광범위한 시민 대중으로부터의 성원과 지지는 오지 않았다. 결국 시위대 지도부는 해산을 논의했고, 김성환도 거기에 동의했다. 12월 24일 시위대는 마지막 촛불집회를 갖고 쓸쓸하게 해산했다.

민통련은 새해 1월 28일, 침통한 분위기에서 중앙집행위원회를 열고 의장단과 중앙집행위원 전원이 선거투쟁 실패의 책임을 지고 사퇴하기로 결정했다. 구로구청 부정투표함 사건으로 김병곤 부의장이 교도소에 수감되었기에 민청련 의장단은 김희택 의장을 비롯해 4명이 남은 상태였다.

사퇴의 변은 민청련 기관지 《민중신문》을 통해 공표하기로 했다. 초안 작성은 권형택 부의장이 맡았다. 작성된 초안을 장준영 부의장이 보완한 뒤 의장단 회의에서 확정했다. 이 글은 〈떨쳐 일어나 투쟁의 전선으로—민청련 의장단 사퇴에 부쳐〉라는 제목으로 2월 4일 자 《민중신문》에 실렸다.

이번 대통령선거투쟁이 이렇게 저들의 승리와 민족민주운동의 실패로 귀결된 데에는 바로 운동 내부의 격심한 분열과 혼란이 한 원인이었음을 뼈아프게 반성하지 않을 수 없습니다. …… 민청련은 대통령선거라는 특수한 시기에 있어서의 투쟁 방침으로 전두환·노태우 정권 타도 투쟁을 중심축으로 하여 반군사독재 민주연합전선을 강화하는 한편, …… 후보 문제에 관해서는 통일정책, 광주항쟁해결 문제, 민중 생존권 문제 등에 상대적으로 진보적 입장을 견지하고 있다고 판단한 김대중 씨를 비판적으로 지지하기로 결정했습니다. …… 김대중에 대한 비판적 지지를 통해 분열된 민주세력을 단결시켜 내고자 했던 노력이 운동의 단합된 집중을 이루어내지 못하고 오히려 분열의 한 요인으로 결과 지워진 점에 대해서 그 책임의 일단을 엄중히 통감합니다.

새로운 시작을 위해

의장단 사퇴 후 시급하게 총회를 열어 새로운 집행부를 선출해야 했다.

1987년 12월, 침통하고 우울한 분위기 속에서 열린 민청련 송년회.
장소는 종로5가 기독교회관 부근 한 음식점.

민청련은 이미 앞선 총회에서 '청년 대중운동으로의 전환'을 표방하며 지역지부를 건설하고 있었다. 새 집행부는 지역지부의 활동을 통해 지도력을 검증받은, 한층 젊어진 새 세대에게 맡겨질 것이었다.

한편 대선 막바지에 이르면서 선거 패배를 감지한 소수의 운동가들이 있었다. 그들은 김대중에 대한 '비지'의 '업보'가 없는 새 연합체가 필요할 것이라고 전망했다. 그들은 그것을 '새로운 민중운동연합의 위한 논의'라고 불렀다. 초기의 참석자는 민통련의 김병곤, 민청련의 장준영, 노동운동 쪽의 황인범과 인천지역민주노동자동맹 및 경수지역노동자연합 대표, 농민 쪽의 가톨릭농민회와 기독교농민회 대표 등이었다. 김병곤이 구속되자 역시 민청련에서 민통련에 파견되었던 이명식과 김두일이 참여해 논의를 이끌어나갔다.

대선은 패배했지만, 운동 진영은 세대교체를 통해 새 출발을 모색했다. 민청련 의장단 성명의 마지막 구절 "커다란 이 아픔을 딛고 머지않아 새롭게 정비된 모습으로 전열을 가다듬어 나타나게 될 것입니다"는 이런 바람을 담은 표현이었다.

1987년 12월, 새로운 민중운동연합체를 논의하기 위해, 구속된 김병곤 대신 민통련·민청련 대표로 회의에 참석한 이명식(왼쪽)과 김두일(오른쪽).

7

청년 대중운동의
기수

1

제10차 총회와
집행부의 세대교체

"나아갈 길은 지역지부 건설"

1987년 대통령선거의 패배를 책임지고 집행부가 사퇴하자 민청련은 곧바로 차기 집행부를 선출하기 위한 총회 준비에 들어갔다. 민청련은 총회를 앞두고는 각 조직 단위에서 선출된 위원들로 총회준비위를 구성해 그동안의 활동을 평가하고 새로운 집행부 선출안을 마련하는 것이 관례였다. 이번에도 그런 관례에 따라 총준위가 구성되고 활동에 들어갔다.

총준위에는 지난 제9차 총회에서 신설된 지역 조직인 북민청, 동민청, 남민청의 위원장인 김재승, 김성환, 남근우가 참여하고 조직에서 열성 활동가들을 추천하여 구성됐다. 총준위의 논의는 주로 태어난 지 얼마 안 되는 지역 조직을 어떻게 하면 성장시켜 자리 잡게 할 것인가에 집중됐다.

지난 대선 때의 방침인 '김대중에 대한 비판적 지지'에 대해서는 상대적으로 논의가 적었다. 이는 이미 당시 집행부가 책임을 지고 사퇴하면서 '사퇴의 변'을 통해 과오를 인정하고 자숙하겠다고 밝혔기 때문이었다. 하지만 여기에는 좀 더 근본적인 이유가 있었다. 대선 당시 민청련이 주장한 '김대중 비지'는 전술적 방침이었다. 전략적 지향은 민중운동의 성장과 그를 토대로 한 군사독재체제의 완전한 타도와 변혁이었다. 따라서 전략적 지향을 무시한 채 전술 방침에 대해 과도하게 책임론을 펴는 데 대한 거부감이 회원들 사이에 있었다.

더욱 중요한 요인은 당시 운동 세력의 판도였다. 김대중 비지, 후보 단일화, 독자 후보의 세 갈래로 분열한 운동권의 판도는 선거가 끝난 뒤에도 그대로 유지되고 있었다. 김대중 비지 측의 반성은 운동 세력을 통일시키지 못하고 오히려 분열시켰다는 것이 요지였다. 실제로 제10차 총회에서 채택된 '메시지'에는 이런 내용이 그대로 담겼다.

그런데 이런 주장의 이면에는 '후단이나 독후에도 분열의 책임이 있다'는 의식이 짙게 깔려 있었다. 이러한 상호 불신과 증오의 감정은 대

민청련 제10차 총회에서 선출된 집행부.
① 의장 김성환, ② 부의장 김재승, ③ 부의장 남승호, ④ 사무국장 김두일.

선이 끝난 뒤에도 상존하고 있었다. 따라서 총준위는 이 문제에 매달리는 논의를 계속하지 않았던 것이다.

총준위 논의의 핵심은 차기 집행부 구성이었다. 이번 총회가 집행부의 인책 사퇴로 인해 열리는 만큼 차기 집행부를 선정하는 조건은 지난 대선에서의 '김대중에 대한 비지'로부터 일정한 거리를 둔 인물이어야 했다. 가장 적합한 인물은 김병곤이었으나 그는 구로구청 투표함 사건으로 투옥되어 있었으므로 제외됐다.

다른 한편 제9차 총회에서 조직 방침으로 지역지부의 건설을 결정했기 때문에 그 역할에 합당한 이들이 집행부를 구성하는 것이 합리적이었다. 지역지부 사업은 1970년대 후반 이후 세대들이 주도하고 있었으므로 이는 자연스럽게 세대교체의 효과를 가져오는 것이기도 했다.

집행부의 세대교체

총준위의 차기 집행부 논의에서는 우선 조직 구성의 변화를 도모했다. 이전까지 집행부 체계는 의장단과 중앙집행위원회로 나뉘어 있었다. 이는 정권의 탄압으로부터 스스로를 보호하기 위한 장치였다. 의장단은 외부에 공개되어 민청련을 대표하는 활동을 하고, 중앙집행위원회는 내부 조직체계를 대표하는 비공개 성원들이 의장단을 보좌하며 조직을 이끈다. 만약 전면적인 탄압으로 의장단이 구속될 경우 중앙집행위가 그 기능을 대신하게 되는 체계였다.

하지만 6월항쟁과 직선제 대통령선거를 거치면서 절차적 민주주의 측면에서 질적인 변화가 일어났다. 이제 언론·출판·집회·결사의 자유가 적어도 절차상으로는 보장되는 사회가 됐고 운동조직도 거기에 맞춰 변화를 주어야 했다. 그래서 의장단과 중앙집행위를 통합해 의장, 부의장, 각 지역위원장, 사무국장, 정책실장으로 구성되는 '중앙위원회'로 조직하기로 했다.

총준위의 가장 중요한 일은 물론 중앙위 의장 선출이었다. 이 일은 커다란 고민이나 논의를 필요로 하지 않고 곧바로 김성환 동민청위원장으로 결정됐다. 김성환은 78학번으로 1983년 민청련 창립 당시 가장 연배가 어린 막내 세대로서 세대교체를 드러내기에 가장 적합한 인물이었다. 또한 대선 시기에 비록 조직의 '비지' 결정에 승복했지만, '열렬한 비지'의 자세를 취하지는 않았다. 오히려 제9차 총회에서 지역지부 건설 사업을 가장 강력하게 주장하고 스스로 동민청을 조직했다. 이는 대선 이후 민청련의 조직 방향 측면에서도 합리적인 선택이었다.

부의장은 북민청위원장을 맡았던 김재승과 남민청 활동가 남승호가 선출됐다. 남승호는 '비지'에 끝까지 반대했던 인물로서 그를 의장단에 선출한 것은 대선 당시의 분열을 봉합하려는 의도였다. 사무국장에는 김두일이 선임됐다.

1988년 3월 17일 총회를 열어 의장단을 선출하고 그 자리에서 장문의 '제10차 총회 메시지'를 발표했다. 지난 대선 시기의 '비지'에 대해 재차 반성하고 앞으로는 그런 오류를 되풀이하지 않고 단결을 위해 노력할 것을 다짐하는 내용이었다. 별도로 발표한 〈청년운동의 신시대를 창출하자〉는 제목의 '결의문'에서는 지역지부를 민청련의 주력 사업으로 삼아 각계각층의 청년 대중을 회원으로 조직하자고 호소했다. 이러한 노력은 총회가 끝난 뒤 곧바로 안양민청련의 창립으로 이어졌다.

분열된 채 맞은 13대 총선

총회 이후 민청련의 활동은 4개의 지역지부가 자기 지역에서 일어나는 민중 생존권 투쟁을 지원하고, 그 과정에서 회원들을 조직하는 데 맞춰졌다. 그러나 민청련 앞에는 지역 차원이 아닌 전국적 규모의 정치 일정이 다가왔다. 1988년 4월 26일 치러질 제13대 총선이었다.

민청련 회원들은 이미 4년 전 제12대 총선에서 유권자들이 구름떼처럼 유세장으로 몰려들고 신민당 압승이라는 돌풍을 일으킨 것을 직접 목격하고 체험했다. 1987년 대선에서 전두환의 후계자 노태우가 당선 됐다 하더라도 시민들의 집권 민정당에 대한 거부와 민주화에 대한 열기는 그대로 이어지고 있다고 믿었다. 그런 점에서 의장단의 주요 임무는 다가올 총선에 대한 투쟁 방침을 올바로 세우는 것이었다.

그러나 총선 투쟁방침 수립은 쉬운 일이 아니었다. 무엇보다도 집권 민정당에 대항할 야당이 김영삼이 이끄는 통일민주당, 김대중이 이끄는 평화민주당, 김종필이 이끄는 신민주공화당의 셋으로 나뉘어 있었다. 그것도 경상도, 전라도, 충청도라는 뚜렷한 지역색을 기반으로 한 3당이었다. 운동 세력의 판도 또한 비지, 후단, 독후의 3색 그대로였다. 말로는 반성을 표명하고 단결을 호소하고 있었지만 상대를 용서하지 않는 마음 역시 모두 품고 있었다. 결국 세 세력은 각자의 방식으로 총선에 임하게 된다.

제일 먼저 '비지' 세력이 움직였다. 2월 초, 대선 때 '비지'에 속했던 박영숙, 문동환, 이길재, 이해찬 등이 주축이 되어 평민당 입당을 선언했다. 민청련 활동가 출신 장영달, 윤여연, 남근우가 여기에 합류했다. 그들의 입장은 대선 때 '비지'를 내세웠던 논리와 별반 다르지 않았다.

김대중이 김영삼에 비해 상대적으로 진보적이므로 운동 세력이 정치권에 진입하려면 당연히 김대중과 함께해야 한다는 것이었다. 민청련 출신으로 당시 민통련 간부였던 이해찬은 지역의 중요성을 강조했다. 광주항쟁에 대한 상처, 그리고 피해의식이 깊은 호남인들의 정치적 한을 제도정치권 안으로 끌어들여 정치력으로 승화시킬 세력은 김대중의 평민당밖에 없다는 것이었다. 사실 김대중의 처지에서도 대선 패배의 비난과 비판을 한몸에 받고 있던 터라 무언가 돌파구가 필요했다. 그것이 바로 운동 세력으로부터의 '젊은 피' 수혈이었다. 여기에서 재야 '비지' 세력과의 접점이 형성되었다고 볼 수 있다.

한편 독후 세력은 3월 초에 '민중의 당'을 창당했다. 대선 당시 '백기완 민중후보 선거본부'에서 활동하던 이들이 주축이 됐는데, 총재로 서울대 출신의 젊은 노동운동가 정태윤이 선출됐다. 민청련 활동가로는 진영효가 참여했다. 그들은 선거를 통한 민주주의 실현이 어느 정도 확보되었으므로 더는 보수야당에게 의탁할 필요가 없어졌으며 민중 스스로 정치 세력화하여 제도권 정치에 참여해야 한다고 주장했다.

민청련 출신으로 1988년 4·26총선을 앞두고 평민당에 입당한 활동가들.
① 장영달, ② 윤여연, ③ 남근우.

1988년 13대 총선에 출마한 민청련 출신 평민당 소속 이해찬과 민중의당 소속 진영효.

1988년 4월 14일 서울대학교에서 열린 반민정당총선투쟁민주연합 제1차 국민대회에
참석한 민청련 집행부. 둘째 줄 왼쪽부터 동민청 위원장 김병태, 민청련 의장 김성환,
민청련 전 부의장 권형택.

'후단'의 입장을 취했던 일군의 인사들, 즉 재야정치인 예춘호 및 학생운동권 출신 유인태, 제정구, 원혜영 등은 '한겨레민주당'을 창당했다. 이들은 변화된 정세에서 운동권이 제도권 정치에 참여해야 한다고 본 점에서는 '민중의 당'과 시각이 같았지만, '민중의 직접 진출'은 아직 시기상조라고 보았다. 그들이 중요시한 것은 지역색으로 갈라진 3개 지역당 구조의 폐해였다. 따라서 지역색과 무관하고, 정치계의 구태에 때 묻지 않은 참신한 운동권이 정계에 들어가 정치판을 쇄신해야 한다고 주장했다.

4·26총선의 결과

민청련 의장단이 보기에 제13대 총선은 자칫 대선의 복사판이 될 판이었다. 여기서 또 다시 '비지', 즉 '평민당 지지'를 결정하는 것은 지난 대선에 대한 반성을 뒤집는 것과 다름없었다. 그렇게 할 수는 없었다. 결국 민청련은 제13대 총선에서 '반민정당 투쟁'에 집중하여 유권자들이 민정당 후보에게 투표하지 않도록 하는 것으로 방침을 정했다. 어느 후보에게 투표할 것인지는 유권자의 몫으로 돌렸다. 따라서 구호는 "외세와 군사독재의 하수인 민정당을 거부하고 애국 민주인사를 국회로!"로 정했다. 민청련은 이 방침을 토대로 여러 단체들과 '반민정당총선투쟁민주연합'을 결성해 공동투쟁에 나섰다.

민청련의 각 지역지부 회원들은 자기 지역구 유세장을 휘젓고 다니며 '총선투쟁'을 펼쳤다. 동민청의 경우, 4월 16일 장안국민학교에서 열린 성동 을구 유세장에 수십 명의 회원이 "성동 주민 단결하여 민정당 독재 몰아내자!"라는 플래카드를 들고 유세장이 쩌렁쩌렁하게 울리도록 구호를 외쳤다. 민정당 후보 유세 순서가 되면 일제히 뒤로 돌아앉아 "부정부패 민정당 성동에서 몰아내자", "광주학살 구로만행 군부독재 타도하자"라는 구호를 외쳤다. 여기에 상당수 유권자들이 동조하여 한바탕 소동이 일어났다. 민정당이 동원한 것으로 보이는 용역 깡패들과 몸싸움이 일어나기까지 했다. 이러한 투쟁은 총선 기간 내내 각 지역지부에서 벌어졌다.

이렇게 치러진 제13대 총선은 놀라운 결과를 냈다. 민정당이 전체 의석 절반인 150석에 훨씬 못 미치는 125석을 얻어 여소야대 국회가 탄생한 것이다. 박정희 정권 이래 헌정사상 최초의 대이변이었다. 더욱 놀라운 것은 김대중이 이끄는 평민당이 김영삼의 통일민주당을 제치고 제1야당이 된 것이었다. 민청련 출신의 이해찬, 광주항쟁의 상징적 인물 정상용, 《꼬방동네 사람들》의 작가이자 빈민운동가인 이철용, 저항시 〈겨울공화국〉을 지은 시인 양성우 등이 평민당의 깃발을 들고 국회에 입성했다.

13대 총선은 누구의 승리인가? 김대중의 승리인 것은 분명했다. 그렇다면 온몸을 던져 반민정당 투쟁을 전개했던 민청련의 승리이기도 한가? 민청련은 흔쾌하게 "그렇다"고 자답하지 못했다.

2

운동권에 등장한 새로운 기류, 민족해방 계열

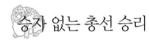 승자 없는 총선 승리

1988년 4·26총선은 여소야대라는 획기적인 정치 환경을 탄생시켰다. 이는 지난 1987년 대선에서 분열됐던 김영삼과 김대중이라는 양대 야당 지도자가 여전히 일정한 대중의 지지를 받고 있음을 증명하는 것이었다. 그러나 경상도와 전라도라는 확고한 지역적 기반을 토대로 한 지지였기 때문에 이후 현재까지 지속되는 지역 분할 정치의 폐해를 예고하는 것이기도 했다.

그렇다면 야당은 그렇다 치고, 민청련에게 4·26총선은 어떠한 의미를 남겼을까. 민청련은 4·26총선에 대해 '반민정당 투쟁' 방침을 결정하고 실천했다. 비록 민청련 출신 중 일부가 평민당에 입당함으로써 대선 때의 '김대중 비지' 노선을 버리지 않은 것처럼 보이긴 했지만, 공식적인 투쟁 방침은 특정 정당을 지지하는 일 없이 반민정당 투쟁에 한정한다는 것이었다. 평민당, 한겨레민주당, 민중의 당 등 제도권 정치에 진입하려 했던 운동 세력 어느 쪽에도 지지 여부를 표명하지 않고 거리를 두는 방침이었다. 그런데 선거 결과는 민청련의 고민을 깊게 만드는 방향으로 나왔다.

우선 평민당에는 운동 세력 전반에서 가장 많이 입당했고 그만큼 많은 국회의원 당선자를 냈다. 반면 한겨레민주당은 겨우 1석을 얻는 성과밖에 거두지 못했다. 그 1석도 평민당이 후보를 내지 못하게 된 지역구에서 당선된 것이므로 사실상 전패와 다름없는 결과였다. 양 김의 지역정치를 극복하고자 한 '후단'의 정치 세력화는 실패했다. '민중의 당'은 노동자들이 밀집한 지역을 중심으로 전국 16개 지역구에 출마자를 냈다. 민청련 출신 진영효는 동대문구에서 출마했다. 그러나 단 1명의 당선자도 내지 못했고 출마한 지역구의 평균득표율은 겨우 4퍼센트에 그쳤다. 전국 득표율 0.3퍼센트로 법률에 의해 곧바로 정당 등록이 취소됐다. 그들이 주장한 '민중의 정치 진출'은 싹도 틔지 못하고 좌절됐다.

결국 운동권의 제도정치권 진출 시도에서 평민당 입당파만 성공한 셈이 됐다. 이는 민청련이 대선에 이어 김대중 비지를 계속하는 것으로 비칠 수 있었다. 민청련 집행부는 이 점을 우려했다. 총선이라는 정치 일정에 상관없이 운동 세력의 단결을 1차적 과제로 보고 있었기 때문이다. 그래서 민청련은 총선의 파격적 결과가 발표된 뒤 곧바로 민청련의 입장을 밝히는 성명서를 발표했다. 핵심 대목은 이러했다.

우리는 이번 총선에서 평민당의 제1야당 부상을 지난 대통령선거 시기의 '김대중 비판적 지지'로 연결시켜 역사를 뒤로 돌리려는 무리한 일은 결코 하지 않을 것임을 선언한다. 아울러 한겨레민주당, 민중의 당 등 이번 총선에서 의도한 바 성과를 충분히 거두지 못한 것으로 보이는 동지들에게도 '조소의 눈빛'을 보내는 것과 같은 소아병적 태도를 취하지 않을 것이다.

새 국면에서 맞은 5월 투쟁

총선에 이어 해마다 맞는 5월 투쟁의 계절이 돌아왔다. 1988년 5월의 정세와 환경은 예전과는 확연하게 달랐다. 우선 1987년 직선제 개헌과 그에 따른 대통령선거가 치러진 뒤였으므로 언론·출판·집회·결사의 자유가 적어도 헌법적 권리로서 보장되는 여건이 마련됐다. 민청련 집행부는 노태우의 대통령 당선으로 군부독재 세력이 여전히 권력을 잡게 됐지만, 민중의 힘으로 쟁취한 민주적 권리들을 그들이라고 함부로 훼손할 수는 없을 것으로 보았다. 그래서 1988년 5월 투쟁은 무엇보다도 그동안 철저하게 통제되어온 광주의 진실을 전 국민에게 알릴 수 있는 공간으로 활용해야 한다고 결정했다. 그것은 "광주 학살 진상규명과 책임자 처벌"이라는 구호로 정리했다.

민청련은 이미 4·26총선 때부터 광주의 진상을 담은 화보집을 만들어 유세장에서 청중들에게 배포했다. 광주항쟁 당시의 끔찍한 사진들을 편집해줄 '간 큰' 출판사가 없어서 당시 신혼 초였던 김성환 의장의 하남시 단칸 신혼집에 십여 명의 회원들이 모여 밤을 새워 편집 작업을 했다.

5월 투쟁 기간에는 인쇄된 화보집 이외에 외신이 촬영한 당시의 비디오테이프를 입수해 상영하기로 했다. 민청련은 지역지부로 편제되어 있었기 때문에 각 지부에서 대학이나 교회에 장소를 섭외해 '광주영화 상영회'를 열었다.

동민청의 경우 성수공단 지역에서 이미 삼성제약 파업, 대한광학 노조 탄압과 관련해 아남전자 항의 방문 등 지역에서 활발한 활동을 펼치고 있었고, 그 결과 지역에서 어느 정도 신뢰를 받고 있었다. 동민청은 이러한 신뢰를 토대로 성수교회를 빌려 하루에 2차례씩 1주일 동안 상영회를 열었다. 여기에 연인원 2,500여 명이 참여해 '대성황'을 이루었다.

남민청은 지역 노동운동과의 연계에 활발했던 동민청과는 약간 다르게 새로 가입하는 회원들에 대한 교육사업에 집중했다. 당시 운동권에서 활발했던 청년운동론 논의의 가닥을 정리한 후 거기에 한국사회에 대한 분석을 더했다. 남민청의 교육사업이 커지자 지부 차원이 아닌 민청련

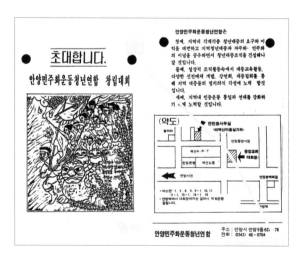

민청련 기관지 《민주화의 길》에 실린 안양민청련 창립대회 공고.

전체 차원의 교육기관이라는 성격을 띨 정도가 됐다. 북민청은 애초 설립 의도대로 주로 사무직 직장 청년들을 대상으로 활발한 활동을 펼쳐나 갔다. 나중에 그러한 성과를 토대로 직장청년회로 전환된다.

민청련의 지역지부 건설 사업은 이미 3월 말에 큰 성과를 냈었다. 바로 안양민청련의 창립이었다. 안양 지역에 거주하는 회원들이 당시 투옥 중이던 대선배 김병곤의 지지와 지원 아래 서울 이외 지역으로는 최초의 지부를 결성한 것이다. 초대 위원장은 여성부장을 지냈던 임태숙이 맡았다. 당시 안양은 공단이 다수 위치하여 노동운동이 활발한 지역이었는데, 안민청은 노동운동과 함께 정치투쟁을 펼칠 단위로서 주목을 받았다.

5월 투쟁에 충격 던진 조성만 열사

1988년 5월 15일 명동성당, 성당 마당에서는 곧 5·18추모 마라톤대회가 열릴 예정이었다. 사람들이 모인 순간, 문화관 옥상에 한 청년이 나타났다. 서울대 학생으로 가톨릭학생회에서 활동하던 조성만(84학번)이었다. 그는 옥상에서 "양심수 가둬놓고 민주화가 웬 말이냐!", "남북 공동올림픽 개최해 평화통일 앞당기자!", "조국통일 가로막는 미제 몰아내고, 광주학살 진상을 밝혀라!"라고 외친 뒤 할복을 하고 투신, 사망했다.

조성만의 죽음은 모든 운동 진영에 커다란 충격을 던졌다. 1987년 국민운동본부에 버금가는 대규모 장례위원회가 만들어졌고 옛 서울고등학교 자리(현 경희궁)에서 양 김 씨 등 많은 정치인들이 참여한 장례식이 성대하게 열렸다. 망월동 묘지에 안장하기로 해서 운구가 광주에 도착하자 광주 시민 30만 명이 운집해 조성만의 뜻을 기렸다.

현재 서울대 교정에 세워진 그의 추모비 앞머리에는 "조국통일열사"라는 호칭이 새겨져 있다. 조성만의 죽음은 운동 세력에게 반독재 민주화운동을 넘어 '통일운동'으로 나아가야 한다는 주문이었다. 이른바 '민족해방'을 뜻하는 NL(Nation Liberation)이라는 운동 이념이 한 학생의 죽음을 통해 전면으로 떠오른 것이었다.

구학련과 자민투

민족해방NL 계열은 1988년 5월 어느 날 갑자기 등장한 것은 아니었다. 이미 학생운동 쪽에서 몇 년 전부터 싹이 나고 자라서 잎이 무성한 나무가 되어 있었다. 아마도 민족해방 계열의 싹이 처음 세상에 모습을 드러낸 때는 1986년 4월 28일이었을 것이다. 당시 서울대 학생들은 정권이 학생들에게 안보의식을 고취한다는 명목으로 시행하던 '전방입소 훈련'을 거부하는 운동을 펼치고 있었다. 교내에서의 농성이 불허되자 신림동 사거리에서 시위를 하기로 했던 그날, 신림 사거리의 한 건물 옥상에 김세진과 이재호가 나타났다. 유인물을 뿌리고 구호를 외치던 둘은 체포를 위해 다가오는 경찰 앞에서 온몸에 시너를 뿌리고 분신, 사망했다. 그들이 외친 구호는 "양키의 용병교육 전방입소 결사반대"와 함께 "반전반핵 양키 고 홈!"이었다.

사실 광주항쟁 이후 미국이라는 존재에 대한 문제제기는 계속되어 왔다. 전두환 일파가 공수부대를 광주로 이동하기 위해서는 '작전권'을 가진 미군의 허락이 필요한데 결국 공수부대 이동이 있었고, 이는 미군이 허가해서 가능했던 것이라고 보았기 때문이다. 학생들이 부산과 서울 등에서 미국문화원을 점거하고 미국의 책임 인정을 요구하는 투쟁을 벌인 건 이런 이유에서였다. 1985년 서울 미문화원 점거투쟁 당시 학생들은 "광주학살 책임지고 미국은 사죄하라"고 외쳤지만, 동시에 "우리는 반미가 아니다"라고 주장하기도 했다. 그만큼 한국전쟁 이후 남한 운동권에서 '반미'는 거의 금기어에 가까웠다. 그런데 김세진과 이재호는 '반미'를 가장 상징적으로 표한한 구호인 "양키 고 홈"을 외친 것이다.

이즈음 학생들에게 반미 이념을 전파한 문건이 있었다. '강철서신'이라는 필명으로 나온 지하 팸플릿들이었다. 나중에 글쓴이로 밝혀진 김영환은 이들 팸플릿을 통해 운동의 방향을 '반독재 민주화투쟁'에서 '반미투쟁'으로 전환해야 하며 반미투쟁의 근거지로서 북한을 새롭게 바라볼 것을 주문했다. 북한의 주체사상을 학습하고 그것을 남한 운동의 지침으로 만들자는 주장이었다.

김영환은 이러한 구상 아래 서울대 학생들을 중심으로 지하단체 구국학생연맹을 결성하고, 외부 투쟁기구로 '반미자주화 반파쇼민주화 투쟁위원회'(약칭 자민투)를 만들었다. 이러한 민족해방 계열의 지하단체와 투쟁기구는 연세대와 고려대를 거쳐 전국의 대학으로 확산됐다. 그러나 이때 북한의 주체사상을 수용하는 방침은 김영환을 중심으로 하는 소수의 지도부에 국한됐다. 자민투에 참여한 대부분의 학생들은 북한을 장차 통일을 이룰 반쪽 동반자로서 받아들이자는 민족주의적 정서에 동의하는 수준이었다.

민청련은 민족해방 계열을 어떻게 보았나

김성환 의장을 비롯한 집행부는 운동이 북한과 연계될 경우 위험하다는 것을 잘 알고 있었다. 여기서 '위험하다'는 것은 국가보안법에 엮이게 되고, 운동권이 북한에 연계됐다는 정권의 대대적인 선전으로 운동이 대중으로부터 유리되는 사태가 발생할 수 있다는 의미였다.

그러나 운동권은 박정희에서 전두환으로 이어지는 폭압 정권 아래서 늘 탄압을 받아왔으므로 탄압 자체를 이유로 특정 논의를 기피해서는 안 될 일이었다. 문제는 민족해방 계열의 논리 자체의 타당성이었다.

민청련 집행부는 한국을 미국의 식민지로 바라보는 민족해방 계열의 시각에 동의하지 않았다. 당시 민청련은 한국 사회는 비록 어느 정도 독자적인 국가자본주의 체제를 이루고 있지만 미국의 영향으로부터 절대 자유롭지 않은 미국의 신식민지적 성격을 띠고 있다고 보았다. 따라서 한국 민중이 미국의 부당한 개입에 대해 항의하고 반대하는 것을 당연한 권리로서 인정했다. 그것과 한국을 미국의 식민지로 보는 민족해방 계열의 노선 사이에는 일정한 거리가 존재했다.

그런데 이때 민족해방 계열 학생운동이 당면한 88올림픽에 대해 남북공동 개최를 주장하고 나왔다. 조성만이 죽음으로 외친 '남북 공동올림픽'. 이에 대해 민청련은 태도를 정해야 했다.

3

민족해방 계열과 거리 둔 민청련 집행부

"가자 북으로, 오라 남으로"

1988년 들어 학생운동 내부에서 싹터 자라난 민족해방 계열은 통일운동을 전면에 내걸고 나섰다. 특별히 이 해에는 서울에서 올림픽 개최가 예정되어 있었기 때문에 이를 투쟁의 계기로 삼아 남북 공동올림픽이라는 이슈를 전면에 내세웠다.

학생운동에서의 첫 목소리는 3월 중순 서울대 총학생회장 선거에 출마한 민족해방 계열 후보 김중기에게서 나왔다. 그는 '남북청년학생 체육대회와 국토종단 순례대행진'을 제안하고 이를 위해 남북학생회담을 6월 10일 판문점에서 열 것을 제안했다.

국토종단 순례대행진은 북한 학생들은 백두산에서 출발해 판문점으로 오고, 남한 학생들은 한라산에서 출발해 판문점으로 와서 8월 15일에 만나 대동제를 열자는 것이었다. 학생체육대회는 9월 15일부터 17

1988년 7월 27일 '공동올림픽 쟁취와 평화협정을 위한 범국민결의대회'에서 시내로 진출한 참가자들(위). 결의대회가 열린 7월 27일 이후부터 시내 곳곳에서 진행한 공동올림픽 쟁취를 위한 범국민 서명운동에서 마이크를 잡은 권형택 민청련 전 부의장(아래).

일에 걸쳐 남의 서울대나 북의 김일성대에서 열자고 했다. 서울올림픽이 9월 17일 개막하기로 되어 있었기 때문에 이러한 제안은 서울올림픽을 통일의 축제로 만들자는 것이었다.

서울대의 이러한 움직임은 곧바로 전국대학생대표자협의회(약칭 전대협)에 받아들여져 "남북 공동올림픽 개최"라는 구호로 확장됐고 이 깃발 아래 전국 대학생들의 '조국통일운동'이 불붙었다. 전대협은 1987년 6월항쟁 때 전국 대학에서 학생운동이 고조되자 각 대학 총학생회장의 연합체로 결성됐다. 초대 의장인 고려대 이인영이 88년 남북공동올림픽 투쟁을 이끌었다. 이인영 의장은 투쟁의 열기를 모아 6월 9일 연세대에서 '6·10회담 성사를 위한 백만 학도 궐기대회'를 열기로 했다. 경찰이 집결을 차단하자 전남대, 서강대, 이화여대, 고려대로 분산 개최하여 오히려 열기를 확산시켰다.

6월 10일 연세대에서 '남북학생회담 출정식'이 열렸다. 2만여 명의 학생들이 운집한 이날 출정식에는 재야에서 문익환 민통련 의장, 종교계에서 지선 스님과 진관 스님 등 각계 지도자들도 참석했다. 출정식이 끝나고 '통일선봉대'의 지휘에 따라 대학생 수만 명이 연세대를 출발해 판문점을 향해 행진을 벌였다. "가자 북으로, 오라 남으로, 만나자 판문점에서"라는 구호가 적힌 플래카드를 든 대학생들은 홍제동 부근에서 경찰의 봉쇄에 막히자 수천 명이 6차선 도로에 드러누워 시위를 벌이는 진풍경을 연출하기도 했다.

"88서울올림픽을 남북 공동 주최로"

대학생들의 이러한 통일운동은 정치권에도 적지 않은 충격파를 던졌다. 제1야당인 평민당 총재 김대중은 "정부가 남북학생회담을 주선할것"을 요구하며 학생들을 지지하는 입장을 밝혔다. 그러자 김영삼의 민주당도 동조했다. 집권 민정당과 노태우 정부도 학생들의 주장을 일방적으로 배척하지는 않았다. 다만 "학생들의 남북 교류 주장을 받아들이지만, 대화 창구는 정부가 되어야 한다"는 식의 절충안을 내놓았다.

이는 서울올림픽의 성공을 위해 소련과 동구권 국가들의 참가를 독려하며 이른바 '북방외교'를 펼치던 정부 입장에서 선택할 수밖에 없었던 고육책이기도 했다. 1980년 모스크바올림픽은 당시 소련의 아프가니스탄 침공을 빌미로 미국 등 서방이 불참하고, 1984년 LA올림픽은 그에 대한 소련의 보복으로 동구권이 불참하는 반쪽 올림픽에 그쳤다. 그래서 1988년 서울올림픽 성공에 대한 기대는 더욱 컸다. 노태우 대통령은 7월 7일 '민족 자존과 통일 번영을 위한 특별선언'(약칭 7·7선언)을 발표하기까지 했다.

재야 쪽에서는 민통련의 문익환 의장이 통일 문제를 가장 먼저 제기했다. 민통련은 이미 2월에 문 의장의 주창에 따라 '통일위원회'(위원장 김병걸)를 구성하고 통일 문제에 대해 대중강연을 하는 등 활발한 활동을 펼치고 있었다.

민통련은 학생들이 '6·10남북학생회담'을 들고 나오자 발 빠르게 움직여 함석헌, 문익환, 계훈제 등 원로들의 지지선언을 이끌었다. 민통련을 비롯한 68개 재야단체는 '조국통일의 대업을 앞당기기 위한 시국선언'을 발표했다. 물론 여기에는 민청련도 참여했다.

'남북 공동올림픽' 두고 의견 갈린 민청련 집행부

그런데 민청련의 남북학생회담 지지 열기는 학생들만큼 뜨겁지는 않았다. 민청련 집행부가 민족해방 계열 학생운동에 대해 지지하지 않은 것과는 별도로, 남북 공동올림픽이라는 운동 슬로건에 대해 내부에서 치열한 논쟁이 있었기 때문이다.

김성환 의장을 비롯한 민청련 집행부는 4·26총선으로 여소야대 정국이 조성되고, 특히 광주에 기반을 둔 평민당이 제1야당이 된 정세 아래에서는 무엇보다도 광주항쟁의 진실을 밝혀내는 투쟁을 중심에 두어야 한다고 보았다. 이런 시기에 통일 문제를 제기하는 것은 투쟁 역량을 분산시키고 전열을 흐트러뜨릴 우려가 있다고 주장했다.

1988년 5월 18일 고려대에서 개최한 '광주학살 진상규명 및
학살원흉 처벌 범국민대회'에 참여한 민청련 회원들.

반론도 만만치 않았다. 광주 문제가 중요하기는 하지만, 그것 때문에 당장 다가온 올림픽 이슈를 도외시할 수는 없다는 것이었다. 그래서 광주를 투쟁의 1순위에 놓더라도 적어도 통일 문제가 그 다음 순서는 되어야 한다고 주장했다.

올림픽에 대한 민청련의 태도는, 올림픽이 민중 생존권을 도외시하는 행사이므로 거부해야 한다는 의견이 다수였다. 전면적 거부는 아니더라도 올림픽이 가진 반민중성을 폭로해야 한다는 입장이었다. 이는 학생들의 '공동올림픽'과는 일정한 거리가 있었다. 민청련의 학생운동에 대한 지지 열기가 뜨겁지 않았던 이유였다.

광주냐 통일이냐

민청련 안에서 벌어진 논쟁의 양태는 6월에 간행된 《민주화의 길》 18호 논조에 반영됐다. 즉 투쟁 방침으로 광주 진상규명과 책임자 처벌 투쟁, 조국통일 촉진 투쟁, 민중 생존권 지원투쟁 3가지를 제시했다. 운동 세력 전반을 아우르면서 단결을 지향하려는 방침이었다.

하지만 민청련의 이러한 나열식 투쟁 방침은 현존하는 여러 경향성들을 그저 백화점식으로 모아놓은 것일 뿐 선명한 지도 지침으로서는 부족하다는 지적도 있었다. 올림픽을 두고 벌이던 내부 논쟁 중 누군가가 '운동적 패배주의냐, 패배주의적 운동이냐'라고 자조적으로 내뱉기도 했다. '운동적 패배주의'에서 '운동'이란 스포츠를 가리킨다. 온 민중이 올림픽에 열광하고 있는 판에 우리도 잠시 쉬고 그저 즐기자는 비관론이었다. 또 '패배주의적 운동'에서 '운동'은 민청련 운동을 뜻했다. 대중이 열렬하게 즐기는 와중에 그것을 거부해야 하는 어려움을 표현한 것이었다.

이러한 집행부의 내부 논의 때문에 민청련은 대외적으로 발표하는 문구도 상당히 정치적으로 걸러진 표현을 사용했다. 즉 성명에서는 "우리는 애국 청년학생들의 열렬한 통일에의 의지로 추진되고 있는 남북학생 교류가 백번 정당함을 확인하고 이를 준비하기 위한 6·10남북학생회담에 대해 아낌없는 지지를 보낸다"고 발표했다. 하지만 《민주화의 길》에 실린 정세분석 글에서는 다음과 같이 정리했다.

5공 비리 척결투쟁을 중심으로 두어 올림픽 이후에 대대적으로 전개해 나가야 하고, …… 올림픽이라는 계기에 의해 활성화된 통일운동의 수준을 선도적인 선전전을 통해 유지하고, 학생들이 주장했던 내용이 좀 서툰 점이 있다 해도 정당하다는 사실을 알리고, 구체적으로 통일운동이 기층 민중의 삶과 직결되는 내용을 찾아 전 대중으로부터 적극적 호응을 받도록 한다. …… 올림픽 기간까지는 올림픽의 파급효과를 극소화할 수 있는 대처와 행사를 마련하되 올림픽이라는 축제를 감안하여 대중적인 프로그램이어야 한다.

민청련 내부에서 성장한 민족해방 계열

민청련은 여러 대학 출신자들로 구성된 조직이었다. 따라서 당시 각 대학에서 벌어지고 있는 운동에 영향을 받지 않을 수 없었다. 민청련 활동가들에게도 '현실을 되돌아보게 만드는 여러 계기들'이 강렬하게 다

가왔다. 즉 민청련 내부에서도 민족해방 계열의 노선에 대한 동조세력
이 형성되고 있었다.

1988년 6월에 들어서자 민족해방 노선을 자기 노선으로 삼는 민청련
활동가들이 상당수에 이르렀다. 선배 그룹에서 이범영, 이승환, 유기홍
이 그들을 이끌었다. 그러한 경향성은 민청련이 발행하는 기관지를 통
해 반영됐다. 《민주화의 길》에는 〈조국 통일운동의 신기원을 열자〉는
특집기사가 실렸다. 《민중신문》에는 〈공동올림픽은 민족 대단결의 신
기원〉, 〈공동올림픽으로 통일에의 한걸음을〉 등 집행부의 방침과는 다
소 거리가 있는 논조의 기사들이 점차 지면을 차지해나갔다. 이러한 일
련의 사태 전개는 민청련의 노선과 집행부의 지도력에 대해 다시 한 번
생각해보는 내적 계기를 만들었다.

4

청년대중운동의 진전: 청년학교와 성남 민청련

'5공 비리'를 투쟁의 축으로

1988년 서울올림픽을 앞두고 학생운동을 중심으로 펼쳐진 통일운동의 대열에 민청련도 참여했다. 하지만 민청련은 학생운동과 달리 통일운동에 전 역량을 투입할 정도로 열성적이지는 않았다.

민청련의 지역지부인 동민청, 남민청, 북민청, 안민청 등은 사회단체들과 연대하여 공동올림픽 촉구 집회에 참가하는 한편, 각자 자기 지역의 공단 등에서 일어난 노동운동에 참여하고 지원하는 일에 집중했다. 또 중앙에서는 정치권에 등장한 이른바 '5공 비리'에 대한 국민의 분노를 대중투쟁으로 이끄는 일에 앞장섰다.

'5공 비리'란 전임 대통령 전두환의 동생 전경환이 새마을운동본부 회장으로 일하며 대기업들로부터 거액의 뇌물을 받아 챙기고 비자금을 조성한 사실이 드러나면서 그것을 계기로 전두환의 재임 중 비리까지

1988년 7월 14일 종로2가 탑골공원 앞에서 재야 단체 회원들과 함께 남북 공동올림픽 개최를 요구하는 민청련 회원들. 앞줄 왼쪽 첫 번째는 《민중신문》팀 최만영, 핸드마이크 들고 있는 이는 민통련 소속 정봉주, 그 옆은 사무국 총무부장 신기동, 한 사람 건너는 동민청 위원장 김병태, 그 옆은 북민청 총무 남정현.

전두환·이순자 구속수사 촉구 범국민서명운동을 벌이는 민청련 《민중신문》팀. 맨 왼쪽 은 이범영, 그 옆은 홍용기와 김택수.

밝혀진 사건이다. 여소야대의 국회에서는 '5공화국 특별조사위원회'가 구성되고 새 헌법에 따라 처음으로 청문회가 실시되기에 이르렀다.

정치권에서는 '5공 비리'를 노태우 정권이 전임 전두환 정권과의 연계를 끊고 차별성과 독자성을 과시하기 위해 의도적으로 흘린 것으로 파악하고 있었다. 의도야 어찌됐든 국민은 민주화운동을 억압하고 국민을 윽박지르면서 강권을 휘두른 전두환 정권이 뒤에서는 엄청난 비리를 저질렀다는 사실에 크게 분노했다.

민청련은 5공 비리에 대한 국민의 분노를 토대로 여러 단체들과 연합해 '광주학살 부정비리 원흉 전두환·이순자 구속수사 촉구 범국민서명운동'을 전개했다. 이러한 활동은 학생운동의 6·10남북학생회담 및 8·15남북공동행사에 가려져 빛을 보지는 못했지만 올림픽이 끝난 뒤 연말에 국회에서 열린 '5공 청문회'와 맞물려 국민적인 투쟁으로 불타올랐다.

대중을 향한 교육, 청년학교

한편 민청련 각 지역지부와 중앙이 나름의 활동을 펴는 가운데 드러나지 않은 조직에서 움직이는 이들이 있었다. 바로 정책실이었다. 정책실은 중앙위원회를 보좌하는 기관으로 실장 이승환을 비롯해 한홍구, 노동진, 김종민 등이 참여하고 있었다.

이들은 제9차 총회 이후 민청련의 활동 방침으로 결정된 '청년 대중운동으로의 전환'을 정책실이라는 기능 속에서 고민하던 중, 청년 대중에 대한 교육사업을 떠올렸다. 이를 위해 제10차 총회에서는 교육위원회라는 기구를 신설했고, 이 기구에서 '청년학교준비위원회'를 꾸려 사업 구상을 다듬어나갔다.

민청련에서는 이전에도 회원들을 대상으로 한 교육이 꾸준히 진행되어왔다. 하지만 그것은 대개 학생운동 출신자들을 위한 교육으로, '한국사회구성체 논쟁'이라든가 '여러 투쟁 노선의 차이점에 대한 분석'과 같은 내용이어서 일반인이 받아들이기에는 어려움이 있었다. 일종의 '엘리트 교육'이었던 셈이다.

청년학교를 구상한 이들은 기존의 교육과는 다르게 '청년 대중운동론'에 따라 일반 청년들, 특히 대학을 나오지 않은 보통의 '일하는 청년들'을 대상으로 한 교육을 구상했다. 대개 중등교육과정에서 배운 우리 사회와 역사에 관한 지식들은 정권이 의도한 바에 따라 과거와 현재를 미화하는 내용으로 채워져 있었다. 청년학교는 그러한 제도권 교육이 심어준 거짓의 껍데기를 부수고 "우리 민족사회의 역사적 성격을 올바르게 이해하기 위한 것을 목표"로 삼았다.

준비를 마친 위원들은 1988년 7월 19일, 서울 서대문구 충정로에 마련한 강의 공간에서 제1기 청년학교를 개강했다. 교장은 서울대 사회학과 교수 김진균이 맡았고, 이승환, 한홍구, 박기목, 윤석연 등이 간사로 운영을 맡았다.

강의는 매주 수·금요일 2회씩 총 16강으로 구성됐다. 강의 주제는 첫 강의 '세계관'으로 시작해 자주, 민주, 통일, 한국경제의 구조, 1980년대 운동, 애국과 매국의 역사 등이 전반기 강의였고, 이어서 후반기 강의로 사회 참여와 운동, 노동운동, 청년운동, 문화운동, 주민운동 등이 이어졌다. 강의 제목만으로는 기존 교육과 차별이 없어 보이지만 실제 강의는 철저하게 일반 대중이 이해할 수 있는 수준으로 진행됐다.

강사로는 소설가 김영현, 노동운동가 장명국, 민청련 선배 활동가로 김희택, 연성수, 권형택, 김희상, 현역 간부로 의장 김성환과 청년학교 측 한홍구가 직접 참여했다. 1기 강의에 참여한 학생은 70여 명으로 다른 지역지부 활동에 비해 규모가 컸다. 직업별 비중을 보면, 사무직 노동자와 대학생이 각 35퍼센트 정도로 압도적 다수를 차지했다.

민청련의 청년학교는 지역의 청년단체들에게도 영향을 미쳤다. 충남민주청년연합에서도 청년학교를 개강했고 광주, 부산 등으로 번져나갔다. 충남민청의 경우, 지역 교육청에서 비인가 교육 시설이라며 폐쇄하라는 공문을 보내와 갈등을 빚기도 했다. 이는 청년학교 운동이 정권에게 상당한 타격이 되고 있음을 반증하는 것이었다.

① 청년학교 교장 김진균, ② 간사 한홍구, ③ 정책실장 이승환,
④ 교육위원장 박기목, ⑤ 정책실 노동진, ⑥ 정책실 김종민.

청년학교 위상 논쟁

민청련 중앙에서 청년학교 개교를 논의하던 중 약간의 논쟁이 있었다. 청년학교의 위상을 어떻게 할 것인가의 문제였다. 중앙위에서는 청년학교를 민청련의 '부설'로 할 것을, 청년학교준비위 측에서는 '후원'으로 할 것을 주장했다.

중앙위에서 부설을 주장한 것은 청년학교의 교육 방침이나 인선 등이 민청련 중앙의 지도 아래에 있어야 한다고 보았기 때문이다. 반면 청년학교 준비위원들은 기존의 민청련 교육이 주로 학생운동가들을 대상으로 한 것이었고 일반 대중에게도 그런 인상이 강하기 때문에 대중교육은 그런 민청련과 일정한 거리를 둘 필요가 있다고 주장했다. 결국 준비위 측의 주장대로 청년학교는 민청련의 후원 아래 일정한 독립성을 갖고 운영하는 것으로 결정했다.

이러한 결정에는 표면상 드러난 논점 이상의 의미가 있었다. 청년학교를 꾸린 이들은 당시 학생운동을 풍미하던 이른바 민족해방 계열의 논리를 상당 부분 수용하고 있었다. 그래서 강의 주제도 민족해방 계열 운동론의 핵심 개념인 '자주·민주·통일'이 뼈대를 이루었다. 이는 중앙의 노선과는 다소 거리가 있는 것이었다. 이후 청년학교 활동은 그 자체로는 크게 활성화됐지만, 민청련 중앙에 대해 구심력보다는 원심력으로 작용하는 측면이 강했다.

성남민청련의 설립

한편 민청련의 지역지부 사업이 또 하나의 성과를 거두었다. 9월 3일, 성남민청련이 창립됐다. 성남은 일찍이 1970년대 초 서울 재개발사업으로 밀려난 서민들이 모여들어 만들어진 도시로 주민운동이 활발한 곳이었다. 특히 1980년 6월 9일, 광주항쟁의 여운이 채 가시지 않던 때에 21살의 성남 노동자 김종태가 서울 신촌에서 "전두환은 물러가라"고 외치며 온몸에 석유를 붓고 분신하자 그를 기리는 지역 활동가들이

성남민청련 현판식(위).
성남민청련 초대 위원장 허남정과 성민청 임원 명단(아래).

모여 모임을 꾸려 나가고 있었다.

성남민청련은 이 활동가 중 한 명인 허남정(서울대 철학과 77학번)이 주축이 되어 결성했다. 이로써 민청련은 경기 지역에서 안양에 이어 성남에 근거를 갖게 됐다.

김근태 석방되다

성남 주민운동의 중심인 주민교회(담임목사 이해학)에서 열린 성민청 창립식에 뜻깊은 강연 자리가 마련됐다. 민청련 초대 의장 김근태의 강연이었다. 김근태는 구속된 지 2년 10개월 만인 6월 30일 가석방으로 김천교도소에서 출소했다. 당시 전국의 교도소에는 대학생과 노동자를 비롯한 양심수가 1,000명을 헤아리고 있었으므로 김근태의 가석방은

성남민청련 창립대회에서 강연하는 김근태 전 의장(1988년 9월 3일, 성남 주민교회).

특별한 경우였다. 민청련에서는 김근태의 석방에 미국 정치인들의 압력이 작용한 것으로 보았다.

6월항쟁이 있던 1987년 연말, 미국의 로버트 케네디 인권재단에서 김근태를 인권상 수상자로 결정했다는 소식이 들려왔다. 1980년 광주학살에 미국의 책임이 있고 미국이 전두환 정권을 지지하고 있다고 봤던 민청련에게 이는 뜻밖의 뉴스였다. 그래서 수상을 받아들일 것인지에 대해 집행부에서 논의가 있었다. 문익환 목사를 비롯한 원로들은 로버트 케네디 인권재단은 정치와 상관없이 전 세계 인권운동을 지원하는 단체이므로 수상을 받아들이라고 권했고 민청련도 수긍했다.

옥중에 있던 김근태를 대신해 부인 인재근이 수상을 위해 미국으로 출국하려 했으나 정부에서 여권을 발급해주지 않아 가지 못했다. 결국 1988년 5월, 재단 관계자인 로베트 케네디의 딸이 직접 상을 들고 방한해 인재근에게 수여했다. 노태우 정부는 이러한 일련의 과정에서 미국이 김근태 석방에 대한 압력을 넣고 있다고 판단한 듯했다. 결국 정부는 6월 30일 김근태를 석방했다.

석방 당일 부인 인재근, 민청련에서 함께 활동했던 이해찬, 박우섭, 당시 의장 김성환 등이 찾아가 김천교도소를 나서는 김근태를 뜨겁게 환영했다. 김근태는 겉으로는 건강해 보였으나 고문 후유증으로 날씨가 흐리거나 비가 오는 날이면 등과 허리가 몹시 쑤신다고 했다. 또 두통이 심해 잠도 제대로 못 자고 하혈까지 한다고 했다. 사람들은 당분간 쉴 것을 권했지만, 당시 상황은 그가 쉬도록 놓아두지 않았다.

김근태의 '두 개의 전선론'

성민청 강연의 제목은 '1980년대 후반 민족민주운동의 현황과 과제'였다. 교도소를 나온 지 이제 두 달 된 김근태에게 결코 가볍지 않은 주제였다. 김근태는 1987년 대선에 대해 옥중에서 '김대중 비지'를 천명했다. 하지만 그것은 결국 노태우 당선, 그리고 운동권의 대분열이라는 업보로 돌아왔다. 그는 운동 전반이 처한 현실을 되짚어보면서 무언가 방향을 찾고 싶었다. 이날 강연은 운동이 새롭게 나아갈 방향에 대한 김근태 대략적인 생각을 드러낸 것이었다. 이른바 '두 개의 전선론'이었다.

5

김근태가 바라본
'두 개의 전선'

1987년 대선 이후 와해된 전선

1988년 6월 30일 가석방되어 교도소 문을 나선 김근태의 머릿속은 복잡했다. 엄혹했던 1983년에 민청련을 창립하고 민청련뿐만 아니라 사실상 운동 전반을 이끄는 지위에 이르렀지만, '김대중 비지' 실패로 인해 김근태의 위상은 이전에 비해 현저하게 약화된 상태였다. 하지만 김근태에게는 자기 한 사람의 위상이 낮아진 것은 문제가 아니었다. 분열되고 무너진 운동 세력의 전선을 어떻게 하면 다시 복구할 수 있을 것인가가 그의 머릿속을 가득 채우고 있었다.

김근태의 강연 내용을 살펴보기 전에 김근태가 아직 교도소에 있던 1987년 대선 이후 운동 세력 내부에서 진행되어오던 통합 논의에 대해 알아둘 필요가 있다.

민청련이 창립된 1983년 이후 이에 자극받아 노동운동, 농민운동, 문화운동 등을 하던 운동조직들을 중심으로 민중민주운동협의회가, 재야의 명망가들을 중심으로 민주통일국민회의가 결성됐다. 그리고 이 두 연합체가 다시 통합해 민주통일민중운동연합(약칭 민통련)이 만들어졌다.

민통련이 제 역량을 갖추고 활동력을 키워나가는 도중에 양 김을 주축으로 한 야당 세력이 재기해서 전두환 정권에 대한 반격을 개시했다. 바로 그 순간 박종철 고문치사 사건이 국민적 분노를 불러일으키고 그 여세에 떠밀려 민통련과 양 김 세력이 연합전선을 결성하기에 이르렀다. 민주헌법쟁취국민운동본부(약칭 국본)였다. 이 연합전선의 깃발 아래 6월 민주항쟁이 전개됐다.

그러나 6월 민주항쟁으로 쟁취한 직선제 대통령선거에서 양 김이 분열하고 그에 따라 운동 세력도 분열함으로써 국본이라는 연합전선은 붕괴됐다. 운동 세력 내부를 보면, 연합체인 민통련은 대선에서 김대중

1988년 6월 30일 김천교도소에서 출옥한 김근태 전 의장과 마중 나온 민청련 회원들. 김근태 옆으로 부인 인재근, 김성환 의장(머리띠 묶은 이), 김두일 사무국장, 임태숙, 최민화 전 부의장, 원혜영, 장영달 전 부의장, 권형택 전 부의장의 모습이 보인다.

비지 노선을 취했기 때문에 예전과 같은 운동 세력 총연합체의 위상을 가질 수 없었다. 바로 이 지점에서 운동 세력의 재연합에 대한 논의가 촉발됐던 것이다.

김근태의 '두 개의 전선론'

김근태는 출옥 후 운동 세력 내부에서 각 그룹마다 논의해오던 '새로운 민중운동연합'에 대해 면밀하게 살펴보았다.

김근태는 운동 세력 재편 논의가 혼란을 겪고 있는 것은 연합전선을 어떻게 구성할 것인가에 대한 정리가 없었기 때문이라고 보았다. 그는 전선을 두 개로 나누어 생각하자고 제안했다. 하나는 민족민주운동전선이고, 다른 하나는 국민전선이었다.

두 전선은 그것이 기반하고 있는 사회계급에서 차이가 있었다. 민족민주전선은 다수의 노동자, 소생산자, 농민, 도시빈민, 중소자본가를 토대로 한 전선이고, 현실 정치 세력으로는 민중운동역량과 재야운동의 일부로 구성된다. 반면 국민전선은 중소자본가와 비독점대기업을 주 토대로 하며, 현실 정치 세력으로는 제도 정치권의 야당 세력과 재야운동의 일부로 구성된다. 각 전선이 기반하고 있는 토대의 차이는 정치노선의 차이로 나타나는데, 국민전선은 형식적 민주주의의 성취에 중점을 두지만 민족민주전선은 민중의 이익이 실현되는 민주주의과 분단의 극복을 추구한다.

김근태는 국민전선이 비록 불철저한 민주주의에 자족하는 경향이 있지만, 그들이 군사독재와의 비타협적 투쟁에 앞장서는 한 그들을 배척

해서는 안 되며 함께 싸워야 한다고 주장했다. 그럼에도 운동 세력이 지금 당장 해야 할 일은 민족민주전선을 튼튼하게 꾸려내는 것이라고 했다. 튼실한 민족민주전선을 구축하고 그 힘으로 국민전선을 끌어들여야 한다는 것이었다.

김근태의 이러한 구상은 지난 대선에 있었던 운동 세력 간 대립과 분열의 해소를 전제로 한 것이었다. 김근태 자신은 그러한 일을 자신의 임무로 설정한 것처럼 보였다.

민청련 집행부에 대한 비판

한편 노태우 정권은 올림픽을 성공적으로 치러내고 그 힘으로 야당과 운동 세력에 대한 공세를 펴나갈 기세였다. 전두환 때처럼 폭압적인 공세는 아닐지라도 운동 세력을 국민 대중으로부터 분리시키고 고립시키려는 목적은 분명해보였다.

이러한 정세 속에서 민청련은 하반기 총회를 앞두고 치열한 내부 논의에 들어갔다. 관례적으로 해왔듯이 제11차 총회 준비위원회를 구성하고 각 조직 단위와 부서에 대한 평가작업에 들어갔다. 기조는 제9차 총회 이후 민청련이 내세운 '청년 대중운동론'이 실제 활동에서 얼마나 실현되고 있는가에 맞춰졌다.

민청련은 '청년 대중운동론'에 따라 동서울, 남서울, 북서울이라는 지부를 건설했고, 경기도의 안양과 성남으로 지부를 넓혀나갔다. 이러한 지역지부의 건설은 분명한 성과였다. 하지만 총준위 평가에서는 공통적으로 '지도력 부재'의 문제가 지적됐다.

지도력의 문제는 이런 것이었다. '청년 대중운동론'에 따라 민청련은 각 대학 학생운동 출신자들의 조직이라는 틀을 벗고, 노동자들이 밀집한 지역에 근거하여 노동청년들을 조직원으로 하는 새로운 조직을 만들고자 했다. 그러나 현실에서 이 같은 목표는 쉽사리 달성되지 않았다. 각 지역지부는 여전히 학생운동 출신자들이 주요 회원이었고, 이전의 집행부가 중앙에서 중앙 권력을 향해 투쟁했다면, 지역지부는 지역차원에서 지역 권력과 투쟁하는 일종의 중앙의 지역화를 수행하는 양태였다.

김성환 의장 집행부는 지역지부가 그러한 지역 단위의 정치투쟁 조직으로 기능하는 것이 애초에 설정한 '청년 대중운동론'에 부합하는 것인지, 그 노선에서 이탈한 것인지에 대해 확실한 태도를 취하지 못했다. 그래서 각 지역지부는 그때그때 지역에서 발생하는 노동쟁의에 대응할 뿐 전체적으로 지향하는 지침은 없는 상태라고 자평하기에 이른 것이다.

학생들의 통일운동을 어떻게 볼 것인가

또 한 가지 중요한 이슈가 있었다. 학생운동 쪽에서 거세게 제기된 통일운동이었다. 이는 학생운동 속에서 성장한 이른바 민족해방 계열 노선이 외화된 운동이었다. 민청련 회원들은 집행부에게 민족해방 계열에 대한 태도의 표명을 요구했다.

김성환 의장 집행부는 공개적으로 밝히지는 않았지만 민족해방 계열을 지지하지 않는다는 입장을 분명히 했다. 그에 따라 학생들의 통일운동에도 지지와 지원은 하지만 적극적인 연대는 취하지 않았다. 집행부는 전두환 정권 5공 비리와 광주항쟁 진상규명 및 책임자 처벌 투쟁을 기본 방침으로 삼겠다고 했다. 문제는 이러한 '투쟁 방침'으로 민족해방이라는 '노선'을 대체할 수 없다는 데 있었다. 김성환 집행부는 당시를 풍미하던 민족해방 계열에 대해 비토는 했지만 대안을 제시하지는 못했다. 이는 회원들에게 집행부의 노선 부재로 인식되기에 이르렀다.

김근태 전 의장도 학생운동에서 터져나온 통일운동 열풍에 대해 성남 강연회에서 언급했다. 김 전 의장은 그것이 성과와 한계를 모두 드러냈다고 했다. 기존의 운동 세력은 민주화운동과 민족통일운동을 기계적으로 분리하는 관습에 젖어 있었는데, 학생운동이 양자가 분리되지 않은 하나의 운동임을 제시한 것이 가장 큰 성과였다고 했다. 무엇보다도 대선 패배 이후 침체되어 있던 운동 사회의 분위기를 일신했다고 평가했다.

하지만 학생들이 통일 문제를 전면에 내세우면서 투쟁의 배합에 문제가 발생했다고 지적했다. 5공 비리나 광주 문제가 뒷전으로 밀려 그쪽의 투쟁 동력을 상실하게 했다는 것이다. 더 중요한 문제는 학생운동이 통일 문제를 워낙 거세게 치고 나옴으로써 전체 운동의 흐름에 일종의 병목 현상이 발생하고 그것이 운동의 질곡으로까지 나아갔다는 점이라며 이를 강하게 비판했다. 또한 학생운동은 본원적으로 대중을 대표하는 지위를 가질 수 없음에도, 그들이 사회운동 전반을 자신들의 방향으로 밀어붙이고 어떤 면에서는 사실상 운동 전체를 지도하려 했다고 지적했다.

그러나 김 전 의장의 이러한 비판은 민청련에게 그다지 큰 반향을 불러일으키지 못했다. 이후 행적에서 확인되는 것처럼 김근태가 민청련의 범위를 벗어나 전체 운동의 재편에 관심을 두고 있었고 그만큼 민청련 회원들과의 접촉면이 넓지 않았기 때문으로 보인다.

어쨌든 제11차 총준위 논의는 집행부 교체로 모아졌다. 학생운동 출신을 주요 구성원으로 하는 민청련으로서 새 집행부는 학생운동의 새로운 흐름과 호흡을 같이하는 이들이어야 했다. 적합한 인물로 민청련 창립에 참여한 OB그룹에 속하면서도 학생운동에서 일어나고 있는 새 조류에 민감하게 반응하며 학생운동 출신자들과의 공감대를 넓혀가는 사람이 거론되었다. 바로 이범영이었다.

에필로그

민청련사를 크게 시대 구분한다면, 1983년 창립 총회에서부터 1988년 제10차 총회까지의 기간을 1기, 1988년 9월 제11차 총회에서부터 해소를 결의한 1992년 11월 제15차 총회까지의 기간을 2기라 할 수 있다. 시기 구분의 첫 번째 기준은 무엇보다도 세대교체다. 2기로 접어들면서 창립 이후 활동해온 이들이 물러나고 학생운동에서 배출된 젊은이들로 대거 교체가 이루어진 것이다.

이 책의 편찬위원들은 대부분 1기에 활동한 이들이다. 이들이 세대교체가 이루어진 뒤의 2기 활동에 대해 집필하는 것은 무리다. 당연히 2기에 활동한 이들이 이 시기를 집필해야 한다. 하지만 2기 활동의 중심에 있던 이범영은 작고했고 핵심 활동가였던 유기홍, 이승환 등은 이 책을 출간할 당시까지는 2기 활동을 총정리할 시간적 여유가 없는 상황이었다.

이런 이유로 《청년들, 1980년대에 맞서다―민주화운동의 산증인 민청련 이야기》는 민청련 활동의 1기만을 다룬 미완성 민청련사다. 추후 2기 활동까지 그려내야 비로소 민청련사가 완성될 것이다. 여기서는 일단 2기의 개략적인 활동을 〈에필로그〉로 정리하여 미흡하나마 책을 완결짓고자 한다.

1988년 9월 19일, 종로성당에서 제11차 총회가 열렸다. 이날 총회는 창립 5주년 기념식을 겸했기 때문에 많은 회원들과 내빈들이 참석했다. 총회의 주요 안건은 의장단 교체였다. 총준이 준비한 논의 결과에 따라 신임 의장에는 이범영, 부의장에 박우섭과 이승환이 선출됐다. 사무국장은 유기홍이 맡았다.

선출된 의장단만 보면, 이전 김성환 의장이 78학번, 부의장 김재승이 78학번, 부의장 남승호가 82학번인 데 비해 새로 선출된 의장 이범영은 73학번, 부의장 박우섭은 72학번, 이승환은 76학번이므로 오히려 세대교체가 역전됐다고 볼 수도 있다. 하지만 이는 의장단의 경우일 뿐, 실질적인 활동가들과 회원들은 80학번에서 83학번에 이르는 이른바 전학련 세대로 완전히 교체됐다.

전학련, 즉 전국학생총연합은 1985년 서울대 총학생회장 김민석을 회장으로 결성된 조직으로 각 대학에 삼민투를 만들고 미문화원 점거 농성 투쟁을 이끌었다. 이들은 87년 6월항쟁 이후 전국대학생대표자협의회(약칭 전대협)로 개편된다. 이때 조성된 '열린 공간'에서 대규모 학생 대중을 이끌고 활동한 경험이 있어 이전의 비공개 활동에 익숙했던 70 년대 학번들과는 확연하게 달랐다.

의장단을 OB그룹에서 선출한 것은 표면적으로는 대외적인 지도력 문제 때문이었다. 운동세력 연대 논의나 정치권과의 협의 등에서 70년 대 후반 학번은 정치력을 발휘하기에 세대적인 한계가 있었음이 지적 되었다. 이런 이유로 민청련 창립 멤버들이 대표를 맡음으로써 민청련 의 대외적인 위상을 높이려 한 것이다.

하지만 이것이 결정적인 이유는 아니었다. 중요한 것은 내부 결속력 문제였다. 민청련은 어쨌든 학생운동 출신자들이 중심을 이루고 있는 조직이었는데, 김성환 의장 체제는 학생운동 전반이 민족해방 계열로 정리되던 당시 상황에 제대로 대처하지 못했다. 이 점에서 이범영이 보 여준 행보가 조직원들에게 호소력을 발휘했다.

이범영은 유기홍, 이승환 등과 함께 학생운동에서 퍼져나가던 민족 해방 계열의 논리와 체계에 대해 깊이 학습하고 자기 것으로 소화해냈 다. 사실 학생운동 내 민족해방 계열 핵심부의 논리는 김일성주의나 주 체사상을 날 것 그대로 받아들이는 등 과격한 측면이 있었다. 이범영은 이를 학생운동의 미숙함으로 보았다. 학생운동 선배로서 그들의 열정 은 이해하고 수용해주되 미숙함과 지나친 과격함은 일정하게 제어되어 야 한다고 생각했다. 이러한 이범영의 입지가 회원들이 그를 차기 의장 으로 추대하게 만들었다.

회원들의 세대교체가 이루어지고 의장단이 교체되면서 민청련을 '청년대중운동체'로 전환하기로 한 조직노선은 더욱 탄력을 받았다. 이전 집행부의 지역지부 사업이 단순히 중앙의 지역화, 그것도 서울과 수도권에 그치는 수준이었다면, 이제는 전국적 규모에서 청년대중단체들을 규합하는 사업을 전개해나가기 시작한 것이다.

이범영 의장은 총회에서 발표한 결의문을 통해 노태우 정권에 대한 반독재투쟁과 조국통일촉진투쟁을 벌일 것을 제안하면서 민청련의 조직 활동 방향에 대해 이렇게 선언했다.

우리는 이와 같은 투쟁이 민주화운동청년연합을 보다 내실 있는 대중단체로 발전시키는 문제와 완전히 하나의 문제임을 확인하고 당면한 투쟁 속에서 민주화운동청년연합이 조직적으로 발전할 것에 대하여 결의했다. 87년 이후 대중운동의 본격적 진출과 도약은 민주화운동청년연합이 소수 선각자 중심의 단체에서 선진 청년들에 의한 보다 폭넓은 대중단체로 발전해나갈 것을 요구하고 있다. 이에 우리는 서클주의적 폐쇄성을 벗어던지고 대중이 주체가 된 조직, 청년대중의 튼튼한 힘에 의거한 조직으로 발전해 나가는 데 진력할 것이다.

이미 민청련은 제9차 총회에서 '청년대중운동으로의 전환'을 결의하고 동서울, 남서울, 북서울, 안양, 성남에 지역지부를 설립했다. 이범영 의장은 이러한 결의를 더욱 발전시켜나가겠다고 한 것이다.

아울러 기존에 발행하던 《민중신문》의 제호를 《청년신문》으로 변경했다. 독자층을 구체적으로 명시한 것이다. 제호만 바뀐 게 아니라 논조도 보다 대중적으로 순화해서 운동권 출신이 아니더라도 부담 없이 읽을 수 있도록 했다.

* * *

민족해방 계열이 주도하는 학생운동 출신자들은 처음엔 민청련의 지역지부에 참여하기도 했지만, 점차 독자적인 단체를 만드는 쪽으로 움직였다. 그 결실이 민청련 제11차 총회 직전인 9월 3일 모습을 드러냈다. '나라사랑청년회'라는 새로운 청년단체였다.

초대 회장으로 선출된 고려대 총학생회장 출신 허인회는 〈창립선언문〉에서 "우리는 그동안 문턱없는 새 청년회를 건설하고자 함께 땀 흘렸습니다"라고 말했다. 이는 당시 대표적인 청년단체인 민청련의 문턱이 높았음을 에둘러 표현한 것이다. 이범영 의장이 결의문에서 말한 '서클주의적 폐쇄성'을 가리키는 표현이었다. 민족해방 계열은 '대중과 함께하는 사업작풍'을 늘 강조했는데, 이러한 대중노선의 결과물이 나라사랑청년회라는 새로운 청년단체의 결성이었다.

6월항쟁 이후 개헌에 의해 최소한의 절차적 민주주의가 보장되자 전국 각 지방에서 새로운 청년단체들이 폭발적으로 만들어지고 있었다. 대개 지역명에 '민주청년회'를 붙이거나(부산민주청년회, 진주민주청년회 등), 지역 민주청년연합(충남민주운동청년연합, 전남민주주의청년연합 등)의 형태를 띠었다. 민청련이 수도권으로 활동 영역을 넓혀가며 지역지부를 만들고 있을 때, 전국 각지에서는 훨씬 빠른 속도로 자생적인 청년단체들이 비온 뒤 대나무 밭에 죽순 돋아나듯 생겨났다.

이범영 의장은 이러한 현상을 보고 전국 청년단체들의 단일한 연합체를 결성할 시기가 왔다고 생각했다. 청년운동의 맏형 격인 민청련이 그 역할을 맡고 나서는 것이 당연했다. 우선 각 단체들이 무조건 연합하기에 앞서 준비기간이 필요했다. 각 단체의 대표들이 만나 활동 노선과 강령 등을 조율했다. 이 모임을 토대로 1989년 1월 전국청년단체대표자협의회(약칭 전청대협)를 결성하기에 이른다. 전국 각지의 19개 단체가 가입했고, 3개 단체는 참관 자격으로 참여했다. 의장은 민청련의 이범영이 맡았다.

* * *

한편 1988년 9월 제11차 총회 직후 민청련에 뜻깊은 부설기관이 설립됐다. 김근태 전 의장이 옥중에 있을 때 부인 인재근과 공동으로 로버트 케네디 인권상을 받았는데, 뒤늦게 3만 달러의 상금이 전달됐다. 김근태와 인재근 부부는 상의 끝에 전액을 민청련에 기부했고 민청련에서는 활용 방법을 숙의한 끝에 연구소를 설립하기로 결정했다. 명칭은 '민족민주운동연구소'로 정했다.

김근태는 연구소의 역할에 대해 3가지를 주문했다. 바로 운동이론의 정리, 해방공간 현대사의 연구, 인권 문제였다. 첫 번째와 세 번째는 금방 이해가 되는데 두 번째는 다소 의외였다. 김근태가 해방공간 현대사 연구를 거론한 데는 특별한 의미가 있었다. 이에 대해 인재근은 연구소 기관지 《정세연구》 종간호인 59호에 실린 대담에서 이렇게 설명했다.

저희가 인권상의 수상자로 확정되었다는 소식을 들은 것은 김근태 씨가 감옥에 있을 때였습니다. 그 당시 저희 부부는 그 상을 받을 것인가 받지 않을 것인가에 대해 한동안 고민을 했습니다. 그것은 80년 광주 이후 미국에 대한 우리 국민 정서와 85년도 이후의 운동 상황에 대한 당연한 반영이었습니다. 하지만 고심 끝에 상을 받기로 수락을 했습니다. 형식적인 이야기일지는 모르지만 당시 수락 인사에서 약소국, 즉 제3세계 군사독재를 지원하는 미국정부는 미워하지만 민주주의를 사랑하는 미국 국민과 진보세력과는 연대를 해야 한다는 입장을 밝혔습니다. 그렇기에 미군정 시기의 해방공간에 대한 연구작업에 이 상금이 쓰였으면 좋겠다고 했습니다.

연구소 이사장은 신동수, 초대 연구소장을 맡게 된 이는 채만수(서울대 68학번)였다. 채만수는 9월 29일 개소식에서 "과학적 운동이론의 정립과 올바른 정책 수립에 필요한 연구 및 제반 활동을 통해 민족민주운동 발전에 기여할 것"이라고 천명했다. 연구소는 1992년의 민청련 해소 이후에도 활동을 계속해 1994년까지 존속했다. 92년 이후 소장은 최민화가 맡았다.

연구소는 산하에 연구1부와 연구2부를 두었는데, 연구1부에는 국제연구분과, 정치연구분과, 경제연구분과가 있었고, 연구2부에는 노동연구분과, 농민연구분과, 청년학생연구분과, 여성연구분과가 있었다. 연구 성과를 발표하는 기관지로 《민족민주운동》를 간행했다. 하지만 너무 무거운 주제 위주이고 긴박하게 돌아가는 정세에 대응하기에는 적합하지 않다는 의견에 따라 제호를 《정세연구》로 바꾸고 월간지 형태로 발행하기로 결정한다.

《정세연구》는 처음엔 1,500부를 발행했으나 구독자가 점차 늘어나

발행부수를 최대 4,500부까지 늘렸다. 정기구독자는 최대 620명에 이르렀고 정가는 4,000원이었다. 연구소 운영에 재정적으로도 상당히 도움이 된《정세연구》는 1994년 연구소가 해소될 때까지 총 59호를 발행했다.

* * *

민청련 의장으로서 전청대협 의장을 겸임한 이범영은 활동의 중심을 점차 전청대협으로 옮겨갔다. 전청대협은 단체의 대표자들이 모여 만든 과도기 기구이며 궁극적으로는 전국 청년단체들이 하나의 단일대오를 이루어야 한다고 생각했기 때문이다. 이범영의 정력적인 활동 덕분인지 전국의 청년 단체 회원들의 이범영 의장에 대한 존경과 신뢰는 대단했다.

1989년 3월에는 문익환 목사가 방북해 김일성 주석과 회담하는, 국민들에게 충격을 준 사건이 일어났다. 이범영은 이를 계기로 통일운동에 대한 청년단체들의 열기를 끌어올리기 위해 동분서주했다. 그 해 여름 북한에서 '세계청년학생축전'이 열리자 대학생들은 전대협을 통해 참여투쟁을 벌였는데, 이범영은 남측준비위의 청년대표로 참여했다.

이듬해엔 남과 북의 사회단체와 해외동포가 함께하는 '범민족대회'에 적극적으로 참여했다. 범민족대회는 1988년 남측에서 북측에 제안한 행사였다. 1988년 7월 7일, 노태우 정부는 〈민족자존과 통일번영을 위한 특별선언〉이라는 이른바 7·7선언을 발표했었다. 북한의 올림픽 참가를 유도하기 위한 화해 제스처였다. 이를 계기로 문익환 목사 등 남쪽의 시민운동가들이 남과 북의 사회단체와 개별인사 그리고 해외동포들이 참가하는 대규모 행사로서 8월 15일 광복절에 범민족대회를 열

것을 제안했다.

범민족대회는 매년 시도는 했으나 노태우 정부의 탄압으로 결국 성사되지 못했다. 급기야 1991년 8·15 범민족대회 행사를 추진하던 이범영 의장은 국가보안법 위반으로 수배되기에 이르렀다.

* * *

한편 민청련은 1989년 10월 8일, 경기대 강당에서 제12차 총회를 가졌다. 이범영 의장의 리더십이 확고했으므로 별다른 조직 개편 없이 박우섭 부의장을 공동의장으로 추대하고 유기홍과 창립 당시 사회부장이었던 김종복을 공동 부의장으로 하는 개편을 단행했다. 유기홍은 부의장으로서 정책실장을 맡아 전청대협 활동으로 바쁜 이범영 의장을 대신해 사실상 민청련 운영을 맡은 셈이 되었다.

1990년 9월에는 제13차 총회가 열렸는데, 박우섭 공동의장이 정치권으로 자리를 옮김에 따라 다시 이범영 단독 의장에 이승환, 유기홍 부의장 체제로 개편되었다. 이 총회의 특별한 점은 의장 선출을 회원들의 직전제 투표로 했다는 것이었다. 이는 안양민청련 등 지역지부에서 중앙을 향해 내부 민주주의를 강력하게 요구한 결과였다.

안민청 김종박 의장은 민족해방 계열의 노선이 아닌 민중민주주의 PD 계열의 노선에 찬성하는 쪽이었다. 김종박은 서로 다른 노선이 각자의 주장을 펴고 회원들로부터 심판을 받자고 주장했다. 투표 결과 근소한 차이로 이범영 의장이 선출됐다.

한편 민청련 조직에도 약간의 변화가 있었다. 1989년에 북민청은 '민주화운동직장청년연합'으로 명칭을 바꾸었다. 애초부터 사무직 청년들이 회원의 다수를 점하고 있던 곳이라 정체성을 적극적으로 드러내기로 한 것이다. 제13차 총회 직후에는 북민청이 포괄하던 지역을 근거로 하는 중서울민청련이 새로 창립했다.

* * *

1991년은 어두운 해였다. 학생운동 진영에서 등록금 인상 반대 투쟁을 격렬하게 전개하자 정부는 백골단을 동원해 무자비하게 탄압했다. 각 대학 앞 도로는 학생들의 화염병과 전경의 최루탄, 백골단의 쇠파이프가 난무하는 아수라장이 되곤 했다. 결국 4월에는 명지대생 강경대가 백골단이 휘두른 쇠파이프 폭행에 사망하는 비극이 발행했다.

이에 분노한 대학생들의 극단적인 투쟁이 이어졌다. 전남대생 박승희, 안동대 김영균, 가천대 천세용, 전민련 사회부장 김기설, 노동자 윤용하가 잇달아 분신자살로 항거했다. 윤용하는 민직청 회원이었다. 공안당국은 이러한 잇단 분신에 배후가 있다며 공세를 가했다. 급기야 전민련 사회부장 김기설의 분신은 같은 전민련 활동가 강기훈의 사주에 의한 것이라는 이른바 '유서대필사건'을 조작했다.

이러한 어두운 분위기 속에서 여름에는 이범영 의장이 범민족대회 관련으로 수배당하는 처지가 되었다. 이즈음 이범영 의장은 전청대협을 전국민주청년단체협의회로 발전시키는 일에 집중하고 있었다. 이래저래 민청련을 이끌기에는 역부족인 상황이었다. 결국 이범영 의장은 민청련을 해소하자는 안을 제안했다. 민청련의 각 지부는 개별 단체로 새로 탄생할 전청협에 가입하고, 민청련 중앙은 전청협 중앙으로 이전한다는 안이었다. 사실 이 무렵 전청대협은 서대문 기독교사회문제연구원 건물에 있던 민청련 사무실을 같이 사용하고 있었으므로 이전이라고 할 것도 없는 상태였다.

1991년 9월 무렵, 민청련 OB그룹 20여 명이 민청련 해소 건을 논의하기 위해 서대문에 있는 기독교선교교육원에 모였다. 최민화, 권형택, 최정순, 김성환, 남근우 외에 현직 민민연구소장 채만수 그리고 현 부의장 이승환 등이었다. 최정순은 민청련이 해야 할 정치적 임무가 아직 끝나지 않았다며 해소란 있을 수 없다고 목소리를 높였다. 최정순의 주장에 동조하는 이들도 있었다. 그러나 창립에 참여했던 OB그룹들은 이즈음 대부분 생활현장으로 돌아가거나 정치권에 몸담고 있었다. 창립 때와 같이 민청련에 몸을 던져 활동할 수 있는 이들은 거의 없었다.

민청련 회원이 이미 80년대 학번으로 세대교체가 되었음을 직시해야 했다. 정세나 환경이 창립 당시와 같은 소수의 선도적 정치투쟁보다는 다수 대중의 대중투쟁을 요구하고 있다는 점도 이해해야 했다. 결국 이범영 집행부가 그러한 요구를 적극적으로 수용하면서 성공적으로 대처하는 데 대해 성원하기로 결의했다.

이후 10월에 열린 제14차 총회에서 이범영 의장이 물러나고 유기홍 부의장이 의장으로 선출되었다. 유기홍 의장의 임무는 민청련을 잘 정리하여 해소하고 질서 있게 전청협으로 이전하는 것이었다.

이에 따라 전청협 건설 논의는 급물살을 타게 되었다. 우선 명칭에서 '전국'을 '한국'으로 바꾸어 '한국민주청년단체협의회'로 하기로 했다. 민족해방 계열의 논리상 '전국'은 통일된 조국에서나 사용할 수 있는 단어였기 때문이었다.

마침내 1992년 2월, 전청대협이 발전적으로 개편된 '한청협'이 창립했다. 이범영 전청대협 의장이 한청협 의장으로 선출되었고 유기홍 민

청련 의장은 한청협 정책위원장을 겸임했다. 민청련은 그 해 11월 대의
원들이 모여 제15차 총회를 열고 공식적으로 해소를 결의했다.

* * *

1983년에 창립한 민청련은 9년의 활동을 끝으로 역사의 장에 들어갔
다. 하지만 이범영과 유기홍, 그리고 당시 활동가들과 회원들은 이것이
민청련의 종결이라고 생각하지 않았다. 모두들 두꺼비 정신을 상기했
다. 두꺼비는 뱀에게 먹힌다고 해서 죽는 것이 아니다, 뱀의 뱃속에서
수많은 알을 낳아 여러 두꺼비로 재탄생한다, 민청련도 마찬가지다, 전
국 단위 조직인 한청협은 바로 민청련이 재탄생해서 더 많은 민청련으
로 거듭난 것이다, 모두들 그렇게 생각했다.

아쉬움이 남은 OB그룹은 '민청련동지회'를 결성해 민청련과의 인연
을 이어나가기로 했다.

청년들, 1980년대에 맞서다

⊙ 2019년 11월 22일 초판 1쇄 인쇄
⊙ 2020년 5월 19일 초판 2쇄 발행
⊙ 지은이   권형택·김성환·임경석
⊙ 펴낸이   박혜숙
⊙ 디자인   김정연
⊙ 펴낸곳   도서출판 푸른역사
                    우) 03044 서울시 종로구 자하문로8길 13
                    전화: 02)720-8921(편집부) 02)720-8920(영업부)
                    팩스: 02)720-9887
                    전자우편: 2013history@naver.com
                    등록: 1997년 2월 14일 제13-483호

ISBN   979-11-5612-157-2 03900

• 도판 자료 사용에 협조해주신 민청련동지회, 민주화운동기념사업회, 경향신문사에 감사드립니다.
• 잘못 만들어진 책은 교환해드립니다.